中国西部民族文化通志（24 卷）

哲学卷	政治卷	历史卷	古籍卷
法律卷	婚姻家庭卷	农耕卷	贸易卷
科技卷	生态卷	教育卷	饮食卷
服饰卷	体育卷	娱乐卷	旅游卷
节日卷	礼仪卷	禁忌卷	文学卷
艺术卷	影视卷	工艺美术卷	傩文化卷

云南大学民族学
一流学科建设经费资助

教育部人文社会科学
重点研究基地重大项目成果

中国西部民族文化通志

瞿明安　何明　主编

礼仪卷

刘婷　王亚南等　著

云南出版集团
云南人民出版社

云南大学民族学一流学科建设经费资助

教育部人文社会科学重点研究基地重大项目

教育部人文社会科学重点研究基地云南大学西南边疆少数民族研究中心项目

总　序

21 世纪之初，中国政府启动了西部大开发的战略部署，将西部各民族的繁荣发展推到了中国现代化建设的前沿阵地，使其成为中国西部发展史上最值得大书特书的一页。国发〔2000〕33 号《国务院关于实施西部大开发若干政策措施的通知》中规定，中国西部开发的政策适用范围，包括重庆、四川、贵州、云南、西藏、陕西、甘肃、宁夏、青海、新疆、内蒙古、广西等 12 个省区市（统称为西部地区）。根据以上区域划分的原则，在中国西部地区主要分布着 49 个少数民族，即维吾尔族、哈萨克族、乌孜别克族、塔塔尔族、塔吉克族、柯尔克孜族、俄罗斯族、回族、土族、裕固族、东乡族、保安族、撒拉族、锡伯族、蒙古族、达斡尔族、鄂温克族、鄂伦春族、藏族、门巴族、珞巴族、羌族、傣族、哈尼族、基诺族、佤族、景颇族、德昂族、布朗族、拉祜族、阿昌族、傈僳族、独龙族、怒族、白族、纳西族、普米族、彝族、苗族、瑶族、布依族、水族、侗族、土家族、壮族、仫佬族、仡佬族、毛南族、京族等。在西部大开发的过程中，西部少数民族的现实状况和未来发展趋势将直接影响中国西部经济社会发展的总体进程。2001 年国务院西部开发办《关于西部大开发若干政策措施的实施意见》中规定，其他地区的民族自治州（湖南湘西土家族苗族自治州、湖北恩施土家族苗族自治州、吉林延边朝鲜族自治州），在实际工作中比照有关政策措施予以照顾。

西部大开发分别包括对西部地区自然资源的开发利用与可持续发展，以及对人文资源的开发利用与保护传承两个方面的内容。而在人文资源的开发利用与保护传承方面，如何充分有效地认识和发掘西部少数民族文化资源的价值和功能，使其在西部大开发中发挥积极的作用就是其中一项十分重要的内容。从应用民族学的角度来看，西部少数民族文化资源的开发利用与保护传承包括多种不同的表现形式，既有从经济发展和提高人民物质生活水平的需要出发对民族饮食、民族服饰、民族建筑、民族生产方式、民族贸易、民族旅游等文化资源的开发利用与保护传承，也有从构建和谐社会的需要出发对民族政治、民族法律、民族道德、民族宗教、民族心理等社会结构及文化要素的调适、引导和传承，还有从提高全民族文化素质和满足人们精神生活需要出发对民族教育、民族科技、民族文学、民族艺术、民族古籍等传统知识及文化要素进行的传承、改造和创新。在对西部少数民族文化资源进行开发利用与保护传承的过程中，应正确处理好突出经济效益的开发利用与关注社会效益的保护传承两者之间的关系，做到开发利用与保护传承两者并重，或在开发利用的过程中高度关注民族文化资源的保护传承。可以说，西部少数民族文化资源的开发利用与保护传承是一项巨大的社会系统工程，它与西部地区自然资源的开发利用及可持续发展具有同等重要的价值。

面对西部大开发这一前所未有的宏伟规划，作为以民族群体及其文化为研究对象的中国民族学研究者，如何在西部少数民族文化资源开发利用与保护传承的过程中发挥独特的作用，就成了当代中国学术界高度关注的现实问题。其实，早在西部大开发之前的20世纪80年代中期，中国的部分民族学研究者就参与了由国务院委托中国科学院牵头组织的有关西部大开发的前期研究准备工作，为20世纪末和21世纪初西部少数民族经济社会的发展献计献策。随着21世纪初西部大开发的正式启动，中国民族学研究者再一次站在了西部少数民族文化资源开发利用与保护传承的前沿阵地，除了直接参与西部各省区市政府部门有关当地少数民族经济社会发展的应用对策研究以外，为了正确认识把握西部少数民族的历史和现状，继承和弘扬西部少数民族的优良文化传统，还有不少学者撰写了一些与西部少数民族文化有关的著作，在研究西部少数民族文化方面取得了初步的成果。然而，在肯定以上事实的同时也应该承认，目前有关中国西部少数民族文化研究的成果仍处于零散、单一、粗浅的初期阶段，在学术界尚未形成大的气候和雄厚的优势，远远适应不了西部大开发对精神文化产品的客观现实需要。为了改变这种被动的状态，我们策划并组织全国的有关学者撰写了这套《中国西部民族文化通志》，以便为西部大开发提供精神文化方面的优秀产品，同时也为西部少数民族文化资源的保护传承献上一份厚礼。与国内其他同类的书籍相比，本通志在研究对象、学术取向和书写范式等方面具有以下几个鲜明的特点：

第一，坚持民族学的文化概念，系统深入地研究中国西部少数民族文化的各种构成要素。有关文化概念的界定问题，在不同学科的认知体系中往往存在着较大的差异。在一般人们的视野中，文化主要是指文学、艺术、教育、新闻、传播、伦理道德、思想观念等反映经济基础的意识形态。而从民族学的角度来看，文化则是指整个人类及其各个民族生活方式的总和，包括物质文化、行为文化、制度文化和精神文化等不同的构成要素，是人与自然、人与人、人与社会互动的产物。这两种不同的看法其实就与文化概念的狭义和广义之分相关。本通志坚持民族学的广义文化概念，将中国西部少数民族的各种文化构成要素划分为24个方面，相应形成了哲学卷、政治卷、历史卷、古籍卷、法律卷、婚姻家庭卷、农耕卷、贸易卷、科技卷、生态卷、教育卷、饮食卷、服饰卷、体育卷、娱乐卷、旅游卷、节日卷、礼仪卷、禁忌卷、文学卷、艺术卷、影视卷、工艺美术卷、傩文化卷等24个分卷，几乎涵盖了中国西部少数民族文化的方方面面，由此形成一个宏大而多元的文化体系。除了从总体上将西部少数民族的各种文化现象划分为以上不同的构成要素以外，各个分卷的专题民族文化志则更进一步地将某一种特定的文化现象进行细致入微的分解。通过这种层层深入的描述和解析，使中国西部少数民族文化的各种鲜明特点得以充分地显现出来，为人们正确地认识了解中国西部少数民族文化的本质特征和表现形式提供系统翔实的文本资料。

第二，对中国西部少数民族文化进行整体的研究，为中国民族学西部学派的形成奠定坚实的基础。中国民族学以往的研究曾显现出一个鲜明的倾向，就是绝大多数学者的精力和时间都投入了对某些单一民族及其文化的研究，对田野调查报告或民族志的关注超越了对文化整体的认识。在对中国少数民族的历史和现状缺乏了解的背景条件下，对各个单一民族及其文化开展的调查研究不仅是非常迫切需要的，而且也符合现代民族学的学科发展规律。而在对各个单一民族及其文化所进行的田野调查和民族志资料积累发展到一定程度的时候，对中国少数民族文化进行宏观和微观相结合的整体研究，就自然而然地成了当代中国民族学学科发展的必然趋势。本通志的研究对象和学术取向就是这一学科发展趋势的具体体现。与国内已出版的各个单一民族的文化志有所不同的是，本通志各个分卷的民族文化志都不是只单独涉及西南、西北和内蒙古等地区各个单一民族，而是打破原有的地区和民族界限，将西南、西北和内蒙古等西部地区所有少数民族的特定文化现象作为一个有机的整体来看待。通过对各种文化现象的描述和概括来认识中国西部少数民族文化的总体特点，在此基础上建立中国民族学西部学派。所谓中国民族学西部学派，就是在中国民族学研究者中以西部少数民族文化为整体研究对象的学术群体和学术取向。它既从学科发展的角度关注整个中国西部少数民族文化的构成要素和总体特点，同时又从应用实践的角度重视中国西部少数民族文化资源的开发利用与保护传承，以便在基础研究和应用研究方面构建当代中国民族学的学科体系。可以说，本通志的出版就是中国民族学西部学派正式形成的标志，同时也为今后中国民族学的学科建设和发展打下了坚实的基础。

第三，把描述性与解释性有机地结合起来，使中国西部少数民族的各种文化现象得以较完整地呈现出来。以往志书的一个鲜明特征就是完整地记录和描述某一特定的事项，即古人所谓的“述而不作”。而本通志的设计和写作则突破了这一窠臼，即注重描述性与解释性两者之间的有机结合。本通志各个分卷主要包括导论和正文两个部分，其中各个分卷的导论是具体专题民族文化志的核心和灵魂。每一种具体的民族文化均有其基本特点、形成因素、表现形式、特定内涵、价值取向、应用功能等方面的重要内容。本通志各个专题民族文化志的导论部分，需要作者具有扎实的理论功底和素养，熟练地运用民族学有关民族文化的相关理论方法来进行高度的概括和分析，使人们对纷繁复杂的中国西部民族文化现象有一个较高层次的感悟和较全面的理解，为进一步认识中国西部民族文化的具体构成要素提供总体的思维模式和分析框架。而本通志各分卷的正文部分则是具体专题民族文化志的主体内容。它们分别对每一种涉及的具体民族文化要素进行层层深入的描述和解释，充分展现中国西部民族文化各种构成要素所具有的特色鲜明的表现形式、内在含义，以及与其他文化要素之间的互动关系。其显著效果就是使被描述、解释的内容显现得细致入微和丰富多样，以便加深人们对这些特定民族文化现象的认识程度。

第四，把横向的民族志资料与纵向的历史文献相结合，充分显现出中国西部少数民族传统文化形成和发展的特点。通常情况下，民族文化志书写的特点都是侧重于横向的研究，即对某一特定时期的民族文化现象进行全面客观的描述，很少涉及历史上这种特定民族文化现象形成、发展、变化的过程和特点。本通志则在这一方面有所突破，即分别从横向和纵向两个方面入手，既描述某一种民族文化现象的具体表现形式和鲜明特征，同时又对这种民族文化现象在历史上的演变乃至在现代社会中发生的变化进行简要的概括和分析，使得各个专题民族文化志能够融贯古今，使其显现出本身应有的资料价值和学术价值。而在横向与纵向相结合的书写过程中，则以横向的民族志描述为主，以纵向的历史演变为辅。通过阅读本通志，既可以从文化体系的角度认识和了解中国西部少数民族传统文化的基本特征、表现形式、形成因素、价值取向、象征意义、社会功能等，也可以从历史发展的角度洞察中国西部少数民族传统文化在历史上的演变以及在现实生活中的状态和未来发展的趋势，让读者从各种不同的民族文化构成要素中充分体悟中国西部少数民族文化的多样性和复杂性。

本通志由云南大学西南边疆少数民族研究中心的瞿明安教授和何明教授担任主编，组织了以云南大学为主、其他院校和科研单位为辅的研究团队。分别由云南大学、中山大学、北京师范大学、四川大学、中央民族大学、中南民族大学、广西民族大学、云南民族大学、贵州民族大学、云南师范大学、云南农业大学、云南省社会科学院、云南行政学院、武汉工商学院、中国妇女儿童博物馆、云南人民出版社等国内十五所大学、科研机构和出版社长期从事民族文化研究的三十余位知名专家学者领衔撰写，参与人员近百人。全套通志约一千六百万字，可以说是目前国内规模最大、体系最完整的一套专题民族文化志，在中国民族学界尚属首次出版，堪称传世之作。这也是一项重大的基础建设工程，对于继承和发扬中国西部少数民族的优良文化传统，增强各民族的自豪感和自信心，提高中国民族学的整体研究水平具有重要的学术价值。

本通志的编辑和出版得到了有关方面的大力支持和帮助。其中云南人民出版社人文读物编辑部尹杰主任最早提出了编写这套通志的构想，并在具体策划和编辑过程中付出了辛勤的劳动，云南人民出版社刘大伟社长对本通志的出版给予了全力的支持，责任编辑李萍女士为通志的编辑出版敢担其责、倾心尽力。云南大学西南边疆少数民族研究中心将本通志申报立项为瞿明安主持的 2010 年教育部人文社会科学重点研究基地重大项目（批准号：10JJD850007）。本通志还得到了云南出版集团和云南大学的大力支持，在此表示衷心的感谢！

《中国西部民族文化通志》编委会

初拟于 2013 年 10 月 31 日

修订于 2018 年 3 月 31 日

目　录

导　论

在以“礼仪之邦”著称于世的中国，5000 年的历史中形成了一套宏大而完整的礼仪思想和礼仪规范，中国文化精髓内化在中华民族的自觉意识中并体现在生活行为规范与伦理道德上。

相传，在 3000 多年前的殷周之际，周公制礼作乐，后经孔子、孟子、荀子等人的提倡和完善，礼乐文明成为儒家文化的核心。西汉以后，《仪礼》《周礼》《礼记》不仅成为古代文人必读的经典，而且成为历代王朝制礼的基础。所以，要了解西部少数民族的礼仪文化，需要先了解中国社会传统的礼仪文化。

一、关于传统礼仪

礼仪在古代指的是行礼的仪式，例如《诗经・小雅・楚茨》云：“献酬交错，礼仪卒度。”有时也指礼制，例如《史记・礼书》云：“至秦有天下，悉内六国礼仪，采择其善。”今天，人们谈起礼仪的时候，往往将其与礼节、礼貌、典礼、仪式相提并论，那么到底什么是礼仪呢？为了更清楚地了解礼仪的内涵和外延，我们先来看一下什么是礼，什么是仪。

礼是人类社会发展到一定阶段才产生的，并且随着社会的发展而发展的道德准则和行为规范。礼是一个发展中的观念，是一个与时俱进的、不断完善的体系，同时具有民族性、时代性和地方性。

（一）礼仪的起源

礼之产生可以追溯到远古时代。

礼在一定程度上满足了人类协调主客观矛盾的需要。自然的人伦秩序是礼产生的最原始动力，人们为生存和发展相互依赖，逐步积累和自然约定出一系列“人伦秩序”，这便是最初的礼。后又有“圣贤之人”如黄帝、尧、舜、禹等为“止欲制乱”而制礼，身体力行地为民众做榜样，从而使礼在

“维稳制乱”中发挥了作用，也正因为如此，人们才更加遵礼、尚礼。

礼起源于原始的宗教祭祀活动。据《辞海》注释，礼的本意为敬神。从繁体字“禮”字的造字结构中，我们可以看出，礼字左边是“示”字旁，意为祭祀敬神，为祭祀的容器；右边“豊”为祭物，可看出“礼”表示把盛满祭物的祭具摆放在祭台上，献给神灵以求福佑。

礼的本意是敬奉神明，这是有一定的历史根源的。在远古时代，社会生产力极其低下，人们认识自然的能力也极其低下，人类尚处于一个愚昧无知的状态之下，对于日月、星辰、山川、河流、风雨、雷电等自然现象或自然力无法做出解释，更没有力量征服自然，于是就把自然的力量神秘化、人格化，即把人的灵魂观念拓展到人所接触的自然界中的万物，从而产生了“万物有灵”的观念。

为了试图改变这样一种被动局面，甚至只是为了求得心理上的慰藉，人们开始用原始宗教仪式等手段来影响神灵，如祭祀、崇拜、祈祷等，期望以虔诚感化和影响自然神灵，使其多赐福、少降灾，诸如祈祷生存繁衍、祈求粮食丰收。对神灵的崇拜开始了，原始的礼便产生了。

礼的内涵丰富：

礼之本意为敬神，后引申为表示敬意所应具有的态度，即礼首先是一种发自内心的对人对己怀有尊重和敬意的态度。

礼包括一系列动作，是使内在的敬意外在化表现的动作。通过一定的动作表达自己内心对人对己的尊重和敬意。

礼包括一种程式化活动或仪式活动。通过多样性的仪式，表现出行礼人对人对己的敬意、爱戴和重视。

礼也指用来表示庆贺或敬意的物品。

在我国5000多年的历史长河中，礼自产生就强烈地影响和制约着人们的思想言论和行动。重礼仪、守礼法、行礼教、讲礼信、遵礼义早已成为中华民族的文化特征及基本表征。如孔子的“非礼勿视、非礼勿听、非礼勿言、非礼勿动”，以及著名思想家颜元的“国尚礼则国昌、家尚礼则家大”等，都充分反映了礼的重要性。

仪，就是礼的各种仪节、仪式。

东汉许慎的《说文解字》曰：“仪，度也。从人，义声。”宋代徐锴的《说文解字系传》曰：“度，法度也。”清代著名的文字学家段玉裁《说文解字注》也说："度，法制也。"《说文解字》云："义，己之威仪也。"经传之中，义、仪二字也常通用，《汉书·高帝纪》云："其有意称明德者，必身劝为之驾，遣诣相国府，署行、义、年。"颜师古注云："义，义容也。读若仪。"

而且，义必须是适宜的，《释名·释言语》云："义，宜也。裁制事物使合宜也。"仪也必须是适宜的，《释名·释典艺》云："仪，宜也。得事宜也。"义主内，仪主外，义是道德标准，仪是行为规范。古人称仪为"仪规"或"仪轨"，例如《三国志·蜀·诸葛亮传》："抚百姓，示仪规，约官职，从权制。"又如《世说新语·任诞》："裴（楷）曰：'阮（籍）方外之人，故不崇礼制，我辈俗中人，故以仪轨自居。'"综上所述，仪其实就是礼的仪式或仪节而已。

在社会生活中，一些礼仪是经人们共同认定而形成的，并被大家一致遵守和沿用，即约定俗成的。还有一些礼仪是统治阶层运用权力颁布实施而渐成惯例的。此外，礼仪还源于协调人类相互关系的需要。在古代、特别是在远古时期，维持群体生活的自然人伦秩序的礼仪，还是生产活动中最原始的心理动力之一。

（二）礼仪的演变

我国礼仪文化源远流长。

在人类发展的初期，当人们对火山、地震、电闪雷鸣等自然现象无法解释时，就认为（或者更确切地说是想象），天地间存在一种神奇的力量，即鬼神。在那个愚昧无知的年代里，人们出于对神的敬仰和对鬼的惧怕，就用物品来祭拜，而祭拜自然要讲究各种仪式，由此，礼开始萌芽了。

中国古代礼仪形成于"三皇五帝"历史传说时代。据记载，在尧舜时期，就已经形成一整套较为完整的包括"五礼"（吉礼、凶礼、宾礼、军礼、嘉礼）在内的礼仪制度。据称，唐尧、虞舜、夏禹历代诸君本身都是讲究礼仪的典范，在《二十四孝图说》中有一篇《大舜耕田》，讲的就是舜躬耕历山、任劳任怨，供养父亲、继母和同父异母之弟的故事。

古代礼仪制度在尧舜禹时期初步形成的基础之上，后又经过夏、商、周的发展而日趋完善。周朝，周公制礼作乐。例如，他在朝廷设置礼官，专门掌管天下礼仪，把我国古代礼仪制度推向了更为完备的阶段。

《左传》记载"先君周公制周礼"，说明周公的制礼工作在历史上很有名。此外，周公还建立典章制度，主张“明德慎罚”，其言论多见于《尚书》中的《大诰》《康诰》等篇。我国著名的礼仪著作《周礼》《仪礼》相传也均系周公所作。

春秋时期的孔子把礼推向了一个至高无上的地位。他要求所有的人都要“克己复礼”，并教育他的弟子们做到“非礼勿视”“非礼勿听”“非礼勿动”。此外，为了宣扬古代礼制，他不远千里从鲁国到西岐向老子（李耳）学礼。可以说，孔子奠定了儒家学说在传统礼仪文化中的核心地位，其推己及人、仁爱待人的思想一直影响至今。

到了汉武帝时期，“罢黜百家，独尊儒术”的治国方略确立后，礼仪作为社会道德、行为标准和精神支柱，其重要性被提升至前所未有的高度。此后历朝历代都在朝廷设置掌管天下礼仪的机构，如汉代的大鸿胪、尚书礼曹，魏晋时的祠部（北魏又称仪曹），隋唐以后的礼部尚书（清末改为典礼院）等。

随着社会的发展，礼渐渐被转为礼制，成为统治阶级用来维护自身利益和地位的工具，如汉初的叔孙通为刘邦“朝仪制礼”，还有董仲舒提出的“三纲五常”等等。

此外，汉代把《周礼》《仪礼》等列为经典，是读书人的必修之课。西汉戴圣在研究前人礼书著作的基础上编纂《礼记》一书，也被列为十三经之一。《周礼》《仪礼》《礼记》“三礼”的出现标志着礼仪、礼制发展到了成熟阶段。这三部典籍的问世，更全面直观地阐述了传统礼仪文化的内涵。此后，还出现了《周礼注疏》《仪礼注疏》《礼记正义》《礼说》《礼记集解》《礼记集说》《礼书通故》《礼书纲目》等大量礼学著作。礼学也成为中国历史文化中一门重要的学科，对人类文明进步起着特有的作用。

现今，各类文明规范都是礼仪、礼制的组成部分。随着我国物质文明、精神文明和制度文明不断发展，人们崇尚礼仪、崇尚文明的意愿也越来越强烈。

中国的礼仪文化不仅对中华民族的发展有着巨大的推动作用，而且对世界产生了深远的影响。如我国的传统礼仪文化在韩国、日本、越南等国保存颇多，并继续在社会生活中发挥积极作用。可以预见，今后国家与国家、民族与民族之间的竞争，将会越来越多地在文化领域中展开。

（三）礼仪的分类

中国古代有“五礼”之说，在社会的发展过程中，从最初祈求鬼神赐福的礼仪，到“三礼”即《周礼》《仪礼》《礼记》的出现，标志着我国礼仪发展到了一个比较成熟的阶段。到了宋代，礼仪与封建伦理道德相融合，成为实施礼教的教化工具之一，遍及社会生活的方方面面，行礼为观德服务，繁文缛节极尽其能。

到了现代“知识经济”“信息社会”时期，世界经济走向一体化的格局，庞大的国际社会变成一个“地球村”，国家与国家之间、民族与民族之间、团体与团体之间、个人与个人之间的交往越来越频繁，包括各种政治往来、商业贸易、文化交流、体育比赛等。故此，礼仪不但在古代社会，而且在现代社会，都成为人类的交流介质。

在各个民族的社会文化传统中，礼仪历来注重规范和处理群体、伦理和人际关系，总体而言可分为政治礼仪和生活礼仪。

1. 传统社会的政治礼仪

（1）祭天。古人对天的崇拜，源于对种种自然事物如日月、星星，以及无法解释的自然现象的具体崇拜。当这种崇拜发展到一定程度之后，才抽象为对天的崇拜。祭天产生于周朝，周人崇拜天则源于商朝时对帝的崇拜，即天子为社会最高统治者，万民皆服。这种“君权神授”祭天之礼自其产生之日就被用来为统治者服务，因此，祭天盛行至我国封建社会末期，直至清代终结才退出历史舞台。

（2）祭地。夏至是祭地之日，祭地的礼仪与祭天的礼仪大致相同。汉代称地神为地母，说她是赐福于人类的女神，也称其为社神。最早祭地是以血祭祀。汉代以后，不宜动土的风水信仰盛行。祭地礼仪还有祭山川、祭土神、祭谷神、祭社稷等。

（3）祭宗庙。宗庙是当时在世古人为亡者建立的寄居地，可见宗庙制度是祖先崇拜的产物。古代有着严格的制度，如天子七庙、诸侯五庙、大夫三庙、士一庙、庶人不准设庙。此外，宗庙的位置也有很多相关的规定：天子、诸侯设于门中左侧，大夫则庙左而右寝。

祭祀时行九拜礼：稽首、顿首、空首、振动、吉拜、凶拜、奇拜、褒拜、肃拜。宗庙祭祀中还包括对先代帝王的祭祀。据《礼记·曲礼》记述，凡于民有功的先帝如黄帝、帝喾、尧、舜、禹、文王、武王等都要祭祀，自汉代起始修陵园立祠祭祀先代帝王，明太祖则始创在京都建立历代帝王庙。这其实也是中国悠久的书面历传传统的一种物化的明显表征。

（4）祭先师先圣。汉魏时期以周公为先圣、孔子为先师，唐代尊孔子为先圣。唐宋以后一直沿用“释奠”礼作为学礼，也作为祭孔礼。南北朝时，每年春秋两次行释奠礼，各地郡学也设孔、颜之庙。明代称孔子为“至圣先师”。到了清代，盛京（辽宁沈阳）设有孔庙，定都北京后以京师国子监为太学，立文庙，称孔子为“大成至圣文宣先师”。

（5）相见礼。下级向上级拜见时，要行拜见礼；官员之间行揖拜礼；公、侯、驸马相见行两拜礼；下级居西先行拜礼，上级居东答拜。平民相见，依长幼行礼，幼者施礼。外别行四拜礼，近别行揖礼。

（6）军礼。军礼主要包括征伐、征税、狩猎、营建等礼仪。

2. 传统社会的生活礼仪

本书中对西部少数民族生活礼仪的描述主要以人生礼仪为主，下文将会进行详细介绍。人生礼仪属于民俗学范畴的社会民俗事象，是人的一生中“在不同的生活和年龄阶段所举行的不同的仪式和礼节”①。

（1）诞生礼。诞生礼自古就有重男轻女的倾向，包括“三朝”“满月”“百日”“周岁”等。三朝是婴儿降生三日时接受各方面的贺礼。满月即婴儿满一个月时剃胎发。百日时行认舅礼、命名礼。周岁时行抓周礼，以预测小儿一生命运、事业吉凶。

（2）成年礼。成年礼也叫冠礼，是跨入成年人行列的男子的加冠礼仪，从氏族社会盛行的男性女性发育成熟时参加的成丁礼演变而来。

（3）飨燕饮食礼。飨在太庙举行，烹太牢以饮宾客，重点在礼仪往来而不在饮食。“燕”即“宴”，在寝宫举行，主宾可以开怀畅饮。“燕礼”对中国饮食文化形成了深远的影响，如正月初一吃饺子、正月十五吃元宵、五月初五吃粽子、八月十五吃月饼等都是与节日礼仪相关的饮食，最后发展成为一种饮食礼仪。

（4）宾礼。主要是对客人的接待之礼。与客人往来的馈赠礼仪有等级差别。“士相见，宾见主人要以雉为贽；下大夫相见，以雁为贽；上大夫相见，以羔为贽”。

（5）五祀。指祭门、户、井、灶、中（中室）。周代是春祀户，夏祀灶，六月祀中溜，秋祀门，冬祭井。汉魏时按季节行五祀，孟冬三月“腊五祀”，

① 陶立璠著《民俗学概论》，中央民族学院出版社 1987 年版。

总祭一次。唐、宋、元时有“天子七祀”之说，祀司命（宫中小神）、中、国门、国行、泰厉（野鬼）、户、灶。明清两代仍祭五祀。清康熙之后，罢去门、户、中、井的专祀，只在腊月二十三日祭灶，与民间传说的灶王爷腊月二十四朝天言事的故事相合，国家祀典采用了民间形式。

（6）傩仪。其源于史前，盛行于商周。周代的傩仪是四季驱邪逐疫。周人认为自然的运转与人事的吉凶息息相通。四季转换、寒暑变异、瘟疫流行，鬼魂乘势作祟，所以必须适时行傩以逐邪恶。傩仪中的主神是方相氏。两汉时，傩仪中出现了与方相氏相配的十二兽。魏晋南北朝隋唐沿袭汉制，但在傩仪中加入了娱乐成分，方相氏和十二神兽角色由乐人扮演。

二、西部少数民族礼仪

西部主要分布着49个少数民族，5个自治区和绝大部分自治州、大部分自治县都在西部。从某种意义上说，西部也可称作我国少数民族聚居地区。在此需要专门说明，内蒙古自治区既有一部分属于东北（传统行政大区划分），又在整体上属于西部（现今经济地理划分），因而书中内容涉及东北地区相关民族实属必然。广西壮族自治区也是如此，既属传统大区划分之中南，又属经济地理划分之西部。广西及其毗邻的贵州各民族多与中南地区其他民族渊源深广，于是书中内容难免涉及中南地区相应民族，以更加方便、更加充分地表述、展示我国各少数民族间相关、相近的礼仪民俗状况。

地域辽阔、物产丰富是西部的一大优势。同时，西部在生物资源、文化资源上更有着极其深厚的底蕴。而且，中国西部的少数民族文化与礼仪文化从来息息相关。本部分拟从西部少数民族文化的地域性、文化的多样性和宗教的多元性角度，对西部少数民族文化特征进行分析，并阐明其与礼仪文化之间的关系。

（一）地域特征与礼仪

西部地理复杂多样，西北地域辽阔，西南山水切割，西部文化在这里表现出了鲜明的地域性。西北地区历史悠久、地域广大，它孕育的文化在质朴中藏着博大。青藏高原起伏跌宕，庄严静穆，它的文化则处处透着神秘和诱惑。西南地区民族众多，山川纵横，这里的文化显得细腻抒情。这些独具特色的地域文化，形成了西部特有的文化景观。

环境是一个相对于生物有机体而存在的概念。生物在其生活生长的过程中，要不断地与环境进行物质和能量的交换。环境向生物有机体提供生长发育、繁衍后代所需要的物质能量，对于生物有机体具有制约作用。同时，生物也在不断地改造环境①。根据这一规律，我们可以大致找到西部的地域环境多样性互动关系形成与发展的基本脉络和轨迹。

西部在洪荒时代便自然形成的地貌多样性，孕育形成了西部的生物多样性。而地貌多样性和生物多样性交互作用形成的适宜人类生存与发展的环境，又孕育形成了西部的民族文化多样性。民族文化多样性一经形成，各民族人民便运用人类及其文化特有的理性与创造力，对地貌多样性和生物多样性进行文化调适，经过漫长的互动磨合后逐渐形成并保持了良性互动、高度融合的格局。

其中，最晚形成的民族文化多样性处于核心位置，对于维持格局及促进格局发展发挥着关键作用。费孝通先生指出："民族格局似乎总是反映着地理的生态结构。"② 从地理环境的大势来看，中国的西部，处于东亚亚热带季风区、南亚热带季风区和青藏高原三大区域的交汇与过渡地带。人类文明起源的规律表明，地理过渡带比单一地带具有更为复杂多样的自然条件，地理气候的多样性形成生物物种的多样性，为古人类的生存繁衍提供了更为广阔的可选择空间③，因而西部成为我国迄今所知最早的古人类发源地之一。

从距今 170 万年前的元谋人牙齿化石所在地层中还出土了 29 种哺乳动物化石，主要有云南马、牛、鹿、象、原始麝、剑齿虎等。从其中的哺乳动物化石多为草食类动物化石，以及植物孢粉谱所反映的气候和植被生态环境看，元谋人生活在比较凉爽的草原—森林环境中。这种环境有利于人类的生存和繁衍，所以西部还发现了晚更新世时期的晚期智人（俗称新人）化石，如丽江人、西畴人和昆明人等化石④。

进入新石器时代以后，人类活动的足迹已遍布西部全境。迄今所发现的 300 多处新石器时代遗址，很多都分布于西部地区。这些原住民在如此复杂多样的自然环境中生存，逐渐发展出适应相应环境的生产方式和生活方式，从而形成多元、多类型、多区域异彩纷呈的文化，为多民族格局的形成奠定了

① 参见欧晓昆《生态学与生物多样性》，载裴盛基、龙春林主编《应用民族植物学》，云南民族出版社 1998 年版。

② 费孝通《中华民族的多元一体格局》，《北京大学学报》1989 年第 4 期。

③ 参见《中华文明史》（第一卷），河北教育出版社 1989 年版。

④ 参见汪宁生《云南考古》（增订本），云南人民出版社 1992 年版。

基础。

与此同时，西部的江河体系及其自然形成的河谷通道，又构成若干条民族迁徙、流动的走廊。氐羌族群自甘青高原沿怒江、澜沧江和金沙江河谷南下，百越族群自东南沿海顺珠江水系西进，或自东南亚溯澜沧江、红河水系北上①，早在新石器时代，西部就已是一个多民族聚居地区。

多民族格局孕育了多种多样的民族文化。而每一个民族和每一个民族的不同支系由于分布在不同的地区，在其为适应不同的地貌环境和利用不同的生物资源而进行文化调适的过程中，便自然发展出不同的礼仪文化。礼仪文化其实也可被视为一个民族对自然环境的适应性体系。它包括民族文化体系中所有与自然环境发生互动关系的内容，主要包括这个民族的宇宙观、生产方式、生活方式、社会组织、宗教信仰、风俗习惯等。在这种礼仪文化指导下，各民族都在宇宙观、生产方式、生活方式、社会组织、风俗习惯等方面采取了一系列具体行动来适应各自所处的自然环境。各民族只有与自然环境保持良性互动的关系，才能为其生产繁衍打下坚实的社会基础。

当然，在西部各民族数千年的发展史中，人及其文化对自然环境的破坏无疑也是存在的。诸如历史上的战乱、兵荒，明代内地汉族大规模移民西部屯田垦殖，清代改土归流后滇中居民对周边地区的拓展开发，以及20世纪50年代以后由于政策失误、盲目开发导致的一系列破坏等，都对西部的生态环境以及民族文化多样性的保持造成了严重的不利影响，在局部地区甚至出现了恶性循环的危机。尽管如此，从总体上、全局上看，西部至今仍是中国乃至全球为数不多的继续保持着地貌多样性、生物多样性和民族文化多样性良性互动关系的地区之一，而且这一良性互动关系成为决定西部少数民族保持良好的礼仪文化的决定性因素。

（二）文化多样性特征与礼仪

西部是中华文明的重要发祥地之一，拥有深厚的传统文化底蕴。在相当长的历史时期，西部曾是中国政治、经济、文化的中心地带，曾为中华民族的崛起创造过无数的辉煌。

西部是我国少数民族及其文化的集萃地，具有丰富的中国传统文化历史底蕴和鲜明的民族特征。西部是少数民族集中聚居的地方，蕴藏着极为丰富

① 参见马曜主编《云南民族工作40年》（上卷），云南民族出版社1994年版。

的民族民间文化。在一些边远的少数民族地区，经济的落后和社会的闭塞给人们的生活带来了贫困，却使一些久远时代的文化基因和艺术形式得以保留下来，成为某些古老艺术的珍贵的“活化石”。东巴文化、吐蕃文化、西夏文化等，都曾在文字学、文学艺术和哲学等方面取得过辉煌成就[①]。

由于自然环境、生态环境等生存条件的特殊性，居住在西部地区的人们，在长期的社会生活和劳动实践中创造了多样性的文化。西部民族在久远的历史长河中创造并形成了包括语言、宗教信仰、自然崇拜、神话传说、故事、歌谣、舞蹈、节日、服饰、建筑、手工艺、礼仪习俗以及生存理念、生活和生产方式等在内的民族文化。这些内容有的在不同民族中是相近或相似的，有些则相去甚远。即便是同一民族，因为支系不同或居住地不同，在许多方面也有很大差异，民族文化由此更显丰富多彩。

在文学艺术方面，西部各民族在历史的发展过程中创作了许多优秀的文学作品，如藏族的《格萨尔》，蒙古族的《江格尔》，柯尔克孜族的《玛纳斯》，维吾尔族的《福乐智慧》，傣族的《召树屯》等。这些作品都有较高的思想性和艺术性，极大地丰富了祖国的文化宝库。

在曲艺乐舞方面，有产生于青藏高原的藏戏，关中的秦腔，西部乐舞和纳西古乐，流行于西北的“花儿与少年”，流行于西南与西北的口弦琴，盛行于云南的民间舞蹈阿西跳月，傣族的孔雀舞，苗族、侗族的芦笙舞，青海土族的安昭舞等等。中国传统音乐中有许多曲谱和乐器来自西部少数民族地区。

在工艺美术方面，新疆有丝绸之路艺术遗迹，甘肃有彩陶艺术和敦煌、麦积山石窟艺术，西藏有独特的藏传壁画艺术，陕西有秦兵马俑、唐十八陵陵墓艺术，广西、云贵地区有铜鼓艺术以及民间美术。西部美术在中国美术史上占有极其重要的位置。

在经济文化方面，有与经济发展史相关的文化，如与采集渔猎、农业种植的产生与发展、手工业的产生与发展、工业的产生与发展等相关的文化，也有西部民族饮食习惯和民俗文化，还有经济组织形式结构方面的文化，如与社团、游牧部落、村社等相关的文化。

在语言文字方面，很多民族都有自己的语言或文字。

---

① 孙家正《关于西部大开发中的文化建设问题》，《人民日报》（海外版），2000年8月9日。

此外，还有政治社会文化、伦理道德文化、历史文化等。

西部各民族在漫长的历史发展过程中，形成了丰富的传统文化，其中有许多都与礼仪相关，是民族地区文化建设的宝贵财富。

西部民族的传统礼仪文化中蕴藏着十分丰富的环保意识，如尊重自然，维护人与自然的和谐等。以纳西族为例，纳西族把自然和人类视为一对兄弟，认为人与自然之间的关系犹如兄弟相互依存，人与自然只有保持这种兄弟般的均衡关系，人类才能从自然中受益，如果破坏这种相互依存的和谐关系，对自然巧取豪夺，那无异伤害了兄弟之情，会遭到自然的报复。故而在纳西文化中有很大一部分礼仪都是表达对自然的敬畏之情。

从传统道德上看，如壮族民间广为流传的《传扬歌》中说："双手创甘泉，终生用不完"，倡导的是勤劳创造美好生活的价值观念；侗族民间格言"人靠人帮，树靠叶衬"，以及布依族格言"树傍树成林、人帮人成才"，强调的都是互助互济的群体礼仪准则。

西部许多少数民族的人生礼仪强调人的群体价值，注重社会群体中人与人之间、人与群体之间的和谐、稳定关系，无疑是值得发扬光大的。西部少数民族的一些人生礼仪不但是对人与自然关系的反映，也是对个人与群体关系的反映。

（三）宗教多元性特征与礼仪

西部是多民族、多宗教的地区，这是西部区情的重要特点。西部不仅民族众多而且很多民族都有自己的宗教信仰，有近20个民族几乎全民信仰同一宗教。

西部民族文化不是一种完全封闭和孤立的文化，而是一个多元文化的综合体，它在本土文化的基础上，将许多外来文化的因素转化、吸纳为自己的成分，从而变得生机勃勃。历史上有三条重要通道贯穿西部，将西部向东与中原地区紧密相连，向西与更加广阔的地域沟通。一条是穿越大西北并一直延伸至欧洲地中海沿岸的古丝绸之路，另一条是贯通黄土高原和青藏高原的唐蕃古道，还有一条是穿过西南云贵高原并经青藏高原通往尼泊尔、印度甚至更远方的茶马古道。

这三大道路除了带来了贸易和人民之间的交往，更传播了文化。中原文化源源不断传入西部，古欧洲地中海文化、古阿拉伯文化、古印度文化、中亚文化等等也纷纷汇集在这里。

佛教在公元1世纪前后由古印度传入中国，至今有近2000年的历史，经过长期的发展演变，又分为汉语系佛教、藏语系佛教和巴利语系佛教三大支派。汉语系佛教在汉族群众中仍有广泛的影响，但由于佛教没有严格的入教仪式和规定，所以信教群众人数很难统计；藏语系佛教主要分布在西藏、四川、青海、内蒙古、云南等地，藏族、蒙古族、裕固族、门巴族、土族等少数民族基本上全民信仰；巴利语系佛教在傣族、布朗族、德昂族、佤族等少数民族中基本上也是全民信奉。

伊斯兰教于公元7世纪中叶从阿拉伯传入中国，至今有1300多年的历史。回族、维吾尔族、塔塔尔族、柯尔克孜族、哈萨克族、乌孜别克族、东乡族、撒拉族、保安族等少数民族信仰伊斯兰教。中国穆斯林大多数聚居在新疆维吾尔自治区、宁夏回族自治区，以及甘肃、青海、云南等省，其他各省、区、市也有分布。

基督教传入我国少数民族地区后，主要为怒族、苗族、彝族、哈尼族、佤族、裕固族、京族等群众信仰。东正教的信仰者主要是我国的俄罗斯族，东北地区部分鄂温克族和蒙古族受其影响也信仰该教。

道教是中国土生土长的宗教，创于公元2世纪，至今有1800多年的历史。道教承袭了中国古代的自然崇拜和祖先崇拜，因而是一种多神教。历史上教派很多，后来逐渐演变为全真道和正一道两大教派。道教主要流行于汉族地区，随着少数民族与汉族交往的增多，道教在一些少数民族中也有所传播和影响，如壮族、布依族、土家族、侗族、黎族、苗族、仡佬族等民族中的许多群众信仰道教。

我国少数民族中，既有一个民族信仰同一宗教，也有同一民族信仰不同宗教，还有不同民族信仰同一宗教及不同民族信仰不同宗教的情况，因此宗教信仰状况比较复杂。宗教作为一种社会历史文化现象，在发展过程中吸收了人类思想文化的一些养料，与一些文化因素相互渗透、相互包容，成为一种文化的混合体。

同时，受其影响所外化出来的礼仪文化也成为西部民族文化的重要组成部分。西部少数民族礼仪中的一些程式，既有受外来宗教影响的；也有受本土宗教影响的，但不管如何，这些礼仪文化中，毕竟有一部分与宗教有密切的关系。

三、西部少数民族的人生礼仪

人的生命如此奇妙，不管人们怎么不愿意或者不敢相信，现代科学早已明白无误地确证：生命属于每个人，但只有一次，从出生之日起，每个人就不可避免地一步步向生命的终点走去。来日可数，去者不可留。人生历程对大多数人来说总是这样，既充满了诱惑，也充满了恐惧。这种诱惑与恐惧促使人们去探寻生与死的奥秘。

早在人类文明萌动之初，自天地万物成为人类探寻的对象时，人类就同时面临着另一种同样神秘无比的奇异事象，即人类自身由生到死所经历的各种变化。从某种意义上说，最使人兴趣盎然也最令人困惑不已的就是他自己的生命历程。从远古直到现在，几乎每一种文化群体，每一个人都试图解开这样一串似乎带有永恒意义的谜：在这个世界上，人到底是什么东西？生命是什么？组成生命历程的各个阶段分别具有什么样的意义和目的？一个人的出生意味着什么？成年与婚配意味着什么？死亡又意味着什么？

对此，在不同的时空范畴中，人类各个民族都有自己的理解。尽管他们的理解可以有这样那样的不同，但是有一点在分布于地球各个角落的人类群体中都是大致相似的，即人们总是把作为每一个个体的人的一生划分为一些相互衔接而又彼此迥然有别的不同阶段，正是这些阶段共同组成了从生到死的整个人生历程。一般来说，最简单也最基本的阶段划分即是出生—成年—死亡。很显然，这种阶段划分的基本依据就是人的生理成长的大致轨迹。

实际上，人类从动物界走出来的基本标志就是他创造并拥有着区别于动物界的社会文化。哪怕这种文化的初期形态是何等原始，但它们毕竟是我们的祖先区别于动物的发端。由此开始，人生阶段的实际组成便不再只是生理成长的简单复现，而逐渐包容了越来越多的文化因素。

从总体上讲，随着社会文化的逐步演进，与生理成长相适应的人生角色系统也渐趋复杂，并且，这些主要属于社会文化范畴的人生角色在人生阶段的划分与组成中占据了越来越重要的位置，人生阶段的划分也就越来越复杂了。

事实上，在绝大多数人类群体中，比较正常地由生命之初走向生命之末的人，一般都要经历出生、成年、婚配、死亡等一系列重大事件。所谓社会文化意义上的人生阶段便是由这一系列重大事件组成的。所有这些阶段都有各自的特征和目的，不同的阶段赋予人不同的人生角色，因此对于一个人来说，由前一阶段向后一阶段的转变，通常都会被视为其人生历程中的一次重要转折，标志着这个人从此以后将担负起新的人生角色。每一种人生角色总是有其相应的角色规定，并且社会文化必然要向处于不同人生阶段的人提出一系列与该角色相适应的要求，其中包括赋予他种种相应的权利和责任等。

我们把上面提到的这种重要转折称之为人生角色的转换。每个人的这种角色转换都不可避免地要受到所属群体的重视。这种情况在奉行传统法则的社会文化背景中显得尤其突出，那是因为在那种特定的背景中，角色转换不仅对当事者个人而言是非同小可的事件，对其他相关的人乃至整个所属群体来说，也往往具有重大的意义。在很多民族中，人们要为此举行一连串专门的仪式活动。

这类与人们生命历程中的角色转换有关的仪式活动，即人生礼仪，又称为“过渡礼仪”。人生礼仪是整个民俗礼仪中一个很重要的组成部分。关于这方面的研究，几乎所有民俗学方面的著作都有涉及，如乌丙安在《中国民俗学》一书中研究了人生礼仪的概念、类型及民俗形式。他指出，人生礼仪，国际上又称“通过礼仪”。每个人在一生中都有必经的几个生活阶段，每个人的社会属性就是通过这些重要阶段不断确立起来的。自古以来，在各阶段中便用一定的仪式做出表示，以便获得社会的承认和评价。在这一生中各阶段所标志出的礼仪，就是人生礼仪。他认为人生礼仪包括诞生礼、成年礼、婚礼、葬礼等民俗形式。苑利、顾军也赞同这一观点。而钟敬文认为，除了上述四大礼仪外，表明进入重要年龄阶段的祝寿仪式和一年一次的庆贺生日的活动，亦可视为人生礼仪的内容。

从不同的角度、使用不同的分类标准，可将人生礼仪分为不同的类别。钟敬文认为，按人生礼仪的性质或内容可以分为：诞生礼仪、成年礼仪、婚姻礼仪、丧葬礼仪。王娟认为，按人生礼仪的原理可以分为：交感礼仪、传递礼仪、直接礼仪、间接礼仪、积极礼仪和消极礼仪，而按人生礼仪的结构形式可以分为：分离仪式、通过仪式和（再）进入仪式。

与各少数民族传统人生礼仪相关的研究成果数量很多，涉及的民族面广，内容极其丰富。比如，周兴茂详细介绍了在社交和日常生活中，土家族最重要的诞生礼、婚礼和成年簪冠礼、寿礼、葬礼等四大礼仪，并归纳出这四大礼仪的人文价值。石惠春、石惠镜在《回族人生礼仪》中指出，回族人生礼仪在每个穆斯林一生中各个阶段举行，主要有诞生礼、命名礼、满月礼、抓阉礼、割礼、婚礼、葬礼等[①]。

而本书认为，人生礼仪包括出生仪式、成年礼、婚礼、亲长身份晋升仪式和葬仪这五项。除此之外，在西部少数民族礼仪中，比较有代表性的还有一些日常礼仪和社交礼仪。这在下文将有所叙述。

在这里有必要加以简单说明的是，尽管上述五项礼仪共同组成了完整的人生礼仪，但这并非意味着每种民族中的每一个体都将毫无例外地在其人生历程中经历每一项仪式。事实上，当我们着手对一些民族的人生礼仪做深入考察时就发现，它们的实际存在远比理论的概括要复杂得多。根据我们的考察，在不同的文化背景、不同的民族中，人生礼仪的组合各不相同。

具体说来，在一些民族中，一个人在其一生中经历的人生礼仪可以是出生仪式—婚礼—葬仪，在一些民族中则可以是出生仪式—成年礼—婚礼—葬仪，在另一些民族中又可以是出生仪式—成年礼—亲长身份晋升仪式—葬仪。

从比较宏观的角度看，人生礼仪是一个动态的系统，它的形成和发展，以至变异与衰亡，都是在特定而具体的社会历史背景中由多种复杂因素交互作用而促成的。每一种人生仪礼都有与角色转换相适应的特有目的和意义，它赖以存在的生命力主要是其在各自所属的社会系统结构中显现出来的文化功能，并且这种文化功能也只有在与之相匹配的系统结构中才有作用。

一般说来，功能作用越强，它的生命力就越旺盛；当功能作用已逐步衰减时，它的生命力也就渐趋微弱。我们不能设想，某种人生礼仪能够离开与之相应的角色转换、离开它在一种社会系统结构中的文化功能而单独存在。

例如，婚礼属于婚姻文化的一部分。一般说来，它总是与某些特定的婚姻形态联系在一起的。换句话说，它必须依存于男女间的性组合所引起的角色转换。当男女之间的性组合尚不必然与建立那种成为基本经济单元的家庭等结果相联系，而只作为一种生殖手段存在时，作为人生礼仪之一的婚礼显然就无从谈起。

在这里，我们可以用云南永宁一带的纳西族的情况作为例证。中华人民共和国成立前，永宁纳西族最基本的社会群体主要不是由一夫一妻为主体组建的核心家庭，而是充满母系色彩的大家庭，人们的血缘关系主要依从母亲一方，他们的婚姻形态基本上不是男娶女嫁型的，而是实行配偶双

---

① 石惠春、石惠镜《回族人生礼仪》，《丝绸之路》2001 年第 9 期。

方不组成家庭的走访婚。男女双方夜合晨离，所生孩子由女方所属的母系大家庭负责养育，对大多数成年男子来说，他们无须扮演丈夫和父亲的角色，必定要扮演的角色是舅舅。也就是说，他们承担的是养育其所属母系大家庭内的外甥们的责任。

一旦通过成年礼，男性与女性即可自由来往，直至建立比较固定的性关系，所生孩子属女方，男性只需在孩子生下以后去行“认子认式”——在某种程度上，这项仪式有确认亲长角色身份的用意即可。有的则连“认子仪式”也无须举行。因此，在他们那里，一生中经历的人生礼仪主要包括：出生仪式—成年礼—亲长身份晋升仪式—葬仪。

有关成年礼演化过程中的一些情况，则是另一种有说服力的例证。有种种迹象足以说明，成年礼最初是氏族社会所特有的人生礼仪。作为一种特指，所谓“成年”的原始含义一般说来绝不仅仅是生理成长意义上的，它特指一个人由不合格的人甚至“非人”变为合格的、真正的人，并且这里的“合格之人”首先在于标志着他被所属的氏族组织接纳为正式成员。在其文化变迁过程中，当成年的意义指向为某个个体生理成长及社会化过程中达到的特定阶段时，它原有的目的、意义及文化功能也就发生了相当大的变异。

由此而来，成年礼的神圣性也就逐渐衰减，甚至荡然无存，于是成年礼最终被冷漠、被遗弃也是必然的结局了。正如我们在聚居于中国西部的白族、壮族、傣族、佤族、哈尼族、傈僳族等民族中看到的一样，完整的成年礼现在已经不复存在，只有些许残余尚依稀可辨。他们的人生礼仪主要包括这几项：出生仪式—婚礼—(亲长晋升仪式)—葬仪。

事实上，只要对人生礼仪的实际状况做认真的考察，我们就会发现，处于特定文化背景下，社会系统结构中的很多具体因素都会使它们发生某些极其重要的变异。

以冠礼和笄礼为例。

冠礼是中国古代男子的成年礼，主要流行于西周和春秋战国时期的中原一带，但是从各种相关的古籍记载看，至少在春秋战国时期，它的实施范围已经相当狭窄，基本上限于士以上的贵族阶层。正因为如此，冠礼又被称为“士冠礼”。冠礼的这一特征决非古已有之。

我们知道，在西周和春秋战国时期，中原汉族的等级制度非常严格，儒家学说的创始人尊礼制、重礼教的核心之一，就在于正名分，即每个人按照自己在社会中所处的地位和身份来规范言行，不得随心所欲，逾越其名分限定的界线。从《仪礼》所述来看，冠礼的仪式程序，包括三次加冠及加冠后受礼者拜见国君和其他官宦等，显然都是士以上的贵族阶层方可为之。由此可知，在“礼不下庶人”的文化背景中，冠礼已经成了只与很少一部分人相关的人生礼仪了。

如果再把女子的笄礼与冠礼相比较，这种变异就更加突出了。由于男尊女卑已经成为当时主宰社会的基本观念，整个社会文化对男性和女性有着截然不同的角色期待，因此即使在同一社会阶层中，笄礼与冠礼的差别也是相当突出的。这种差别表现为冠礼须在宗庙里举行，而笄礼只可在家里举行；冠礼的程序要冗繁、庄严得多，笄礼则只需为受礼者加笄即成；行冠礼的实质在于向受礼者和他所属的社会阶层郑重昭示，该受礼者从此即获得建功立业、掌权治人的权利，而笄礼却仅仅向受礼者赋予成年“许嫁”的标志。

除了需要对种种复杂的变异可能加以考虑之外，还必须明确一点，我们没有任何理由用那种简单化的推断来统领自己的思路，不恰当地认定每一个群体都必然会有上述几项完整的人生礼仪。因为我们知道，一种文化现象的产生、存在总是由多种因素共同促成的，不同民族具有由某些特殊因素的特殊作用而形成的个性特征。换句话说，人类不同群体并非绝对整齐划一地依照同一种轨迹和阶梯演进。这是早就已经在当代人类学界取得基本共识的观点。

通过以上分析，我们可以认为，人生礼仪在不同文化背景、不同民族中显现出诸多差异，这应属不足为奇的正常现象。

我们可以把人生礼仪视为一种特殊的文化符号，它的意义系统体现于对一系列有固定模式和程序的行为操作中。从这个意义上说，人生礼仪实际上是一个民族的某些信仰和观念的形式化的象征表演。

就个人来说，人生礼仪的重要性在于，通过一系列特定的仪式行为使受礼者能够顺利地完成不同阶段之间的过渡，获得新的人生角色。这中间包括向受礼者赋予内在的素质和外显的标志，以便使他能担负起新的角色，并且使这种不同于以往的角色身份得到所属群体乃至神灵祖先们的认同。

对一个群体而言，在为其成员举行的各种人生礼仪中，集中体现着一系列群体成员必须遵循的社会规范，明确标定了一种角色所拥有的权利和应该承担的责任。我们知道，每个人的社会化过程贯穿于他整个人生历程中的不同阶段，人生礼仪作为不同阶段之间特有的过渡方式，则是这种社会化的集中显现。在那些奉行习惯法的民族中，这一情况表现得尤其突出。

事实上，一个人在什么时候、以什么方式来实现前一阶段向后一阶段的过渡和转换，必定要受所属文化背景的制约。换句话说，对于一个人来说，实现某种人生角色的转换是否需要借助特定的仪式活动，以及仪式活动需要包括哪些特有的程序和行为，这在很大程度上显示出他所属的社会群体对该群体成员的人生角色的基本理解。因此，尽管人生礼仪总是与个人的生命历程密切相关，但实际上却集中体现着一个群体的社会道德规范、角色期待，以及对诸如性、生命等所持的信仰和观念。

对人生礼仪的研究，是文化人类学、民俗学的一个重要组成部分。

在当今世界，绝大多数人都已不可能经历较完整的人生礼仪。就大多数民族而言，除了从依然普遍举行的婚礼和葬仪中，我们多少还能找到一点与古代文化的历史联系外，出生仪式、成年礼、亲长身份晋升仪式在很大程度上已经变得面目全非，或者根本就已消失殆尽、荡然无存。因此，对那些至今仍然保存着较完整的人生礼仪的民族进行深入细致的研究，就有着特殊的价值。

四、西部少数民族的其他礼仪

西部少数民族除了上述的人生礼仪外，还有其他的一些礼仪。比如日常生活礼仪中涉及饮食的用餐礼仪以及与少数民族禁忌相关的饮食礼仪，在不同年龄段或不同场合的服饰礼仪，居家时对神龛或火塘的尊敬以及进出居所的居住礼仪，出行时乘坐交通工具的通行礼仪。这些礼仪存在于西部少数民族的衣食住行中，体现着每个民族的传统与文化。

西部少数民族在社交时也要遵循一些礼仪。比如在社交中的称谓，如何使用敬辞，如何遵从称谓上的禁忌；写书信时的礼仪，过去一些少数民族用羽毛、草绳、石块来传递信息，如今少数民族在汉文化的影响下对书信的别称、传递以及其中的礼仪也有了相应的变化；在到西部少数民族家中拜访时，他们都有热情的待客礼仪，拜访人自然也要注意拜访礼节及西部少数民族在社交中的禁忌，要尊重每个民族的社交礼仪。

本卷涉及的具体范围包括西部地区的49个少数民族，由于种种原因，一个民族散居或多民族杂居的现象也比较普遍。因此，我们在具体描述时，常常不得不在族称前冠以聚居地的名称。因为即使属同一民族，由于散居和杂居的情况比较普遍，聚居在不同地区的不同支系或各种地缘性的群体，虽然仍以本民族的文化传统为主导，但却往往因长期的历史演变和文化整合而形成自己的一些独有特征。作为文化现象之一的人生礼仪当然也就由此而呈现出非常复杂的状况。

西部少数民族属于中华民族的一部分，同时也属于人类的一部分。我们研究他们的礼仪，目的在于为整个人类文化的研究提供一种独特的景观，并力图把握住其中所包含的某些深层意蕴，从这一特定的角度去理解各种文化变迁和分化的轨迹，理解文化的某一些表现形式以及诸种形式间的关系，理解社会群体的传统习俗在个人生活中所起作用的特有方式和途径。

具体说来，我们期望通过对西部各少数民族礼仪的考察和研究，认识这些民族对生命、对人生的理解和态度，以此为人类文化的研究提供一个侧面的参照，并向更多的读者展示一种思路。因为从某种意义上说，任何一个人类群体都处于特定的文化背景中，往往会面临许多不同的问题，但是有一种最基本的困惑乃是普遍存在的，即在这个充满奇妙的世界上，我是谁？我要做什么？我能做什么？

这同我们涉足于西部少数民族人生礼仪时做尽可能细微的现象考察并不矛盾。正像美国人类学家本尼迪克特所言："把少数几种文化理解为行为的凝聚组织，比起对众多文化做浮光掠影式的涉猎，显然更有启发得多。生死婚嫁和成年礼仪等文化行为中各个独立的事项与文化动机和目的存在一定的关系，它们永远也不能通过世界性的泛泛综合而得到澄清。"①

了解别的文化传统，有助于认识我们的文化传统；了解别人的生活，有助于认识我们自己的生活。每个人的生命都是短暂的，但人类所创造的文化却将永存！

---

① ［美］本尼迪克特著，张燕、傅铿译《文化模式》，浙江人民出版社 1987 年版。

第一章　诞生礼仪

在西部少数民族礼仪中，诞生礼在人生礼仪中占了重要的位置。在我国西部广袤土地上生活的少数民族，历来重视诞生礼仪，从怀孕前的求子到怀孕、临产以及新生儿诞生后的整个过程，都有各自特有的习俗。不同民族的诞生礼仪，既有相似性，也有差异性。

第一节　诞生礼仪概述

一、概说

从妇女未孕时的求子到婴儿周岁，一切礼仪都围绕着企盼人类群体的新成员将来健康、长寿。在古代传统社会中，高禖之祭即是乞子礼仪。祭祀设坛于南郊，后妃九嫔都参加。汉魏时皆有高禖之祭；唐宋时制定了高禖之祭的礼仪；金代高禖祭青帝，在皇城东永安门北建木制方台，台下设高禖神位；清代无高禖之祭，却有与之意义相同的“换索”仪式。

喜结连理的夫妇，最大的心愿是孕育生命，所以在生命孕育之前会有求子的习俗。在民间，求子主要包括：向神求子（主要有观音送子、碧霞元君和张仙送子等）送食求子（给孕妇吃喜蛋、瓜果、子母芋头之类）送物得子（包含送灯、送砖，相传这些都是得子的征兆）。

诞生礼主要是指“三朝”“满月”“百日”“周岁”等。三朝是婴儿降生三日时接受各方面的贺礼。满月是在婴儿满一个月时剃胎发。百日时行认舅礼、命名礼。周岁时行抓周礼，以预测小儿一生命运、事业吉凶。

诞生即出生，降生，是指一个新的生命降临人间，开始了自身生命历程的探索。其实，早在精子与卵子结合受孕、妇女怀胎之时，这一生命就已经存在了，只是，大家还没有看到这个生命的真面目。诞生，胎儿降临人世，是人生历程的开端，是一个人独立生命过程的开始。

从古到今，在许多民族的观念里、许多社会的习惯法里，大都是把出生看作一个人独立生命的开始。我国民俗学界也普遍认为，胎儿与母体完全分离而能独立生存时为出生。因此，以出生作为一个人的社会生命的开始。

在许多民族中，为了区别婴儿的性别，产子的家庭会在大门口挂上不同的物件来标示。譬如，生男孩就在侧室门左悬弓，生女孩则在侧室门右悬帨。邻里乡亲也会登门祝贺，生子人家要散资施财以讨吉利。其中踩生酒就是民间常见的习俗，意思是用酒菜招待第一个进门的外人，而进门的人应一饮而尽，以讨彩头。

诞生是人生的起点，其所承担的生命意义与社会角色非常重要。婴儿的诞生是族群生活中一件极其重要的大事，婴儿诞生不仅是新生命从无到有的关键性转折点，而且还意味着一个家庭人口的增加，意味着村落和民族力量的壮大。

二、诞生礼仪的文化内涵

诞生，意味着这个生命脱离生命孕育状态，进入了人世间。胎儿在出生之前，一切都是未知的。在我国的原始宗教信仰中，胎儿降生意味着胎儿脱离了生命不确定的灵魂投胎状态，进入了特定的人生社会。在现代科学中，婴儿降生，完全地展现在了人类面前，初生儿脱离不确定的孕育状态，进入了新的确定状态，即特定的人生社会。

因此，诞生，对婴儿本人、对其亲长、对其所属的社会群体来说，都有着非常重要的意义。出生，对婴儿来说，意味着他正式踏上了自己的人生历程；对其亲人、家族来说，意味着新生儿承继了父母的血脉，延续了家族的世系；对整个社会群体来说，则意味着新生儿的社会成员角色得到了公众的认可①。自此，一个自然人终于转变为一个社会人，或者说，一个来自灵魂世界而让人猜测不已的生灵终于转入了凡俗的人间，是一个重大的转变与过渡。这一重大转变通常伴随着一系列的民俗活动，象征着个体从自然人到社会人，或者说从灵魂世界到人生世界的重要过渡。

然而，面对这个突然到来的小生灵，人们心怀喜悦的同时还有对于灵魂

① 王亚南、郑海著《生—死：永恒的诱惑与恐惧——云南少数民族人生仪礼研究》，云南人民出版社 1991 年版。

世界的恐惧与担忧。特别是在长期保持着古老的原始宗教信仰的传统社会里，人们往往会认为，这个小小生命的到来，打开了灵魂与生命两界之间的通路，于是便引出了一系列极为复杂的心态及行为。其中，既有对生命的祝福，又有对其命运的担忧；既有对后嗣的期待，又有对其前程的惶恐；既有来自人生社会的认同，又有与灵魂世界的隔绝①。人们的这些心态与行为，伴着理智与情感、明智和蒙昧，反映在被称为“出生仪式”的相关民俗仪礼活动之中。

三、诞生礼仪的作用

因此，婴儿一出生，就需要为其举行一系列诞生仪式，以使其得到神灵的庇护，得到祖先和家庭、邻里和社会的承认。

通过一系列的诞生礼仪，婴儿获得了具有社会化意义的姓名符号，取得了一定的社会角色身份，开始了人生的新历程。因此，诞生礼仪在初生儿的人生历程中，不仅是对其未来生活的祝福与期待，更是对其取得一定社会认同与角色身份所必不可少的仪礼象征形式。

总之，礼仪应该说是法律之外的一种不可或缺的规范力量，对于社会秩序、人际关系的和谐、稳定起着举足轻重的作用。因而在社会发展的过程中形成了一系列程式化的礼仪规范。诞生礼仪作为人生的开端礼也是在这种文化氛围中形成的。诞生礼仪在西部少数民族对孩子的性别意识培养、社会角色塑造中起着举足轻重的作用。在这样一种习俗化的过程中，稳定的习俗规范对西部少数民族中的男性与女性分别予以不同的性别期待，这种期待又通过传统的、既定的模式或公认的方式来运作、监管，基于婴孩最初的生理性别分化，进一步完成习俗化过程中的性别社会分化。从某种意义上讲，诞生礼仪就是形成社会性别分化的开端。

（一）驱邪与祝福

婴儿降临到人间，只是迈出了人生历程的第一步，还处在向人间过渡的角色转换过程中，无论未来怎么样，眼下首要的问题是保住弱小的生命，使其在人世间存活下来。因此，自婴儿离开母体来到人世的那一刻起，人们对他的祝福和期待就已经开始了。人们会从孩子出生这一刻至出生后的特定时段内，为孩子举行一系列的仪式，如处理胎衣、“踩生”、“洗三”、“挂枝”、

---

① 王亚南、郑海著《生—死：永恒的诱惑与恐惧——云南少数民族人生仪礼研究》，云南人民出版社 1991 年版。

“拜干亲”等，既是企盼赶走灵魂世界以及外界所带来的邪恶，保住孩子的性命，也是送上对孩子的祝福，寄托着对孩子的期待。

对于胎衣的处理，有的民族是把胎衣埋起来，有的民族是把胎衣烧掉，还有的民族是把胎衣绑在树上。如永宁纳西族，在婴儿出生后，将初生儿的胎衣埋在十字路口的石板下或山上，然后专门举行一种驱鬼仪式：巫师“达巴”用米饭捏成人形，象征专门威胁婴孩生命的“亚格”鬼，随后把它放在一只木瓢内，将木瓢交到产妇右手里，又取一把镰刀交到产妇左手中。这时，产妇要愤然举刀，一下把人形饭团砍碎，以此表示亚格鬼已被碎尸万段，无法再作恶害人①。

西双版纳傣族在婴儿出生后，把胎衣埋在楼梯下或道路交叉处。在婴儿出生一个星期后，家里又会举行祭家神活动。满月时再祭一次。云南通海的蒙古族，在新生儿降临之后，便把胎衣埋在房门后的柱子脚下，以此寄托对婴儿的祝福和期待，祝愿这刚生下的婴儿将来长大成人，能够抱柱扶梁、成家立业。

居住在榕江、黎平一带的侗族，接生婆将胎盘取出后，便用事先准备好的烂黄泥将其包裹好，放在主屋柱脚旁，堆成一个小土包，以后每生一胎就往后依次堆放。其意是胎儿的“房子”在家中，他的灵魂就不会到处游移，今后他的身体也会健康。

哈尼族将胎衣投入火中烧掉，随后还会用一只公鸡、一只母鸡、一枚鸡蛋来祭鬼。毛南族则把胎衣绑在一棵专用的树上，面向当月的“天德方”。在毛南山乡，几乎每个村落都有一棵这样的树，不许砍伐，直到老朽之后，才会另寻一棵来代替。而在蒙古语族和突厥语族各民族中，人们认为火是女性和母亲的化身，是生育和生命力的源泉，他们把胎衣埋在自家的火塘下。过去，保安族要将男婴的胎衣扔给狗吃，希望孩子长大后忠诚、勇敢。女婴的胎衣则埋在院子里。

这些处理初生儿胎衣的做法，一方面是为了隔断初生儿同鬼魂世界的联系，使其彻底转入人间，同时祈祷远在另一个世界里的自家祖灵保佑后代平安；另一方面也体现了亲长们对婴儿的祝福与期待。

---

① 王亚南、郑海著《生—死：永恒的诱惑与恐惧——云南少数民族人生仪礼研究》，云南人民出版社 1991 年版。

处理完胎衣以后，随后还有一系列仪礼。云南德宏的傣族，婴儿落地后举行“洗头澡”，随后，就举行拴线仪式，接生婆吟唱相应的习俗歌，表达傣族社会对新生儿特有的祝福和期待。

按照一些地方的风俗，婴儿落地时，谁正巧无意中跨进门槛，听到孩子的第一声啼哭，谁就是这个孩子的“踩生人”。一些民族在婴儿降生后，要选择一个品行端正、勤劳善良的人首先踏进产房“踩生”。他们认为，孩子出生后，谁先进入产房，孩子的气质、性格就随谁。

怒族孩子出生的第二天，亲友邻居就会争先恐后地派出各家主妇携带米、鸡、酒、小猪、漆油等礼物来祝贺。按照民间的说法，第一个来祝贺的妇女将会沾上最多的喜气和福分。当天，主人家要用美酒佳肴招待贺喜的人们。宴饮到最后，请一位老妪用溪水擦在婴儿面额上，以示祝贺。

藏族有“旁色”的习俗。“旁”是“污浊”之意，“色”是“清除”之意，即清除晦气的活动。男孩出生三天后（女孩出生四天后），亲朋好友前来祝贺。城镇人家多带青稞酒、酥油茶、小孩衣帽等。农区人家除带酒、茶外，还要带一口袋糌粑及一块新鲜酥油。客人进门后给孩子和生母敬哈达，给生母敬酒敬茶。再捏一点糌粑撒在婴儿的前额上，以示祝贺。

云南剑川白族人家小孩出生后，第一位来客登门时，主人要以饮食款待，而且来客不论口味如何、饥渴与否，都必须大口而食、开怀畅饮，否则主人会不高兴，客人吃不多，就意味着自己的孩子将来也会空空来去，而客人吃得多就预示着这孩子今后将会不愁吃穿。

永宁的纳西族，在孩子出生第三日，家里便要为其举行拜太阳仪式。由产妇左手抱着婴儿，右手抓着一把镰刀、一根代表长矛的麻秆和一页经书，在院子里逗留一会，以示让新生儿沐浴日光，祈求阳性的太阳保佑其平安无事。

除此之外，各民族民间还流行着“拜结干亲”的民俗仪礼活动，也是希望通过借助他人或神物，使婴儿平平安安长大，寄寓了人们对其的祝福与期待。

（二）社会的认同

新生儿一旦来到人世，就生活在特定的社会文化环境之中。虽然婴儿最初并没有什么社会意识，基本上是作为一个自然人生活在人们中间的。然而，社会文化的影响正在改变这种情况，使一个自然人转化成为一个社会人，从而得到社会的认同。因此，出生仪式的许多形式和内容，就是要将初生儿降临人间之事告知众人，从而得到社会的认同。这一求得社会认同的过程，从婴儿出世便已经开始了。

在传统社会，主要是得到亲族群体及村落社会的认同。

云南景颇族人家生了小孩，要以姜片、干肉、盐巴拌饭，用枇杷叶或芭蕉叶将其包成小包，送给亲戚，每家一包。对方接到饭包以后，都要带一些鸡蛋前来共贺同喜。

在西南少数民族中，婴儿降生之初较典型的认同仪式是所谓的“请三朝客”。新生儿出生以后，安然到了第三天，标志着小生灵初步完成了向现实世界的过渡，开始转入人世间。彝、瑶等民族在这一天，都会为婴儿“洗三”，除去婴儿身上的浊气，迎接新的生命。云南巍山彝族在请三朝客之际，产妇的娘家要送米酒、红糖、鸡蛋等到男方家，亲友也要送礼表示同贺。小凉山彝族除了在这一天杀猪宰羊祭祀祖灵的居所“马都”，招待亲族及村中长者、友邻之外，还有别具特色的重要仪式活动。其一就是为婴孩剃头上的“胎毛”，表示婴孩从此脱离灵魂孕育状态。其二是抱孩子出门见人，也象征婴孩从此进入人世间。云南的瑶族同样于妇女产后第三日宴请亲友，大家相聚，共同祝贺。

在西北少数民族中，尤其是信仰伊斯兰教的保安族与信仰东正教的俄罗斯族，他们会根据教义为孩子进行洗礼，并请阿訇或者神甫为孩子起名。

“满月”也是一个重要的认同仪式。即便在现代城市社会里，也在不同程度上以各种形式保留着这一民俗活动。其意义更为明显，出生婴儿渡过了这一大关，便基本进入了人的世界，自此作为一个人而得到人们的认同。

在一些民族中，满月请客与剃头同等重要，剃头也在满月那天进行。如云南滇东北一带的彝族，在摆满月喜酒之时，要由“毕摩”念经祝祷，请一位长辈来给婴儿剃除胎发。若此刻不剃，就得留发三年，到时“剃长毛”还须再请一次客。哈尼族人家的新生婴儿满月，也要剪胎发。兰坪县的白族同样如此。受到邀请的亲朋好友会带着礼物，送上对孩子的祝福。亲族群体和村落社会对新生儿的身份认同，就在这满月的聚会中得以实现。

除此之外，一些民族的传统节日也体现了对新生儿的社会认同。如哈尼族里的哈尼支系在农历二月举行的祭寨节，是村社祭祀中最为隆重的祭典活动，其中专设一项仪式“然呢基作色”，就是寻求社会对孩子的认同。“然呢”意为婴孩；“基作”则是指酒和生的食物；“色”的本意即撒，在此或可译作“贡来吃”之类的意思。节前，新生儿的父母要准备一桌丰盛的酒席，献给村寨里的长老、乡亲。席间，人们把酒引歌，一人领唱，众人应和。席上，还放有标志着新生孩子性别的小生物，生男孩放一只小鸟或松鼠，生女孩放一碗小鱼或小虾。

对初生儿的命名，更是体现了对新生儿的社会认同。命名实质上是初生儿从思维、语言和概念系统中获得的一种最根本的社会身份的认同形式。新生儿的名字不仅把新生儿与人类语言建立了联系，使其归入了人类语言的概念系统，成为人们观念社会中的一个独立个体，也使初生儿同整个社会在观念上联系在一起。因此，各个民族、每个社会都格外重视对新生的后代的命名。

一个民族传统命名模式包括仪礼形式和命名内容两个方面。命名仪式本身便是社会对新生儿身份认同的一种象征。即便有些民族和社会对新生儿的命名仪礼的形式已经淡化了，但命名的具体内容仍然具有双重的社会化效果。命名不仅寄托着亲长们对后代的祝福与期待，更重要的是使婴儿在人类的概念系统中有了一个指代符号，在观念理性上得到了社会的认同。自此，对新生儿的社会规范、行为模式、礼仪习俗等方面的教化训练也就开始了。等他们成年，正式成为社会成员的时候，再得到更为全面的社会身份认同。

第二节　求子及孕期、产褥期礼仪

生命从何而来？死后魂灵向何处去？这一对同体连生的难题，曾经长时间困扰着人们。于是，原始宗教索性另辟一处信仰中的灵魂世界，死归于此，生亦源于此。生与死沟通了阴阳两界，出生成了已故祖先灵魂的投胎转世。这样一种解释倒也首尾相顾，得以自圆其说。

西部的一些少数民族曾有人与鬼、肉与灵同生共降的信仰。德昂族就曾相信，婴儿在出生后的一个月内（有的甚至说一年内）还是一个鬼娃娃，要过一个月（或一年）后才算是一个人。红河县哈尼族传统的宗教观念则认为，人降生的同时便具有了十二个“约拉”（魂），它们对人体的祸福安危起着不同的作用。这十二个魂与肉体同在，人便平安无事；人若是死亡，就是因为这些魂离体而去。不仅如此，灵魂还有家族之分，祖灵只保佑自家的后代儿孙。

滇东北的苗族严禁已出嫁的女儿在怀孕八个月以后回娘家，他们担心女儿因路途劳累而提前生孩子。在他们看来，要是把一个外姓之人生在娘家，该姓之人家族的鬼神便会冲犯娘家族姓的“保护神”及全家人的灵魂，给娘家带来大灾难。万一面临这样的困境，就要由孕妇的姐妹在娘家屋外搭一个小草棚，让孩子降生在那儿。如果未及搭起草棚便将孩子生在娘家屋内，那么产妇回到婆家一个月以后，要由其丈夫请一位“阿爷布说”（阴阳两界的传达者）去娘家“净屋”。洒水洗屋后，阿爷布说左手端酒瓶，右手拿两根竹棍在整个屋里四处敲打，同时念道：“揶！揶揄说呀说！今天我来，屋内已全洗净了。还有一切恶鬼和恶神，今天我要用这双金竹棍，赶你们走，撵你们快出门，去个千秋万代别转来。你们如果不想走，我就请天兵天将来，请我的神狗搜，统统把你们撵出去。”念完便站在火塘边向屋外喷一口酒，继而又把那两根竹棍扔出门去。倘若哪根竹棍特定的一端向着屋门，就表明恶鬼尚未被全部撵走，便要捡回那一根竹棍，重新边敲打边念叨，而后再扔竹棍以判定结果。

哈尼族的传统风俗也是这样，孕妇一概不得在娘家生产，否则将遭到娘家人及其村落亲族的严厉谴责，甚至还要受到处罚。一般所谓的婚后“不落夫家”，仅在生育之前如此，外姓人的血肉魂灵必须要在夫家生养。阿昌族社会则规定，待婴儿满月之后，产妇才可以回娘家，一个来自于另一个冥冥之界的新生命，自然会给凡俗的人间带来某种不安。

人们对临产的胎儿满怀疑虑，甚至心存恐惧，这在德宏傣族人家接生时所吟唱的仪式歌里表现得更加明白：

母亲怀里的孩子哟，
如果你是阴间的红牙怪，
如果你是深谷的断头鬼，
一时投错了胎，
做了世间的人，
成了善家的孩子，
那就随山风快离去，
随天上的雷声离去。
父亲疼爱的孩子哟，

如果你是山坡上的牛头鬼，
如果你是小路上的马面妖，
一时走迷了生路，
来到了这块土地上，
来到了种田为生的良家，
那就随火药枪的烟雾走开，
随欢乐的鼓声走开①。

正因为如此，各个民族都特别忌生畸形儿，谁也不知道这类畸形儿的模样是人还是鬼。西双版纳一带的哈尼族甚至于忌生双胞胎，在他们的观念里，这也是不正常的。也正因为如此，婴儿坐胎时的胞衣同样被认为是不洁的，得妥善处理才是。哈尼族是将胎盘投入火中烧掉，傣族则把胎衣埋在十字路口的石板下或山上。如此一来，似乎便割断了初生儿同另一个世界的联系，使其彻底转入人间。

由于胎儿被视为肉与灵共生，人与鬼同体，孕妇或产妇自然也与灵魂世界"有染"，同样被视为不洁的。孕育生产过程中的禁忌，有许多便是针对孕妇或产妇的。剑川白族这方面的禁忌表现得比较突出。孕妇不得进入迎娶新娘的新房，否则便认为有晦气冲门，新娘日后不会生育；孕妇也不得进入刚生产了新生儿的人家，否则认为这将会把产妇的奶水"踏干"，新生婴儿将没有奶吃。产妇在产后一个月内不能进入其他人家的房舍和厨房，否则认为会使那一家人不吉利，会冒犯"灶君老爷"。产妇在坐月子期间，若出门，须戴笠帽，不能让太阳直照其头项，否则认为会冒犯太阳。如此等等，禁忌颇多。阿昌族妇女在产后一个月内，不能去别的人家，如去了谁家便被认为带去了晦气。

滇东北地区的苗族妇女生育时，忌讳让旁人看见，包括自己的丈夫也不例外。过去，产妇们往往躲到屋外去生下孩子，然后才抱回家来，在堂屋躺下休息。红河县哈尼族孕妇不能在公婆居住的正房之中生产，而只能在旁边专门另建的一间小屋内生产。

基诺族人家的妇女生孩子，则要到家族长屋楼梯脚专供炒茶叶用的一间小房子里去，待婴儿脐带脱落才可上楼入室。这时候，还需要宰杀三只小鸡，

① 《山茶》1987年第6期。

用来祭祀长屋家族长的中心火塘，并由家族长念祭词祈祷。西双版纳刚刚生育过的傣族妇女，则要在火塘边住一个星期左右，才能够搬入内室。新生命的降世沟通了阴阳两界，而种种神秘的禁忌和明确的隔离就是为了割断这种令人害怕的联系。

至于死胎、死婴，以及妇女于妊娠或生产期间死去，过去很多民族都将其视为鬼魂缠身引起的“非正常死亡”。其丧葬需要特殊处理。

既然生命与灵魂有关，阳界连接着阴府，出生仪式自然也就少不了面向信仰世界的祭祀活动。西双版纳哈尼族生了小孩，要用一只公鸡、一只母鸡、一枚鸡蛋来祭鬼。景颇族也如此，谁家添了婴儿，要请念鬼的巫师“董萨”来祭家堂鬼，一般是家中供有几个家堂鬼，就宰杀几只鸡来供祭。阿昌族在新生儿出世第三天，也要杀鸡献祭，同时给婴儿洗澡“去浊气”。西双版纳傣族婴儿出生一个星期，家里要祭家神，祭品仍然是鸡。小孩满月时又祭一次。这一类祭祀活动的目的，便在于祈祷远在另一个世界里的自家祖灵保佑其初生的后代平安。

实际上，各个民族的人们早已经明白，生育是男女交媾的结果，因而才出现了形形色色的生殖器崇拜。永宁摩梭人便有这样的谚语：“爬儿莫久，米日莫文，荒荒久没义。”其意思就是“没有男人，没有女人，不会生小孩”。然而，各种形式的生殖崇拜却依旧充满了非人间的神秘意味。一些民族曾经认为吸吮“石祖”石笋凹处的积水，向“打儿窝”石洞内投掷石子，仿佛凭借着这样的象征之术便能够受孕得子。过去，某些类型的求子活动更是直接求助于巫术信仰。

一、求子

中国社会对求子习俗颇为重视，求子习俗，顾名思义就是婚后不孕的夫妇为了达到怀孕的目的而举行向神祈祷、结印等仪式的民俗。自古以来，各个民族都有对生育现象的探求和对人口繁衍增殖的渴望。不同的民族有不同的信仰，他们的求子方式也是不同的。

过去，一些民族认为人是在创世之初由神创造的，妇女所生的孩子也是由神送来的。所以这些民族多采用的是拜神求子的方式，祈求神灵沟通鬼神与人类的阴阳两界，获得子嗣。也有些原始初民把人类的生殖力视为一种伟大的神秘的自然力，在感生生育观居于支配地位的时期，妇女在生育中的作用和女阴的生殖功能，自然而然地成为初民感激、崇拜的对象，由此形成了女阴崇拜。另一些民族通过人造物或者自然物求子，如以桥求子、以石头求子、以水求子、以火求子等。还有一些民族以食物求子、抱娃求子。

当然，随着科学的发展，现在除了民间的一些求子仪式、活动外，更多的是去医院寻求帮助。因而以下反映的多为中华人民共和国成立前的情况。

（一）拜神求子

拜神求子是一些民族常用的求子方法。

云南的彝族认为，人是在创世之初由神创造的，妇女所生的孩子也是由神送来的。过去，婚后凡是不孕的妇女，都要由祭司“毕摩”来念经促其怀孕，彝语称此为“曲耳比”。凉山彝族谚语曰：“男人最重要的是护身魂，妇女最关键的是生育魂。”“格非”即妇女的生育魂，“格非果”即招生育魂之意。彝族认为凡婚后不孕或生子夭折是妇女的生育魂丢失所致，故要宴请毕摩，举行格非果仪式把生育魂招回来。届时，不孕妇女及其家人随毕摩上山，不孕妇女坐在地上，而毕摩则坐在她身后念道：

高贵的山神，
我们来祭奠，
我们来敬献。
用猪祭奠你，
用酒敬献你，
请你快出来，
接受我们礼。
……
高贵的山神，
请你吃猪肉，
请你喝荞酒，
酒肉下肚去，
望你要开恩。
我们住山脚，
山脚归你管。
你看这妇女，
结亲好几年，
身子都急瘦，

脸儿都急黄，

黄得像黄叶。

请你同情她，

给她送个娃……[①]

还有些民族通过架桥铺路、行善积德，来祈求神灵为自己送来子嗣。如云南金平的苗族、侗族和壮族求子，是到主导生育的神灵那里祈求、拜祭等，或是架桥铺路、行善积德。金平苗族中的不孕妇女得请巫师在自家大门口暗搭木桥，以求来访者给自己带来子女。榕江侗族则多在二月初二选择一小条溪或小沟，在此架设便桥供人行走，或在岔路口安放指路牌为陌生人行路提供方便，以此广积阴德，祈求多子多福或使小孩长命富贵、易养成人。在架桥祈子时，会有一些仪式。如把染成红色的鸭蛋（以下简称“红蛋”）一个、公鸡头一只、针一枚，红绿色丝线若干，装入陶罐内，封好罐口，另备红蛋、猪肉、公鸡、糯米饭、米酒等，摆在桥头，祭桥求子。之后，将陶罐埋入桥端，夫妻双方各拿一个红蛋，男方从现场牵一引线，长短不拘，直至牵完为止。返家后，用红布把两人拿的红蛋包好，放在床头，伴之入眠，谓之“孵”或“抱”，经三夜后食之[②]。

过去，壮族夫妇婚后多年无子，便通过架桥仪式求子。壮族认为，创世女神姆六甲（俗称花婆）后来成了生育之神，她居住在花山上，满山百花盛开，谁家来求嗣，她送一朵银花便生女孩，送一朵金花便生男孩。故架桥仪式多半在室外举行，在沟上或路边象征性地架一座竹桥，也有以布为“桥”的，师公诵经，祈求姆六甲将一朵花经“桥”送至求嗣之家。之后在夫妇卧室门楣上用二尺长的几片竹子弯成拱形，固定在竹篱墙上，上面缀若干朵绢花或彩纸花，象征花山，为祭生育之神姆六甲的象征物。

黔南的布依族，也有类似的“做桥求子”的习俗。在黔南地区，新婚夫妇结婚几年后，如果还没有添丁，就要请“过阴”[③]看，过阴看后，认为犯了“比皆”（夫妻不和）等，就要通过“做桥”来解。做桥须有外家的人参与，桥用桃子树做成，表示之后要“开花结果”，以引渡孩子，早生贵子。整

---

① 王亚南、郑海著《生—死：永恒的诱惑与恐惧——云南少数民族人生仪礼研究》，云南人民出版社 1991 年版。

② 毛公宁编著《中国少数民族风俗志》，民族出版社 2006 年版。

③ 过阴即布依族地区主持封建迷信活动的女巫婆，自诩能通入阴间，可以通灵。

个仪式要请过阴主持，当外家的人来到时，主家要唱歌迎接。主家唱道：“婆在千里送花来，我家请有接花奶，接花要走桥边过，香花蜡烛红相映，今天做桥今天好，后来发子又发财……”然后外家接着唱：“主家做桥是新年，荣华富贵添喜钱，荣华富贵添个宝，主家发财万万年……”对唱约一小时后，主家端一钵糯米饭和红花回家，供奉祖先后，把花插在卧室里，开始吃饭。外家要在主家歇两晚，第三天举行开花仪式[①]后，做桥仪式才宣告结束[②]。

水族夫妇求子，要举行一系列的仪式。苏宁喜节是部分水族地区为祭祀送子和护子娘娘“尼杭”而产生的一个节日。没有子嗣的人家则在节日期间举行祭祀活动，祈求获得子嗣。祭祀尼杭时，要请鬼师用红绿纸剪成一排小人贴在墙上，并用彩纸缠上竹条做成“枚化”，然后将小竹竿做成小拱门或小拱桥插在供桌的墙壁上，其意是希望孩子沿着小桥走进家来。

锡伯族则是通过放风筝求子。无嗣的妇女到娘娘庙烧香磕头，求神赐子，男子则放风筝求子。在锡伯族的观念中，风筝有祈祥的意义。过去，锡伯族认为：太阳和月亮是父母的化身，众星象征着子孙后代，人是从天上降生的，不孕和不育也是天意所定，是人得罪天神后，天神在有意惩罚他们。于是，人们就想出了用动物皮做飞翔物放上天，向天神请罪的办法。后改用纸张做风筝。那些无子嗣的人们，每当春天风和日丽时，都竞相放风筝，以求天神的宽恕，恩赐子孙。因此，过去放风筝的都是中青年人。另外还有一种做法，就是“偷取”多子女人家的婴孩服装，认为这样可以引来孩童的魂魄，将会生儿育女。

蒙古族则向天神求子。蒙古族历来崇拜苍天，他们认为天是力大无比的，其他的神只不过是天意的工具或是天的各种力量的象征，天为实现各种目标而使用这些力量。人的生殖当然也是天所赐予的。《蒙古秘史》载，成吉思汗的先祖阿阑豁阿曾感天光而生子[③]。蒙古族把天神置于草原文化的体系中，认为天给予人生命，因此，在蒙古族的古代典籍中，拜天祭天的记载比比皆是。

---

① 开花仪式：外家拿来的花，头两天先放在柜子里，满三天后才拿出来放在枕头边的花瓶里。

② 吴文定、李远祥、黄家祥《黔南布依山歌与人生礼仪》，《贵州民族学院学报》（哲学社会科学版），2014 年第 5 期。

③ 邢莉《蒙古族的诞生礼和丧葬礼》，《中南民族学院学报》（哲学社会科学版），1994 年第 1 期。

藏传佛教传入以后，蒙古族的求子习俗中又融入了佛教的成分。供佛、拜佛成为人们求子、护子的重要方式和手段。

（二）通过人造物和自然物求子

很多少数民族，都有拜物求子的习俗。即在某些神圣的时间、地点和场合对某种生殖象征物加以祭拜。这个物，可能是自然物，如水、火、树、南瓜、葫芦等；也可能是人造物，如桥、石头、文身等，其寓意都是通过他们所崇拜的物品，获得子嗣。

中国民间崇拜石头，特别是巨石在人们心目中享有崇高的地位。在原始人看来，石头是有灵性的，具有生命形态。云南元谋县老城老者格村北山脚下有一块大石头，彝族称“二月八硌摩”或“母石”，每年二月初八，马缨花开时，全家出动，白天欢庆，晚上也跳脚对歌，通宵达旦。这天的主要活动就是祈子。祈子时要举行仪式，先持香磕头诉说自己的不幸，然后把香插在母石周围，在母石前面宰鹅杀羊，意思是祭献的一切都是新的，清洗煮好后请母石享用。青年男女也以在二月初八这天交合为荣[①]。

纳西族由生殖器崇拜产生了投石求子的习俗。通过吸吮“石祖”（石笋）凹处的积水，向“打儿窝”石洞内投掷小石子求子。求子的妇女会向深山中的石洞里丢石子，传说丢中即会受孕，把洞口看作产生婴儿的阴门。类似的做法在贵州毕节的彝族中也有。黄泥村有一山洞，被当地彝族奉为女阴，不孕妇女常去投石求子。

云南剑川县石宝山石窟有座石雕女阴像，叫“阿央白”。白族语“阿央”为女祖先，“白”为生殖器，阿央白即女祖先的生殖器。白族妇女求子，常用生猪油在石雕女阴上擦抹，认为擦后即可得子[②]。

傣族传统饰身绘画——文身，因为文身者愿意忍受痛苦而乐于在自己身上留下永不消退的图案，因此被附加了一种象征性的力量。傣族文身的图案内容很广泛，其中就包括男女生殖器图案。在身上文这样的图案显然不是为了审美，而是为了表达对生殖力的崇拜和对性器官神秘驱邪力的信赖[③]。

云南乌蒙山彝族的典籍《六祖史诗》中说：“人祖来自水，我祖水中生。”水为万物之本，水为生命之源，因此过去在民俗的观念里，认为喝水也

---

① 邢莉著《摇篮边的祝福：中国诞生礼》，上海文艺出版社 2001 年版。

② 杨知勇著《西南民族生死观》，云南教育出版社 1992 年版。

③ 杨知勇著《西南民族生死观》，云南教育出版社 1992 年版。

可以得子。

布依族也有用物求子的独特方式，他们通过瓜或者布依族的竹图腾来求子。在中秋佳节，布依族人家很少拜月祭月，而是去瓜园“偷瓜”，给结婚后多年不育的人家“送子”，俗称“偷瓜送子”。布依族“偷”的是南瓜，到了夜晚睡觉前，把地里的南瓜“偷”来，然后悄悄送到不育妇女的房里，放在床上，用被子盖好。到睡觉时，夫妇看到了南瓜相互道喜：“胖娃娃来啦！胖娃娃来啦！”意喻着孩子的到来。一些布依族遇妇女不孕，会用竹子做成花轿，用红绿纸剪成许多人形（红的表示男孩，绿的表示女孩）挂在花轿上，然后在不育妇女的家门前举行搭花轿仪式，以求受孕生育①。

蒙古族自古以来就有求子的习俗。内蒙古阴山等地岩画中的生殖崇拜图像记录了这一习俗。据当代蒙古族学者札奇斯钦考证，《蒙古秘史》中有在柳条上拴小布条求子的习俗。柳树是蒙古族地区最常见而又易于生长繁衍的乔木，曾被有的古代北方民族视为祖先的象征，被视为保佑子孙人丁兴旺的神物。至今，蒙古族祭敖包时多插柳枝，实际上也带有这种含义。近现代以来，蒙古族的求子习俗主要有两种形式：一种是通过祭敖包，向祖先或神灵祈祷求子；另一种是到娘娘庙（女神庙）中向子孙娘娘祷告求子。

关于祭敖包求子的情况，《蒙古风俗鉴》载：“早些年，也有人因无儿无女，向敖包祈祷求子的。也有在敖包会上娶媳妇的，三年后无子女的人，让老年人在敖包面前说：‘这媳妇三年无儿女。’并打三鞭子后说：‘明年生儿子，把儿子领到敖包这儿来。’”此外，蒙古族的求子习俗还通过对火的崇拜表现出来。火被认为是女性和母亲的化身，是生育能力和生命力的源泉。人们在掩埋胎盘的地方点火堆或将胎盘埋在自家的炉灶下，以及婚礼时新郎新娘的拜火仪式，都含有求子之意。藏传佛教传入以后，蒙古族的求子习俗中又融入了佛教的成分。供佛、拜佛成为人们求子、护子的重要方式和手段②。

云南苗族的踩花山传统节日，明显具有求子的内涵。踩花山在苗语中叫作“勾道”，由没有子女的家庭主办，时间是每年农历的正月初三到初九，在固定的踩花山场举办。事后，主办者把曾经作为踩花山竿的大竹竿制床来睡，把曾吊在踩花山竿上的青、红二色布做衣来穿，企盼由此得以使自己孕育

① 毛公宁编著《中国少数民族风俗志》，民族出版社 2006 年版。

② 毛公宁编著《中国少数民族风俗志》，民族出版社 2006 年版。

生子。

在水族地区，“拜谬”是一种较为普遍的一种祈求子嗣和求菩萨保佑子孙安康的祈福活动。无子嗣或孩子生病，随时可择吉日到巨石前献祭，一般认为，农历正月初一到十五是最为吉利的日子。还有的是用“修桥补路”的方法祈子，即没有子嗣的人家到一条水沟上铺上一块石板，以此积阴德获得好报，并希望孩子顺着道路来到家中，达到获得子嗣的目的。榕江等地的水族多在农历二月初二举行祭桥仪式，如果是求生儿女就用林木架新桥。通常要做板凳，将其安放在桥头，用竹篾缠上纸条，在桥的两头插成弧形，在弧形框内放入在纸上画的或剪的小人，然后插上香，用粽子、红蛋、黄糯米饭等在桥的两头供祭，烧纸钱，在板凳上贴纸钱，祈求地母娘娘保佑，让孩子踏着新木桥而来。

佤族认为人是从葫芦里出来的，因此崇拜葫芦。我国传统吉祥图案中的葫芦，有三种象征意义：一是象征女性；二是象征子孙繁衍，绵延不绝；三是象征“万代盘长”。人们为葫芦赋以象征意义，并产生“人从葫芦出”的神话，主要有以下几方面的原因：其一，葫芦是远古时人们最早使用的天然容器之一，葫芦腹大口小，里面空阔，肉眼无法看清腹内情况，最易激起神秘感；其二，葫芦外形与怀孕的母体相似；其三，葫芦多籽；其四，葫芦枝蔓较长。

当时，对于尚不知道妇女受孕真正原因的一些少数民族来说，怀孕的母体是神秘的，这种神秘感与葫芦内体的神秘感相连，葫芦乃成为怀孕母体的象征物。葫芦多籽，与人们希望多子的愿望相连，乃增加葫芦与女阴的比附性。在模拟心理支配下，葫芦成为女阴的象征。至于把葫芦作为“万代盘长”的象征，则是出自葫芦枝蔓绵长与子孙绵延不绝愿望的比附性，是另一方面的比拟象征[①]。

（三）其他求子形式

西部一些少数民族还有诸如食物求子、抱娃求子等习俗。在南疆，特别是和田地区曾流行吃雏燕求子的习俗，并认为吃雄雏燕能生男孩，吃雌雏燕则会生女孩。抱娃求子指当未婚男女抱他人的婴儿时，如果被婴儿尿在身上了，人们认为这种“触染”将会带来生育的福分。

---

① 杨知勇著《西南民族生死观》，云南教育出版社 1992 年版。

位于贵州黔西南布依族苗族自治州的贞丰苗族，新婚时便盼望着新生命的诞生了。过去，苗族传统社会有不落夫家之俗，多数新娘在婚后三到五年内落夫家生子，太早则被人耻笑不够矜持，太晚又被怀疑没有生育的能力。在盼子心切的家庭里，会采取某些措施来加快新生命到来的步伐。一是拜神求子，多是到当地石菩萨庙中拜求。二是请求巫师的帮助，并遵循巫师要求举行相应仪式。三是求助“药王”，药王通过观察手相给药，夫妻同吃，生育之后应带鸡和酒上门道谢。四是女方母亲过二月二时给婚后未育的女儿送只红蛋、两三斤未脱皮的稻谷、一把红纸伞，鸡蛋放进被窝盖几天后取出夫妻同吃，稻谷放几天后脱皮蒸饭吃，认为可以帮助怀孕。

现今，伴随着社会、经济、文化的发展以及各民族间频繁的友好交往，各民族的民俗文化在此过程中传播与扩散。各民族也积极地与他民族进行文化交流与对话。作为民俗文化的一部分，人生礼仪（尤其是诞生礼仪）更多地表现出各民族文化的相互交流和借鉴吸收的特征，从而产生一定程度上的变迁，更加适应社会发展的需求。

另外，如今西部各民族女性都认识到繁杂的诞生礼仪在一定程度上限制了自身的发展，限制了女性全面地参与社会生活。现今，各民族中的诞生礼仪的仪式逐渐发生着变化，如由烦琐到简化、由庆生性到娱乐等。另外，诞生礼仪中的礼物馈赠也逐渐突破了传统，出现了一些更加符合现今社会需求的物品。这些变化更加符合时代发展的需求。

二、孕期

过去，人们认为求子促孕需要沟通鬼神与人类的阴阳两界，得子保育就更离不开带有原始宗教色彩的祭祀活动。新生儿由原始信仰中的灵魂世界转生而来，距离冥冥阴曹地府自然是最近的。要保住幼小的生命，使其最终完成从莫测的另一个世界向人间的过渡，也还得借助于信仰和巫术的力量。

过去，少数民族地处偏远，妇女怀孕后，除城镇比较重视休息保养外，农牧区的孕妇基本得不到特殊照顾，照样上山放牧、下地干活、从事家务劳动，只是负重等重体力活不再做了。

过去，贵州贞丰的苗族在怀孕之后不能嘲笑有缺陷的人，怪异的造型，甚至是电视中的形象或鬼怪塑像，否则认为生下的孩子便会长成对方的样子。此外，孕妇不能参加婚礼，否则认为会使新婚夫妇感情不和。

在壮族家里，妇女怀孕，特别是新媳妇有喜，备受重视。这不仅仅是对孕妇的爱护、关心，还关系到一个新生命的前途，以及家庭、家族的兴衰问题，所以长辈、姐妹多以自己的亲身经验帮助孕妇，使之懂得如何保重身体、保护胎儿、顺利生产。为了保护胎儿的正常发育以及有利于孕妇的身体健康，过去有请巫婆、布摩来主持喊魂或作法驱除邪恶的习俗。

柯尔克孜族孕妇，孕期满 3 个月以前，不能把孕情告诉婆家、娘家的长辈。孕期满 6 个月以后，不能从男女长辈面前走过。在孩子出生以前，任何人都不能议论是男是女。而塔塔尔族妇女在怀孕生子时，多回娘家。门巴族妇女生第一胎，过去门隅门巴族必须回娘家生，而不能在婆家生。现在仍以在娘家生孩子居多。墨脱门巴族在何处生第一胎则由生育妇女决定。

阿昌族妇女怀孕期间，不得随便到别人家串门，不能进入或触及土地庙门，不能到正在挂果的树下行走或摘果子。

妊娠期间，一些民族对孕妇的坐卧行走、饮食起居等方面都有很多禁忌与注意事项。若违背这些禁忌，便认为会造成孕妇的流产、早产、难产或孩子的生理缺陷、智力低下等异常情况的出现。

一些民族的孕妇是不能参加婚礼、不能送葬、不能去产妇家的。一些民族的孕妇不能或应尽量少参加别人举办的嫁娶活动，不能站立在洞房门口或与新郎新娘相对，忌讳触摸新人的物品，认为这样会冲、克新人，给新郎新娘带来不利影响。一些民族忌讳孕妇到产妇家去，尤其不能抱刚生下来的婴儿，担心刚出生的婴儿看到孕妇后会被孕妇肚子里面的胎儿“打倒”。传统观念认为孕妇是生命力最旺盛的代表，她不仅仅是一个人，肚子里面还孕育着另外一个强大的生命，而刚出生的婴儿抵抗力弱，孕妇旺盛的生命力会使婴儿抵挡不住而影响婴儿健康。同时，孕妇忌讳去送葬，去焚化场或丧亲之家，怕给胎儿带来厄运，在途中偶遇送亲送葬的，不能迎面而行，而应尽快避开。傣族对孕妇的行动限制很严：不许靠近佛寺、不许给正在赕佛的老人备办供品和担送斋饭、不许看日食月食、不许看别家砌灶。

在孕妇饮食方面，一些民族有相应的禁忌。蒙古族孕妇不能喝酸奶和酒，不能吃干鱼、鸡肉、兔肉、骆驼肉及辛辣和过腻的食物。凉山彝族妇女怀孕后禁吃花椒，担心孩子出生后眼睛细小和脸上长满麻子。一般不吃雌性家畜的肉，忌吃兔肉、母猪肉和难产死的牛羊之肉，认为吃了会使婴儿畸形和痴笨。

独龙族孕妇严禁触摸奇形怪状的树木或石头，不东张西望，不看不该看的禁物，严禁从男人的弩弓、毒箭、砍刀、箭包等物件上跨过，更不能触碰这些东西。凉山彝族忌讳孕妇正视畸形动物、植物和人，怕受惊吓，冲犯胎神，认为这将会影响胎儿正常发育；忌讳看兔子，担心生下的孩子豁唇；忌讳看见猴子，担心生下的孩子全身毛发像猴子一样多，变成毛孩；孕妇不能用色料涂染衣物、身体等，也不能看其他人做这些事，担心出生后孩子身上留有同样颜色的胎记，影响孩子的形象。

在生产活动中，独龙族丈夫从知道妻子受孕之日起，停止一切狩猎工具的制造和准备，否则认为会得罪猎神，影响日后狩猎。怀孕期间，孕妇常把给房屋内的物件打结的绳子解开，把罩在箩筐、锅、竹筒、缸、盆、碗上的盖子揭开，否则认为会难产。从野外背来的干柴、猪草、粮食、野菜要立即从背篓中捞出、摊开。蒙古族孕妇不能跨越墙、栅栏、扁担、绳子及生火的器具，不能骑骆驼、驴和骡子，不能用他人已用过的洗脸水洗脸，不能到别人家去串门，人多的地方也不能去，等等①。

凉山彝族孕妇忌讳跨越套牛、套马绳。因牛马的孕期是 12 个月，担心孕妇跨越后，产期像该动物一样拖延滞后。若不留意跨越，要进行犯禁补偿，须由孕妇本人用饲料喂该牲畜以求得谅解。孕妇不能按时分娩也须给牛、马喂饭。

如此种种禁忌，一是与凉山彝族的信仰有关，他们相信的是类似英国学者弗雷泽所说的交感巫术观，认为饮食、行为会对孕育之中的胎儿产生种种看不见的、难以预料的影响；二是在缺医少药的年代，婴儿死亡率高，孕育新生命不仅艰辛而且充满各种难以预料的风险。因此，通过相应禁忌确保新生命的健康成长，成为个人、家庭乃至全族群消解生育风险的一项必然要求②。

过去，对于某些少数民族来说，怀孕后才算正式嫁到了夫家。水族妇女曾有婚后“坐家”的习俗，怀孕后则要回到夫家长住并生育。过去，侗族曾有“不落夫家”的习俗，当女子怀孕后才正式定居夫家，并从此不再参加“行歌坐月”的活动，这时，娘家才认真准备嫁妆，夫家才认真布置新居。女方一旦怀孕，男方即担着礼物去岳母家接妻子，女方家也以相同的人数相送。

---

① 毛公宁编著《中国少数民族风俗志》，民族出版社 2006 年版。

② 王美英《凉山彝族诞生礼仪式的文化解读》，《广西民族大学学报》（哲学社会科学版）2012 年第 11 期。

侗族把怀孕的女子送回夫家叫“还田”，有的还举行隆重的仪式[1]。

三、产褥期

产褥期礼仪在西部少数民族孩子的性别意识培养和社会角色塑造中起着举足轻重的作用。在这样一种习俗化的过程中，稳定的习俗规范对西部少数民族男女分别予以不同的性别期待。这种期待又是按照传统既定的模式或公认的方式来运作、监管的，进一步完成习俗化过程中的性别社会分化。产褥期礼仪就是形成性别分化的开端。

（一）催生

在孕妇分娩之时，各个民族都会为孕妇实施一些措施以使胎儿早点顺利出生，这一过程称为催生。在一些西部少数民族中，常见的催生方法有两种，一种是拜神，另一种是借助“催生包裹”来催生。过去，彝族产妇难产，要请毕摩念经、念符咒、请菩萨、赶鬼，以使婴儿易于着地，为产妇驱邪。其具体做法是：毕摩先念“敬灶神经”，念完后，把二三两重的河石或圆形的小石头放在火里烧红，然后摘一把柏枝叶，放在水瓢里，水瓢盛半瓢冷水，把烧红的石头放在瓢中，水蒸气就升腾起来，柏枝香味满屋飘，还要在难产妇女头上绕三转，让妇女吸柏枝香味。最后，毕摩从灶心中取一小块土，煨水给产妇喝下。不到半个小时，产妇就生育了，十分见效。家人非常感谢毕摩。实际上柏枝香味，特别是烧过多年的灶心土，都是十分有效的催产药物[2]。

（二）分娩

分娩，特指胎儿脱离母体成为独立存在的个体的过程和这段时期[3]。现在多数少数民族孕妇分娩，都在医院进行。过去，孕妇分娩通常按照各个民族的习俗进行。

撒拉族在孕妇分娩时，请乡村的接生婆接生。分娩后，由接生婆助其洗浴。洗完后，在婴儿的肚脐上放些麝香，用干净布带扎好。

裕固族妇女传统的分娩方式为“跪式”，这与卡尔梅克蒙古人、柯尔克孜人的传统方式基本相同。婴儿出生后，要用草药水擦洗，然后涂抹酥油，每日重复，共七日[4]。七日内产妇不下床。婴儿出生时要请喇嘛念平安经。柯尔

---

① 毛公宁编著《中国少数民族风俗志》，民族出版社 2006 年版。

② 马林英《凉山彝族生育习俗》，《民俗研究》1992 年第 3 期。

③ 百度百科“分娩”词条，http：//baike. baidu. com/view/43361. htm。

④ 贺卫光编著《裕固族文化形态与古籍保存》，甘肃人民出版社 2002 年版。

克孜族妇女生育时，包括丈夫在内的任何男人不得进入产房，也不让外人知道生产日期。

怒族孕妇临产的时候，婆婆、妯娌及左邻右舍的主妇们都要暂时放下自家的活计，主动前来帮忙。分娩时，现场不能留有男性，包括产妇的丈夫。接生者一般为婆婆或年龄稍长、经验丰富的妇女，另有两名妇女充当助产员。孕妇就半蹲着在自家正堂的角落里分娩，地上铺一些茅草，以免羊水或血渍弄脏地面。现场的其他妇女则等婴儿降生后，或照料产妇，或收拾现场，或处置胎盘（胎盘须埋于房屋周围的地下，不能让狗或其他动物刨出来，否则视为凶兆），或给婴儿洗澡。待一切安排妥当、母婴上床睡下后，男主人备上酒肉美食，犒劳在场的妇女们。男主人要给产妇做“呷拉”。如果所生是个男婴，要用母鸡做“呷拉”，据说这样可以使孩子长大后沉稳寡言，少惹是生非；如果是个女婴，则用公鸡做呷拉，据说这样孩子长大以后就会能言善辩，大胆泼辣，不会吃亏。

侗族妇女多在家中呈蹲式生产，民间没有专门的接生婆，一般由上了年纪、有生育经验、手脚灵巧而乐于助人、家中没有什么病痛之人且又有儿有女的有福之妇女接生。侗族切忌男人接生。接生婆所用器具十分简单，用剪刀或蚌壳或竹片割断脐带。胎儿出生后，先用自家织的布包裹起来，外面再用稻草捆上三道，一般要包裹三至五天。据说月子里不包手脚的孩子，长大后手脚不干净，爱偷窃。过去民间骂那些多手多脚者，认为这就是由于当时不捆手脚造成的①。

茶山瑶妇女分娩时，由村里熟练的妇女负责接生，由师公在门外指点生育，以天空中与月亮相伴的三颗最亮的星星的位置作为标志，确定产妇生育面对的方向。产后三天内要向老人敬酒以示尊敬和祈求吉祥平安②。

基诺族产妇只能在竹楼的小凉台上分娩，生产后用水冲洗干净，移至客厅火塘边坐月子。孩子降生后，用黄竹片割断脐带，由父亲将脐带装在葫芦里，埋于竹楼下。基诺族认为男有九魂，女有七魂，因此装男孩脐带的葫芦，其周围钉九根木桩，装女孩脐带的葫芦，其周围则钉七根木桩。之后在上面罩上竹篓，任其自然消失。孩子出生的当晚要杀鸡祭祀祖先，请祖先保佑孩

① 毛公宁编著《中国少数民族风俗志》，民族出版社 2006 年版。
② 毛公宁编著《中国少数民族风俗志》，民族出版社 2006 年版。

子吉祥平安。孩子出生时，不论谁在身边都要给他取名，不然认为孩子就可能被其他鬼神抢走。若生男孩，将预先准备好的生姜切成九片；若生女孩，则把预先准备好的生姜切成七片。之后，用白线把姜片穿起来，挂在孩子脖子上，以驱赶鬼神。

有的村寨的基诺族产妇在产前必须由丈夫陪同去“大房子”旁边自己的粮仓里分娩，以免产妇影响整个“大房子”，同时也避免产妇害羞。产妇分娩后七八天搬回“大房子”，届时要杀三只小鸡祭祀家长住房中的火塘。

在丽江，纳西族人家产妇分娩时，家中须点灯焚香，产房门口还要悬挂一个装有清水的瓶子，瓶内再插上筷子。他们这样做，一则是明示人们，这家人在生孩子，以防止外人因不知情而闯入；二则据说还可以辟邪，保孩子降世平安①。

永宁纳西族为了保佑婴儿顺产、产妇平安，在产前要举行一种“树保”仪式：先由产妇的兄弟或姐妹上山选一棵果树，从树上折一根枝条带回来。再由巫师“达巴”用麻秆扎成圆圈，将这一树枝插入麻秆圈内，并吟念祝祷道：“这种树，粗壮结实，果实累累，大雪压不弯，大风吹不倒。现在，请它做小孩的保护人，出生以后长命百岁。”然后，产妇的兄弟姐妹便把麻秆圈挂到住房附近的树上去②。

他们还有一种驱鬼仪式：“达巴”用米饭捏成人形，象征专门威胁婴孩生命的“亚格”鬼，随后把它放在一只木瓢内，将木瓢交到产妇右手里，又取一把镰刀交到产妇左手中。这时，产妇要愤然举刀，一下把人形饭团砍碎，以此表示亚格鬼已被碎尸万段，无法再作恶害人。

哈尼族山寨没有专门的接生人员，孕妇分娩时，通常由本村落中稍有经验的中老年妇女接生，男子一律回避。分娩前，孕妇家庭和接生婆要将火塘烧旺，以防母婴受寒致病。她们会提前准备接生的用品：洗涤用的温开水、断脐带用的竹刀或剪刀、拴扎脐带用的白棉线，以及蓑衣、席子和竹板等。

云南丽江地区的傈僳族，丈夫在妻子临产前两三个星期，会约上一帮亲朋好友上山，选一处水草丰美、平坦宽阔之地搭建窝棚，并备好一切所需物

---

① 王亚南、郑海著《生—死：永恒的诱惑与恐惧——云南少数民族人生仪礼研究》，云南人民出版社 1991 年版。

② 王亚南、郑海著《生—死：永恒的诱惑与恐惧——云南少数民族人生仪礼研究》，云南人民出版社 1991 年版。

品，安顿好一个临时的家，待妻子安全生产后，丈夫精心伺候产妇，直到孩子满月，给孩子缝制一套兽皮衣裳之后，才携全家下山返回。

蒙古族孕妇一般不能在供佛的蒙古包中生孩子，不能在娘家生孩子，生产时忌朝向天狗方向，即春季忌朝东、夏季忌朝南、秋季忌朝西、冬季忌朝北。

维吾尔族在孕妇临产前要举行一次仪式，祝愿她能顺利分娩。按照惯例，维吾尔族妇女一般要回娘家分娩。举行分娩礼的前一天，要打扫房内卫生，用“阿地尔阿斯曼”(一种被认为能够辟邪的草）熏孕妇准备分娩的房间。孕妇要沐浴洁身，换上干净、宽松的衣服。举行分娩礼这天请接生婆、乡邻中几位年长的多子女的妇女及一两位布维（从事宗教活动的妇女）参加仪式。过去，一些地方还要由一个年长的妇女手拿着鸡蛋，带着孕妇去磨坊，让孕妇从磨坊的水槽上迈过去，迈的同时让手里的鸡蛋掉到水里。这样做的目的主要是希望孕妇在分娩时能像水槽里流出水那样顺利[①]。

锡伯族过去没有专门的接生婆，生育时多请年长且富有经验的妇女来助产。生产时，将炕席卷起，炕上铺一层草木灰，上面铺一层苇草，让孕妇躺在上面，婴儿出世后，脐带用苇草割断。

普米族妇女临近分娩时，产妇要移居厢房或后室，不能在正房里生产，遇到难产，则在房间里挂一条丈夫的裤子，或请巫师诵经助产。

彝族妇女临产时，做丈夫的常外出避开，由亲戚族人或村邻女友前来看护产妇（后来在与汉族杂居的彝族村寨中，也有丈夫不离产妇而照看的)。

土族的婴儿即将诞生的时候，产妇之夫站在高高的门楼上，向周围乡邻宣布这一喜讯：

快打开檀香木的木门，
迎接土族人家如龙似虎的子孙：
他拖着明晃晃的金鞭，
骑着金灿灿的神牛，
一路留下金子般的行踪。

快打开黄杨木的中门，

---

① 毛公宁编著《中国少数民族风俗志》，民族出版社2006年版。

迎接土族人家勤劳勇敢的子孙：
他驾着黄澄澄的金犁，
撒着珍珠般的种子，
布遍土乡的田野山村。

快打开红松木的房门，
迎接土族人家聪明能干的子孙：
他牵着亮晶晶的彩虹，
头顶天母的聚宝盆，
要给大通河搭座金桥。

快打开旖丹木的窗棂，
迎接土族人家翻江倒海的子孙：
他带着月弯弯的银镰，
牵来天河的蛟龙，
要把土乡的庄田浇透。

伴着悠扬的歌声，全家老小登上屋顶，把十多盆象征着吉祥如意的净水倒下去，静心等待婴儿的出生①。

在壮族的传统文化中，婴儿出生那一天，是家人最忙碌的一天。过去，婴儿出生时要由家中的女性长辈接生，如婆婆、姑姑或婶婶。在接生过程中男人或外人是不能参与其中的，为了防止不知情的人贸然闯入，产妇的房屋要密闭，男人不得入内，更不能在里边睡。婴儿坠地时，接生婆不是用剪刀剪断脐带，而是用经过高温消毒后的锋利瓦渣或破碗片来割。安全分娩后，立刻煮柚子叶水洗婴儿，杀鸡烧蛋给产妇滋补身体。

经过卫生部门的卫生知识普及和宣传，如今贵州贞丰大多数苗族村民能够认识到接生婆或者自己家人接生达不到卫生要求，出现突发状况难于应对，产妇和新生儿都存在危险，比较认可去医院生产的方式。依传统风俗，过去，请人帮忙接生，产妇家会根据时代和自家经济条件，给接生者一定的挂红钱。

如果遇到难产，当地苗族认为，用一种苗语称为“道格里”的草药煮水

① 毛公宁编著《中国少数民族风俗志》，民族出版社 2006 年版。

服下，会很快奏效顺利生产。如果不幸遇到“五鬼星”，则按照仪式步骤将其送走两个小时后才会见效。生产后的胎盘要用袋子装起来扔到茅坑里，这样小孩日后不会生病。如果新生儿生下来就夭折，胎盘切不可扔进茅坑，否则之后生下的孩子也不会成活。其处理办法是将油菜籽炒熟，和胎盘一起包起来扔到山上。缘由是油菜籽炒熟便不会再生发了，意味着死去的小孩不会再回来，以后再生的孩子就不会死了。

（三）坐月子

坐月子可以追溯至西汉《礼记内则》，称之为“月内”，距今已有两千多年的历史，是女人产后必须遵从的礼仪。从社会学和医学的角度来看，坐月子是协助产妇顺利度过人生生理和心理转折的关键时期。

产妇生完孩子后，身子较弱，一般都不下地劳动，主要以休息为主。此外，产妇初为人母，面对着这个新的小生命，也往往会显得手足无措。因此，各民族都有自己的礼仪和一系列注意事项。

坐月子期间，产妇以休息为主，但因为过去生活条件差，家里缺乏劳动力，有些民族的产妇在生产完休息几天后，就开始了劳作。如侗族妇女生育后坐月子期间不干重活，三天后仅做些家务。青海一带藏族，产妇休息七天后便可下地干活。过去，东乡族妇女产后不能很好地休息，两三天后即下炕做活，产妇患病的很多。

基诺族妇女坐月子期间，丈夫清早起来要到山箐里捉些小鱼、小蟹煮给产妇食用。第一次给产妇煮食物时，要挑最好看的鸡、鼠和鸟雀。基诺族认为产妇吃了漂亮的动物，孩子才长得美丽、可爱。若是头胎，丈夫睡在火塘边照顾妻子；若是二胎，丈夫则睡在他原来的房间里。产后第十三天，丈夫要杀一只小鸡独自一个人吃掉，生男孩杀公鸡，生女孩则杀母鸡。据说这只鸡是献给猎神的。产妇在火塘边住满十三天后，就可以搬回原住的房间。在这个月内，孩子的父母不准唱歌，否则认为孩子的身体会长不结实，孩子会长得不漂亮①。

各地怒族产妇坐月子的时间长短不一，长的一个月，短的半个月，少数家庭由于劳动力缺乏，妇女分娩后一周左右就得下地劳作。现在，由于生活条件的改善，怒族妇女的产休期也在延长，这对母婴的健康是必要的。“坐月

① 毛公宁编著《中国少数民族风俗志》，民族出版社2006年版。

期”，外人一般不能来打扰，尤其是在晚上。羌族产妇在月子里不能到锅庄前做饭。锡伯族产妇一个月内不得下地。

产妇在饮食方面有一些禁忌及注意事项。如锡伯族产妇在坐月子期间，多用鸡、鸡蛋、羊骨头等做汤补养身体，多食流质食物，多喝小米稀饭（产妇的必食品）。侗族妇女生产后多食鸡、蛋、肉，少食辛辣之物，忌食螃蟹、兔肉、糊饭等。榕江侗族产妇坐月时，忌食油腻之物，极少吃肥肉，做菜的盐需先炒后方可食用，鸡蛋只能一个一个煮了吃，忌吃荷包蛋和炒鸡蛋，不吃酱油。坐月子期间，保安族妇女有一定的忌口，如母羊肉不能吃，只吃羯羊肉。藏族产妇不能喝酒、不能吃辛辣之物，不喝烧开的奶，不能吃牛肉。基诺族产妇在月子里不能吃家禽、家畜的肉，更不能吃野牛头肉，主要菜食为山茅野菜、芭蕉花等。

另外，月子里，一些民族有些行为禁忌或者帮助产妇驱寒的仪式。撒拉族在产妇生完孩子第二天，亲戚朋友、邻居家的女眷纷纷前来贺喜问月（撒拉语称“爱索儿”），一般送油搅团、红糖、油香以及给婴儿缝衣服的布料。婴儿出生后七至十天内，如果母子身体虚弱，还要宰一只羊，为母子驱寒。

保安族妇女坐月子时间不一：产下的如果是女孩，月子要四十天才吉利平顺；产下的若是男孩，月子则为三十天。坐完月子后，产妇要到娘家“回喜”。回喜时要带上六个或四个酥盘（大馒头），到娘家后，将酥盘分给小孩的外祖父、外祖母和舅舅等长辈，算是简单的认舅仪式。

侗族妇女生产完，未满月，不能外出串门、不能攀缘高物，要穿宽松的衣物、头包帕、穿鞋袜。东乡族禁止男人进入生育坐月的房间。剑川白族孕妇不得进入刚生产了新生儿的人家，否则人们认为这将会把产妇的奶水“踏干”，新生婴儿将没有奶吃。

藏族妇女月子里不能去别人家串门，不能给孩子起名，生儿子不能说生儿子，而要用羊羔、小狗等代替。月子里要用奶水为婴儿洗脸，不能用毛巾为其擦脸。产期一个月内不能从产妇家借东西，以防“带走了奶”。产房均挂有标志，一般不得擅入。如果生男孩，门前挂用榆木或柳木特制的弓箭，以示男儿之勇，并有驱邪镇鬼之意。如果生女孩，则在门前挂红色布条，以示心灵手巧。

羌族地区妇女生孩子后，亲邻送鸡蛋、面条，称“祝米”。主人留客吃饭，饭前喝“玉米蒸蒸酒”。

（四）报喜

报喜仪式，指的是过去在婴儿降生之后（尤其是头胎的婴儿出世时），由于通信不便，由男方家指派专人（多数情况下，就是婴孩的父亲），专程赶赴女方家，向孩子的外祖父母、亲长报喜的民俗仪礼形式。当时，这一礼仪多数是在云、贵、川等交通不便的地方举行。

有的彝族地区，妇女生育头胎之后，婴孩的父亲便上岳父家去报喜。去时携带一瓶酒、一只鸡作为贺礼。生的是男孩就带母鸡，生的是女孩则带公鸡。有些彝族妇女的娘家，见到女婿随身带来的公鸡或母鸡，立刻明白了女儿所生育的是男婴还是女婴。这时已经成了婴儿祖辈亲长的这一对岳父母，则要回礼，给女婿换鸡。送来的是一只公鸡便换成一只母鸡，送来的是一只母鸡便换成一只公鸡，让女婿抱回去。这只鸡不许杀，必须精心喂养起来。

拉祜族的从夫居家庭在头胎的婴儿出世当天，不论路途多么遥远，女婿都要抱一只鸡赶去向岳父母报喜，同样是生男孩抱母鸡，生女孩抱公鸡。洱源白族婚后生了小孩，也要到产妇娘家去报喜，仍然是生了男孩就送母鸡去，生了女孩就送公鸡去。

云南的苗族在生头胎的第二日，由产妇的公公带上一瓶酒、一袋炒面为礼，去向亲家报喜。双方的祖辈亲长正好相聚在一起互贺同庆，算是一种彼此对等的亲长身份地位的认同之礼。而昆明官渡区彝族撒马支系则是在生下第一个婴儿后，由产妇的丈夫赴岳父母家报喜，届时要带上燃香和假元宝。他赶到后，将这些东西放在桌子上，随即便向岳父岳母磕头。

昆明西山区的彝族生了第一胎，也要由女婿前去向岳父母报喜。女婿须送上一罐酒为礼。生的是男孩，进屋就把酒罐放到桌上；生的是女孩，则将酒罐放在灶台上。丽江纳西族婴孩生下来后，孩子的父亲便带米酒、红糖和鸡蛋去向这小孩的外祖父母报喜。待其满月之时又要再次送去喜酒。

独龙族人家婚后每生育一个小孩，按习俗，女婿都应送给岳父母一头牛或一件其他的东西，如一口锅、一把刀之类。这固然源于以财物换来妇女的生育力及其子嗣的习俗，也带有向岳父母送礼报喜的一层含义。

在贵州大部分仡佬族地区，新婚夫妇生育头胎时，女婿或亲友带一只鸡前往岳父母家报喜。带公鸡表示生男孩，带母鸡则表示生女孩。也有的地区是带两只公鸡或带两只母鸡。在有的地方，岳母如见女婿带来的是公鸡，则取一只母鸡，让女婿连同该公鸡带回；反之，则取一只公鸡，让女婿连同该母鸡带回。还有的人家这时才将准备的衣被等陪嫁品送到女儿的婆家。报喜者进门后，有的要敲神龛上的磬报喜。报生男孩敲四下，报生女孩则敲三下。

贵州安顺地区仡佬族若生男孩，则要于清明时节提大公鸡一只到祖坟前报喜。大方县仡佬族头胎的孩子出生后，女婿要接岳母去住上五至七天。届时烧三炷香，点一盏油灯置于苞谷上，并用公鸡或母鸡祭祀“送生公婆”，同时口里念“请送生公婆前来享用”，并说“送生公婆给我们送了个大儿子来，请来享用祭品，请以后再送几个儿子来”[①]。

侗族婴儿出生后第二天，主人家要派专人到外公外婆家报生。榕江等地的侗族报生者只需带一只大公鸡，因为公鸡吃米头朝地，鸡叫时头朝天，司晨司暮，掌管一天的十二时辰，带它去报信，表示慎重、准确、无戏言。而通道地区的侗族报生时，若生男孩便带一只公鸡，生女孩则带一只母鸡。外婆家一看，就知道女儿生男还是生女。同时，外婆家也回赠一只鸡。这只鸡待婴儿满周岁时才宰杀。

锦屏一带的侗族是在婴儿出生十天后才报生。届时，主家派一位长者携带鸡（生男带公鸡，生女带母鸡，双生则带两只）、酒、糍粑（或糯米饭）等礼物到外婆家报喜。外婆家将其带来的糍粑或糯米饭分发给房族，并定下到姑娘家办“满月”的日子。之后，外婆家按用公鸡换母鸡、用母鸡换公鸡的规矩换好鸡后，让报喜人带回。

柯尔克孜族婴儿出生后，产儿的祖父骑着快马向邻居和亲友报喜，近邻和亲友中的妇女带着衣帽、香皂、肉食和其他食品来家祝贺。塔吉克族孩子出生后，如果是男孩，就向天窗外鸣枪三声，意思是希望这个孩子长大后成为英雄、好猎手；若生了女孩，就将各种厨具或其他家庭用具放在窗前，意思是希望这个孩子将来能成为理家能手，勤俭持家。

通过报喜仪式，生物性的祖辈也具有了祖辈亲长的社会身份地位，报喜仪式与生育仪式都是亲长身份晋升仪式，二者都与出生仪式的民俗意义有共通之处。在这种报喜的民俗仪礼活动中，成为祖辈亲长之人不但拥有了一定的社会身份地位，而且立即就开始履行起与之相应的社会职责和义务。以换鸡之礼来看，其本身就有相关之人身份角色确认的含义。

有的民族在报喜仪式之后还有回礼仪式。云南苗族产后妇女的娘家，在

① 毛公宁编著《中国少数民族风俗志》，民族出版社2006年版。

接受报喜的第二天，由做了外祖母之人怀抱一只鸡（生男孩抱公鸡，生女孩抱母鸡），随前来报喜的婴孩祖父一道去男方家复礼。洱源白族产妇的娘家在接到“鸡的报喜”以后，也要以母鸡、鸡蛋、糯米粉和小孩衣物作为回赠之礼。丽江纳西族人家接受了此类报喜，则要在婆家办“满月客”之际，置备一套婴儿衣物作为回礼。

第三节　出生礼仪

婴儿降临人间，只是迈出了人生历程的第一步，还处在向人间过渡的角色转换过程中。无论将来的生活道路通向何方，眼下首要的问题是保住弱小的生命，在人世间站稳脚跟，不能又马上回到刚刚脱离的那个莫测的冥冥之界去。每一个做亲长的人，都会祝福自己的后代健康成长，自婴儿离开母体来到人世的那一时刻起，这种祝福和期待便已经开始了。这种祝福和期待在以后的若干时间内，都一直伴随着幼婴开初的一段生命的历程。

一、洗三

清代崇彝《道咸以来朝野杂记》云：“三日洗儿，谓之洗三。”“洗三”是中国古代诞生礼中非常重要的一个仪式。婴儿出生后第三日，要举行沐浴仪式，会集亲友为婴儿祝吉，这就是洗三，也叫作“三朝洗儿”。据记载，这一仪式在唐代即已出现，宋代已很流行。据说这样可以洗去婴儿从“前世”带来的污垢，使之今生平安吉利。同时，也有着为婴儿洁身防病的实际功效。

洗三的用水。一种是要在水中添加各种药材。我国的中草药闻名于世，在长期的实践中，一些民族积累了用中药浴儿的丰富经验。满族用槐条、艾叶煮汤，认为这样可以消灾。广西大瑶山的瑶族有药浴的习惯，药浴要配上几种甚至几十种药，起到消疮、舒筋活血等作用。西南的侗族往洗澡水里放入艾叶、八角等，还丢入几根葱。此外，也有用溪水洗浴的。《东京梦华录》称洗婴儿的水叫“香汤”，里面放果子、彩线、葱、蒜等很多东西，待水中的枣直立起来时，没有生育男孩的妇女还会争相抢食，这被认为是生男孩的征兆。

洗三的用具。洗三仪式由专门以接生和洗三为职业的收生姥姥或吉祥姥姥主持。收生姥姥一般被认为是吉祥的妇女。凡是做这个营生的，都在自家门口挂个牌，写着“快马轻车”“某氏收洗”等字样，木牌下边缀以红布条，当作幌子。洗三之前，家人按照收生姥姥的要求，准备好新毛巾、铜盆、大葱、艾叶球、香烛、钱粮、纸马、鸡蛋、棒槌、铜钱、干果等等。同时，要用胭脂把桂圆、荔枝、花生、栗子等染成红色，以示吉祥。

洗三的过程。洗三仪式通常在午饭后举行，准备好用具后，收生姥姥把婴儿抱到正厅，仪式就算开始了。长辈不停搅动洗澡水，谓之“搅盆”。亲人依尊卑长幼顺序往盆里添清水，或放一些钱币，谓之“添盆”。添盆可以添金银、铜钱，也可添桂圆、荔枝、红枣、花生、栗子之类的喜果。添盆后，收生姥姥一边给婴儿洗澡，一边念祝词：“先洗头，作王侯；后洗腰，一辈更比一辈高……”洗完澡以后，还要用姜片擦拭婴儿的脑门和身体各重要关节，据说这样可以使婴儿将来身体健壮。最后会用一块新布蘸清水，用力擦拭婴儿的牙床，若此时婴儿放声大哭，便认为是大吉大利之兆，亲友们就会高兴地大笑起来，称为“响盆”。最后，姥姥用一棵大葱往婴儿身上轻轻打三下，说：“一打聪明（‘聪’与‘葱’谐音），二打伶俐，三打明明白白。”随后，婴儿的父亲会把葱扔过房顶，意思是小孩将来聪明绝顶。随后，亲朋好友们一齐向婴儿的父母贺喜。洗三仪式结束，添盆用的铜钱、花生、鸡蛋等物品都会送给洗浴者带走。

洗三的意义。洗三源于婴儿作为人类生命个体对洁净、温暖的需要。一是过去人们认为这样做可以洗涤前世污秽，消灾免难。二是有洁身防病的作用。刚出生时，脐带的伤口还没有完全愈合，出生三天后贴上脐贴就可以彻底地进行清洗。在旧时迷信的说法中，洗三还有感谢生育神的意义。洗三包含着浓浓的爱意与祝福，是一场对新生命的赞礼。婴儿的心灵是最纯净的，祝愿每一个婴儿都可以单纯幸福地成长，也祝愿每个大人，只增年岁，不增烦恼。

西部一些少数民族沿袭了洗三的风俗。

土家族在婴儿出生后的第三天，要给他进行第一次沐浴，即洗三，这是土家族人出生后第一个隆重的仪式，也是婴儿家热闹的节日。当天孩子的外婆即土家族所称的家（gā）家，要用女儿出嫁时女婿送的酒坛装一坛糯米酒送给女婿家，同时挑一些食物如粑粑、鸡蛋、糯米等特产和小孩日用品如衣帽、鞋袜、摇篮、被盖以及银项圈、手圈、脚圈等礼物去女婿家进行祝福洗礼。第一次给婴儿洗浴非常慎重，通常要找当地德高望重且经验丰富的妇人来给孩子沐浴。

沐浴时要用干净的大木盆（俗称脚盆）盛满用三角枫、伸筋草、九里光、蜂窝草、艾叶等中草药熬制的温度适宜的热水，同时准备一个煮熟的鸡蛋。在对婴儿从头到脚进行仔细清洗之后，用刚煮熟去壳的鸡蛋在其身上反复滚动数次，同时念念有词地用吉言给孩子祝福："滚一滚，百事顺；滚一滚，福寿运；滚一滚，万事通；滚一滚，人中龙。"之后，用艾蒿水给婴儿净身，同时亦口诵祝词："洗上一洗，万事大吉；抹上一抹，掉进福窝。"

土家族认为，中草药熬制的水不仅具有舒筋活血、消炎祛湿的功效，而且还有祛除晦气、辟邪防身的特殊功能。而用熟鸡蛋滚身，土家族代代相传的说法是能够除去胎毒，使婴孩不生疮疖，所谓"滚去婴儿在世的病魔，滚来婴儿一生的平安"。

这些与仪式相伴的祝福语，不仅体现了长辈对后代的关爱和美好期待，实际上也包含着期盼铸造和延续家族辉煌的意义。因此，就连婴孩在因受洗礼惊吓而啼哭时，家人也要图吉利，将其引导到美好的意义上去："哇上一哇，百事百发；喊上一喊，金银满堂。"洗三朝的脏水不能随意泼洒，而要倒入茅厕内，否则认为会污秽神灵，带来灾祸。

也有一些土家族人家会在水里放葱和钱币，据说葱可以使孩子聪明，钱币可以使孩子将来发财①。

在德宏的傣族村寨里，妇女们生孩子要请接生婆来接生。孩子一落地便得接受洗礼，傣家称之为"洗头澡"，接着就举行拴线仪式，过去，这些都是为了祛邪保命。与此同时，接生婆吟唱起相应的习俗歌，表达出傣族社会对新生儿的特有祝福和期待：

母亲怀里的孩子呀，
如果你确是天赐的贵子，
那就见风长吧，
是女的长得像朵粉团花，
是男的长得像只蓝鹦哥。
用火塘般的温暖，
爱护慈祥的双亲；

① 邓莹辉、姜秀《土家诞生礼仪的独特内涵及其文化意义》，《三峡论坛》2013年第7期。

用你勤劳的臂膀，
赡养贫穷的双亲。
母亲怀里的孩子呀，
自幼就很乖顺，
从小就会听大人教诲，
在母亲的筒裙上不乱哭，
在父亲的背脊上不乱搓，
成了姑娘当贺哨，
织布是行家；
成了伙子当贺冒，
犁田是能手。
唱起歌来赛洛多，
句句好听，
声声动人；
跳起舞来像洛勇，
手臂如芦苇摇摆，
腰肢像花蛇扭动……①

怒族婴儿出生后，如果因营养不良或体质虚弱而发育迟缓，就要到江河或溪流交汇处背水来，给孩子擦洗全身。女婴要用舀出的第七瓢水来洗，男婴则须用舀出的第九瓢水来洗。

水族新生儿满三天，要举行“三朝酒”仪式表示庆贺。届时，外婆要邀约族内的一些女性携带鸡、蛋、布、小衣服、糯米等前来看望，庆贺小生命降生。主家还邀请巫师来念经咒，称之为“洗白口”。当孩子二十多天或满月后，往往要杀猪、鸡等为之办满月酒，尤其是长子、长女或独子时更为隆重。是时，要宴请外婆、舅母、姨妈、姑母以及寨上的女性亲戚等，来者多带上米、鸡、蛋、小衣服、毛线等，外婆还要带上新背带等。同时，主家还要建立永久性的地母神位，请族中德高望重者为孩子取名。

土族的婴儿出生满三天，举行隆重的“洗三礼”，亲戚朋友、街坊邻居都

① 王亚南、郑海著《生—死：永恒的诱惑与恐惧——云南少数民族人生仪礼研究》，云南人民出版社 1991 年版。

要参加。午时，在房顶上吹三声螺号，把堂屋里的磬敲三下，亲友们共同为婴儿唱赞歌：

啊，布勒、布勒，
你跟十二种吉祥一起降生。
你的胎毛上有吉祥，
吉祥给弟妹们留下，
你的小手有吉祥，
吉祥给铁锹板留下；
你的脚掌有吉祥，
吉祥给高山峻岭留下。

这时，母亲把婴儿从襁褓中托出，接生婆把婴儿接过来放到“洗三盆”中，用清泉为其净身。等洗到第三遍，祖母从怀里取出翠绿的松柏枝条，在婴儿头上绕三绕，并唱道：

愿我的小孙孙，
像松柏一样万年长青，
长在土乡的最高山岭。

外婆从花筒袖中取出一块晶莹的玉石，在婴儿身上绕三绕，祝福说：

愿我的小孙孙，
永远像宝石一样光华灿烂，
给土人家带来更多的财富。

父亲从怀里掏出红枣、核桃，向亲友们撒去，并唱道：

托众乡亲的福气，
愿我家的金童玉女，
像核桃枣儿满屋子滚。

然后，参加洗三礼的亲友们拿出自己准备的礼物，向婴儿祝福。有的往洗三盆里投一点钱，祝孩子永远富有；有的放一棵青葱，祝孩子百病不侵；有的放一束香草，祝孩子青春永驻；有的送一块酵面，祝孩子健康成长；有的撒一把种子，祝孩子从此扎下幸福的根。如果婴儿是个女孩，在场的阿姑们就把一枝枝牡丹花或月季花插在洗三盆里，随后手拉手，围着婴儿唱起祝福歌《阳格喽》。婴儿熟睡后，母亲守在身边哼起《摇篮曲》[①]。

新疆信仰东正教的俄罗斯族会为婴儿洗礼。洗礼一般在婴儿降生的次日举行。婴儿父母不参加，由教父或教母将婴儿抱到教堂，神甫诵祷词，用净水冲洗三次，并为婴儿佩戴十字架，绕祭坛三周，随后还要为婴儿取名，教父教母有为婴儿命名的权利。洗礼完毕，教父教母将婴儿用白布包好，送回家中，家人要举行庆祝仪式。

保安族的孩子出生后的第三天，阿爷要为孩子剃胎毛，剃下的胎毛将由奶奶揉成小团并用丝线缠裹，挂在小孩子的衣服上驱邪。在这一天，还要请来阿訇念经并给小孩取经名。

京族在小孩出生后第三天，要为其“做三朝”。其程序是：先“报姜”，后“送姜”。所谓报姜，是指小孩的父母以红纸喜报，附以柑橘、槟榔、松枝等物，将小孩诞生的喜讯报到外婆家。送姜是指外婆家在接到报姜喜讯后选定良辰吉日，带领村里亲朋好友家的妇女、小孩将猪肉、鸡、酒、布及童装送往小孩家。

除了用水洗之外，有些民族也有些独特的洗三仪式。永宁纳西族的洗三仪式是拜太阳仪式。婴儿出世第三日，家里便要为其举行拜太阳仪式。这天，太阳升起时，产妇的母亲或姐姐便要取一根燃烧着的松明，掷到院子里。此时，产妇左手抱起婴儿，右手抓着一把镰刀、一根代表长矛的麻秆和一页经书，走到院子里逗留一会，以示让新生儿沐浴日光，祈求太阳保佑其平安无事[②]。

云南红河、元江一带的哈尼族，在婴儿降世后的第三日，则是为孩子举行象征劳动的仪式，寄托对孩子未来的期望。婴儿若是男性，则要在同宗族人里请一名家中无凶死者而父母又健在的童男，提上一小竹筒糯米饭当作“晌午”[③]，身穿下地穿的简装，扛上小锄头，对着站在屋外的幼婴母子挖地三锄，象征着现在还在母亲怀里的男婴，将来长大后会犁田种地。若婴儿为女性，则在同宗族人里请一名聪明可爱而父母双全的童女，也提上一小竹筒糯米饭当作“晌午”，肩挎蓑衣背架，手提小砍刀，对着站在屋外的母女，向柴堆砍三刀，象征着现在还在母亲怀里的女婴，将来长大后会砍柴割草。之

---

① 毛公宁编著《中国少数民族风俗志》，民族出版社 2006 年版。

② 王亚南、郑海著《生—死：永恒的诱惑与恐惧——云南少数民族人生仪礼研究》，云南人民出版社 1991 年版。

③ 滇南一带俗话，指午后在田间休息时食用的干粮。

后，还要请老人念诵祝词：

小宝宝快长大，
就像春天里的壮秧苗。
明亮的太阳在你的头上照耀，
温暖的风轻轻拂着你的头发。
小宝宝长大了，
一天能挖三块田，
爬山腿不酸，
过河河水会绕道[①]。

佤族也有类似的风俗。婴儿满半月，母亲必须带孩子到地里进行象征性的劳动，通常由母亲代为拔几把草。碧江傈僳族小孩出生满二十天，也要由母亲背着下田劳动。这些仪式都是希望后代能够像前辈那样辛勤劳作。

二、挂枝

挂枝，是一些民族为了保护婴儿幼小的生命，在房前门头挂一些标识，以告知大家屋内有刚出生的婴儿。

青海海北一带藏族在孩子出生后，父亲要怀抱婴儿在家门前的经幡下煨桑，并在家门上挂一撮羊毛。第八天产妇娘家亲友携带礼物来“看月”[②]。

藏族也有“忌门”的禁忌：婴儿降生七日之内，其家人在大门口点燃一堆麦衣草或在门扇上粘贴一小张红纸，表示在此期间不许生人入门。

壮族孩子降临人间后，不少人家马上在门口插一把青枝绿叶，告诫邻里亲戚三日内谢绝探访[③]。

花篮瑶婴儿出生后，要立即在房前插上一根顶端系有树梢或竹尾的竿子，俗称“出世标”，标志着顺利生育。生的是男孩，系山茶树梢，象征着他将来像山茶树一样高大挺拔；生的是女儿，就系上金竹尾，象征她将来像金竹一样温婉秀丽。布努瑶婴儿诞生后，家人会将一把涂以黑炭的柚木刀挂在门上做标记。凌云布努瑶分支——背篓瑶婴儿诞生后，家人会用小木棍穿起一个小草人插在门前[④]。山瑶妇女生完孩子后，婴儿一下地，就把柚子、黄果或橘

---

① 《云南民俗集刊》（第3集），中国民间文艺研究会云南分会等编印。
② 毛公宁编著《中国少数民族风俗志》，民族出版社2006年版。
③ 毛公宁编著《中国少数民族风俗志》，民族出版社2006年版。
④ 毛公宁编著《中国少数民族风俗志》，民族出版社2006年版。

子树的枝条挂在门上，禁止外人入内。

白族婴儿平安降生，家里人立刻在大门口用白石灰粉撒三道线，并在门槛上缠一道青篾子。若生男孩，再在下面勒一只破草鞋。据说这样可以辟邪，不仅可以防止邪神恶鬼进入家中，同时也提醒那些戴孝和“八字”硬的人不要随便进入。白族认为八字硬的人脚底有火，会踩干产妇的奶水。

侗族妇女生小孩后，一般忌生人进门。故常在产房门前挂草标或橙子叶辟邪并禁止生人入户。橙叶还有祝福新生儿吉祥，易养成人之意。门窗所挂之物，也是生男或生女的标志：吊一字形辣椒是生男孩的标志，吊十字形草标、放鸡蛋壳是生女孩的标志。

布朗族妇女在婴儿出生后，还要找些带刺的绿枝条挂于屋檐下或插于墙隙、瓦片下。

基诺族生孩子的人家要在大门边插两枝带叶子的桐树尖，以示外寨陌生人不能进入。在楼梯口的门头上放些竹叶和桐子叶，过去，人们认为这样做可以阻止鬼神进屋。

三、护佑

其余一些民族为了保护婴儿幼小的生命，也有一些巫术、禁忌及其他一些有关做法。过去，元江、墨江一带的哈尼族，在婴孩呱呱坠地后，要在房屋门头上悬吊起驱邪的红泡刺，还要把竹笋壳剪成的人形挂在母子床铺上面护婴。

生活在元阳一带的花苗，家中婴儿降生后的一段时间，为使其安然无恙，要杀“保命猪”，还得在晚上悄悄进行。猪肉煮好后分为九堆，每堆肉里放一只装上肉汤的竹筒。九堆肉又分成三组，两边的那两组肉堆里的竹筒内装的肉汤由亲长喝，中间一组肉堆里的竹筒内的肉汤则给婴儿喝。然后收起猪肉，但得将猪尾巴放在门头上。最后还要用一只小布口袋装上一个葫芦挂在房梁上。

侗族妇女生小孩后，一般忌生人进门。若不慎进了产妇家，妇女一般不太受欢迎，但若是有儿有女、有吃有穿、聪明健壮或有公职者则受欢迎，并会受到产妇家的热情招待。为避免不慎“踩生”，有些地方还特意请人来踩生，若是男孩，就请男客，若是女孩，则请女客。不过也有相反的，生女请男客，生男请女客①。

傈僳族人家生小孩时外人不得进入，二十一天内家里不能烧苞谷花，也

① 毛公宁编著《中国少数民族风俗志》，民族出版社2006年版。

不能取走正在燃烧的柴。在这期间，生男婴的人家忌讳有人带弓箭、长刀入室；生女婴的人家更为忌讳持刀者闯人，也不可穿鞋入室。所有这些忌讳，都是为了使婴儿不再返回灵魂世界。另外，抱小孩只能竖抱，不可横抱，因为在他们看来，只有死了的人才横着。以上习俗表明，人们需要在生与死、肉与灵之间划出一条清楚的界线，努力使孩子得以留在人间。

阿昌族婴儿满月之际，外婆家给婴儿送来银制物品，这也是为着吉祥、辟邪，镇鬼灵而保人命。傣族为新生儿举行的拴线仪式也有类似的含义。流传在云南德宏的《接子歌》便再确切不过地唱出了这一层意思：

今天降生的孩子呀，
天底下很宽很宽，
人世间很大很大，
吉和凶常常交错，
人与鬼常常混杂，
黑暗紧跟着光明来到，
幸福伴随着痛苦来到。
今天我们来拴线，
念着神圣的咒语，
把吉和凶隔开，
把人与鬼隔开，
把黑暗和光明隔开，
把幸福与痛苦隔开，
现在我们来拴线。
在他手腕上拴上红线，
在他脖子上拴上白线，
……
谢谢神的恩赐，
谢谢神的保佑[①]。

聚居在云南通海的蒙古族也不例外。每当孩子出生，便要在家门口挂上红布小旗或篾帽，生男孩挂在左边，生女孩则挂在右边。一个月以内，外人

① 《山茶》1987 年第 6 期。

不得入内，如若不然，便认为产妇会被“踩断了奶”，或者会使婴儿染疾生病。婴孩出生三天，家中还要买来一种绘有各种色彩和佛像的纸，或是烧了，或是放在孩子头上，认为这样就能保佑孩子平安无事，日后发达。孩子百日时，还要过“百岁关”。届时，除了上“送子娘娘”处祭献供品、请求保佑之外，还有一种象征性的“过关”仪式：婴儿的奶奶和外婆二人抬着一根扁担，口中连连问什么什么关过了没有；婴儿的母亲则背着孩子，一边从扁担下钻过来，钻过去，一边一次次回答“过去了”。等过了100道“关口”，就要用一条铁链子斜锁在背着婴儿的母亲身上，示意这个婴儿已被结结实实地“保”住了。这种过关仪式预示着一种角色转化：由一个来自冥冥之中让人难以捉摸的灵物，转变为现实世俗社会里的小生命。

以上习俗都显然表明：人们需要在生与死、肉与灵之间划定一条清楚的界线，努力使孩子得以留在人间。

四、满月

满月意味着婴儿从此脱离了灵魂孕育状态，基本进入了人的世界。为此，我国多数民族都有着不同的满月庆祝仪式。在这满月的庆祝中，其目的一是庆贺新生儿的诞生，保佑他健康成长，长命百岁；二是增加喜庆气氛；三是表明孩子开始了一个新的人生成长期；四是表明亲属对孩子的认同。

一些西部少数民族会在孩子满月这天邀请亲朋好友相聚，举办较为隆重的酒宴，称作请“满月客”，或是“月米酒”“祝米酒”，有些民族也称作“汤饼会”。

丽江纳西族举办“汤饼会”，邀请至亲好友前来吃饭。客人来到时，得先吃一碗甜酒荷包蛋。客人通常要送一只鸡、二十个鸡蛋和一升大米为礼，有的也送小孩穿戴的衣物鞋帽。在丽江地区，人们普遍信奉东巴教，还要请东巴来家中念经，祭龙王、北岳神和仓神。小孩满月后，家里亲长便可背着他外出见人，凡遇熟人皆要分送糖果，以示同贺。

永宁纳西族社会实行母系继嗣制，向来由母方亲族来办“满月酒”，款待诸多亲友和村中老人。产妇的男“阿夏”得知女方生了小孩，则送一些礼物到女家去。若是头胎，礼物一般为一只羊、两只鸡、一块猪肉、两盒粑粑、数筒粮食和若干粉条，此外还有一套小孩衣服、帽子及手镯等①。

① 王亚南、郑海著《生—死：永恒的诱惑与恐惧——云南少数民族人生仪礼研究》，云南人民出版社1991年版。

布依族婴儿满月这天，亲朋好友都前来庆贺，给婴儿送来衣物、被子等必需品。娘家除送鸡、蛋、米和衣物外，还要送一两条背带。背带很美观，为红色或绿色，绣着各种花卉。主人家设宴款待来客，场面非常热闹。

在南北盘江的一些布依族村寨，每个来吃“月米酒”的亲友都要在主人家的地边为孩子栽一棵“满月树”，杉树、松树均可。其意义如下：一是祝愿孩子得到树的保佑，像树一样快快生长；二是待到十七八年后，孩子长大成人，那时树也长大成材，若是男孩，就用木料起房盖屋，若是女孩，就用木料做陪嫁的嫁妆，如桌椅、立柜等家具。由于这一风尚世代相传，在这里，松、杉成林，有的已经成材，有的正在成材，前头的砍伐了，后头的又栽上了，常年常绿，郁郁葱葱①。

仡佬族的“月米酒”与永宁纳西族相似，由孩子的外婆家出面邀请亲戚朋友和邻居前往祝贺，女婿家等亲朋好友也要参加。主家以参加的客人多和收到的礼物重为荣耀。仡佬族在提鸡报喜之时就与女方家约定了吃月米酒的时间。若是长子的月米酒，更是热闹非凡、格外隆重。到吃月米酒的那天，参加酒宴者往往要带上大米、鸡蛋、小孩的衣物等礼物前来祝贺。

土家族最为重视的仪式就是满月礼——“祝米酒”，往往跟婚礼一样隆重。男方家要花很长的时间来准备酒席以招待亲朋好友、邻里乡亲。祝米酒也称满月酒。在举办酒宴的过程中，女方家来的人是主客。在举办满月酒前先有一个接客的仪式，男方家请一个熟识的人带上“茶食”（礼品）去女方家，告诉他们祝米酒的确切日期，并希望他们在这一天去家中做客。

祝米酒当天清早，男方家中放着非常欢快的音乐，几里之外的人都能猜到有人家在办喜事。在阵阵鞭炮声中，亲朋好友纷纷前来贺喜，远亲、朋友会带着当地的各种土特产前来祝贺，而近亲则会给孩子买好衣服、鞋袜和日常用品提前送过来，或祝米酒当天带来。

女方家的客人一般在祝米酒当天下午才会到，他们会准备很多的东西，主要是孩子的日常用品，其中全套衣物是必不可少的，而背篓、被子等也是必备的物品。蹄膀、白糖、面条等食物也应一并准备好。主人在贵客到来之前就要准备好“香桌”，女方家的客人到了之后直接在堂屋里坐定，主客双方举行礼物交接仪式。此时双方往往会各找一个口才好的人，一方“交东西”，

① 毛公宁编著《中国少数民族风俗志》，民族出版社 2006 年版。

一方“接东西”。交接时要说上一些吉利的话，最典型的便是“讲礼性”，这是祝米酒中的一个非常重要的环节。譬如在交背篓时会说：

一个扎背（背篓）两根系，
上头粗、下头细。
交给爷爷奶奶背起去，
一岁两岁就背起，
三岁四岁才下地，
四五六岁进学堂，
十八九岁考大学，
二十二三便成才。

接礼的一方则要客气地回道：

一对竹儿青又青，
织的背篓轻又轻，
左边织的空心竿，
右边织的一朵花，
劳为（谢谢）家家送来哒。

当然，对答内容灵活多样，且随时代变迁而变化。过去，在送背篓时也这样说：

金竹林，苦竹林，
家家人家织的背篓也不成（不好），
送给爹爹婆婆引孙孙。
孙孙一养一成人，
读书赛过诸葛孔明，
大学师范毕业生，
分配工作上北京。
早上吃着上海包，
右手戴着上海表，
转身给爹爹婆婆带皮袄，
称的茶叶白毛尖儿，
买的香烟带嘴嘴儿，
爹爹婆婆是个享福佬儿。

婆婆这边的人则说："金背篓，银背篓，孙儿睡着好热乎。"也有人如此说：

这个舅妈没得钱儿，
织个背篓莫嫌弃，
送给爹爹婆婆引孙娃儿，
你们要越背越带劲儿。

对方则答道：

家家舅妈真讲名（面子），
请到高明的篾匠进竹林，
织的背篓四匹戗，
缎子铺盖四角方，
一只角里出凤凰，
一只角里出宰相，
凤凰随着人的心。
爹爹婆婆引孙孙，
白日背起娃不喊，
夜里背起娃不哭。
真是享的家家、舅妈、姨的福。

再如交衣服时，舅妈拿起衣服便会说："衣服手中拿，送给小侄娃儿，走亲访友莫穿它，在屋里穿起好打杂。"接的一方便会说道："姨和舅妈的手艺佳，逗得侄娃儿打哈哈。你们牵（想念）侄儿的时候就多来看看他，侄儿明年就会喊家家、舅妈和姨妈。"来客谦虚、主人客气，营造出十分融洽的喜庆气氛，也给来客增添了不少的乐趣。

吃完晚饭后，由婆婆抱着孩子，首先来到厨房，在灶头前行礼，同时嘴里还念着"一逢喜，二逢财，今年送一个，明年再送一个"。这么做主要是为了打发"送子娘娘"。然后来到堂屋，在香火前行礼，也说着同样的话。这样做是为了让祖先知道，请求他们保佑①。

除了办满月酒以外，有些民族还有剃头和命名的习俗。如彝族和哈尼族，

---

① 邓莹辉、姜秀《土家诞生礼仪的独特内涵及其文化意义》，《三峡论坛》2013 年第 7 期。

就在满月那天为孩子剃去胎毛。滇东北地区的苗族生育头胎满月之时，则要用锅烟子在婴孩的脑门上抹三道，以辟邪，然后再背着孩子回娘家，请婴儿的舅父为其祝福[①]。

壮族在婴儿满月时，要请至爱亲朋喝满月酒，杀三牲（猪、鸡、鱼）后用一斤猪肉、一只鸡、一条鱼祭祖。大新县一些地方举行满月命名礼，要用外婆送的三牲祭祖先，巫师当着神灵之面给婴儿命名。

土族的婴儿满月也要举行仪式。按土族习惯，男婴满月前一天举行仪式，女婴满月当天举行仪式。满月时亲朋好友欢聚一堂，给孩子穿上新衣服，主人设宴招待客人，表示感谢。黄昏时分，婴儿由其父亲抱着到大门口，迎接归来的羊群。人们认为这样才吉祥如意。

阿昌族婴儿满月，若是男婴，外祖父母家得送上银质的小长刀为礼；若是女婴，则要送上银首饰为礼。以示自己对外孙辈的关心。

除了请满月客、剃头、命名以外，还有出月开忌的风俗。在榕江侗族地区，婴儿满月一般不请酒。满月这天，婴儿由母亲或小姑背着，如有姐姐，亦可由姐姐背着，在奶奶及房中几位女性长辈的陪同下，挑着红糯米饭、鸡鸭猪之肉等到外婆家出月开忌。小孩胸前往往挂着由蛋套网住的红蛋，过去，人们认为这样可防鬼怪袭击，保佑一路平安。到外婆家后，由外公或舅舅亲自给婴儿剃头，（只剃三刀，表示今后剃头可不再选日子），同时设宴请族中女性长辈前来陪伴，祝贺母子平安。外孙返家，外公外婆都要馈赠一些礼物做纪念，如煮熟的红鸡蛋、衣物、背带、现金、银饰等。有的地方还将带回的红鸡蛋切成片，送给村里的小孩、大人，一人一片，表示婴儿长大后会和他们团结友爱、共吃共玩。

西北的一些少数民族，也会为婴儿满月举行一些庆祝活动。如蒙古族、藏族、锡伯族、撒拉族通常会为婴儿满月举行庆祝活动。

蒙古族婴儿满月，亲朋好友纷纷携带衣服、玩具、碗、钱、哈达等前来献礼祝贺，但忌给帽子。这一天，婴儿被洗得干干净净，头顶涂以黄油和奶，多子多女的老人还用胡须摩擦孩子的脸颊，以示祝福[②]。

藏族婴儿出生满一个月，要选好日子举行出门仪式。这天，母子着新装，

---

① 王亚南、郑海著《生—死：永恒的诱惑与恐惧——云南少数民族人生仪礼研究》，云南人民出版社 1991 年版。

② 毛公宁编著《中国少数民族风俗志》，民族出版社 2006 年版。

由亲人陪同出门，到寺庙朝佛，以求佛祖保佑新生儿长寿，之后又到亲友家串门，一般选家庭和睦、生活富裕的人家，期盼孩子长大后也能过上幸福生活。孩子第一次出门，家人要在其鼻尖上抹一点锅底灰，人们过去认为这样做可使婴儿出门不被鬼魅发现。

撒拉族新生儿满月后，娘家人会举行十分隆重的“看月”(撒拉族称“阿依瓦合”）仪式，提着送给女儿和公婆、女婿、婴儿的衣服，牵着一只羊，前去分享得子之喜。主人则早早迎候于门外，互道“色俩目”后，请入上席，男女分席而坐，并当场宰亲家带来的活羊，煮肥肠和羊肉，款待贵宾。食毕，主人要给每位参加看月仪式的人送些钱物表示酬谢。

锡伯族小孩满月那天，为婴孩举行满月仪式，邀请孩子的外祖父、祖母及叔伯、婶、姑、姨等亲戚。来宾给婴孩赠送礼物。他们有对于产妇还要举行一个帮产妇驱寒除湿的特殊仪式：煮熟四个鸡蛋，让产妇将两个鸡蛋夹在腋下，将另外两个鸡蛋握在手中，蒙几床被子，让产妇发汗，出汗后将被子一床一床揭去，使汗慢慢下去。据说这样做，产妇能将月子里所受的寒随汗驱除，不会有后患。

西北的维吾尔族、哈萨克族、柯尔克孜族、乌孜别克族、塔吉克族的满月仪式，则是在婴儿出生四十天时举行，即“四十天礼”。四十天礼和“摇篮礼”仪式同时进行。举行过此仪式后，产妇方可出门。

哈萨克族的满月仪式，主要邀请附近的妇女参加。凡是被邀请的妇女，都必须给婴儿赠送衣服、纽扣、串珠以及猫头鹰的羽毛等礼物。在这一天，主人必须宰羊款待前来贺喜的客人，大家都要向婴儿祝福，向主人祝贺。同一天，婆婆要教媳妇如何抚养孩子，并要给婴儿洗澡。洗澡后要给婴儿的全身擦用羊尾巴提炼出来的羊油，边擦边拉四肢，然后给婴儿剃头发。在举行摇篮礼时，如果生的是男孩就在摇篮中放上马鞭、马笼头，希望孩子成为好骑手；若是女孩要在摇篮中放镜子、梳子和针线，象征女孩长大漂亮、会做针线活。

柯尔克孜族孩子出生后的第四十天，举行满月仪式。满月仪式与摇篮礼基本相同，来宾也都是部落和亲友中的妇女。仪式开始后，祖母或近亲里的一位年老妇女，把一个金镯或金戒指放在盛水的木盆里，然后把孩子放入盆中，让来宾轮流用木勺将盆里的水一点点倒在孩子身上。必须倒四十勺水，所以前来参加仪式的妇女也不少于四十人。

倒水时，必须从年老德高望重的妇女开始。给孩子穿衣服后，要在毡房门对面的客人的餐布上，点燃用生羊油制成的四十支蜡烛，将孩子在烛光前摇晃四十下；然后，所有来宾拿四十个奶疙瘩，用新碗盛放在孩子面前；最后，第一个倒水的妇女，把孩子出生时挂在门上的红布和羽毛取下。按照柯尔克孜族的传统观念，四十勺清水、摇晃四十下和四十个奶疙瘩，加在一起标志一个人一生可以活一百二十岁。

乌孜别克族婴儿出生后的第十一天或第十五天大办宴席请客。这天要给婴儿穿上新衣服，亲友要向婴儿送礼物。第一胎仪式较隆重，第二胎就简化了。由亲友或邻居中德高望重的老人将小孩从母亲身边抱起来，放在摇床上，老人以及所有客人说些祝福小孩英俊可爱、健康成长之类的话。婴儿出生满四十天时要举行“洗礼”。在举行洗礼前，孩子的父母要从清真寺取一点土，连同一枚金首饰（金镯子或者金戒指）放在大浴盆里，还要从乡邻家找来四十个小孩作陪。洗礼时，扶着婴儿站在大浴盆里，母亲轻轻地舀水淋到婴儿的头顶上，不断地说一些祝福孩子健康、幸福、聪明、吉祥之类的话。孩子经过洗礼后，产妇才能出门活动[①]。

塔塔尔族在婴儿出生后四十天，也会举行“四十份水礼”。父母把手镯或戒指放入澡盆，然后将分别从四十个地方取来的水倒入澡盆，给婴儿洗澡，以祝福孩子健康成长、福禄无量。主人以抓饭或清炖羊肉热情招待来客。

五、百天

西部一些少数民族受汉族的影响还有“过百天”的习俗。过百天是指初生婴儿一百天举行的庆祝仪式。婴儿出生一百天，家中招待亲友，祝福婴儿身健茁壮，长命百岁，又称“百岁”“百晬”。过百日关也要请家族、舅族的亲友参加，来客都送贺礼，主人则要摆宴席，并会馈赠宾客以回礼，分享爱和喜悦。

六、剃头

在婴儿出生一段时间后，一些民族会为其举行剃头仪式。剃去婴儿的胎毛，象征着婴孩从此脱离了灵魂孕育状态。根据各民族的不同风俗，为婴孩剃头的时间也不一样。

有些民族是在婴孩出生第三日，即“洗三”时为婴孩剃头。如云南宁蒗

① 赵朕、赵叶等著《少数民族的风情》，中国旅游出版社 2006 年版。

彝族自治县及毗邻的永胜、华坪等县以及小凉山一带的彝族，在家中妇女产后第三日宴请亲友，杀猪宰羊祭祀祖灵的居所“马都”，还有两项别具特色的重要仪式活动。其一是为婴孩剃头上的“胎毛”，象征着婴孩从此脱离灵魂孕育状态。剃头要保护囟门，不能把头发全剃光，而要在婴儿前脑门上留一些胎毛[①]。婴孩剃下的毛发须用布条缠起，佩戴在孩子手腕上，一直到戴烂脱落为止。其二是抱婴孩出门见人，也是婴孩从此进入人世间的标志。

保安族在孩子出生后的第三天，由阿爷为孩子剃胎毛，剃下的胎毛将由奶奶揉成小团并用丝线缠裹，用来挂在小孩衣服上驱邪。这天，还要请阿訇来念经并给小孩起经名。如果有人家久不得子或几个孩子接连夭折，这时便要让新生的孩子留长毛。长毛即长发，表面意思是有了长发容易抓住，实则是在人们的传统观念里，如果孩子留了长毛，那么就更容易养活，不易得病。家人、亲戚或邻居对留长毛的孩子都倍加爱护。长毛一般留到 7 岁，届时要举行隆重的庆贺仪式。庆贺时，要请阿訇念经并为小孩剃长毛。亲戚朋友带着各种礼物来讨喜庆贺，本家同样宰鸡宰羊待客[②]。

有些民族是在婴孩满月之时为婴孩剃头。如滇东北一带的彝族民众，为孩子摆满月喜酒之时，由毕摩念经祝祷，请一位长辈来给婴儿剃除胎发。若此刻不剃，就得留发三年，到时“剃长毛”还须再请一次客，凡做客之人都要送礼。这时候毕摩所念的《长毛经》也间接表达了人们对满月的看法。

你是阿爸骨，
你是阿妈肉，
骨肉长成体，
满月定下来。
……
现在你三岁，
三岁剃长毛，
弃掉奶腥气，
学着懂礼貌。
……

---

① 邢莉著《摇篮边的祝福：中国诞生礼》，上海文艺出版社 2001 年版。

② 毛公宁编著《中国少数民族风俗志》，民族出版社 2006 年版。

从小看到大，

三岁能知老，

愿你长成才，

好把栋梁做。

哈尼族的婴儿满月，也要剃胎发。兰坪县的白族同样如此，而且剃头仪式格外隆重而认真。这一天，孩子父母双方的亲属长辈都会尽量到场，执刀剃头者通常为孩子的爷爷，如爷爷已去世便请外公，如外公也已去世则须请家族中年高位尊的男性长者。头发剃下来，孩子的母亲用手帕接住，尽量不让落发坠地，若是地上有落发，还得一根根捡起来。之后，将剃下的全部头发装入一个特制的小布口袋，由母亲缝在小孩的帽子上，让孩子戴在头上。这帽子不可丢失，否则认为会不吉利。

布依族青年夫妇，在长子满两周岁或四周岁时，要给他举行剃头仪式。蒙古族婴儿满一周岁过生日时，一般举行剪胎发、抓周、打绊脚线等仪式。按蒙古族的传统习惯，婴儿一周岁内不剃头，不能戴帽子，一周岁生日这天才第一次剪发、戴帽子。剪下来的头发装进小布口袋，缝在孩子的“德勒”或衬衣领、袖口外面。

裕固族在孩子周岁或三岁时第一次为孩子剃头。为此，要给孩子举行隆重的剃头仪式，有的人家也在此时给孩子取经名。裕固族认为，给娃娃剃头，就像给马驹剪鬃毛一样，马驹子剪了鬃毛才算马，才能乘骑；娃娃剃头才成人，才能长命。第一次给头胎孩子剃头的日子，是家庭中最喜庆的日子之一，父母要设宴招待客人，亲友们要赠送礼物表示祝贺。礼物可送一只羯羊、一匹骡马或一头乳牛，也可送钱、哈达及衣物。作为礼物的牲畜都要做标记，表示这是属于孩子的，直到孩子长大成人方可取消标记。在剃头前，孩子的父母先请自己老人选定吉日良辰。一般认为初一、十五为吉庆之日，多在午时进行。

在举行剃头仪式的这一天，先请来喇嘛诵长寿经，然后根据藏传佛教经典为其取名。正式剃头前先得举行仪式。首先由孩子的母亲将孩子抱到或领到舅舅和年龄最大的长辈面前行礼，老人和舅舅抚摸着孩子的头说：“给你金马驹、白乳牛。”这时由一人端来盘子，盘子里有一把剪刀、一碗奶、酥油和一个用酥油糌粑做成的圆圈。首先将盘子端到舅舅面前，将酥油糌粑圈套在孩子的头上，由舅舅开剪。男孩从左边开始剪，女孩则从右边开始剪。剪一绺头发放在盘子里，用手蘸酥油点在孩子的额头上，再抹到孩子的嘴里。同时口念吉祥语，并答应给孩子小牲畜。紧接着其他参加剃头仪式的人依次剪发，先剪左右两边，再剪中间和后边。在剪发时，均唱祝福歌，并表示向孩子赠送礼品。之后大家一起唱《保尔德埃》，即祝福孩子长寿的歌。歌词大意是：

今天的日子像太阳一样光芒四射，
舅舅和亲友们都来到。
娃娃成长托大家的福，
牛羊满圈，马驹欢跳。
用金剪刀剪头发，
娃娃如同金子般光亮美好；
用银剪刀剪头发，
为娃娃带来金银财宝；
用铁剪刀剪头发，
娃娃长成铁疙瘩。
祝娃娃长命百岁，幸福到老。

众人兴高采烈地一边唱歌一边击拍，也有人载歌载舞，气氛热闹非凡。客人依次剪过头发后，再由舅舅用剃头刀为婴儿剃发，但在头顶还要留下一撮头发，是专门为没有到来的客人留的。至此，剃头仪式结束，大家开始吃酒席①。

藏族的剃头仪式一般是在孩子长到三岁时（也有在三至五岁之间）举行。青海黄南一带通常选在正月初三。这一天家人要设宴，全村人和远方的亲友们前来祝贺，届时孩子的舅舅或其他老者将其头上的胎毛剃去。青海海北一带是母亲抱孩子，父亲端一木盘，内放剪刀，从长辈开始，每人剪一撮孩子的胎毛放到盘中，并许诺给孩子一件礼物（牛、羊、钱等），还要现场拿点钱物放在盘中，以示祝贺。最后将胎毛缝在一个布袋中，将其佩戴在孩子身上②。

倘若小孩不足周岁时好哭好闹、乱抓乱扯，满三岁还得再请舅来行“剃

① 《裕固族儿童剃头仪式》，华夏经纬网，http：//www.huaxia.com/ly/fsmq/dl/2013/06/3373571.html。

② 毛公宁编著《中国少数民族风俗志》，民族出版社2006年版。

长毛”仪式。届时，舅父要说：“剃一刀三尺高，剃两刀六尺高，剃三刀有树高。”同时用剃刀在幼儿脑后发根处轻轻刮三下。将刮下的头发连同剃刀一起用红布包好，由孩子的父母永久收藏，以后除了执刀剃长毛的舅父以外，任何人不得打开。

七、周岁

在人的一生中，周岁是第一个生日，也是人的生命周期中的第一个高潮。一些民族在小孩周岁生日时要举行庆贺仪式，有剃头、“抓周礼”等，在不同的仪式中，表达了父母对于孩子今后的人生角色的社会期待。在抓周礼中，各个民族都有一些相应的仪式，根据孩子不同的性别放置不同的物品。

蒙古族婴孩抓周，是在孩子面前放上一些种类不同的物品，让他自由选择抓取，孩子先抓到之物，即被视为其喜欢之物或与其将来擅长之事相关之物。男孩子面前通常摆放弓箭、火镰、蒙古刀、布鲁、马鞭、书、笔等物。女孩子面前通常摆放衣物、针线、荷包、手镯、戒指等。

锡伯族在婴孩周岁时，也要举行较隆重的庆贺仪式，宴请婴孩父母双方直系亲属及父母的亲朋好友。宾客来齐之后，在炕上摆放许多玩具，其中包括笔、纸张、较小的农具以及弓、箭等。观察婴孩对什么感兴趣，以此来预测其将来的前途，并以此来增添欢乐氛围。来宾都要送礼物，主人则要盛情款待来宾。

云南洱源白族小孩满周岁行抓周礼时，家中置办一桌酒席，旁边摆上葱、松树明子、算盘、毛笔等物件，由亲长抱起小孩上前任其自抓。他们相信，小孩抓了葱和松树明子，今后会变得聪明；抓了算盘，往后便能掐能算；抓了毛笔，以后则能书会写。

居住在通道等地的侗族，在孩子满周岁时要请外公剃头，还要“试盘”(抓周)。试盘时在一个大木盘或簸箕上摆放书本、尺子、算盘、食品、玩具等，视孩子所抓东西，预测其今后的前程、性格、爱好等。

土家族则是将书本、文具、日常用品、糖果、饼等集中在一个大盘子里，并放在桌子的中央，任小孩信手去抓，以小孩子抓的第一件物品来预测其未来的喜好。若孩子头一件抓了笔墨之类，周边的亲朋好友会齐声道贺，说这孩子会读书写字，将来定有出息；若孩子先抓的是算盘，就认为他将来会经商赚钱；如果孩子抓了糖果或是饼干等食物，这时大家会说，这孩子有口福，将来吃穿不尽；如此等等。

抓周时，放置给不同性别的孩子抓的物品，尽管是在汉字语音和物品用途上做文章，但也反映出了长辈对后人的殷切期待以及传统心理对于幼儿社会角色形成的制约和规范力量。

第四节　命名礼仪

“名为万物之始。”命名，即用文字语言称呼人、事物。从思维、语言和概念系统的意义上来讲，命名实质上是人的一种最根本的社会化身份的认同形式。因此，每一个民族、每一个社会的人都非常重视对新生的后代的命名。

一个民族的传统命名模式包括仪礼形式和命名内容两个方面。命名仪式本身便是社会对新生儿身份认同的一种象征。即使仪礼形式意义已经淡化了，命名的具体内容也具有双重的社会化效果，命名不仅寄托着亲长们对后代的祝福与期待，而且更重要的是使婴儿在人类的概念系统中有一个指代符号，在观念理性上得到社会的认同。

一、命名的礼仪

各地为婴孩所取名字的时间和礼仪各不相同。一般是在婴孩出生三天、七天、满月之日或者周岁之时进行。各个民族为婴孩取名的方式与内容各有特色，有的民族是长辈或德高望重者为婴孩取名，有的民族会请宗教人士为孩子命名，有的民族则有“撞名”之俗。无论哪一种方式，都会举行一些仪式，来为孩子命名。

（一）请长辈或德高望重者命名

各地的白族都有较为正式而隆重的命名仪式。在大理喜洲，为头生子女命名须请“粥米客”，亲族人等均要送来礼品，诸如鸡、鸡蛋、砂糖等等。小孩母亲的娘家除了这些东西以外还要送来婴儿衣帽、裹被等物。办粥米客时，往往把产妇娘家的长辈全都请来做客，孩子的乳名便由他们来取。往后第二个、第三个孩子的名字，则可随意由孩子父亲家中的长辈或亲友、长者来取。

在剑川，婴孩出世后一般就由其父母命名。在洱源县的凤仪，命名仪式在婴儿满三个月时举行。届时要请来孩子父母双方三代以内的血亲，先由来客介绍至亲三代的名字，因为取名忌讳与长辈名字雷同，所取的名字要经客人们一致同意才有效。最后，按辈分、年龄长幼排列，将命名仪式参加者的姓名写在一张大红纸上，并记下“某某先生为令郎汤饼之会，邀集亲友，索取乳名，爰取之曰某某”字样。这一命名须得到父系和母系两个家族全部参加者的认可，其中的认同之意不言而喻。

在碧江，婴孩出生三天即行命名式，这天还得杀猪羊或宰鸡宴请宾客。命名时，孩子随母亲躺在床上，床头放着三碗饭作为祭品，由孩子的父亲或家里的长者为其取名。若是男孩，命名者对他说：“杀头大肥猪给你取名字，杀条大肥羊给你取名字，愿你一生平安无疾病，寿命长。长大后，给你管理我家的全部财产。”若是女孩，命名者对她的祝词的最后一句则是：“长大后，帮助父母亲做活。”命名完毕便大宴来宾。这一天若杀猪，要送给小孩外婆家一只猪腿；若是与男方父母家别居的家庭，还要再送给小孩祖父家一只猪腿。

傈僳族男孩在出生后七天举行命名仪式，女孩在出生后九天举行命名仪式。如果名字一时尚未想妥，也可以稍为延期，但若拖延得太久，人们则认为孩子将来会遭遇祸患。命名权一般并不专属于什么人，由祖辈亲长或父母双亲来命名均可。独龙族也同傈僳族一样，男孩出世七日命名，女孩出世九日命名。

云南普米族则在孩子满三日后，家人找一件村中高寿老人的衣服改制后给小孩穿上，并请巫师为孩子起名字、诵经祝福，保佑孩子健康成长、长命百岁。普米族在婴儿满周岁之后，有的人家要请长辈为孩子取一个汉语名，希望孩子茁壮成长。

怒族给婴儿取名是一个非常重要的礼仪，各地习惯不一。若柔支系在婴儿满月的当天专门宴请宾朋，给婴儿取名。诺苏支系则有在妇女怀孕至第九个月时取名的习俗，因为难以料定腹中胎儿的性别，所以要预取分别适合男孩和女孩的两个名字，到孩子出世时，父亲再最后确定。

民间认为，提前取名可防孩子的父亲遭遇不测。为了让孩子顺利成长，一些地方还有专门给孩子起怪异名字的习俗。据说，名字越是起得贱、丑、恶、怪、毒，就越有利于孩子的平安和健康，否则孩子的魂魄就有被“鬼”勾走的危险。

德昂族孩子出生即要取名，一般由父母取名，或由亲友取名，如果取了名仍体弱多病的孩子，就请佛爷另取新的名字。

侗族一般由家族中年长者为婴孩取名，或在“打三朝”时由外公或外婆取乳名，还有的是由姨妈取乳名。在黎平等地，取名仪式由鬼师主持。鬼师念词后，先由外公开始赐名，每取一个名字，鬼师即打一卦。如果是顺卦，则表示婴儿和祖宗都同意这个名字；如不是顺卦，再依次往下由其他长辈取名，直到是顺卦为止。取名之后，众人饮酒庆贺。然后用银子“压名”。压名也由外公开始，后面的人看他压的分量大小，再决定自己压多少。压名之意为新生儿名重如山、永葆昌盛。

裕固族则是由婴儿的祖父、父亲或舅舅为其取名，或表达长辈的愿望，或具有保佑孩子茁壮成长的寓意。在裕固族地区，为孩子取带数字的名字的现象也很多，多是以孩子出生时祖父母的年龄命名（如六十三、七十二等），或以出生时的年份（如六六等）命名①。

塔吉克族在婴儿出生一天后，举行“开嘴仪式”，用调入酥油的奶抹在婴儿嘴上，称为“开嘴”，并由长者主持，给婴儿命名。

乌孜别克族的命名礼在婴儿出生的第三天举行，有的人家由祖父母或外祖父母给孩子取名。近年来，由父母给孩子取名的人家逐渐多起来，孩子的名字也日渐被赋予了新意。

柯尔克孜族为孩子命名有许多方式，名字的意思也很多。一般是在孩子出生后的第三天，举行命名仪式。主人宰羊，请客吃饭。命名仪式的规模较大，亲友一般都要请到。席间，祖母或本家年纪最大的一位妇女抱着孩子，把一块煮熟的羊尾巴油慢慢塞进孩子的嘴里。来宾按照席位顺序或年龄大小，依次向孩子赠送礼物。然后，祖父抱起孩子起名，分别在孩子的左右耳边把名字呼三遍，参加仪式的人也一一重复其名字。柯尔克孜族一般会预先挑选许多名字，在命名仪式上，一边用火镰打火石，一边一个个地喊出预先挑好的名字，如果喊到某一个名字时，正好打着了火，就以此名为孩子的名字。

藏族给孩子取名是一件大事，有的人家会请德高望重的老人为孩子取名。长者取的名字，多与生活有关。过去，有的妇女生的孩子存活下来的少，为使新生儿活下来，便给其取一个认为鬼魅不会盯着的名字。

（二）请宗教人士命名

西双版纳傣族通常在婴儿出生后七八天行命名礼，由其父母备一对蜡条，请懂天文历法知识的“康朗”佛爷给孩子取乳名。所取的婴孩乳名及其出生年月日时书写在一小块白布上，或用铁笔刻在竹片上，交给小孩的父亲收存。

永宁纳西族婴儿降生的当天或第二天，由“达巴”为孩子举行命名仪式。先要杀一只鸡、煮几块肉、揉一团饭，供在灶神前算是向祖先献祭。煮鸡的

---

① 贺卫光编著《裕固族文化形态与古籍保存》，甘肃人民出版社2002年版。

时候还要卜鸡头卦，预测婴儿的命运。接着请达巴占卜，他面前放一只木盘，手捏两个贝壳，根据贝壳丢入木盘后所处方位，参照婴儿出生的时间和方位，再根据其性别为其取名字。名字确定后，达巴连唤三次，孩子的母亲则代为应答三次。丽江纳西族信奉东巴教的地区，在孩子出世后七日，人们要请东巴来为之命名。

屏边等地的瑶族乡民，在婚后生育第一个孩子之际，则要请“目老”（寨老，负责村寨宗教事务的人）为其取名。

洱源县西山的白族婴儿的命名，一般是在生下来的十至二十天内，由巫师“塞波”主持仪式。塞波先在房屋附近朝着本主所在的方向焚香念咒，并且杀猪或绵羊献祭。随后请前来参加命名仪式的人们围成一圈，按照长幼次序依次给小孩取名。塞波一一打卦求问本主，如卦不合，即说：“本主说，娃娃不要这个名字。”一直到卦合，才收场说：“本主说，娃娃要这个名字。”

维吾尔族的命名仪式很独特。一种命名礼是在婴儿出生三四天后，脐带一脱落就举行，除了特意请一位阿訇当主持人之外，只有婴儿的父母、近亲长辈参加。客人来齐后，仪式开始。仪式的主持人阿訇按照伊斯兰教的习惯先“小净”，然后跪坐在礼拜时铺用的羊毛毡上或临时准备的干净布单上，双手接过用干净漂亮的襁褓包裹好的婴儿，将其抱在怀中，望着婴儿那圣洁的面孔说：

我对你的右耳呼的是礼拜的召唤，

我对你的左耳说的是经文的诠释，

这是上天赐给你的名字，你就叫……吧！

主持人阿訇在说第一句时，腾出一只手，用食指捂住耳眼，模仿唤礼员在清真寺塔楼上唤礼时的样子，轻轻吟唱：“真主至上，万物之主，穆罕默德是真主的使者，大家都来礼拜啊！”参加命名礼的人们听到这庄严的声音都默念清真言。阿訇重复三遍婴儿的名字后，把婴孩轻轻地放下并顺势往前一滚，使婴孩惊叫哭喊起来。这时大家从肃穆转为喜悦，由在场的年长者（如婴儿的爷爷）抱起啼哭着的婴孩，呼唤婴儿的正式名字，哄一哄他、逗一逗他，并按自己的心愿祝福几句，然后把婴儿递到下一位德高望重者的手中。按辈分和长幼之序，依次将婴儿递到下一位来宾的手中，再将婴儿递到其父手中，婴儿的父亲将婴儿递到卧床休息的婴儿的母亲怀中。至此，命名仪式宣告结束①。

---

① 袁志广、刘琳编《天山南北的民俗与旅游》，旅游教育出版社 1998 年版。

东乡族婴儿出生以后，在其尚未吃奶以前，家人要将阿訇请来给孩子取名。阿訇不进产房，由家人将婴儿抱出产房，阿訇念《古兰经》，然后从中选取名字。念经时，先出现哪一位圣人的名字，就以这个圣人的名字命名。请阿訇起完名字以后，家人请阿訇吃饭，散“哈吉雅”（钱），以示感谢。

撒拉族在婴儿诞生后几天，要请阿訇为新生儿命名。命名方式完全按伊斯兰教仪式进行。阿訇沐浴净身，面对新生儿跪在土炕上，一面念《古兰经》经文，一面向新生儿吹气，有以气流送经文入其心灵之意。婴儿的名字在不重复其父母和兄弟姐妹名字的情况下，可以起阿拉伯语或波斯语乃至希伯来语中的任何一个名字，但大多为伊斯兰圣贤或圣女之名，尤其是二十五位圣人的名字和穆罕默德妻女的名字。因此，在同一个家族、宗族或村落中，重名现象特别多，孩子长大以后，往往以父子连名或年龄、特征等相区别。

塔塔尔族一般是在婴儿出生三天后，请有威望的老人或阿訇给孩子取名，举行传统的“命名礼”，塔塔尔语称之为“阿特阔由西”。在命名时，主人在小孩的脸上盖上一块布，然后将孩子交给阿訇或周围有名望的老人，请他在孩子的右耳边念经，在左耳边祝福，并在孩子耳边连呼三次所命的名字。

乌孜别克族的命名礼在婴儿出生的第三天举行，有的人家请知识渊博、有名望、有地位的长者或者阿訇、宗教人士命名。名字往往是伊斯兰教中的经名，包括圣贤、哲人、英雄的名字，或含有吉祥、祝福之意的名字。命名后，主人要摆酒宴招待阿訇、长者。

藏族给孩子取名是一件大事，有的人家会请活佛、僧人为孩子取名。到寺院请僧人取名时，要抱着孩子，带上哈达和礼品。有的孩子体弱多病，父母认为是孩子的名字不吉利而造成的，便请活佛另取名字，同时废弃原名①。

门巴族孩子的命名仪式一般在出生三日后举行，仪式简单。多请喇嘛或“扎巴”取名，也可由家中的长者取名。

（三）撞名

“撞名”是一些少数民族的习俗。在给孩子取名时，有的民族是遇到谁就

① 毛公宁编著《中国少数民族风俗志》，民族出版社2006年版。

请谁帮孩子取个名字，有的民族是遇到什么就以其名称呼孩子，还有的民族则是在某个时机遇到某个名字，则以那个名字称呼孩子。

云南阿昌族如果在婴儿降生三天之内还无人“闯入”家门，那就得举行“搭桥闯名”仪式。举行搭桥闯名仪式前，八字先生卜定吉日、地点。到“闯名”这天，在预先卜定的小河上搭一座小木桥，木桥要搭在有行人过往的河口或道旁，将一块熟猪肉、一只熟鸡、三碗上面撒盐的米饭，放于河边或桥上。桥的两头四角插上五色小纸旗，旗旁放三张小纸钱、三炷香、一对大纸元宝。当一个人从这里经过时，婴儿的家人就上前说明情况，来人便把纸钱烧掉，再往桥中央、四角各洒三滴酒、三滴茶，以示祭桥。然后随婴儿的家人来到家中，吃过饭后，为孩子取小名。阿昌族还有一种为孩子取小名的奇特方式，即请八字先生算婴儿生辰八字，按其特征去请某石匠、木匠或者其他手工艺人为孩子取个吉利的小名。

二、命名的方式

（一）按家族同辈排行命名

按家族同辈排行命名，这是汉族的习俗。汉族有的姓氏宗族甚至举国共有一套固定的辈分用字，若干辈为一轮，各代人命名时依序排列，用完之后再循环往复。而在西部少数民族中，也能见到按家族同辈排行命名的做法。

如在云南的白族社会，早已通行汉字，一般是同辈胞亲间姓名的第二字或第三字相同。为头生子女命名时还须请“粥米客”。

滇东北苗族用苗语给小孩取名，通常都是老大、老二、老三之类的名字。再就是孩子生下来后，外姓之人谁先进此屋门，婴孩的小名便用此人的姓来取。

景颇族的几个支系中，最大的景颇支和载瓦支的命名属于同一个类型，除姓氏之外，均有固定排行名字，婴儿就按其出生先后次序来命名（表1-1）。

表 1－1　景颇族按同辈排行命名举例[①]

排行	景颇支		载瓦支	
	男名	女名	男名	女名
老大	麻干	麻果	勒干	木果
老二	麻弄	麻鲁	勒弄	木鲁
老三	麻腊	麻吉	勒腊	木吉
老四	麻都	麻突	勒都	木突
老五	麻当	麻盖	勒当	木盖
老六	麻岳	麻冬	勒岳	木冬
老七	麻卡	麻比	勒卡	木比
老八	麻锐	麻云	勒锐	木云
老九	麻京	麻行	勒京	木行
小十	麻汤	麻泰	勒汤	木泰

倘若孩子超出了十个，便从头循环再依次命名。当姓与名连用时，则省去名字里“麻”“勒”“木”的词头。比如景颇支岳家的大儿子即为“恩昆（岳）干”，载瓦支雷家的二女儿即为“春雷（木）鲁”。

独龙族以婴儿的排行称谓起头，给婴儿取名。若第一胎是男孩，就以“彭”起头，取名为“彭社”“斤社”。若是女孩就以“喃”起头，取名为“喃社”“念松巴”等。男孩有八个排行称谓，从大到小为：彭、斤、昆、曾、丁、批、穷兰、亚。女孩有七个排行称谓，从大到小为：喃、念、江、妮、青、当、代巴。排行名只能用一次，如果排行名用完了，就选一种与生产生活密切相关的物件作为孩子的排行名。男孩一般以“投约”（箭筒）、“多巴”（箭包）相称，女孩一般以“才麻尔”（织布梭）、“下皮”（篾箩）、“久本”（竹箱）相称。有时也参照孩子出生时的自然景象或家里所发生的事情为孩子取名。如冬天水清时生的男孩取名为“彭生”，黑夜里出生的男孩取名为“彭纳”，天蒙蒙亮时出生的孩子，男孩和女孩分别取名为“彭升”和“喃秀”[②]。

① 王亚南、郑海著《生—死：永恒的诱惑与恐惧——云南少数民族人生仪礼研究》，云南人民出版社 1991 年版。

② 毛公宁编著《中国少数民族风俗志》，民族出版社 2006 年版。

傣族人无姓，一般在名字前冠以“岩”或“玉”的词头，来区分性别。命名有种种情况：按排行顺序取名的如“岩桑”，即第三个儿子；“玉腊”，即最小的一个女儿。按出生时间取名的如“岩丙”，即月中生的男孩；“岩纳”，即月末生的男孩。

（二）依世系字辈命名

大多数民族的人们都有姓氏，而且都是把祖宗的姓与自己的名连在一起，便成了自己的姓名。

独龙族小孩的命名格外特别。独龙族人没有姓，各个家族就以自己最初居住地的地名为家族名称，诸如“龙拉”，即石头多的地方；“肯顶”，即山腰。给出生儿命名不直接取本名，而是把家族名、父母名和排行加在一起作为代名。小孩排行用语有性别之分，而且是男孩加父名，女孩加母名。例如，“龙根·雄罗·明”即龙根家族雄罗男子的大儿子；“孔敢·都桑·金”即孔敢家族都桑男子的二儿子；“白丽·及此·婻”即白丽家族及此女子的大女儿；“布朗·秘尼·倒菩桑”即布朗家族秘尼女子的二女儿。

孩子长大以后，才取本名替换排行列入此系列，一般则将父（母）名省去。比如说，孔敢家族的那个小伙子取名朋松，即名为孔敢·朋松；白丽家族的那个姑娘取名婻木，即名为白丽·婻木。他们又生育下一代后，前者的第一个儿子便成了孔敢·朋松·明，后者的第二个女儿则成了白丽·婻木·倒菩桑。

云南一些民族无姓氏，或不用姓氏来表示世系，他们的世系命名系统，最常见的便是父子连名制。在少数民族的父子连名制中，有顺传正连的，也有逆推反连的。

如佤族，他们虽然有姓，但平时却极少用到姓，更不把姓加在名字上。他们的小孩命名以排行开头，也有性别之分，男性排行依次为岩、宜、散、腮、傲、罗、简、煮、厥、网，女性排行依次为月、椰、维、窝、约、也、鹅、艾、尾、远。后面是自己的名字，再接下去是父名。人们平时只称呼名字，不称排行，正式称呼则是己名加父名。

佤族父子连名制的显著特点是逆推反连，子名在前父名在后，按从儿子父辈的顺序一代代逆推而上。表1－2为在佤族地区搜集到的世代最多的一份世系谱。

表 1－2　在佤族地区搜集到的世代最多的一份世系谱①

世代	命名
27 代	散比里
26 代	比里松
25 代	松萨
24 代	萨特外
23 代	特外克龙
22 代	克龙猛
21 代	猛康
20 代	康更
19 代	更冈
18 代	冈军
17 代	军美
16 代	美克莱
15 代	克莱切特
14 代	切特普朗
13 代	普朗切恩
12 代	切恩尼
11 代	尼比欧
10 代	比欧格朗
9 代	格朗豪克
8 代	豪克所
7 代	所克娄木
6 代	克娄木托
5 代	托尔
4 代	尔窝
3 代	窝普依
2 代	普依司岗
1 代	司岗里赫

① 王亚南、郑海著《生—死：永恒的诱惑与恐惧——云南少数民族人生仪礼研究》，云南人民出版社 1991 年版。

塔塔尔族的名字也是非常独特，他们的姓名组合均为复姓复名，在一个人的名字后面，要加上自己父亲的名字，然后再加上祖先部落的名字，这样才构成一个完整的姓名。如格拉吉丁·哈不都拉·澳斯满、卡米里·哈山·库尔玛依夫等都是复合姓名。

珞巴族也采用父子连名制，即孩子的名字与父亲的名字相连，其首字为父名，尾字为子名。如祖父名为杜尤，父亲名为尤甫，儿子名则为甫另，即杜尤—尤甫—甫另……形成父系谱系。

一些民族的父子连名制却是顺传正连，父名在前子名在后，按从父辈到儿子的顺序一代代顺传而下。基诺族以往的父子连名制就是如此。父亲全名的最后一两个音节即为儿子全名的第一两个音节。比如，上一代叫作巴保皆，第二代叫作皆约，第三代叫作约八，第四代叫作八撒，等等。不过这种父子连名制常常因故打破。有人生病，经过巫师“白蜡泡”行占卜仪式，以后此人便被改唤作“白蜡某”。

明末清初，大理白族社会或许尚可看到这类父子连名制的遗存，如城东村杨氏族谱序载：“始祖讳药师正，生二子：曰正良，曰奴公……自奴公而传者为次派，至二世曰公福，曰福庆云云。”

碧江县的怒族同样有此种父子连名制。其中，自称“卡霍”（住在上边的人）的一族人认为自己是怒江的原住民，是神话始祖“茂英充”的后人。然而，这个茂英充（含有“天降之人”的意思）却是一位女性。他们的古老谱系是由此开始的：

茂英充—充罗并—罗并—者茂特—茂特绷—绷喜耀—喜耀维—维维曲—曲维—能波—赤赤维—维罗别—别下休—下休—达局留—局留谷—谷喜有—喜有宾—宾好给—好给抽—抽那耀—那耀劝—劝下尤—下尤室—室局采—局采—奴奴局—奴局谷—谷娟血—娟血独—独老底—底老乌—乌老求—求老曼—曼老—催虐漫—漫额叫—叫走偶—偶凡寿—寿砍社—杜几舟……

假如果真如此，那可实在称得上是天下第一系谱了。

父子连名一般并不限哪一个儿子可以同父亲连名，因而往往传下多线展开的系谱，构成一株系谱树。彝族的小孩命名时，正式的做法还须在父名前面再冠以家支的名称。比如，鲁木子的全名为阿侯·布吉·吉哈·鲁木子，其中的阿侯是家名，布吉系支名，吉哈即父名，鲁木子为己名。这里的“支”

即为“家”的系谱分支。表 1－3 便是小凉山彝族的一个分家支系谱[①]。

表 1－3　小凉山彝族的一个分家支系谱

阿休休
休尼莫
尼莫乌
乌阿尔
阿尔阿来
阿来不火
不火摆哈
摆哈日的
日的阿叔
阿叔立格
立格拉普
拉普的俄

的俄克木	的俄弄姑	的俄弄奴
克木格衣	弄姑勒夕	弄奴比耳
格衣黑衣	勒夕勒格	比耳必的
黑衣拉尺	勒格阿耳	必的阿衣
拉尺俄足	阿耳阿母	阿衣楚皮
俄足勺日	阿母沙颇	楚皮涅特
勺日勒惹	沙颇阿足	涅特俄足
勒惹及此	阿足吉涅	俄足吉吉
及此乌衣	吉涅要儿	吉吉涅火
乌衣吉莫	要儿阿的	涅火阿若
吉莫乌尼	阿的阿若	阿若吉狄
乌尼姑姑	阿若阿古	吉狄十却
姑姑的约	阿古日的	十却补耳
的约火曲	日的打十	补耳提都
火曲必吉	打十吉木	提都戛补日
必吉何格	吉木比图	戛补日子火
何格罗打	比图阿哈	
罗打哈火		
哈火刺麻子		

哈尼族也实行父子连名制，如苏米俄—俄退雷—退雷总—总莫伊—莫伊若—若提行……孩子的命名礼实际上也就是父子连名的命名仪式，一般在婴

① 王亚南、郑海著《生—死：永恒的诱惑与恐惧——云南少数民族人生仪礼研究》，云南人民出版社 1991 年版。

儿出生第三日举行。其中红河县的哈尼族人通常都有两个名字，父子连名的名字是正名，平日所用的名字则为副名。有的在孩子降生第三天取正名，有的却直到孩子十五六岁能够熟记之时才取正名。到那时仍需举行祭祀祖先、宴请同宗的命名仪式。豪饮之时，父亲默默思考给儿子取什么正名，然后悄悄告诉儿子。他们的这种正名，除了本人及本人的父母、兄弟和负责本宗祭祀的巫师“贝玛”而外，他人是无从知晓的。同样，他们的姓氏与世系毫不相干。

哈尼族还实行父女连名制，但女儿所生子女则与他们的父亲连名。这正是父系世系制的典型特征。景颇族的“喇期”（茶山）、“浪峨”（浪速）、“博洛”三个支系的新生儿命名同属一类，实行父子连名制，同时也实行父女连名制。他们也有数十代的世系谱，在此仅看一株分支较完整的连名系谱树[1]（表1－4）。

表1－4　哈尼族的一株分支较完整的连名系谱树

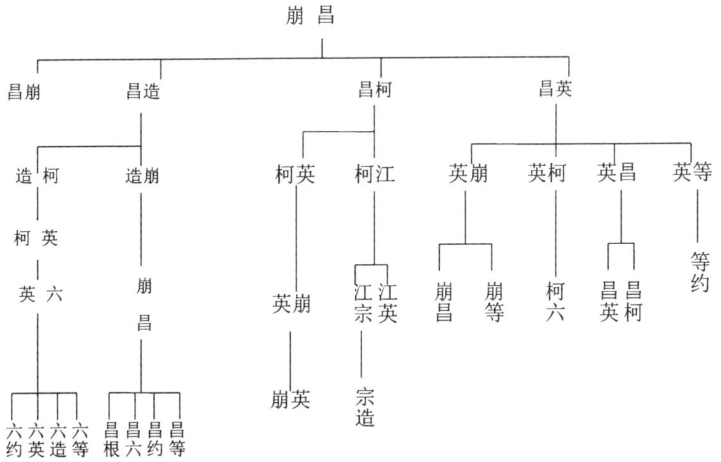

最为独特的还是勐海布朗山布朗族的母女（子）连名制。布朗语称这种世系命名为“迈种妈”，意即“跟母亲叫”。这无疑是母系世系制的遗痕。布朗族人没有姓，男名多以“岩”为首，也有以“达”为首的；女名多以“玉”为首，也有以“牙”为首的。除去这种表示性别的字之外，儿女全名的后一个音节必须是母亲全名的前一个音节。与佤族的父子连名方式相类似，

①　王亚南、郑海著《生—死：永恒的诱惑与恐惧——云南少数民族人生仪礼研究》，云南人民出版社1991年版。

布朗族的母女（子）连名方式也是逆推反连，女（子）名在前、母名在后[①]。

表 1－5　勐海市朗山区布朗族的母女（子）连名制之一例

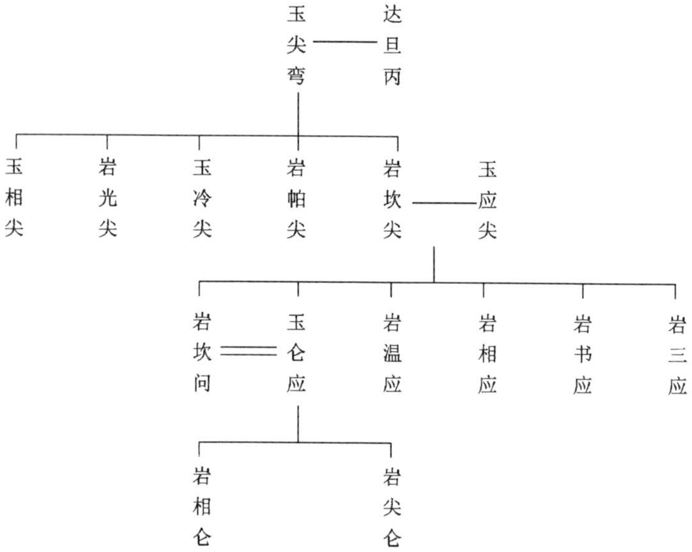

从表 1－5 中不难看出，布朗族的母女（子）连名制是母女之间世代连名，而母子之间则只连名一代，儿子的子女转而同他们自己的母亲连名。这一点正反映了母系世系制的典型特征。与此同时，人们还可以发现，同属于古代百濮族群的佤族和布朗族，其世系命名的亲子连名均为逆推世代的反连；而基诺族、白族、怒族、彝族、哈尼族、景颇族这些属于古代氐羌族群的民族，其世系命名的亲子连名形式皆是顺传世代的正连。

勐腊、景洪的克木人的世系命名系统则是另一种，即儿子随父姓，女儿却随母姓。这也刚好表现了子从父、女从母继嗣的奇特世系的基本特征。这样一来，一家子便按性别分为了两姓之人。他们的姓氏大都是常见的动植物名称，诸如虎、花脸猫、瓦雀、孔雀、树蕨等。而其风俗是姓什么的人就不能吃什么，于是，一家男女，因为性别的不同，有时候只好各吃各的。

碧江的傈僳族中还有一种同辈的连字命名，即各个兄弟姐妹、各个堂兄弟姐妹的名字里有一个音节相同。也有的是兄弟自连，而姐妹又另连的。剑川县的白族一般是同辈各胞亲姓名的第二字或第三字相同。

① 王亚南、郑海著《生一死：永恒的诱惑与恐惧——云南少数民族人生仪礼研究》，云南人民出版社 1991 年版。

（三）以崇拜的图腾命名

羌族信奉万物有灵，在取名时，会用天、地、山、水、树和鸡、鸟、狗的名称，是男孩就在其后加一个“甲”或“许”，是女孩就在其后加一个“子”或“米”，男孩、女孩都可以在其后加个“特”，特是托付、拜给的意思。鸡、鸟、狗这类动物在古时候是不杀的，任其自然死亡。例如，“莫”是天，是男孩就取名“莫甲特”“莫许特”，是女孩就取名“莫子特”“莫米特”；“日”是地，是男孩就取名“日甲特”“日许特”，是女孩就取名“日子特”“日米特”；“祖”是水，是男孩就取名“祖甲特”“祖许特”，是女孩就取名“祖子特”“祖米特”；“苦”是狗，是男孩就取名“苦甲特”“苦许特”，是女孩就取名“苦子特”“苦米特”；等等。而且他们终身用所取的名字①。

凉山彝族对神话、传说、典故很感兴趣，把崇拜的虎、豹、鹰、龙、石、山、水、金、银等取为子女的名字。彝族也习惯用婴儿出生当年生肖（属相）来取名，十二生肖中的牛、虎、龙、蛇、马、羊、鸡、狗、猪这九种是普遍用来取名的。以崇拜物和属相取的部分名字如下。

1. 崇拜虎所取名

虎是彝族崇拜的主要动物，“虎”彝语称为“罗”或“拉”，表示威猛，彝族过去的族称“罗罗”也与虎有关。在彝族人名中有许多带“拉”的名字。常用的带“拉”的名字如下。

表 1－6　常用的带“拉”的彝族人名

彝名	汉语意思	姓名举例
拉诺	黑虎	达西拉落
拉体	独虎	阿牛拉体、吉伍拉体、阿说拉体
拉史	黄虎	吉克拉史
拉伙、拉打	猛虎	吉根拉火、海乃拉打
拉惹（日）	虎儿	的日拉惹
拉哈	俊虎	木帕拉哈、海乃拉哈、吉补拉哈
拉且	跃虎	沙马拉且、吉果拉且、沙马拉且莫
拉莫	母虎或大虎	海乃拉莫

① 尤德林著《牛尾羌——一支隐匿于岷山大峡谷的部落秘语》，白山出版社 2015 年版。

2. 以其他属相或其他动物所取名

表1－7　以其他属相或动物所取的彝族人名举例

彝名	汉语意思	姓名举例
尔惹	龙子	勒革尔日、阿西尔日、朱阿尔惹
尔莫	龙女	切沙尔莫、吉劣尔莫、李达尔莫、吉克尔莫
史伟	金花	马史伟、马比史伟、万史伟、的日史伟
史达	大金	吉伍史达、吉米史达
牟惹	牟，意为马	海乃牟惹
蚩惹	蚩，意为山羊	阿巴蚩惹
约惹	约，意为绵羊	吉克约惹
瓦惹	瓦，意为鸡	的惹瓦惹
伍惹	伍，意为猪	尔吉伍惹、吉克伍日、土比伍日、黑比伍日
克惹	克，意为狗	麦吉克惹、吉伍克惹
勒惹	勒，意为牛	布约勒惹

崇拜龙的部分彝族，把支格阿龙也称为龙子。而牛则是财富，是生产、祭祀、待客的重要动物。牟惹、蚩惹、约惹、瓦惹、伍惹、克惹这些名字，大多是为辟邪或者是迎合命宫而取，也有些是随意而取的名字。

3. 崇拜鹰所取名

彝族经典《勒俄特依》说，天空的神鹰是鸟中的皇帝。彝族传说中的大神人支格阿龙（支呷阿鲁），就是龙鹰掉下三滴血在蒲家姑娘蒲莫列衣身上后，蒲莫列衣生下的儿子。支格阿龙成人时，天上有六个太阳和七个月亮，他射落五个太阳、六个月亮，只剩现在的一个太阳一个月亮，万象才正常。因此，彝族崇拜鹰，有的人就用鹰名作为名字。最常用的就是“鸠哈”，也写作“杨九哈”。

（四）根据父母岁宫所在方位（子女的命宫）命名

在彝族的文化中，命宫是每个人的命运根基，规则是以十二生肖（鼠、牛、虎、兔、龙、蛇、马、羊、猴、鸡、狗、猪）与四面四方（东、西、北、南、西北、东南、东北、西南）挂钩，即以子女出生年的生肖，配以父母当年岁宫所在的方位来确定，此方位也就是所生子女的命宫。父母的岁宫一年在一个方位，每隔八年一个轮回。如所生为女婴，则按北、西北、西、西南、南、东南、东、东北逆时针方向轮回，如所生为男婴，则按南、西南、西、西北、北、东北、东、东南顺时针方向轮回。

彝族一般请毕摩为孩子取名。普通人家亦有不请毕摩，不打羊子，由父亲自己为婴儿剪发，由祖父母、外祖父母或父母、其他长辈为婴儿取名的。取名之前，须请毕摩排流年。假设新生儿的母亲为二十六岁，按八年一轮回，则母亲此年岁宫在西北，此孩子的母亲宫位即在西北；假设新生儿的父亲为二十六岁，则此孩子的父亲宫位在西南。通常以母亲宫位为第一要素，即以母亲宫位为标准，父亲宫位为参考、辅助因素。每个方位的名字如下表所示①。

表 1－8　根据父母岁宫所在方位（子女的命宫）取的彝族人名举例

彝名	汉意	含义	姓名举例	取用对象
补都	东方	智慧的命宫	阿米布部、勒尔布部莫、勒尔不都木、勒尔布都木、马比布堵木、阿牛补都莫	男女都适用，有的在男性后加“惹”，女性后加“莫”。有的因出生命宫错位，而有意在男性名字后加女性名字中的“莫”或“阿咪”。
补晶	西方	聚财的命宫	阿米布吉木、黑比布吉惹、马比布吉莫、根衣补吉莫	
依武	北方	聚才的命宫	海乃衣伍莫、吉补衣伍莫、曲木衣五、马海衣五	
依姆	南方	豪放的命宫	曲木衣母、吉克衣木、吉果衣木莫、吉克衣母惹	
克的	西北方	坚韧的命宫	约则克的日、沙马克的莫、补岳克的	
尔的	东南方	刚直的命宫	阿拉尔的木、吉更尔的莫、马海尔底莫	
牛色	东北方	强劲的命宫	吉补牛色	
约色	西南方	稳财的命宫	力克约色、海乃约色	

在凉山彝族地区，取名叫东方、补都、不都、补都莫、补都惹的比较多一些。如婴儿命宫不佳，则向牲畜洒酒撒肉，而取“牛儿子”“青马儿”“小狗儿”等名字。如为防其夭折，乃用一些贱名，或带符咒意味的名，以求免灾，易于抚育。

（五）以吉祥字或品格特征命名

洱源的白族替孩子命名要经由择字先生算生辰八字，命中缺少金、木、水、火、土五行里哪个字，取名时一定要镶进一个与之沾边的字。缺金须取金字偏旁的字，缺木则须取木字偏旁的字，如此等等。要是所取之字与亲属、长辈的

① 王美英《凉山彝族诞生礼仪式的文化解读》，《广西民族大学学报》（哲学社会科学版）2012 年第 11 期。

名字在五行上“相冲犯”，还得另选合适的字。实在找不到恰当的字，就只好以偏旁或形态被认为有一定关联的字代替，诸如以石字旁代金字旁，其理由是金属由矿石采炼而来，又如以孝字代土字，其理由是孝字中有“土”形。总之，所取的名字既要补足五行中所缺，又不得与亲属、长辈名字犯冲。此外，白族给孩子命名时喜用汉语中的吉祥字眼，诸如宏、发、顺、吉、祥、运、清、兆、元、钧、康、金、恩、祖这一类。

在锦屏，侗族为孩子取名时，将其“八字”请命理先生推算，根据命中所犯或所欠，从有金、木、水、火、土等意义的字中选择合适的字，以补所欠和解所犯。有的为使孩子免受病灾，故意给其取“猫”“狗”等乳名，以求如猫、狗一样好养活。

傣族人无姓，一般在名字前冠以“岩”或“玉”，来区分男女两性之人。命名有种种情况。按排行顺序取名的如“岩桑”，即第三个儿子；“玉腊”，即最小一个女儿。按出生时间取名的如“岩丙”，即月中生的男孩；“岩纳”，即月末生的男孩。以珍宝名称取名的如“玉罕”，即像金子一样的姑娘；“岩相”，即像宝石一样的男孩。以花木名称取名的如“玉沾”，即像缅桂花一样的姑娘；“玉波”，即像莲花一样的姑娘。

藏族在给子女取名时，喜欢选取具有象征意义的词语，以寄托父母的期望、情怀。有的选取永恒的日月星辰，如尼玛（太阳）、达娃（月亮）等；有的选取吉祥语，如扎西（吉祥）、才让（长寿）等；有的选取动植物，如梅朵（鲜花）等。平民的名字大多为四个字，但在日常称呼时，一般是用简称。如，“多吉次旦”，可以简称为“多吉”。

（六）以属相命名

德昂族通常根据孩子的属相和排行为其取名。属相的排名如：查（属）、包（牛）、依（虎）、卯（兔）、先（龙）、沙（蛇）、牙（马）、麻（羊）、新（猴）、收（鸡）、灭（狗）、交（猪）等，属什么就取什么名，只是男性名前要加“阿”，女性名前要加“立”。如按属相取名，属“虎”的女孩子就叫“立依”。也有按傣族或汉族的习惯取名，或触景生名的。

拉祜族民众通常在孩子降生满“一轮”（依十二生肖，以十二天为一轮）那天为其命名。所取之名，或采用小孩出生的年月日时属相，或直述孩子的长相身材及亲长对后代的期望，或取花草树木的名称。命名之时，男名冠以“扎”，女名则冠以“娜”。

永宁纳西族的婴儿命名以生辰为主，同时也考虑其降生时的方位，再结合婴儿性别取名，情况颇为复杂。他们的语言称“牛”为“依”，东北方以牛为代表，叫作“依孜直”。牛年东北方位出生的男孩就叫“依若”，女孩则叫“依木”。拉祜族小孩的命名，大多还是优先按与生日相对应的属相取名，只是在与近亲、长辈名字雷同等情况下再参照其他方面的因素取名。如下表所示①。

表1-9 按与生日相对应的属相取的拉祜族人名举例

属相名称		人名	
汉语	拉祜语	男名	女名
鼠	发	扎发	娜发
牛	努	扎努	娜努
虎	拉	扎拉	娜拉
兔	妥拉	扎妥拉	娜妥拉
龙	倮	扎倮	娜倮
蛇	斯	扎斯	娜斯
马	母	扎母	娜母
羊	约	扎约	娜约
猴	莫	扎莫	娜莫
鸡	阿	扎阿	娜阿
狗	丕	扎丕	娜丕
猪	瓦	扎瓦	娜瓦

（七）触景生名

鄂伦春族孩子出生后一般先用通用爱称，如“牛牛”“诺诺”都是“宝贝儿”之意。男孩还称“谭布”，意如汉语“宝贝儿子”；女孩称“乌娜吉汗”，意思是“可爱的小姑娘”。孩子稍大一些，由爷爷、父母或请一位见多识广、德高望重的老者为其起正式的名字。鄂伦春族起名字比较随意，可以根据其相貌特征或性格特点起，如“矿诺汉”（皮肤黑）、“改那”（像猴子一样顽皮）；也可以用某种动物或物品命名，如“莎吉彦”（喜鹊）、“书何欠”（斧子）等，这种名字一般是起名者出仙人柱的门，第一眼看到什么就让孩子

① 参见云南大学《思想战线》编辑部编《西南少数民族风俗志》，中国民间文艺出版社1981年版；并据王亚南、郑海著《生—死：永恒的诱惑与恐惧——云南少数民族人生仪礼研究》补足“羊”一项。

叫什么；还可以起表示某种愿望的名字，如“骄劳布胡”（像石头一样结实）；还有一类是取发音好听的名字，如“娃英克”“天吉彦”等；也有用外来语命名的，如用蒙古语命名的“巴图巴根”“白雅尔图”等。不管起什么名字，都不冠姓，平时称呼亦只叫名不叫姓。氏族制度消亡以后，不同民族的人混居，为了区别和管理，才开始在名前冠姓。后来，逐渐出现了汉语名字，如吴永寿、关福来、莫东生等。

傈僳族为孩子取名，男女无别，也没有一定的标准，常以此时碰上的事或物为孩子之名，比如看见鸟飞过可取名“鸟飞”，听到狗叫可取名为“狗叫”。这个名亦即傈僳族人的“魂名”，待长大成婚取了“结婚名”后往往就不再以此称呼，直到死后巫师祭鬼时才再次呼唤魂名。

金平拉祜族的婴儿落地时，其父亲或祖父往往依照近旁家畜野禽或家中器物的名称来命名。竹筒、篾条箱等皆可作为人名。而“巴豆”之名意即麻雀，“巴拉斗”之名也就是画眉鸟。

珞巴族除采用父子连名制以外，还有各种命名方式。以孩子的相貌、性格特征取名。如“亚崩”，意为不胖不瘦；“亚白”，意为肥胖；“亚基”，意为好哭；“得依崩”，意为翘嘴唇。以母亲分娩时的气象情况为孩子取名，带有纪念性质。如“多略”，意为闪电；“多如”，意为下大雨；“多工”，意为雷声。有的家庭还以出生时间、季节为孩子取名。如“勒郭”，意为黎明；“亚洁”，意为绿色季节，即夏季。以动植物之名为孩子取名，如“达休”意为野猫；“黑宁”意为竹子。他们还有取贱名的习惯，认为这样孩子好养活。

第五节　结干亲礼仪

在我国，认干亲在民间是相当隆重的一件事。一些民族有拜结干亲的民俗仪礼活动形式，寄寓了人们对后代的祝福与期待。

认干亲，建立了一种虚拟的亲子关系，干亲把干子女接纳为自家人，同时要在乡间社会给其一个公开的名分，这就要靠一系列的仪式来完成，故此类“虚拟亲属”也被称为“仪式亲属”。清人笔记中说：“干儿者，不论男子、女子皆有之。盖于十龄以内，认二人为义父、义母，称之曰干爷、干娘。吴俗曰‘过房’，越俗曰‘寄拜’。干爷为其命名，冠曰己姓。命名之日，干儿之父母率儿登堂，具馔祀祖，并以礼物上献干爷、干娘。自是而年节往来，彼此则互有所馈，长大婚嫁，干爷、干娘赠物亦必甚丰。”①

英国著名宗教人类学家菲奥纳·鲍伊说：“仪式有很多功能，无论是在个人层面，还是在群体或社会层面上，他们可以成为表达情感的渠道。”所以说，认干亲，除了对后代的祝福与期待以外，一些民族也以拜认干亲这种方式来表达和加深相互间的感情。

在我国西部民族中，认干亲的方式各有不同：有的民族有等待邻人、路人“闯入”，结拜干亲的习俗；有的民族通过“偷取”瓦片或墙土来寻干亲；有的民族直接找一些身体健康、有文化、人品好的人或者世交的朋友来做孩子的干爹干妈，主动结拜干亲。

一、撞亲结拜

“撞”，意指“碰见，无意中遇到”。“撞亲结拜”即指没有刻意安排，与无意间遇到的人结为干亲。

就西部少数民族来看，“撞亲”结“干亲”仪式大致可以分为两类。

其一是“送上门来”。景洪傣族人家生了后代，要在楼梯口的木柱上挂一个用竹篾编制的形似的星星的标记“达了”，表示这家人有了新一代。本村男子见此标记，便不再贸然进去，谁要是进入此家，就得履行干爹的义务。同时，非本村妇女也不能随便入内，谁要是进去就得给初生儿当干妈。勐海拉祜族婴儿出生三日内，若是外人进了门，此人就要给婴儿取名字，婴儿父母会请他做孩子的干亲。此人还得送婴儿银镯一类的礼物，以示吉庆。

金平拉祜族，婴孩诞生三天内如有人登门，其父母也要替婴孩认下此人为干亲。有的人家要求干亲为婴孩取一个名字，以使这孩子健康长寿；有的人家则请干亲在孩子手上拴线。日后，干亲与干子之间有彼此照应的责任。

云南的布朗族在认干亲时有不同的方式。在一些布朗族聚居地区，婴儿出生七天之内，只要是第一个进入家门的客人，无论男女，便被认作是孩子的干亲，要请其给孩子取名、拴线。三年内，每年春节时，父母都要带着孩子前往干亲家拜年，并送去粑粑、猪肉、烧酒等，干亲也要送给小孩一些钱和衣服。

其二是“找（撞）上门去”。云南的哈尼族、彝族有拜干亲撞名的习俗。

---

① 李玉英《山东惠民认干亲习俗研究——以惠民县张集村、大年陈村为调查基点》，《地方文化研究》2014 年第 4 期。

哈尼族幼儿如不健康、好哭，或与其父母、兄姐“闯了对头”，常生病，便要“认亲更名”。先择定吉日良辰，到时抱小孩到村外二三里有溪水的地方，象征性地行一番修桥补路的善举，同时宰杀一只红冠大公鸡，煮熟后放在一张篾桌上，迎候过往行人。当第一个过路人来到，无论其民族、性别和社会身份如何，皆要接受吃鸡喝酒的要求，之后，还要给孩子取下新的名字。一旦新名取定，这个行路人即与孩子结为“亲家”。

滇东北地区的彝族，孩子一岁以前若经常哭闹不宁，就要将其抱到村外山路上去“撞名”。孩子的父母先制作一个可携带的独木小桥，再准备一瓶酒，煮熟一只鸡、一锅饭，带上这些东西抱上孩子去到山路上有小沟通过的地方，把小木桥架在沟上，然后躲在附近偷偷观看。一旦看到有成年男子从小桥上走过，他们立刻跑出来，拉住来人，二话不说，先扯下他的一颗衣扣，随后就抱着孩子来拜见此人，要求赐名。当过桥人由愕然、愤然而后欣然为孩子取名之时，得把孩子接过去，向着东西南北四方各拜三拜。从此，他便做了这个小孩的干爹，同小孩的父母结为干亲家。于是乎皆大欢喜，在原地生火，温鸡热饭，随后举杯痛饮。临别之际，双方互通姓名和住地，以后便会你来我往。

昆明富民一带的彝族，小孩出生后若是气虚体弱多病，为使孩子健壮起来或避免夭折，也得拜干亲，以“找靠山”而“壮阳气”。先将孩子的属相生辰报与念经的先生推算，据此择出一个吉日，然后父母带着孩子来到一条小路上，用树枝搭一座象征性的“小桥”，随后在路旁杀鸡切肉，生火做饭。第一个经过此处的路人，便被拜为孩子的干亲。当场举行拜亲仪式，摆酒菜款待此人。酒足饭饱之后，干亲要给小孩取一个名字。

拜亲完毕之后，还有一个过桥仪式：由干亲抱此小孩在“桥”上来回走三趟，象征孩子自此摆脱病魔的纠缠。如果路过的是一个未成年的少儿，则与这个少儿的父母结为干亲①。

丽江纳西族人家的孩子出生后七天，需请东巴或长者来为其排生辰八字。若结果认为小孩八字不好，就要拜认干亲。比如，可拜认有威望的长者为干亲。

① 王亚南、郑海著《生—死：永恒的诱惑与恐惧——云南少数民族人生仪礼研究》，云南人民出版社 1991 年版。

大理喜洲白族民众生孩子，也需请算命先生来为之排生辰八字。若婴儿的生辰八字与其父母的生辰八字相冲，则要将婴儿拜寄给他人或本主，随那个人或本主而取名。

云南有的布朗族也有找上门去结干亲的方式。如果孩子体弱多病或经常啼哭，父母便请“先生”卜卦。须另取名时，“先生”即告知将来“干爹”“干妈”所住方位、肤色、高矮等，父母即背着孩子按“先生”指定的方位前往寻找，直到找到为止。随后，再请他们取名，认为这样做才可免除孩子的灾难。

在一些民族中，“撞亲结拜”与民间信仰与仪式联系在一起，不仅可以克服种种生活上与心理上的挫折、困难、恐惧和不安，而且还可以借这种信仰和仪式，客观上增加自己人际交往圈中的新成员，从而扩大自己的人际关系交往圈，巩固团体的凝聚力。

二、世交结拜

各民族结拜干亲的方式，除了前面提到的撞亲方式外，更多的民族是与身体健康、有文化、人品好的人或者世交的朋友结拜干亲。

云南有的布朗族人家要为孩子找干亲，会通过“偷取”瓦片或墙土来寻干亲。这一习俗也多是在小孩未满月的人家。家有经常夜哭的孩子的父母，等到夜深人静的时候，会偷偷跑到平时关系处得较好的人家去拿一小块瓦片或墙土，放在经常夜哭的孩子的枕头下。如果孩子连续三个晚上停止哭闹，则请那家的主人做小孩的干亲。之后，行取名、拴线仪式，并请干亲到家中吃饭。采用这一方式拜干亲的人家，事先会请人去算好取瓦片或墙土的日子。也有不取瓦片或墙土，而是取衣服或其他物品的情况。

还有的布朗族人家直接找到身体健康、有文化、人品好的人或者世交的朋友来做孩子的干亲。对方同意后，便请其到家中吃饭，并行取名、拴线仪式。

有的学者在关于布朗族认干亲的研究中发现：布朗族认干亲，“源于布朗族先民古老的‘有灵崇拜’，反映了布朗族先民在早期的历史进程中对未知世界的敬畏和对超自然力量的崇拜”[①]。

---

① 黄彩文、杨文顺《布朗族拜认干亲习俗与人际关系网络的构建》，《学术探索》2007 年第 2 期。

来自多民族社会的研究告诉我们，跨民族区域的认干亲习俗的产生是基于多重因素考量的结果，例如，在对云南多民族地区认干亲习俗的研究中，显示了“不同民族之间普遍结成代际传承的‘拜认干亲’习俗，从而打破了族际关系不是激烈冲突就是简单融合的认识，成为当地民族文化现象中最重要的组成部分，它影响到当地民族关系的发展与走向”①。

而对西北回汉民族之间认干亲的研究发现，“回汉民族通过人际交往网络的拓展、交往规范的遵循、民族成员间信任关系的确立，从而加深了民族成员之间文化的认知与情感，对区域民族关系具有一定的调节作用”②。

认干亲的民俗现象在新疆少数民族中也普遍存在。

哈萨克族中存在一种仪式性的、带有浓郁的民族社会文化传统特性的认干亲形式，这与其特殊的游牧生计方式及文化习俗相关。它是新生儿降生后必经的一种人生仪式，“人们把给婴儿断脐带的人称为‘肯地克阿帕’，即‘断脐带的妈妈’，她受到被断脐带的人的毕生尊敬”③。

一旦某位女性被选为新生儿的“脐带母亲”，她必须与该新生儿建立一种仪式性的对接。其中最主要的是，她要亲手缝制一件被称作“狗衣”的衣服。衣服的材质应为吸汗、透气的棉织品，衣服必须反向缝制，以确保衣服的纽扣、针脚、内衬在外。这样制作的原因是为了不使衣服缝制的纹理或纽扣压迫到新生儿柔嫩的肌肤。

这件衣服必须在新生儿出生四十天内当作内衣穿着。满四十天后，这件衣服要被缠绕在狗的脖子之上，并让这只狗环绕房屋行走一周。经过这个仪式后，将这件衣服清洗干净并小心保存于家中的箱子内，当孩子长大后出远门或结婚要离开家时，需带着这件衣服。人们认为，这件衣服可保佑孩子在外顺心如意。在新生儿出生后的四十天，家族中的女性亲戚朋友便聚集在一起，每人往盆子里倒一汤勺盐水，给盛水的盆中放七件不同的饰物，然后给新生儿洗澡，每个参与的女性都要说一些祝福的话语。

早期成为“脐带母亲”的人，都是那些亲手助产妇生产并剪断脐带的人，

---

① 赵旭峰、王凌虹《云南民族拜认干亲习俗与族际共享阈的构建》，《黑龙江民族丛刊》2013年第5期。

② 李静、戴宁宁《文化人类学视野下的回汉民族“干亲交往”——以宁夏固原市为例》，《宁夏社会科学》2010年第9期。

③ 苏北海《哈萨克族文化史》，新疆大学出版社1989年版。

她们大多是年长的女性，在哈萨克草原上受到人们的普遍尊重和爱戴。然而，随着社会的发展，产妇生产一般在医院，更多的时候，孩子的脐带由产科医生剪断，但是“脐带母亲”这一民俗文化现象并未因此消失。这是因为，哈萨克族相信生育是一个神圣、伟大的过程，脐带在这一过程中同样具有神圣的魔力。因此，哈萨克族女性在生育后，该女性的丈夫会将脐带包裹在一块洁净的白布中，选择一处干净、偏僻的地方，将其掩埋。脐带不能随便丢弃，这是很重要的禁忌。

早期，过着游牧生活的哈萨克族同胞，由于地理环境、医疗设施的制约，在生育过程中，母亲和新生儿的死亡率较高，人们认为，在这一过程中，母子平安，便像得到了“乌玛伊”女神的祝福。而作为孩子的“脐带母亲”，见证了这个神圣的过程，参与到这个过程中，让母亲和孩子得以平安健康地生存下去。这时候，“脐带母亲”就和“乌玛伊”女神之间具有了内在的一致性，“脐带母亲”成为“乌玛伊”女神在人间的化身，保佑着产妇和新生儿的健康平安。

认“脐带母亲”这一习俗，特别是已婚女性之间相互结成彼此孩子的“脐带母亲”这种传统习俗，对于草原游牧社会具有非常重要的现实意义：

哈萨克族认为，一个家庭的幸福主要看其子女的多少，如果子孙满堂，人丁兴旺，那就是最大的财富。过去，人们认为，那些生育能力较弱的女性如果能够和一些生育能力较强的女性所生育的孩子结成“脐带母亲”的关系，那么，生育能力较强的女性的生育能力也能转移到生育能力较弱的女性身上。哈萨克族人，特别是一些老年人认为家族人丁的旺盛是自己在人世的功绩之一，当他去世后，能有无数的儿女来给他哭丧，这是非常欣慰的事情，也是对祖先的告慰，作为与“脐带母亲”缔结亲属关系的孩子，也有义务作为其家中的孩子之一共同尽孝。

哈萨克族的游牧生计是非常艰苦的，春夏季的牲畜转场，秋冬季的割草、蓄草和应付大量牲畜的生产。周而复始，需要大量的人力协作完成不同的工作，通过认干亲的方式，无形中增加了家族的力量，对于应付草原上繁杂的游牧生活和恶劣多变的气候环境带来的影响而言，能够减轻一些负担。同时，哈萨克族的婚丧嫁娶都是非常重要的仪式，在这些仪式的进行过程中，需要大量的人协助完成，作为与“脐带母亲”缔结亲属关系的孩子，也必须在这些繁杂的劳务中尽心尽力。

历史上，哈萨克族的成员以不同的部落为纽带结成相对独立的若干群体，不同的部落有各自独立的草场和生计空间，彼此来往较少，但是，一旦不同部落之间因为草场、牲畜发生纠纷，双方便会发生冲突。由于维护家族及部落荣誉是每个哈萨克族青年的义务，这种为荣誉而战的习俗让哈萨克族对本部落的认同超过了对其他部落的认同。现代社会，随着哈萨克族传统游牧生计方式的改变，部落观念在年轻人中逐渐淡薄，但是，哈萨克族的部落外婚制以及哈萨克族强调每个人必须清晰地记得自己七代以内的父辈的名称这一习惯，使得部落意识深深埋藏在每个哈萨克族人的脑海里。认干亲，特别是认“脐带母亲”，打破了部落之间的隔阂，促进了不同部落之间的交往和联系，部落不再是难以逾越的鸿沟，“脐带母亲”让哈萨克族不同部落之间因为这种纽带关系而走得更近、更亲密。“脐带母亲”让孩子的身份超越了部落、血缘的界线，将不同部落联系在一起，促进了哈萨克族部落间的理解和交流。

故而，西部少数民族间干亲交往是在各民族和谐交往文化导向下，基于民族认知与民族交往需要内驱力基础上产生的一种“虚拟亲属关系”，它的产生是民族和谐交往理念的民间创造，具有丰富的文化内涵。作为民族交往中的社会资本，干亲关系的建立既拓展了西部少数民族间的社会交往网络，又能够联系各民族间的感情，还能够降低人际交往的成本。同时，也可以加深民族文化的认知，抵消因文化差异带来的民族隔阂，增强民族间的信任感，对区域民族关系有很好的调节作用。

通过上述分析，不难发现：伴随着社会经济、文化的发展以及各民族间友好交往的频繁，各民族的民俗文化传播与扩散，各民族也积极地与其他民族进行文化交流与对话。作为民俗文化重要组成部分的人生礼仪（尤其是诞生礼仪），更多地表现出各民族的相互交流和借鉴吸收的特征，从而产生一定程度上的变迁，更加适应社会发展的需求。

第二章　成年礼仪

成年礼在西部一些少数民族中曾经或者至今仍然是人们的生命历程中一项不可缺少的仪礼活动。尽管成年礼在不同的民族中，乃至同一民族的不同社会历史发展阶段可以有种种表现形式，但我们仍然能够从其演变过程中找到某些基本相似的文化构成与文化功能。

第一节　成年礼概述

成年礼的演变与社会变迁有一定的关系，同时成年礼又是社会文化的产物，但是成年礼不应完全以社会发展阶段来划分，而应以其自身的特征来区别。因此，平章起在成年礼的三种形式前分别冠以“原始时期”“传统社会”和“现代社会”，主要考虑的是成年礼历史发展的阶段性。同时，这种划分更侧重于社会发展的文化背景。

一、成年礼的演变

（一）成年礼演变的阶段及阶段的划分

平章起认为，从历史发展的过程看，成年礼经历了三个阶段的演变，即原始时期的青春祭祀仪式、传统社会的青年宗法礼仪和现代社会的成人社会礼仪①。

这三种形式也就是成年礼所经历的三个阶段的演变。但是成年礼的演变在全球范围内不是一致的。即使在今天，非洲一些国家（如埃塞俄比亚、冈

① 平章起《成年礼的社会学分析与青年研究的理论建设》，《当代青年研究》2007年第5期。

比亚等国）还在实行原始时期的青春祭祀仪式——割礼。青春祭祀仪式并不都发生在原始社会时期，青年宗法礼仪也并不一定都是传统社会的产物。

1. 原始时期的青春祭祀仪式

青春祭祀仪式是一种最古老、最原始的成年仪式。它是一种使一个人由生物的个体变成一个具有宗教特性的神秘人格的个体的仪式性活动。根据特纳提出的成年仪式的隔离、过渡、接纳三阶段论，青春祭祀仪式强调隔离的形式和功能，是为了和以前的状态隔离开来。其一般形式是：让进入青春期的孩子同他以前的环境分开，将他送到大山或森林中，在那里过着与世隔绝的生活并信守某些特殊的禁忌、斋戒，隔断同过去的任何联系，经过几个月或数年，然后回到部落，接受图腾仪式的教育，学习神话，最后举行神秘的宗教仪式或典礼，就成了部落群体的成员①。

例如，阿拉斯岛上的印第安人，按照他们的习俗，每当青年女子初潮来临之后，就要受到一种困苦的折磨。届时，女子的父亲将女子另置于一个小屋之中，将她与他人隔离开来，让她独自生活六个月。在这种生活开始的第一天，她的下唇会被用针插穿，以此作为青春期来临的标志。在这半年中，不论是她的饮食还是她的衣着，均受到一定仪式的限制。六个月之后，她的父亲会带她出席公共集会，称为“露脸”。这表示她已经完全成熟，获得了进入这个社会的资格②。

2. 传统社会的青年宗法礼仪

在以自然经济为主的传统社会中，青年宗法礼仪是体现宗法家庭教育内容的仪式性活动。它不是为了隔绝与过去的联系，而是将其作为从未成年向成年顺利过渡的重要方式。顺利过渡就意味着要学习宗法社会中的家族礼仪规范和生产生活技能，并享有成人的权利，承担成人的义务。

以下略举几例。巴哈马群岛加勒比人为女孩举行成年仪式是为学习纺纱等社会生活知识。巴西的沙万特族每五年举行一次成年节，受礼的少年要经过为期五年的集训。在此期间，他们要学习本族的历史传统、风俗习惯以及狩猎、编织等技艺，然后才能参加正式的成年礼仪。

最典型的青年宗法礼仪即中国古代汉族的冠礼。冠礼即给步入成年人行

---

① 平章起著《成年仪式——兼及青年文化适应》，天津古籍出版社 2002 年版。

② 平章起著《成年仪式——兼及青年文化适应》，天津古籍出版社 2002 年版。

列的男子加冠的礼仪，通常在男子二十岁时举行。与男子的冠礼相对的是在女子十五岁时举行的笄礼，即由女孩的家长替她把头发盘结起来，加上一根簪子，以改变发式表示从此结束少女时代，可以嫁人了。

虽然冠礼经历了周代兴起、汉代繁盛、宋明复兴、清朝消亡几个历史演变阶段，仪式的过程也由繁至简，但是冠礼作为古代汉民族非常重要的礼仪，被称为“礼之始”，一直在人们的社会生活中占有非常重要的地位①。

不同的朝代，冠礼的流程有所变化，但据《仪礼·士冠礼》记载，完整的冠礼大致可分为三个阶段，十八个环节②。

第一阶段，行礼前的准备工作：

筮日，戒宾。筮日，通过卜筮的方式来选择吉日作为行礼的日子。戒宾，主人把确定举行冠礼的日期告诉来宾，请他们届时参加。

筮宾，宿宾。筮宾，在冠礼日的前三天，通过卜筮的方法，挑选在冠礼仪式上为受冠者加冠的来宾，即主宾。宿宾，主人（受冠者的父母）亲自去邀请被卜选出来的主宾。

为期。冠礼前一日在祢庙确定行礼的具体时辰。

第二阶段，冠礼正礼：

陈服器。准备并陈列加冠所需的用品，主要有三类，即冠及衣服、头饰、敬神敬祖的祭品。

就位与挽髻。当日，主人在祖庙阼阶（东阶）偏北的位置设好受冠者的席位。阼阶是主人之阶，意味着受冠者已成为可以代父行事的成年人。受冠者身着采衣（儿童的服饰），赞冠者（主宾的助手）为其梳头、挽髻、加笄，以便加冠。

加冠。这是冠礼的中心环节。主宾依次将布冠、皮弁、爵弁三种冠加到受冠者头上。受冠者根据所加的冠，穿戴相应的服饰。由布冠到爵弁，冠服愈来愈尊贵。每次加冠后，主宾都会给受礼者不同的祝词，对他进行教育并提出希望。通常，祝词包括期待受礼者抛弃童心，培养成人的志向德行和责任感，保持成人的威仪，不懈怠，谨慎修习成人之德等方面的内容。

宾礼冠者。主宾以甜酒款待受冠者。

---

① 杨丹丹《简析汉族的冠笄之礼及其演变》，《经营管理者》2010年第12期。

② 戴庞海《略论中国古代冠礼的教育功能》，《郑州大学学报》2005年第3期。

拜见母亲。受冠者要取肉脯，到东边的小门外拜见母亲。

命字。主宾为受冠者取字。

第三阶段，礼成后行拜见礼：

行拜见礼。现在，冠者已是成人，要用成人的礼仪拜见。受冠者要先后拜见兄弟、赞者、姑姊，国君、卿大夫、乡先生。

酬宾、送宾。

初加布冠，再加皮弁，三加爵弁，象征受冠者拥有不同的社会权利且权利越来越多，社会地位越来越高。初加布冠，象征将涉入治理人事的事务，即拥有人治权；再加皮弁，象征将介入兵事，拥有兵权；三加爵弁，象征拥有祭祀权，为社会地位的最高层次。

从皇帝、皇太子、皇子到品官、庶人，嫡长子和庶子，身份不同，冠礼的等级不同，具体流程也不同。在整个冠礼中，庄严的仪式氛围、严肃规范的行为都体现了冠礼的宗法特性，是对处于过渡时期的青年的一种封建宗族礼法的家庭教育①。

3. 现代社会的成人社会礼仪

现代社会的成人社会礼仪是一种成人接纳仪式。法治社会对青年的权利和义务做了法定的规定。根据我国《宪法》规定，年满 18 周岁则步入成年，依法享有公民权利，同时承担相应的义务。现代法制取代了传统仪式的标志作用，一个人不管是否参加过成年仪式，到了年龄即视作成年。不过，现在有些地方也举行 18 岁成人仪式。

现今，中国的 18 岁成人仪式教育起源于 1990 年 4 月 29 日上海市嘉定县黄渡乡团委组织的“黄渡乡第一届 18 岁青年生日活动”。1993 年 12 月，共青团上海市委在上海外滩人民英雄纪念塔前举办了“上海市第一届 18 岁成人仪式”，正式将黄渡乡的首创推到全国青少年的视野中。800 名 18 岁青年面对国旗，手持《宪法》，庄严宣誓“以我壮志激情，创造崭新未来，以我火红青春，建设锦绣中华”。18 岁成人仪式教育在社会上引起了强烈的反响，得到了中共中央、国务院的充分肯定。

十几年来，共青团中央一直高度重视这项工作，为指导各地团组织开展 18 岁成人仪式教育，先后下发多个文件来规范 18 岁成人仪式教育、表彰优秀

① 周倩平《冠礼文化探微》，《文艺评论》2011 年第 8 期。

组织者。

一些省区、省会城市相继确立了本地的成人节或成人宣誓日。这项活动在全国大中城市广泛普及，并逐步走上了系列化、规范化和普及化的轨道[①]。但这只是一种形式化的接纳仪式，从未成年到成年没有经过系统的社会化过程。此外，现代社会的高中毕业典礼也具有成年接纳礼的某些特征。

二、成年礼的文化构成

成年礼最突出的特征在于，对于受礼者来说，它是其人生角色发生转换的重要标志。在某些文化环境中，它甚至是一个人实现由未成年人到成年人的角色转换时必不可少的程序。

从某种程度上讲，人的童年时代总是在天真单纯和无忧无虑中度过的。在一些民族中，虽然很多孩子从很小的时候起就要开始为父母分担一些劳动，如放牛放羊、照看弟妹等，但孩子毕竟是孩子，在整个儿童阶段，他们无一不是处于备受保护的境地，他们尚不能享有成年人所特享的各种权利，也无须承担各种相应的责任和义务。因此，从严格的社会意义上说，在一些民族中，他们还没有被视为所属群体的正式成员。

在这期间，一方面，长者们总是尽最大的努力让他们长得健康一点，不断地在各种祭祀仪式上为他们祈祷，求神灵和祖先保佑他们无病无灾、快快长大、身强体壮；另一方面，长者也要以种种方式向他们施以必要的社会化熏陶，以期他们逐步了解所属群体的种种社会规范，培育其应具备的品格和能力。所有这一切都是为了让他们将来成为由特定的社会文化规范所标定的合格之人。

终于有一天，长者们付出的种种辛劳有了回报，孩子们在生理和心理上都发生了奇妙的变化，昔日的宁静被打破，某种隐隐约约的萌动随之出现，他们开始探头探脑想要把那层一直蒙在眼前的厚纸捅开一个小孔，去窥视那个对他们来说充满了种种神秘色彩和奇异魅力的成年人的生活世界……当然，这里所说的“一天”，不过是一种象征性的指称。现代生理学和心理学已经证实，每个人的生理发育都会经历一个渐进的过程，与之相应的心理成长更是如此。不过泛泛而言，用“突然”来描述这种生理及心理变化，应该算是恰

---

① 李中亮《18 岁成人仪式的现状、问题与对策》，《华北水利水电学院学报》2008 年第 4 期。

当的。

孩子们往往为这种突如其来的变化而感到惊愕，长者们则往往为之惊喜不已，因为这显然预示着自己的孩子将要成人，将要告别未成年阶段，跨入一段新的人生历程了。孩子们将把原有的角色留在记忆的长河中，留在那无忧无虑戏耍过的山里林间。他们即将去扮演更为引人注目的新角色。

一次告别同时意味着一次实现，一次更有滋味的实现。对于未成年人来说，成年礼实在是人生历程中值得庆贺的第一次真正的重大转折。

在一些奉行习惯法的民族中，未成年人向成年人的转化往往通过举行成年礼来实现。在这些民族中，只有经过成年礼，一个人才有可能成为该社会群体的正式成员。从这个意义上讲，举行成年礼的基本用意在于：为未成年人向成年人的转化划定一条明确的、为特定文化群体所共同接受的界线。

在现代社会中，未成年与成年通常被视为一个人生命周期中两个相互衔接的阶段，其间的差别仅在于生理和心理分别处于不同的发展水平。但在一些民族的传统观念中，未成年人与成年人之间隔着某条仅凭自然生长将永远不可逾越的沟壑。这条沟壑充满了神秘意味。而成年礼本身对于未成年人跨越这一神秘沟壑而步入成人阶段起着至关重要或者根本就是不可缺少的作用。只有经过成年礼，未成年人才能在生理和心理上真正成熟，真正实现向成年人的转折，才会成人得到社会认可。

三、成年礼的文化功能

几乎每一位对成年礼给予过关注和研究的人类学家都注意到了这样一个事实，即在一些民族的传统观念中，由成年礼所实现的角色转换具有现代社会中的人们所难以理解的极其重要的意义，它包含的远远不是我们现在所习惯了的“成年”之意。正如已经有大量可信的资料所描述的那样，这些民族认为，没有经过成年礼的人，不管他是什么年龄，将被永远归入远离正式的社会生活圈的孩子之列，甚至会被视为一个“不完全的人”。从这个意义上讲，成年礼相当于一个合格之人的真正的“诞生”仪式，其间蕴含着某种对人和生命的原始理解。

成年礼在特定社会的结构系统中何以具有如此重要的文化功能？它的上述文化功能是怎样实现的？

要回答这两个问题，我们需要对成年礼的一些仪式程序和主要构成因素有所了解。

英国人类学家巴伯曾这样描述："原始社会里的成年礼——如同一切过渡仪式那样——有三个阶段：分离、隔绝及重聚。那就是说，首先，人们将这些人同他们日常的环境、家庭、村社和熟悉的场所分开。接着，他们至少被隔离一段时间，通常是在被叫作丛林学校的地方，接受关于部族历史、为人处世，以及新的义务和举止仪态等方面的系统教育。在这里，他们也学习怎样打仗、狩猎，往往还学习怎样处理日常生活事务。在那以后，当昨天的孩子以今日男子汉的姿态返回故居，充任起新的角色之时，常常要举行大型庆祝活动。"①

在其他人类学家的著作中，与此相似的论述屡见不鲜，有一些成年礼的仪式程序甚至还要更加复杂。

不同民族乃至同一民族在不同历史文化背景下举行的成年礼，其仪式程序往往是千差万别、不尽相同的。如果抛开仪式程序而对其构成要素做一番大致的归纳，这倒还是一件可行而又饶有趣味的事情。根据目前我们手头掌握的资料，综合起来看，大多数成年礼都包括以下构成要素：

其一，成年礼少不了某一种或若干种仪式活动。如祭祀神灵及祖先、通过种种"折磨"来对受礼者进行特殊的考验等。

其二，行成年礼期间，一般要由施礼者向受礼者施以有关本民族历史、传统文化、社会规范、成年人应尽的责任及享有的权利，乃至生产技能等方面的教育。

其三，成年礼大多以向受礼者赋予某种为成年人所特有的标志宣告结束。这种标志因所属群体的传统习俗而异，可以是文身、拔牙、墨齿，也可以是穿戴某种衣帽、佩挂某种饰物等等。

成年礼中的上述构成要素不外乎是要达到以下两种目的：

其一，必须通过成年礼把受礼者改变成一个合格的、能够真正拥有成年资格的人。各种宗教性的仪式活动和有关传统文化方面的教育正是着眼于这一目的。

那些受礼者之所以要在为他们举行的成年礼中，接受意志考验和传统文化教育等活动，是因为在他们所属群体的文化中，成年人必须具备这样一些特有的品格和能力的缘故。而这些品格和能力却又往往不能在日常生活中自

---

① 王亚南、邓启耀译《人生历程》，云南教育出版社 1988 年版。

然习得[①]，只有在成年礼中借某些特殊的方式才可能为受礼者习得。

其二，除了使受礼者能够成为一个真正意义上的合格的人，举行成年礼的另一种重要意图还在于，让受礼者所属的社会群体，乃至他们所信奉的神灵祖先们能够以恰当的心态认同和接纳刚刚加入正式社会生活圈的新人。成年礼中极为普遍的向受礼者赋予某种成人标志的行为正是为了达到这一目的。此外，有些成年礼上举行的祭神祭祖仪式也包含着这样一层用意。这对于即将跨入成人生活的受礼者来说，当然也是十分重要的。

事实上，在成年礼的各种构成要素中，最普遍也最稳定的恐怕就是向受礼者赋予某种象征其成年的标志了。受礼者所属的社会群体总是把新近获得成年资格的人视为群体内的共同财富，因此，为了欢迎新的成年伙伴，人们往往要向其表示祝贺，甚至为其举行盛大的庆祝聚会，如欢宴或舞蹈等。

对于受礼者来说，在成年礼的各项仪式结束后，就意味着他将扮演新的角色，承担成年人应负的责任，也享有成年人所特有的权利。

我们知道，从严格意义上讲，成年礼是氏族社会的特殊文化现象。在氏族社会里，家庭在其社会组织中所起的作用并不十分突出，起决定作用的是氏族组织。因此，获得成年资格的人也就相当于被接纳为氏族组织内的正式成员，他所承担的责任和享有的权利大都与氏族组织相关，如信奉共有的神灵和祖先，遵守氏族内的社会规范，参加氏族间的械斗、争战，保护氏族成员等责任；祭祀神、祖先，与成年异性婚配并生儿育女，以及选举权和被选举权等权利。虽然随着社会文化的变迁，这些权利和义务所包含的实际内容在很多民族中已经或正在发生种种变化，但成年礼向受礼者正式赋予某些权利和义务的情形却依然存在。

正因为成年礼在其特定社会的结构系统中具有如此重要的文化功能，所以我们一再强调：对于受礼者来说，成年礼标志着他们向原有角色的告别。这种告别意味着人生历程中一次重大的转变。从此以后，他们将以新的姿态、新的身份出现在所属的社会群体中，正式步入那个更加奇妙也更加复杂的苍茫世界，在那里，人生新的一幕向他们展开了。

我们希望通过以上这些简略的论述对成年礼的基本特征做出轮廓性的描

---

① 在这里我们有必要提及这样的事实：过去，在有些民族中，成年礼中的某些仪式，如神话表演、巫术训练等，常常被视为所属群体生死攸关的秘密，只有在特定的场合才可为之。

述。需要特别予以强调的是：当我们涉足于各种具体的成年礼时，就会发现实际情况往往比理论性的概括要丰富得多、复杂得多，充满了独特性。尤其是当我们把目光转向中国西部的少数民族时，这种感触就更为强烈。

事实上，一种文化就如大千世界里的一个人，总是蕴含着许许多多为自己所特有的个性色彩。在漫长的社会历史演化中，每一种文化无不形成某些有个性特征的内在构成和外显形式。况且，一种文化现象在现实生活中总是富有动态性的，会因种种复杂因素的制约而不断出现一些大大小小的变异现象。因此，与其说我们的以上论述在于归纳一种有关成年礼的理论模式，毋宁说是想提供某些有价值的参照系罢了。

在西部少数民族中，少男少女们接受成年礼的年龄大都是在 10 岁至 20 岁之间。有些民族，如云南宁蒗的普米族和永宁的纳西族为孩子举行的成年礼，习惯上相对固定于 12 岁或 13 岁时。滇西北的彝族，女孩子的成年礼多在 13 岁、15 岁或 17 岁时举行，而男孩子的成年礼多在 7 岁、9 岁或 11 岁时举行[①]。在另一些民族，如瑶族中，成年礼 10 岁至 20 岁之间举行均可，具体时间一般由受礼者的父母等人视具体情况自行决定。

整个成年礼所持续的时间在西部少数民族中从一日到数日不等。我们将对西部一些少数民族中的一些成年礼分别予以考察和研究。

第二节　添加某种身体标记的成年礼

原始社会里，当男孩要成为社会公认的男子汉时，他的身体或生理上的成熟只是一个必要条件，但不是充分条件，举行成年仪式或入社仪式才是最重要的。没有行过成年礼的人，不管他多大年龄，永远被归入孩子之列，不允许结婚，也无权进入供奉神灵的祠堂和参加那些不让妇女和儿童参加的仪式。

一些成年礼的过程首先是行成年礼的人被从原来生活的环境里隔离，交给一个与他们有亲属关系的成年男性。这个成年男性便是成年礼仪式的主持人。待行成年礼者必须服从成年礼仪式主持人的安排，做他要求做的一切事，毫无怨言地忍受其一些考验所可能带来的痛苦。

---

① 据说是因为他们持有视奇数为吉利的观念。

一般认为，之所以要这样做，是要考验行成年礼者是否勇敢和有无耐性。列维－布留尔则认为这只是次要目的，主要目的是“在行成年礼的人与神秘的实在之间建立互渗，这些神秘的实在就是社会集体的本质、图腾、神话祖先，通过这个互渗来给行成年礼的人以‘新的灵魂’”①。普罗普则认为，行成年礼者之所以遭受残酷折磨是因为成年仪式的“思想基础”是“假定男孩在举行仪式时死去，然后复活，成为新人”②。

列维－布留尔、普罗普对于行成年礼意义的认识虽存在一些不同，但也有相似之处，即在成年礼的考验过程中，行成年礼者要经过一场生死考验和灵魂迁移，艰难地跋涉于阴阳两界，青年通过这个仪式才能进入社会，成为享有完全权利的成员并获得结婚的权利。

在我国西部，有一部分少数民族的少年在实现向成人的转换时，没有那种隆重而庄严的仪式，他们往往是以某种特有的方式悄无声息地实现这种角色的转换。其中，较为常见的方式是，到了某个特定阶段，就要依照本民族的习惯，在受礼者身上添加某种成年人特有的标记，或者改变其服饰，从而标志其成年。而一部分少数民族则以隆重而庄严的仪式来宣告成年。

一、文身和绣脚

傣族历史悠久，文化灿烂，其先民属于“百越”族群。在历史发展的过程中，傣族先民又以多种族称见于史籍。《后汉书·西南夷列传》中称之为“掸”，唐代樊绰的《蛮书》则根据其特征称之为“黑齿”“金齿”“绣脚”“绣面”等，宋代沿称“金齿”“白衣”，元明时写作“百夷”“僰夷”，清代后曾称“摆夷”。黑齿、金齿实际上是一种装饰牙齿的习俗，现今大部分傣族仍以用各种植物染黑牙齿为美，或长期嚼食槟榔等形成黑齿，或以金银齿套装饰牙齿。绣脚、绣面即文身，是傣族中很盛行的一种习俗。

聚居在云南西双版纳等地的傣族男孩，到七八岁时大都要入佛寺当几年和尚，到了十四五岁左右再还俗回家，还俗时他们都要取一个还俗名（年幼时取乳名，入寺后取僧名）。还俗后的第一件事就是文身。文身的部位多在胸、背、腹及四肢，所刺花纹有虎、豹、象、狮、龙、蛇等，各种线条组成的图案，以及傣文字母、咒符或佛经中的字句。其颜色有红蓝两种，蓝色较

---

① ［法］列维－布留尔著，丁由译《原始思维》，商务印书馆 1997 版。

② ［俄］弗拉基米尔·雅可夫列维奇·普罗普著，贾放译《神奇故事的历史根源》，商务印书馆 1997 版。

多见。

若问及文身的用意，虽然现在傣族人一般均以“好看”作答，但是据一些学者的考证和研究，傣族文身的礼俗，“是与成年及婚姻有关系的”，“完全是与婚姻关系相关的成人式”[①]。绣脚也与傣族、布朗族男子的成人礼相关，即在腿上刺花纹。绣脚一般在十四五岁时举行。刺花纹时，受刺者会服用一些带有麻醉性质的药物，文身师用墨在肌肤上绘出图案的轮廓，以针蘸上颜料扎入皮肤，让颜料残留于皮肤内，形成永不消退的花纹。

二、墨齿

傣族少女于十二三岁时，用一种被称为“银德”的植物，以火焚烧，烧时用一口锅覆盖其上，使烟子熏于锅内，然后取下积垢，染在牙齿上。经多次涂抹，牙齿便渐渐变成黑色。此类墨齿之俗，照江应樑先生的考证，“明显的是女子的成人式”。

在西双版纳，与傣族相邻的布朗族，当女孩长至十二三岁时，父母及姐姐等就会教她梳妆打扮，为她佩上银牌、银铃、银耳环以及各色玻璃珠等饰物，并送给她们一些用于成年后同男子交往所需的礼物，如一套新衣服、一个篾板凳，以及一块染牙齿用的铁锅片。对男孩也是这样，当他们到了十四五岁时，做父母的就要为他们准备一个装东西的布袋、一床毡子、一个装有槟榔及草烟和石膏[②]的金属盒。

届时，男女伙伴互为对方染抹牙齿。布朗族称此为“波格”。这也是一种特有的成年礼。有趣的是，这种仪礼多在轻松愉快的气氛中进行，无须长者们来郑重其事地主持，而由即将受礼的少男少女们在愉悦的心境中，完成这一人生历程中的重要转折。西双版纳哈尼族亦有此俗，有别之处在于其是将牙齿染成褐色。

三、割礼

割礼是信仰伊斯兰教各民族通行的重大人生礼仪。割礼之后，这个小男孩就成为一个合格的穆斯林。男孩在 5 ~ 7 岁接受割礼，行割礼时，要割去男孩阴茎的包皮。孩子的家人要为割礼举行隆重的仪式，邻里亲朋都要前来祝贺。割礼由有经验的宗教人士主持，进行庄严的祈祷，履行一整套严格的程

① 江应樑《傣族生活习俗》，《山茶》总第 2 期。

② 布朗族成年男子有将槟榔、草烟、石膏等搅拌后嚼食的习惯。

序。亲友们还会为割礼送上一些贵重的礼物。

塔塔尔族男孩长到 5 至 7 岁时要举行割礼。在城市，给孩子举行割礼时，要请阿訇念经祈福，孩子的父母要宰羊摆宴招待客人。在牧区，亲属们视各人经济状况，分别给孩子赠送礼物。

第三节　改变服饰的成年礼

我们已经指出，成年礼的举行是以少男少女们在生理上出现的种种变化为主要依据的，但是究竟在什么时候为那些身心已发生种种显著变化的少男少女举行这种仪式，却往往要受各个民族的文化习惯或其他具体因素的制约。以云南的少数民族为例，比如聚居在滇西北一带的彝族，为少年男女举行的成年礼均以为受礼者更装易服为主要内容，不过在年龄、场所和程序上却男女有别。

一、一些民族的“穿裤子礼”和“穿裙子礼”

彝族是我国民族大家庭中具有悠久历史的古老民族之一，主要分布在云、贵、川、桂四个省区。凉山彝族自治州、楚雄彝族自治州和红河哈尼族彝族自治州是彝族人口最为集中的地区。凉山彝族自治州是我国最大的彝族聚居区，其他地区的彝族人口呈大杂居、小聚居分布于云南省各地和四川南部、贵州西北部、广西西部等地。

彝族是古羌人南下后，在长期发展过程中与西南土著部落不断融合而形成的民族。古羌人亦称“氐羌”或“西羌”，分布在陕、甘、青一带。四五千年以前，羌人就开始南下。约在西汉，羌人的一支昆明与濮融合形成彝族先民。据新发现的彝族古籍《夜郎史传》记载，西汉时候的夜郎国由彝族先民建立。汉至六朝，云南东部、贵州西部、四川南部分布着被称为“叟”的彝族先民。三国的时候，贵州彝族先民建立了地方政权罗殿国。隋唐，彝族先民分化为“乌蛮”和“白蛮”，“乌蛮”以昆明为主体，“乌蛮”以叟、濮为主体。彝族在形成与发展过程中，活动范围保持在今云、贵、川、桂，核心地区为云贵川毗连的广大地区。

聚居在滇西北一带的彝族，通常在男孩们长至 9 岁、11 岁或 13 岁时为他们举行成年礼，地点就在自己家中堂屋的火塘边。主持者多为祭司或家中的男性长老。举行成年礼要择吉利之日。仪式开始，由主持者把一块石头扔进火塘中，待石头烧烫以后即拿出来，并立即往石头上浇一瓢凉水，使之散发出大量水蒸气。接着，主持者把预先准备好的裤子在水蒸气上绕几绕，同时诵念祈神祈祖的吉利之词，并迅速给受礼者穿上。被请来参加成年礼的人（多为成年男性）在主持者为受礼者穿裤子时，要在旁边说些诸如“愿你长命百岁，将来有本事”之类的祝福之词。在有一些地方，举行这种成年礼时，还要专门请祭司来为之驱鬼除邪，向神灵和祖先祈祷。

滇西北的彝族为女孩子举行的成年礼被称为“沙拉勒”，届时不得有男性在场。这种仪式通常在自家羊圈的羊粪堆旁边举行。据说这是因为羊粪肥地，在羊粪堆旁边为女孩子举行成年礼象征着以后能生殖兴旺、多子多孙。仪式开始时要摆一些刚宰杀后便煮熟的羊之肉，一般要先驱鬼除邪，再由主持仪式的年长妇女用一件红黑两色的裙子在受礼者的头部和大腿部绕几绕。这种红黑二色的羊毛裙多为特制，比一般的裙子长，由七截组成，据说有富贵吉祥的象征之意。这类裙子并非每家都有，没有的必须在举行成年礼前去借。用这种羊毛裙子在女孩的头部和大腿部绕，属于一种特有的对女孩子的祝福方式，其间依然包含着祈求神灵保佑子孙繁衍、家族兴旺之意。祝福礼完毕后，即由另一位多子多女的年长妇女为受礼者脱下“小裙子”，在一片祝贺声中，由刚才那位行祝福礼的妇女为其郑重其事地穿上“大裙子”。然后，所有请来参加成年礼的妇女以及孩子的母亲要陪同刚刚穿上大裙子的姑娘一同吃羊肉，纷纷用各种吉利之词向她祝贺，并且还要向她进行角色转变后所需知识的教育。

除了更装易服，为受礼者祈求神灵和祖先的护佑显然是滇西北的彝族成年礼中一项很重要的内容。

纳西族是一个历史悠久、文化灿烂的民族，主要分布在祖国西南部的云南、四川以及西藏三省区交界处的金沙江上游与横断山脉地区，即云南省的丽江、宁蒗、永胜、中甸、德钦、鹤庆、剑川、兰坪、华坪、贡山，四川省的盐边、盐源、木里、巴塘、攀枝花，以及西藏自治区的芒康、察隅等县市。其中，云南省的丽江纳西族自治县聚居着三分之二以上的纳西族人口，是纳西族最集中的聚居区。

纳西族有多种自称和他称，见于史籍的他称主要有“摩沙”“磨些”“摩梭”以及“摩狄”等，其中最常用的他称为“磨些”。纳西族的自称有“纳”“纳西”“纳日”以及“纳汝”等，居住在泸沽湖周边地区的一部分人自称为

“摩梭”。“纳”在纳西语中具有“大”与“黑”的双重含义，而“西”“日”“汝”之意则均为“人”或“族”。

纳西族的形成是多元的。从1960年开始，考古工作者就在云南丽江的木家桥一带，陆续发现了一些人类股骨化石、头盖骨化石和其他古生物化石。最近十余年来，在纳西族居住的金沙江沿岸和泸沽湖周边地区，又发现了许多绘有岩画的洞穴以及一些新石器时代的遗址，为进一步研究纳西族先民的活动提供了大量的物证。见于史籍的有关纳西族活动的最早记载，当属晋朝史官常璩所著的《华阳国志》一书，其中谈到的“摩沙夷”早在东汉末年就已活动于丽江周围一带地区。

根据现有的文献及考古等方面的资料，可以初步推断出纳西族先民大致是由三部分组成的：一部分是源于甘肃省和青海省的黄河、湟水地带的古羌人。这些游牧的羌人先是向南迁到岷江上游，又逐渐向西南迁徙至四川省西部的雅砻江流域，再断续西迁至云南境内的金沙江上游沿岸一带及丽江等地，最后便在这一带定居下来。另一部分则系古代我国西南民族中称为“旄牛夷”“白狼夷”的一支所谓“夷人”族系。由于这些人居住在笮都一带，又被称为“笮都夷”，经多年的发展演变而渐成为纳西族的先民。还有一部分据估计是当今云南丽江一带的原住居民。这部分人世世代代居住在这一地区，当为纳西族先民中人口占较多数的部分①。在漫长的历史发展进程中，以上述三个部分为主体的纳西族先民，不断吸纳融合周边一些民族的先民，逐渐发展形成了今天的纳西族。

永宁纳西族的成年礼，无论男女都是在满13岁那一年的农历大年初一早上举行。之所以受礼者的年龄要严格限定在13岁，是因为有这样一个传说：

相传在远古的时候，地上的动物和人都是没有生命年限的。眼见人无止境地生长着，天神阿巴都决定给人和各种动物规定他们各自的生命年限。他通知所有生灵，要在大年三十晚上呼喊生命的年岁，谁听到并答应了，谁就将得到相应的寿命。阿巴都首先叫出“一千岁”时，一切动物都在酣睡中，只有天鹅听见并答应了，天鹅因此而得到了1000岁的寿命；阿巴都叫“一百岁”时，老鹰答应了，得到了100岁的寿命；阿巴都叫“六十岁”时，狗答应了，于是得到了60岁的寿命；直至叫到“十三岁”时，贪睡的人才惊醒过

① 国家民委民族问题研究中心编《中国民族》，中央民族大学出版社2001年版。

来，慌乱中答应了一声，因此只得到13岁的寿命。充满悲伤的人感到自己的寿命实在太短了，就请求阿巴都增加自己的寿命，阿巴都不答应，人只好去找其他动物交换寿命。人同所有动物商量后，只有狗愿意与人对换，但条件是要求人抚养它一辈子。就这样，人得到了原来属于狗的60岁的寿命，并且，每个人到13岁时都要举行成年礼，届时还必须邀狗喂食，以示感谢。

这则神话暗含着永宁纳西族似乎也曾经把成年礼视为人之生命的真正"诞生"之始的含义。

永宁纳西族的成年礼又称"穿裤子礼"（男）和"穿裙子礼"（女），仪式的核心构成要素是为男女受礼者分别穿上象征成年的裤子或裙子。据说在过去，他们的成年礼是从举行仪式的头一天晚上就开始了。同一村寨中凡属当年满13岁的男女少年均于大年三十晚上分别集中，共食共宿，男孩们由若干成年男子和男性长者所率，女孩们则由成年女性和女性长者所率。他们要以此特定的方式向即将成年的孩子进行有关传统文化和道德规范方面的教育，并点燃篝火，环火而舞，场面非常热闹。到了第二天天亮之时，这些孩子就会被自己家里的长者领回去，在家中的正屋里为其举行成年礼。不过，这一习俗现在似乎已经不复存在。

据郑海研究员1981年在永宁的甲布瓦村做客时，对自己曾参加的一个男孩的成年礼的记述，我们可以一窥这项礼仪的全过程：

仪式就要开始了。那个即将接受成年礼的男孩还待在里屋，由其舅父和其他一些成年的男性亲友陪着，一位本地来客告诉我，这是向那位孩子施以传统文化教育的最佳时机。而在院子里，一位"达巴"（巫师）同孩子的其他一些成年亲友正忙忙碌碌地准备着祭祖事宜（旁人介绍说，成年礼上的祭祖仪式也有在正房火塘边进行的，且以此为多见）。院子正中并排摆着两张矮方桌，桌上摆着酒、肉、粑粑、梨等祭品，桌子前方的地上插着一粒鸡蛋大小的石子，青松树枝旁边还立有一根高约一米的白杨树枝。达巴正用刚宰杀的猪的血把白杨树枝染红，那些青松树枝和石子之前就已经被染红了。据说，用猪血把树枝和石子染红是表示对祖先的尊敬，那株白杨树枝为祖先回家探视的"路标"。

一切准备完毕后，主人便来邀请客人到"日都"（正房）里去，穿裤子的仪式要在这里举行。

正房里的火塘旁有两根柱子，左边那根称为男柱，右边这根称为女柱。

男孩的穿裤子仪式在男柱下进行，女孩的穿裙子仪式则在女柱下进行。现在看得见，将要给那个接受成年礼的男孩穿上的新衣服就挂在男柱上。柱子下面并排放着一袋粮食和一只“猪膘”①。

院子里，由达巴主持的祭祖仪式开始了，我隐约听见达巴念经的声音。紧接着，那个男孩子被他的舅父从里屋牵了出来。他被牵到院子里的供桌前，向祖先叩头。叩头时只见达巴在高声吆喝着什么，后来才得知他是在念祖先的名字，并向他们禀告此事，祈求他们保佑那即将成年的孩子。随后，那孩子又被领回正房，由他唤来一只狗并喂点食给它。

仪式正式开始了。只见那男孩脱掉了原来穿在身上的衣服，赤裸着洗净的身体站在男柱下面，两只脚分别踏在猪膘和粮袋上，左手握着长刀，右手拿着一点钱。据说所有这一切象征着他将一生吃不尽，本事大能力强，福大命大。此时，我注意到，这个男孩子的眼睛里好像有种紧张的神色。接着，在达巴持续不断的念经声中，孩子的舅父从柱子上取下那套成年人穿的崭新的衣服，庄重肃穆地为孩子穿上了。上衣是蓝色的，裤子为大裤脚，脚下打一截绑腿，然后穿上长靴。当他的舅父把一顶黑色礼帽戴在他头上时，客人中响起一片道贺之声。

穿戴完毕后，由长辈和亲友向那男孩送各种礼物。接着，他要分别向祖先牌位、锅庄神、灶神和所有长辈叩头称谢，并且要从礼物中选出几样供在供桌上，以纪念这个不同寻常的日子。这时候，达巴便正式向受礼者唱述祖谱了。接下来的一项程序是由长辈和其他在场的成年人唱祝福歌，据说歌词除了向受礼者表示祝贺外，还有教他如何守规矩等内容。

成年礼到此就算是结束了。据介绍，这以后，受礼者要由母亲领着到同一个“斯日”（氏族）内的每一个家庭去拜年。所到之处，长辈们均会向受礼者赠送一些礼物。晚上，村寨里的青年男女还要燃起篝火，彻夜跳舞，欢迎村寨里所有这一天举行过成年礼的人加入他们的行列②。

女孩子的成年礼与男孩子的成年礼的仪式过程大致相同。不同之处在于：仪式上为女孩穿的是成年女性的裙子，主持者为受礼者的母亲；穿裙子时女

---

① 永宁纳西族习惯于用一种特殊的方式来对整只猪进行腌制，他们把腌制成的猪称为“猪膘”。

② 王亚南、郑海著《生—死：永恒的诱惑与恐惧——云南少数民族人生仪礼研究》，云南人民出版社 1991 年版。

孩手里拿的是镯子、项链、耳环等。此外，长辈们送的礼物也多具有女性特征。

给受礼者的祝福歌是这样唱的：

银碗点上银灯，
长出长刀一样坚毅的男儿；
金碗点上金灯，
长出漂亮聪慧的姑娘。
有了深深的山谷，
高山才显得壮丽；
有了长流的溪水，
山谷才富有生机；
有了良好的族规，
儿女才知情达理；
有了舅父的威严，
甥儿才智慧超群；
有了善良的母亲，
女儿才能聪明伶俐。
在祖辈选中的土地上，
长出青松一样健壮的男儿；
在奶奶选定的屋基上，
生出柳树一样婀娜的姑娘①。

从郑海研究员对永宁纳西族成年礼的记述来看，永宁纳西族的成年礼是很有特色的。从整个仪式程序来看，带有神秘色彩的环节不多，连祭祀祖先的意图也主要在于向他们通报，祈盼请求他们对新近成年的人给予应有的保佑。

尽管如此，永宁纳西族的成年礼在当地的社会生活圈里至今仍具有特殊的文化功能。这种文化功能突出地表现为向受礼者赋予成年人才有的新的角色、身份。受礼者在未行成年礼之前，属于真正的孩子，即使参加劳动也只干轻活，穿着无男女之别，一律为长及脚后跟的长衫。一旦举行过成年礼之

① 云南省民间文艺家协会等编《云南民俗》总第 6 期。

后，他们的穿着变了，整个角色、身份也变了。

一方面，从此以后他们必须自觉地遵守各种传统的社会文化规范，例如在与异性青年相处时必须言行检点，不得有任何挑逗性的言谈举止，必须尊敬长者，必须自觉地承担一些成年人应尽的义务，逐渐参加一些繁重的劳动等。

另一方面，成年礼的举行使他们在家庭和社会中的地位发生了重大改变，他们已经成了应该受人尊重的成年人，家里的各种大事都要与他们商量，甚至由他们做主了。同时，他们也取得了参加社交活动的权利。

普米族具有古老而悠久的文化，云南省怒江州的兰坪县、丽江地区的宁蒗县、丽江市和迪庆州的维西县是其主要聚居地。其余分布在云县、凤庆、中甸（今香格里拉）以及四川省的木里、盐源等县。

居住于不同地区的普米族，其自称在语音上有些差异：兰坪、丽江、永胜的普米族自称“平米”或“批米”，宁蒗的自称“拍米”。（有的书中译为“普日米”“普英米”“培米”等。）“米”意为人，“平”“批”“拍”都是白之意，普米意为白人。

历史上，其他民族对普米族的称谓不一：汉族、白族称其为“西番”，彝族称其为“窝牛”，藏族和纳西族支系摩梭人称其为“巴”，丽江纳西族称其为“博”，傈僳族称其为“流流帕”，等等。汉文的史籍中没有普米这一族称，而是以“西番”和“巴苴”称呼普米族的先民。然而历史上的“西番”包括了几个族源相近、语言也相近的自称单位，普米仅是“西番”中人数较多的一支，而“西番”源于古代氐羌族群。

起源于大西北的羌人是中华民族中历史悠久、分布广泛、影响深远的一个民族。甲骨文、金文有关羌的记载很多。《说文·羊部》释文：“羌，西戎牧羊人也，从羊从人。”西戎指西羌，而古代戎羌互称，故西戎乃族称。羌人“所居无常，依随水草，地少五谷，以产为牧业”，或“射猎为事”，向西、南等几个方向发展，分散于各地。

进入中原的羌人弃牧为农，与其他民族融合后成为新的族体。留居甘青高原的羌人在公元7世纪迫于统治者的征伐，也为了寻找更适宜生存的环境，大举向西南迁徙后分布于大渡河两岸及四川西北雅砻江和金沙江流域。“白狼羌”是南迁众羌中的一支，“白狼”是自称，即“布郎”，汉文古籍中则称“筰”，宋明以后开始固定称西番。以白狼部落为首的部落联盟，正是普米族形成一个较稳定的族体的基础。

宁蒗普米族的成年礼也以为受礼者穿戴象征成年人的服装为仪式中的核心内容，因此也被称为“穿裤子”仪式或“穿裙子”仪式，举行这项仪式的时间，不论男性还是女性都是在他们进入 13 岁这个年头的农历大年初一早上。

“穿裤子”仪式在自己家堆放粮食的屋子里举行，多由受礼者的父亲主持。届时，受礼者站在粮袋和猪膘上，由父亲为他穿上成年人所特有的衣服，佩上腰刀，寓意希望受礼者从此以后要变得更加勤劳、勇敢，同时祈请神灵祖先能保佑受礼者过上衣食无忧的日子。

“穿裙子”仪式则在自己家的牛圈或羊圈门口举行，主持者通常就是受礼者的母亲。受礼的女孩站在喂牲畜的料槽里，由母亲为她穿上裙子等成年女性的服装，佩上成年女性常用的装饰品，所有这一切当然也都是表达着特定的社会文化对她们新的角色期待，希望她们能够变得更漂亮、更能干，希望她们能爱护六畜，将来能过上衣食无忧的生活。

穿戴完毕后，受礼者就要由父亲或母亲领到堂屋里。此时，家中的长者正在堂屋里主持祭祀“宗巴喇”火神的仪式，烧香念经，频频祈祷。普米族视火为光明、吉祥、财富、幸福的象征。在普米族的宗教经典里有专门赞颂宗巴喇火神的经文及口诵经，就连每个家庭都要在每天吃饭前祭祀这位俗称为“锅庄菩萨”的宗巴喇火神。当然，在举行成年礼的时候，祭祀仪式要比平时隆重一些。

受礼者被领进堂屋后，要先向“宗巴喇”磕三个头，然后男性受礼者就要从火塘右边开始，依次向祖父、父亲等在场的所有年龄大于受礼者的人磕头献礼[①]。磕头献礼时，长者要用双手把磕头的孩子扶起，表示还礼。接下来，受礼者还要依次向长者们敬香酥理玛酒[②]。这项仪式结束以后，受礼者就要坐到火塘的最下方，全家人以及应邀前来的客人便团团围坐在火塘边，吃一顿丰盛的佳肴。席间，长者们会纷纷对受礼者说很多祝福之语，并向他传授一些成年人应该遵循的社会规范。

举行成年礼的当天，受礼者要带着礼物去拜访本村寨的每一户人家。按

① 宁蒗普米族有此礼俗，长幼之序，男性一律坐于火塘的右边，女性则坐于火塘的左边。

② 一种自酿的酒。

规矩，这一天出门，不论碰上生人还是熟人，只要是长辈，受礼者就要磕头献礼。第二天，受礼者则由家人陪同，到外村去拜见亲友。受拜者同样要为受礼者准备一份简单的礼物。

普米族的孩子一旦举行了成年礼，就被视为成人了，从此可以参加社交活动，在家庭生活和社会生活中享受成人的待遇。

根据考察，宁蒗普米族的成年礼已经很少带有民族色彩，而更多地限定在家庭的范围里。它的社会文化功能主要是通过为受礼者更装易服，使受礼者新的角色身份获得人们的认同，并借此机会向祖先通报，请其保佑所有新近成年的人，给他们带来种种好运。

二、一些民族服饰、发型改变及赠送礼物的成年礼

在一些民族中，男性女性到了一定的年龄，依照传统中的规矩，请人帮助自己，甚至自己动手将父母亲为他们准备的标志着成年人的服装穿上、饰物佩上，从此即标志其成年。

过去，塔塔尔族男孩到了一定年龄，家长及其他亲属要赠送衣服、骑马用具等礼物给他，届时还要举行角力竞技与其他文体活动，庆祝他的成年。举行过“成年礼”，就意味着他已长大成人，可以谈论婚事了。牧区至今还保留着“骑马礼”与“狩猎礼”。

所谓“骑马礼”，就是赠送马鞭、马鞍、马蹬带、皮肚带、前后鞧等给受礼者，把彩色布条挂在他身上，并集体观看他的骑术，祝贺他加入成人的队伍。

“狩猎礼”在孩子打猎归来后举行。年轻的猎人将猎物分送给左邻右舍。接受了猎物的人家要回赠礼物。猎手的父母当晚要宰羊煮肉，宴请邻居、朋友。人们兴致勃勃地歌舞弹唱。称赞年轻猎手狩猎技艺高超，祝贺其长大成人，并衷心祝福他身体强壮健康，生活吉祥如意。

有些地区的哈尼族到15岁左右时，少男将头上戴的围帽换作包头，少女则在腰间系上一对绣着各种图案、缀着彩穗的飘带，即标志着其业已成年。崇尚勇敢和力量的佤族，成年男子身上少不了要佩长刀或背枪挎弩，因此，当男孩到了十三四岁时，只需把长刀或枪弩等背挎起来，就是成年的标志了。

石林圭山一带的彝族男孩为了向别人宣告自己成年，要穿上一种象征成年的麻布褂。这种褂子没有袖子，边角上镶着约半寸宽的蓝布条，并绣有各种表现勇敢和聪明的图饰。女孩则要佩上漂亮的包头。包头前面镶着银制的八角梅花，两端缝缀着彩线绣成的蝴蝶花，右下角垂有光彩熠熠的细珠。

同正式的成年仪式相比，在这些民族中，少男少女们实现自己从未成年人向成年人的转换，都以改变服饰等方式表现出来。做这种改变时，一般无须举行专门的仪式，只要这种改变与其所属群体的传统礼俗相吻合，能够得到旁人的认同即可。

虽然这一切是在无声无息中进行，但是，当某一天早上，他们以新的装束出现在亲友面前时，依然是引人注目的，人们仍会欣喜地向村寨中所出现的这个成年人祝贺。而且，最重要的是，从这一天起，业已成年的异性伙伴便会用一种不同于过去的眼光注视他（她），看待他（她），而他（她）自己亦可用新的、从哥哥或姐姐那里学来的言行举止去取悦业已成年的异性伙伴，赢得他们的青睐和爱慕。

第四节　仪式独特的成年礼

西部少数民族中有许多独具特色的仪式，“度戒”是其中最为隆重的一种。它在瑶族男子的成长过程中，有着极为重要的地位。这类成年礼在西部少数民族意识、民间信仰、传统道德观念及生存技巧的传承方面至今仍有着重要的社会意义。

一、度戒

瑶族是一个山居民族，大部分散居在海拔 1000 米以上的高山和密林之中，少部分居住石山或半石山地区，或丘陵、河谷地带。瑶族分布的区域较为广阔，东起广东南雄，西至云南勐腊，南达广西防城，北至湖南辰溪的山区，都是瑶族人民长期活动的地带。

关于瑶族来源问题，学术界多数人认为瑶族源于“长沙、武陵蛮”或“五溪蛮”，原居住地在长沙、武陵两郡，即今之湖南湘江、资江、沅江流域和洞庭湖沿岸地区。瑶族先民古称“尤人”，“尤”是其自称，也是今瑶族的自称。“尤”为九黎、三苗之后。

九黎、三苗最初活动在中国江南地区，由于人口不断繁衍，向北寻找生活基地，进入黄河中下游地区，与东进的黄帝、炎帝部落接触并发生战争，九黎、三苗战败，被迫向南迁徙，到秦汉时期，瑶族先民逐步形成了以长沙、武陵或五溪为中心的活动地区。

魏晋南北朝时期，部分瑶族先民一度北迁，进入河南、安徽一带活动，但主要居住地仍在湖北、湖南、江西部分地区。隋唐时期，中央王朝对少数民族实行“以夷治夷”的羁縻政策，促进了瑶族先民原始社会的分化和瓦解，开始了血缘关系向地缘关系的转化，当时居住在湖南西南部和两广北部山区的瑶族先民被称为“莫徭”。到了宋代，宋王朝在瑶族地区不断完善羁縻统治，使瑶族先民进一步分化、发展，逐渐形成为单一的民族。元明时期，瑶族被迫继续大量南迁，不断深入广西腹地。特别是明代，两广已成为瑶族主要分布地区。明末清初，部分瑶族又由广东、广西分别迁入贵州和云南的南部山区，少数瑶族向越南、老挝、缅甸、泰国等东南亚国家转移，从而形成了“岭南无山不有瑶”的分布格局。

瑶族自唐末宋初形成单一的人们共同体后，由于迁徙频繁，居住分散，经济发展特殊，故名称也复杂多变。瑶族名称可分为自称和他称两种：自称有 90 多种，其中以“绵”“门”“敏”为最多，约占瑶族总人口的 65% 以上；他称则更多，有 400 多种，多与瑶族崇拜、政治、经济、居地、服饰、姓氏等密切相关。比如：崇拜盘瓠的称盘瑶，崇拜盘古的称盘古瑶，崇拜盘王的称盘王瑶，崇拜密洛陀的称布努瑶；与政治、社会生活相关的有安宁瑶、太平瑶、本地瑶、外瑶等称；反映其经济生活的有山子瑶、过山瑶、蓝靛瑶、木皮瑶、石灰瑶等称；以居地称呼的有东山瑶、西山瑶、八排瑶、平川瑶、高山瑶等；以服饰称呼的有红瑶、白瑶、黑瑶、花瑶、白裤瑶、青衣瑶等；以姓氏称呼的有十二姓瑶、胡家瑶、盘山瑶、赵家瑶、侯姓瑶等①。

就目前掌握的资料来看，现阶段，西部少数民族成年礼中最隆重、程序最冗繁的，就要数聚居在云南河口、金平、江城、勐腊等地的瑶族为男孩举行的成年礼了。瑶族一些支系的成年礼同非洲、大洋洲等原住民族的成年礼有着某些惊人的相似之处。

一些做过实地考察的研究者认为，瑶族通常把为男孩举行的成年礼称为“度戒”。聚居在云南的瑶族普遍把男孩的“度戒”视为在其人生历程中的一项必不可少的重要仪式。他们认为，男性不经过“度戒”，则不懂做人之道，也没有社会地位，更不能担任寨内的公职。因此，每个男孩到了一定年龄（通常是在 15 岁到 17 岁之间），只要家中有能力，就要让他举行度戒仪式。

① 国家民委民族问题研究中心编《中国民族》，中央民族大学出版社 2001 年版。

度戒由戒师（或称师傅）主持，没有规定日期。每个男子到了可以度戒的年龄后，由戒师选择一个吉祥的日子举行度戒仪式。度戒的时间一般是七天七夜，也有的地方要更长一些。据载，中华人民共和国成立前，度戒时间长的达二十一天。这期间，戒师与度戒者同居不同食，专为度戒者传授各种宗教礼仪和知识，如背诵宗教经典和本民族、本家族的历史，以及传授做人的道理等。度戒期间，度戒者要一直躺在床上，不得出门，不可见天。除戒师之外，他人不得与他讲话，不得吃油荤食物。

依照一些人类学家的看法，这种隔绝除了有让受礼者集中精力、全神贯注的作用外，还能让那些与之生活在一起的人有一个过渡期，为他们不得不以新的眼光彼此相待做好准备。

度戒的好坏，被认为关系到这个人的前途和命运，而同时也反映出戒师水平的高超或低劣。因此，戒师都要尽力而为，七天内必须把要传授的知识都教给度戒者，直到他能把有关做人立身的名言警句倒背如流为止。度戒者度了七天七夜的“戒”后，就被认为成为聪慧有礼、成熟懂事，并得到神灵保护的人了。到了第八天，就要为度戒者举行最后一项隆重的仪式——“栽奢”。

“度戒”分“上戒”和“下戒”。度上戒者，行栽奢时要搭三至五米不等的高台，届时，让度戒者以一定的姿势从台上滚下来。度下戒者，行栽奢时，则只需在平地上翻滚。

度上戒者的栽奢仪式一般在村寨附近的草坪上举行，到时先在草坪上搭一个“巫台”（瑶族称“窝来”），地上铺一层厚厚的棉被。主人的亲属和村里男女老幼都被邀请来观看。有些地方栽奢时，还要由一个男子化装成女子，手抱婴儿站在台边。此礼大概是象征着经过度戒的男孩即正式与儿童阶段告别。戒师把度戒者引向高高的巫台，让他双手抱脚，曲着腰用嘴咬住脚拇趾。戒师先念经请神，接着就领着度戒者对天发誓：不杀人放火，不盗骗钱财，不奸女拐妇，不虐待父母，不陷害好人，不做官欺人，不挥霍浪费，不偷闲懒惰，不欺侮老幼等等。这些是对男青年的约束。誓毕，戒师掷火于盛水之碗内，表示如有违誓，其命运就像火入水一样。然后，戒师喊一声“度下！”度戒者若能遵守誓言，就要身子蜷曲，两手的指头交叉，紧扣膝盖，置头于两膝之中，从巫台上一滚而下。

举行栽奢仪式后，度戒即告结束。结束之时，戒师将当众再向度戒完毕取得成年资格的男子郑重地宣讲一遍日后必须遵守的规矩，并在写有这些规矩的纸上加盖手印，由度戒者终生保存。

这种成年礼在一种充满神圣庄严的气氛中举行。置身于这种氛围中的主持者总是神情傲然，仿佛眼前这个孩子与童年阶段的彻底告别是由他来完成的。而所有参加者无不为一个孩子的“长成”而激动。之所以常常在这个时候祭祀祖先，其用意也是非常明确的：既是祈求祖先的认可和保佑，也是向祖先报喜，使他们的在天之灵为之欣慰。

对于受礼者来说，这项仪式真是太重要了，它标志着自己在人生历程中所迈出的关键性的一步。从某种意义上讲，这才是他真正的社会文化意义上的“出生”。从此以后，他将以成人的眼光来审视面前这偌大的世界，创造各种财富，履行各种责任，同时也去尽情地享受其间的美妙和愉悦。

富宁县的蓝靛瑶也有相应的度戒成年礼。蓝靛瑶起初是由于这一支系的瑶族在他们居住的地区种植很多蓝靛，并穿着用蓝靛染过的衣服而得名，虽然现在大部分蓝靛瑶特别是年轻人的服饰已经和汉族没多大差别，但蓝靛瑶却作为一种独特的称谓保存了下来。

迄至当代，富宁县许多蓝靛瑶民仍以刀耕火种的游耕农业为主要生产方式，主要种植旱稻和各种山地作物，经济水平较低，绝大部分的蓝靛瑶民靠种植八角或饲养少量的家畜作为主要收入来源。

蓝靛瑶有原始宗教与道教相融合的具本民族特色的宗教信仰体系，崇拜对象十分庞杂，祭祀寨神、家神、水神、风神、林神、猎神；崇信“万物有灵”，砍山、耕地、栽秧、收稻谷、吃新米、建仓等，都要占卜吉日，祭祀各种神灵；婚丧、疾病以及日常生活中遇到问题或困难，常用阴阳五行的观点加以解释。有许多具有本民族特色的宗教仪式，度戒是其中尤为隆重的一种。它是蓝靛瑶男子的成人仪式，而且，长期以来它还是蓝靛瑶传承民族意识、宗教信仰、传统道德观念及生存技巧的重要途径之一。

蓝靛瑶的度戒又叫“过法”“栽奢”或“者三”。蓝靛瑶男子一般在12岁以后举行度戒仪式。如果年轻时没有举行过度戒仪式，年长后必须选择吉日补办。因为蓝靛瑶认为只有经过度戒仪式的男子，才是盘古的子孙，也才有权接受师父的香火（为下一代男孩子做师父），受到族人的尊重。

蓝靛瑶的度戒十分庄重、严肃、认真。父母为儿子定好度戒日期后，就为他找师父。度戒的师父共12人，分为师公（武官）、道公（文官）、引教师

（引教人）、四师父（证明人）、五师父（执笔人）等，这些人作为受戒者在人间的行为监督者和知识传授者，他们的责任是终生向受戒者进行族史、族规、伦理、法纪、社会公德的教育等。在度戒中，他们肩负着让受戒者顺利度戒的神圣使命。

蓝靛瑶的度戒有这样几个基本程序：

一是烧香。烧香是在度戒的前七天进行的。受戒者自烧香之日起就被称作“辛恩”（意为未出世的孩子），做重新投生的准备。辛恩剃头洗身，头戴一顶竹叶帽，由一个师父领到引教师家去烧香，然后，再由引教师带到师公家和道公家。过去，人们认为，从烧香的这一天起，辛恩就不是凡间的人了，他等于重新投胎于师父师母体内。烧香七天，等于师父师母怀胎九个月。辛恩每到一个师父家，师父师母就杀鸡煮肉，祭祀家神。

辛恩在烧香期间，必须做到：不吃荤、不饮酒、不杀生、不见天、不仰卧、不胡思乱想、不见生人面、不与人谈话。白天睡在床上静心修道，晚上师父会孜孜不倦地向辛恩传道，嘱咐辛恩要修善修心，诚心诚意地接受度戒。师父传道时，辛恩只能洗耳恭听，不可插话。在师父家烧香期间，辛恩的饭只能由师父师母盛，象征父母与儿子之间的骨肉之情。

二是正式度戒。烧香的第七天下午，师公身披红色法衣，道公穿着绣有日月星辰及神像、龙像的道公服，引教师身着绿衣、头戴白罗（表示骑着白马），手持红黄绿旗，在锣鼓声中，众师父领着辛恩回主家。主家在门前院子中间设一个天庭府（又称天地案），天庭府由三根竹子交叉搭成，顶上插着红黄绿纸做成的小旗，下面搁置一碗水。师父领着辛恩来到天庭府，随着锣鼓声，绕天庭府而舞。他们边跳边挥舞匕首，用树叶蘸着碗里的水左右挥洒，最后踢翻水碗，用脚踏住碗底，匕首向下刺去，表示每个师父带领百万兵马前来占领了天庭府，如有孤魂野鬼、恶鬼出来，就把它压在碗底，不准出来捣乱，以免伤了弟子。

师父进主家之前，要在门口放九炷香。引教师先砍断三炷，道公再砍断三炷。几位师父边跳边砍，表示他们在紧锣密鼓中，请求家神让从阴间来的师父进家。最后，道公反身用脚踢开大门。这时，主家就有一个代表家神的人前来向师父们敬酒，表示迎接天父。随后天父带领辛恩进入圣殿，度戒就在这庄严肃穆的气氛中拉开帷幕。

仪式一开始，就要打鼓报家神。打鼓就有祭词，曰：“敬告家祖家神，今日打鼓打锣，是为家孙度戒，请家祖家神赴家宴，用酒、用肉。请你们做证，请你们保佑，不要让魔鬼来捣乱……”祭完家神后，辛恩身披棉被，端坐在戒堂中央，且要低着头。师公、道公、引教师一手掌神灯，一手搭在辛恩的头上，围着他跳舞，表示引导辛恩在阴间走路。接着在赵、邓、马、关四大元帅中为辛恩找两个师父。辛恩找到师父后，道公、师公要在纸上盖上印，并将纸团烧了化水给辛恩喝，表示铭记于心中。接着便唱击鼓经、击锣经、茶经等，然后唱盘王、玉皇、伏羲、土地、雷公、帝母、龙王、白马三娘等诸神史诗，请他们保佑辛恩，收去辛恩的灾难。经书里有：“天地浑浊，盘皇造天地、造人烟。双手为牛，十指为耙，茅草为屋，四海为家，刀耕火种，自作自食。神农有谷，猫狗取种，洪水滔天，伏羲联姻，再造人种。”①

仪式从下午开始，锣鼓声不绝于耳。大师父按程序向受戒者与族人念诵经书。这些经书几乎包括了瑶族传统文化的主要内容：从古老的创世神话、神谱到生产生活技艺；从孝敬父母、敬奉祖先、择偶生子，到民族来源、迁徙路线、族系家谱等。主人要为师父和参加活动的人们准备夜餐，因为要忌荤食，故多为糯米制品。入夜，主人家还得紧张地注视着可能发生的异常情况，如鸡叫、狗吠、鸟鸣有何反常，如有反常，得马上点香祭祀各方鬼神。

三是度师公戒。在第二天黎明时分开始，是整个度戒过程中最重要的一个环节，关系到整个仪式的成败。度师公戒，意即师父们到“五台山”去迎接辛恩的“降生”。五台山设在屋外离家近的较平坦开阔的地带，一般是用一张方桌架在四根木头之上，高约三米。再制一架梯子，搭在五台山前，让辛恩爬上去。另外，还有一张用藤制成的大网，放在五台山下。网底用三床被子和三床毡子垫着，由师父和未度过戒的男孩拉着，等待辛恩“降生”。

随着锣鼓的声音，师公道公在前面开路，辛恩由引教师牵着，两个男子为辛恩和引教师打伞，边跳边舞，往五台山方向走去。到了五台山下，师公道公分别立于木梯两旁，默念咒语，然后用神刀指着木梯，引教师扶着辛恩，让其按照师父的指点，一步步地往五台山上爬。据说过去不用木梯，而是用刀面做成的刀梯表示“上刀山”。

辛恩登上五台山后，在引教师的引导下，两脚交叉，正襟危坐，显得十

① 张靖琳、杨永福《蓝靛瑶的“度戒”及其社会意义》，《文山师范高等专科学校学报》2005 年第 4 期。

分虔诚。引教师一遍遍地嘱咐他：不准东张西望、不准笑。引教师将白布带的一端系在自己的腰间，另一端系在辛恩腰间，以示脐带连着辛恩和他的再生父母。引教师下来后，锣鼓齐鸣，师父们唱经，女歌手唱保佑辛恩的歌。引教师让辛恩十指向内交叉捏紧，双手抱膝，缩成一团，仰面滚下五台山落进网中，此为“下火海”。众师父忙去看，如辛恩双手未松开、呈坐姿则度戒成功。随后，师公、道公、引教师轮流将受度牒、铜铃、三元印等法具授予辛恩，并端来一碗糖糯米饭和酒，一口一口地喂给辛恩吃，表示辛恩重新出世，由师父开始哺养。

辛恩顺利“降生”后，师父高唱：“主爹、主妈热酒来！”随着喊声，辛恩的父母抬着蒸热的酒来，敬各位师父和乡亲。这时，一个男扮女装的背着娃娃的“妇女”（象征送子娘娘）和一个男子跑到五台山下，围着辛恩跳舞，表示他们把孩子送到人间，舍不得离去。

从五台山回来，辛恩由引教师领回，跪在门旁读戒书，即师公戒。师公戒有十条：第一不得冒犯盘王祖先；第二不得骂天地日月星辰；第三不得枉杀生灵；第四不得骂父母六亲；第五不得贪财好色；第六不得嫌贫爱富；第七不得骂师友；第八不得怠慢父母；第九不得拦路抢劫；第十不得成师忘了师恩。宣读完师公戒后，执笔者把写好的四份戒书拿出来，由三位师父分别来盖师公印、道公印、引教印，辛恩则画押摁手印。然后烧掉两份（烧掉的叫阴牒，留下的叫阳牒），留下两份，其中的一份由辛恩保存，另一份由师父保存。其目的是用来监督辛恩的言行。辛恩所持有的那份阳牒要终生保留，死后让其儿孙放在胸口处，到阴间后要与阴牒对合。如犯了十戒，则是对不上的，那么，他在阴间就要受难。

四是度道公戒。这主要是向辛恩灌输道教知识，并进行家庭婚姻道德的教育。度道公戒时，辛恩穿着道服，虔诚地坐在戒堂中央。道公将两根拴着铜钱的线交叉放在辛恩头上，全部师父围着辛恩跳一阵舞后，道公拿一把新木梳佯装为辛恩梳头、剪头发，其实是在剪铜钱。然后受道公戒。道公戒内容为：

第一不准冒犯祖先；

第二不违九真妙戒；

第三不准诤天骂地；

第四不准谩骂爹娘；

第五不准隐经瞒教；

第六不准杀害生灵；

第七不准谩骂师祖；

第八不准贪恋女色、调戏妇女；

第九不准密谋害人，不准吃狗肉、马肉；

第十奉具到寨前完满服法。

“辛恩”对十戒要无条件地接受。当他在写着十戒的纸上画押摁印后，又会迎来以救济别人为主要内容的十问：

一问江水深长请你去不去？

二问黑风暗雨请你去不去？

三问大蛇拦路请你去不去？

四问三更半夜请你去不去？

五问急救人家请你去不去？

六问贫穷人家请你去不去？

七问恶虎拦路请你去不去？

八问烈日冷雨请你去不去？

九问远山远路请你去不去？

十问堂坛受戒请你去不去？

这十问由师父问，受戒者都要回答“去”，回答“不去”的会让人耻笑。在瑶家教规里，这十问同十戒具有同样的效力。十问同十戒由二师父执笔写于纸上，一式两份，叫“阴阳二牒”。几位师父都在其上按手印，然后把阴牒烧毁，说交给阎罗皇存档备案，阳牒交给“辛恩”保存，到“辛恩”死时由其带到阴间对合。受戒完毕，“辛恩”回到屋中央，道公及七位师父抬着装有烧十戒十问纸片的纸灰和米等的簸箕，随着锣鼓声绕着辛恩跳舞，道公将簸箕里的物品全倒在辛恩的衣角。此环节需备一块白布，白布的一端拴在道公腰上，另一端随纸灰放在辛恩的衣服上，然后用剪刀剪断白布，意为师父“生”下他后要剪断脐带。至此，受戒仪式结束。

度戒是瑶族男性成员一生中最为重要的仪式，迄今为止，在瑶族社会中仍然有序传承。经访问调查，并查阅相关研究成果，笔者认为，度戒对于瑶族而言，具有多重意义。

其一，度戒是瑶族皈依道教的入教仪式，而入教的目的既在于现世得到神灵的保护，取得参加各种宗教活动的资格，更在于顺利进入地府，名列仙籍，按其价值、功德来享受来世，接受子孙的供奉。在长期的社会发展过程中，道教已与西部瑶族固有的原始宗教传统融为一体，虽然在其宗教体系中，自身的传统因素较其他省区而言更多地保留了下来，但是“道”已经占据了主导地位，并渗入了社会生活的各个方面。道教的瑶族化和瑶族道教的社会化使每一个度戒的男子都成为道教弟子，只有在通过度戒成为道教弟子之后，他们才取得了参加宗教活动的资格。

历史上，由于自然的、社会的原因，瑶族社会发展滞后，当生活难以为继或家人有伤病发生时，常用道教和巫术的手段来驱鬼祈神，以求有所好转。而只有在度戒有了戒名之后，一个人才可能与阴间的神灵世界相通，才有可能担任一定的宗教和巫术职务，从而为家人和他人做法事，或成为宗教人士的助手，并因此而得到社会的尊重。相反，一个未度戒的人是不能参加村中的宗教活动的，更不能通鬼神为社会服务，故而得不到社会的尊重。

过去，人们认为，已经度戒的人均有仙界的师父保护，并拥有一定数目的“阴兵”，除了他本人外，其家人也会因为他度了戒，有了神灵、家族祖先的庇护而免于灾难病患。由此可见，通过度戒成为道教弟子，掌握一些基本的道教法术以通鬼神，保障现世得以无灾无难地顺利度过，并五谷丰登、六畜兴旺，是他们度戒的最初步也是最基本的意义。

其二，度戒相当于正式获得瑶族族籍的仪式，只有经过度戒的人才是瑶家人，才是真正的盘王子孙。度戒时请来临坛做证的诸位神灵实际上可分为两大系统，主体部分是属于道教系统的诸神仙，还有一部分就是其图腾祖先盘王以及本家族被列入家族祖先名单的众家族祖先。请道教众神到场做证，是瑶族道教吸纳弟子的必要程序，而盘王和家族祖先到场则主要是与其子孙相认。笔者在进行田野调查时，问起他们为什么要度戒，他们回答“不度戒就不是盘王子孙”。

一些关于瑶族其他支系的调查报告也证实了这一点，如富宁的板瑶以为只有经过度戒才算瑶人，才是真正的盘王子孙，不度戒则被视为异己而遭鄙视。历史上，瑶族曾四处漂泊，散布于多地，他们必须通过某种途径来维系其民族情感及凝聚力，而度戒正是这样的一条纽带。

过去，瑶族认为已度戒的人死后可以回到祖先居住的地方，与祖先相认，并与他们居住在一起。在度戒时所获得的阴阳牒中的阴牒，要烧给阴间的祖先保存，而阳牒则由度戒者保存，在他死后拿去作为与祖先相认的凭证。如果一个人未举办过度戒仪式，就不可能获得阴阳牒，也就没有死后到祖先居住地去与祖先相聚的通行证，只能四处游荡成为游魂野鬼。同样，由于未经过度戒，没有获得戒名，死后也不可能被列为家族祖先而接受后世子孙的祭奉。既不能到祖先居住地与祖先相认，也不能成为家族祖先得到后世子孙的祭奉，这相当于未被看作同族人的一分子，不被当作族内人。与此相反，瑶族所收养的儿子即使是他民族的，如果此养子被收养后举办了度戒仪式，他也可获得死后到瑶族祖先灵魂居住地的通行证即阴阳牒，并被列为家族祖先而接受子孙祭奉。从某种意义上讲，度戒是瑶族提升民族意识认同感、强固民族凝聚力的极为重要的教育手段。

其三，瑶族度戒至今仍有男子成年礼仪的标志性意义。蓝靛瑶男性成员度戒均在婚前举行，一般在 12—23 岁之间举行。如前所述，度戒者在度戒前后及度戒的过程中均要接受一系列的考验。在度戒过程中，度戒者不论度师或度道，都要经历象征着再生的仪程。度师者在跳五台后，要由度戒的师父给他喂饭，还以一白布系于师父和度戒者身上，再将白布从中间剪断，以示脱胎再生。训诫的内容多为道教的戒律，也是一个成年的蓝靛瑶男子必须遵守的。度戒是蓝靛瑶男子成长过程中不可或缺的神圣的一课。

蓝靛瑶认为只要度戒过关，就成了男子汉，可得到神灵的保护，得到社会的承认，才可以参加各种社会活动，受到族人的尊重，获得男性人生的社会价值；没有度戒或度戒没有过关的男子，就不能算是真正的有价值的男子，会遭到族人的歧视，没有社会地位。一个未经过度戒的蓝靛瑶男子是难以找到对象的，不仅如此，他还会遭到姑娘们的耻笑，姑娘的父母也不愿意把自己的女儿嫁给一个未度戒的人。由于度戒在蓝靛瑶现实社会中具有极为重要的多重意义，一个男子未度戒的情况是极为少见的。即使家道贫寒，家里借债也要为之度戒。直至今日，度戒在富宁县蓝靛瑶社会生活中仍占据着重要的地位。

其四，度戒还是瑶族对本民族成员进行教育的一种特殊的载体和手段。过去，瑶族认为，人的命运是由神来决定和支配的，人在现世间做什么事神都知道。如果人在现世间作恶，死后到了阴间非得下油锅、下水牢不可。所以，他们除了希望在现实社会能够平安度日外，还考虑到死后不下地狱、不受苦难。为此，上一代总是教育下一代人要修善，不能作恶。蓝靛瑶家中的小孩子在 10 岁以前由父母管，10 岁以后就交给社会管。而具体负责帮助他完成这一社会角色转型的便是为孩子度戒的师父。

度戒祭师由德高望重的长者担任，一般为寨老、族老，他们是寨子中主要社会事务的决策者，也是寨子中最有学问的人。在度戒仪式中，他们对受戒者进行民族历史、家族规约、社会道德等多方面的训导。在度戒中接受的规矩、戒律约束着一个人一生中的言行举止。可以说，整个度戒仪式，实际上就是教育度戒者如何做人的一个过程，而在瑶族看来，做人是由内而外、推己及人的道德修炼体系的基石。这一点，无论在过去还是现在，都得到瑶族社会的一致认同。所以，度戒因其所肩负的独特任务而得以流传下来，成为瑶族礼俗文化中不可缺少的构成部分。

经过“地戒”“武戒”“文戒”等一系列本族传统文化的教育和多种严峻的考验后，度戒仪式才得以圆满结束，度戒者终于完成了他的成人礼仪。按瑶族社会的习惯说法，他已变成得到社会承认的新人，从此可以成家立业，参加社会活动，在社会上有了声誉，也赢得了社会地位。瑶族男子经过度戒，实质上意味着经过艰难困苦的磨炼，为今后走向人生的新阶段、走向社会做好铺垫。这是对灵魂的一种拷问，也是在新的意义层面上的一种新生。

瑶族特有的度戒仪式及其蕴含的社会意义是复杂而深刻的。度戒是瑶族所特有的一种习俗，也是其对本民族成员进行教育，使长辈与后辈相互督促、健康发展的一种极为重要的手段。它由始至终贯穿着本民族的传统道德和戒律条文的传输与训导，并借助这一形式给即将走向社会的男性灌输本民族历史发展过程中积淀下来的民族意识、家族规约、社会道德、生产技能等，使受戒者在人生转折关头受到教育和熏陶，对学习、传承和发展本民族传统文化具有重要的促进作用。

一个民族的文化就是这个民族的根，我们应该把这个根留住。度戒作为瑶族传统礼俗文化的一个重要组成部分，在社会变迁中，更显现出其独特之处，仍有其存在的合理性。当然，由于度戒仪式所花时间较长，程式烦琐，用度较大，给一些瑶族家庭造成了一定的经济负担，因而如何对之进行现代性转换，使之适应现代社会的发展节奏，也是值得思考的问题。

二、特定组织的接纳

在西部的一些民族中，至今还有一种以村寨为单位的青年组织，这类组织，有的松散些，有的严密些，但其作用却是基本相似的，即主要为了组织和协调本村寨青年与外村寨青年的择偶事宜而设立。

在西双版纳的一些傣族村寨里，未婚的男女青年分别有自己的组织，每个村寨的这种组织还有一个首领，男青年组织的首领叫“乃欧”，女青年组织的首领叫“乃绍”。乃绍和乃欧都由青年们自己推选产生，推选的时间通常是泼水节。乃欧、乃绍的职责主要是组织未婚青年开展一些活动，还要督促男女青年遵守男女交往、择偶、求婚的传统规范，协调村社内外的男女之间的关系，处理各种有关的纠纷，组织参与青年的结婚仪式活动等。每个男青年到外村进行择偶活动，必须先得到该村乃欧的同意，才可同该村的姑娘交往，否则乃欧会带人将其赶走。这类组织往往向各家各户募捐，以筹集经费。有的村中，未婚青年组织还有自己的土地，这些土地上的产品的销售收入，也作为集体活动的开支。

佤族一些村寨中的未婚男性青年也有自己的组织，名叫“帝哥洛木”，“帝”即“一”，“哥洛木”即“群”。据当地的一些佤族人介绍，他们的这种组织相对说来比较松散，常常是五六个或七八个小伙子自由组合而成，主要目的就是为了一同去“串姑娘”。

西双版纳哈尼族村寨中也多有这种组织，男性青年组织的首领称为“扎达尤”，女性青年组织的首领叫“尼达阿尤”。有男子到外村择偶，必须经过该村扎达尤的同意，并由他同本村的尼达阿尤联系，给予必要的帮助，甚至指定交往的对象。

在基诺族中，举行过成年礼的男女青年，必须参加各自的组织，参加时要交三撮烟丝给组织作为礼物。这种组织有一些人人必须遵守的规矩，并负责协调组织青年之间的择偶之事。男女青年的聚会多在某个固定的场所举行。这种聚会的场所在基诺语中称为“米考饶考尼高作”。

这类青年组织大都各有自己的负责人，他们都是通过一定的程序推举产生的，通常由热心、能干，又能歌善舞的人担任。若有的青年不愿加入青年组织，所属村寨的青年组织的首领还会说服他，最终使之成为该组织的成员。

在上述这些民族中，未成年人向成年人的转换主要就是通过参加这类组织的活动来实现的。他们正式被接纳到青年组织之日，也就是自己告别未成年阶段，正式开始成年人生活的时刻。

在上述这些少数民族中，由未成年人向成年人的转换并无严格的特定仪式。尽管我们已经无法对这类悄无声息的角色转换方式逐一做出更加详尽的考察，但我们有足够的理由认为，有一些少数民族的这类转换方式应该是早期成年礼经历了漫长的演化后留存下来的文化残余。这些文化残余虽然已经变异甚多，不再有严格的仪式程序，但是，它们在社会生活中的基本文化功能却依稀可辨。

当然，迄今为止，没有任何一位人类学家敢断言，所有民族都必定曾经有过自己的成年仪礼，但是，基于对西部一些少数民族成年仪礼的考察，我们可以认为一些民族曾经有过这种仪礼。尽管各个民族的成年仪式在其仪式程序上有种种差异，但其所具备的基本的文化功能却是大体相似的。

第五节 施以传统文化教育的成年礼

施以传统文化教育的少数民族成年礼，是青少年一代步入成年社会的标志，是他们人生道路上的一块重要的界碑。这种礼仪形式，作为民族文化形态之一，具有浓厚的人生观、世界观和价值取向的性质，起着一种文化传承的作用，成为青少年道德认识与判断形成的途径，成为他们认识自然、掌握生产、生活技能的手段。

一、宰牛唱诗

基诺族自称“基诺”，“基”为舅舅，“诺”为后边，意为尊敬舅舅的民族，他称“攸乐”。主要分布在云南省西双版纳傣族自治州景洪市基诺山基诺族乡和景洪市勐旺乡补远村，其余散居在附近的勐养镇、允景洪镇三达山、大渡岗乡及勐腊县勐仑乡等地。

关于基诺族的来源，没有文字记载。据传说，基诺族先民由普洱、墨江甚至更远的北方迁至基诺山东部边缘一处名叫“司杰卓米”的地方。后来人口增多，分为乌优、阿哈、阿希三大支系。

早期的基诺社会曾处于狩猎采集时代，生产力水平十分低下，据传说，填饱肚子需要走九架山九条箐。当时祭祀活动频繁，更增加了食物供给的难度。基诺族先民因此迁离“司杰卓米”向外发展，大部分人迁到基诺山地区的杰卓山定居。与此同时还进行了两项重大变革：一是废除了“巴什”（血缘亲属）内婚制，出现了“基诺洛克”的名称。“基诺”含有“舅舅的后代”之意，“洛克”的含义是全体或整体。这显示基诺族先民在杰卓山时代已经进入母系氏族社会，而“基诺洛克”是当时若干个氏族合在一起而形成的部落组织。二是发生了信仰习俗的变革，出现“人鬼分家”。“司杰卓米”从此在人们心目中成为祖先、神鬼居住的“鬼寨”。当时形成了用生姜及芋头“驱鬼”等习俗。

在杰卓山时代的晚期，社会经济出现繁荣景象，据说当时已经有了过“特懋克节”（“打铁节”）的风俗，表明基诺族先民已掌握了制造金属工具的方法，告别了石器时代。当时有了酿酒房，定期举行集市贸易，附近的其他民族都来赶集。大约在公元13世纪中叶，据传说，由于战争原因，基诺族先民迁离杰卓山，分散到基诺山区各地建立村寨。这个时期基诺族社会发生了由母系氏族制度向父系氏族制度的过渡，随后又发生了由氏族社会向农村公社时代的过渡，农村公社成为各个村寨基本的社会形态单位，其内部存在父系氏族组织。

每个村寨由若干个氏族组成，每个氏族中最年长的男子即成为村寨的头人，由此组成农村公社的权力机构即“七老”组织。“七老”分别称为卓巴、卓生、巴努、生努、达在、柯卜罗和乃厄。其中，卓巴、卓生的含义分别是为众人挑起担子的人及为众人开辟道路的人，他们是村社的主要头人。人口较少的村社只有卓巴及卓生两个头人。

近代，巴朵寨原来由两个氏族组成，分别产生卓巴及卓生两个头人，后来由于疾病流行，卓生氏族的男子全部死光，只剩下卓巴氏族。巴朵寨村民的婚姻原来遵守“巴什”外婚制即氏族外婚制的古规，由卓巴氏族与卓生氏族互相联姻。在失去了卓生氏族以后，村民们只得打破“巴什”外婚制的古规，在血缘亲属中寻找婚配对象。卓生这一职务也在原来的卓巴氏族中产生①。

在农村公社时代，任何基诺族男子都有可能担任村社的首领，即使是残疾人也不例外，唯一的条件是他的岁数要比本氏族的其他男子大一点儿。每个村庄都有两面木鼓，据说是为纪念其始祖玛纽玛黑乘木鼓从洪水中逃生而制作的。若有人当选为卓巴或卓生，村民们就把木鼓送到他家的竹楼上挂起来，因为这木鼓是首领权威的象征。通过这种保管木鼓的办法，几百年来，基诺族社会一直避免了首领的世袭制，避免了首领将公共权力转变为私人特权。

基诺族人的成年礼，是受礼者一生中的一个新的阶段的起始。一旦到了

① 国家民委民族问题研究中心编《中国民族》，中央民族大学出版社2001年版。

十六岁，路就要靠自己去走，也要承担相应的家庭、社会责任。其成年礼就男性和女性来说，有着相当大的区别。

根据一些研究者的实地考察，基诺族男性成年礼多在十六七岁时举行，但是究竟选定为哪一天，必须对受礼者严加保密。一般由几家共同选择一个吉日，并事先与村寨里的男性青年组织“绕考”的首领“拉扎”（也有的叫“阿苏”）取得联系。到了预定的这一天，由拉扎率饶考内的几个成年男子分别探得受礼者的行踪，并设法在他们将要经过的田边和村寨埋伏起来，当受礼者经过此地，便突然冲出来，将其带到举行成年礼的场所。

据说，之所以要采取这种突袭方式，目的在于使受礼者产生某种惊愕和恐惧，以增加成年礼的神秘感，并对这一重要时刻留下深刻的印象。当预定的若干受礼者全部到场时，要立即剽牛祭祖，然后将祭过祖的牛肉按定额分成若干份，每个受礼者面前的篾桌上均摆着两小包用芭蕉叶包裹的祭肉。这种祭肉被视为神圣的象征，象征着祖先已经批准将此男孩接纳为村社中的正式成员。

仪式开始，由寨中的长老带领受礼者唱叙民族的史诗和社会生活的各种传统习惯及法规，并对受礼者郑重其事地进行训诫。天黑以后，全寨男女老少陪同受礼者围着篝火彻夜歌舞，以示庆贺。当受礼者回到家以后，要把那两包祭肉与全家人共食。席间，其父母要向自己的儿子继续施以有关训导，并向他祝福，赠给全套农具和成年人的衣服等。

举行过成年礼仪式后，受礼者就得承担一个成人男子应该承担的责任，同时也享有相应的权利，如与姑娘谈情说爱等。自此以后，他们很少在家里过夜，而要参加村寨内饶考组织的各种活动。

相比之下，基诺族女孩的成年礼就显得简单多了。

她们的成年礼是在家里举行的，主持者是她们的父母亲。届时，由父母亲赠给她们一些有成年人标志的服装和饰物，以及姑娘使用的编织工具等，教她们一些成年女性应该遵守的基本规矩。

在一些基诺族村寨中，女青年也有自己的被称为“米考”的组织。举行过成年礼的未婚姑娘都是米考中的成员，均享有同非本血缘家族的青年男子幽会的权利。自举行过成年礼以后，做父母的一般要为自己成年的女儿在火塘边搭一张属于她自己的床。夜间，她们可以把自己喜爱的男性青年领来同宿，也可以同米考中的其他成员相约为伴，集体出去玩耍。

现在，基诺族的成年礼也较以前有了一些改变：

新米收获的八月，是一家人团聚的时候，家长会把自己将满十六岁的儿女的生日刻到一棵象征吉祥的红楠木树上，交给与自己的儿女同辈的男女青年，让他们在生日当晚将受礼者从屋子里“捉拿”出来，带到院中备下丰富饭菜的餐桌边。随后，受礼者跪在自己的父母面前，在一位长者的几段谢父母养育之恩的教导中，连磕三十六个响头。然后又面向亲人，大声地跟着长者念一段成人立志方面的誓言。之后，受礼者才能坐到餐桌边，同所有参加仪式的人一起边交流边用餐。

餐桌上只有两团牛肉，是用芭蕉叶包好的。这肉是剽牛祭祖的用品，标志着祖先同意这个十六岁的孩子成为该家族中的成年人。基诺族人认为，人是祖先“特络丕矛”做的，他既做了人的肉体也做了人的灵魂，一个人由婴儿到成年，都是“特络丕矛”恩赐的。因此，在举行成年仪式时，必须酿酒剽牛，把牛肉分成若干等份，送给全村各家各户、老老小小、男男女女去享受。人们收到牛肉后，要对受礼者给出忠告或祝福。

然后，收到牛肉的人家，各家派出一名年长的成员，对成年者进行教育。老者们领着举行成年仪式的小伙子或小姑娘唱诗。这诗唱的是基诺族的历史，诗中有传统伦理与道德规范，做人的准则与处世的道理，孝敬父母与团结族兄族妹，生产生活的技能与对生活的信念，等等。

更有趣的是，在唱诗会上，老者们还要对受礼者进行谈情说爱方面的教育。

女孩子不需要像男孩子那样经过同龄人的“捉拿”，可是也得经过特定仪式环节，才能获得成年女性的权利。她们一般是接受父母的赠礼，更换标志成年的衣服，由母亲对她进行生产生活、婚恋家庭等方面的教育。

成年仪式中有一个仪程是“尝苦”。主持人要将许多有苦味之物拿到餐桌上，一种一种地交到受礼者的手上，并让其品尝。往往是七七四十九种苦涩难当之物，种种都比黄连还要苦。意在告诉受礼者，人生有多种苦难，每一种都很苦，只有尝尽了种种苦才能正确地面对人生的许多困难与不平、坎坷与曲折、失败与打击。

成年礼当天，往往是彻夜曼舞，一夜高歌，其中唱得最好的是《谢谢父母》。

总体来看，基诺族的成年礼就其所受重视的程度而言，男女之别非常突出。男性的成年礼比女性的成年礼包含着更多的氏族色彩。

二、长老的传授

羌族俗语有言："男丁十五岁穿铠甲，枪打得好；二十岁在议话坪话讲得好，就算好小伙子。"成年礼是羌族为男性青年举行的一种极其隆重的仪式，以使其接受对性别社会价值规范的认识。成年礼一般是祭山会时在神林中举行，届时全村年满16岁的男青年身着崭新的羌族传统服饰在神林中的空地上集合，释比头戴猴头帽，身穿法衣，手握法器，面对石塔，先对天神木比塔进行祭祀，再对火神、树神、山神、地盘业主、祖先神等诸神一一祭祀，接着宰一只红公鸡并把鸡血淋在石塔及塔上压的烧纸上，让神灵享用，希望他们保佑全村的男青年茁壮成长，成为真正的男人。释比一边念咒，一边带领他们绕"神塔"走三圈，然后给每一名男青年发放一条用白色公羊之毛纺成的线，并用手指把陈猪油抹在他们的前额上，表示天神保佑，命根有系，已成人了。

接着，要举行一种名为"请冠郎神"的占卜仪式。将一层黄泥浆涂抹在一块光滑平整的大石板上，把一个盛满清水的木桶置于其上，在桶梁上系绳索、抬杠。随后，把参加冠礼的人分成若干组，每组二至四人，各组轮流，协力抬杠。若石板也随之被抬离地面，就认为冠郎神请到了，这组人今后的运气很好，能成大事；如果连续三次都未能抬起的话，就认为冠郎神没被请到，这组人的运气不好，百事不成。接着喝酒、吃肉，唱羌族古歌，跳"盔甲舞"。

回家以后，家人会给这些"新男人"准备丰盛的晚宴，庆贺他们成年。晚上，男青年家中的男性祖辈老人带领全家男性做法事。诸亲友围火塘而坐，男青年着新衣，由老人带领向供有祖先的神龛下跪行礼，老人手执杉杆，将用白色公羊之毛纺成的线系在男青年脖子上，然后也跪下和男青年一起向祖先神祈祷，希望男青年得到祖先庇护，与天地同岁。随后歌颂祖先功绩，祭祀家中诸神。从此，男青年才由一个男孩成为一个男人，获得了社会认同的成人身份，可以正式融入社会并参加社会活动了。

笔者认为，这一仪式带有浓厚的神判意味。试想一下，如果有人在平时用这种方法来抬石板的话，肯定会招致嘲讽，而把这种抬法用在请冠郎神的仪式中，它就具有了神圣的含义，显得庄严肃穆，再也没有人敢冒着得罪神灵的危险而妄加议论了。如果有一组男青年将石板抬了起来，人们就会对他们大加赞扬，对他们的未来充满希望，认为他们得到了神灵的眷顾；对于失败者，人们则会表示惋惜。同时，这一举动被赋予的神圣含义又对这种抬石板的方法起到了强调的作用。由于这一举动的神圣性，除了在请冠郎神仪式中用到这种抬法外，平时也没有人敢尝试采用这一方式来抬石板。

抬石板成为在一个男青年的成年礼上预测他的未来的唯一方法，可以想见，这一测试对于受礼者的影响不小。抬起石板的人显得意气风发，认为自己得到了神灵的眷顾，以后干任何事都有信心，这种精神又会激励他勇敢地面对困难，不断奋斗，进而取得成功。而没能抬起石板的人则表现出自卑的情绪，认为自己是被神灵遗弃的人，在村寨中没有地位，以后干什么事情都没有积极性，其消极的精神状态决定了他的成就不大。而村寨中的村民又会把这些青年在事业上的成败与请冠郎神的结果联系起来. 认为冠郎神很灵，是值得信赖的。这样一来，又给请冠郎神的仪式提供了舆论上的支持，增加了其神圣性。

第六节　公房制民族的成年礼

成年礼对受礼者来说，相当于获得了一张无形的正式步入成人生活圈的通行证。由于以传统的亲族或村落社群为单位的公共事务现在已经日趋减少，所以这张“通行证”的直接适用范围，实际上已经主要是同未婚的异性进行各种社交活动而寻伴择偶。

人生历程中最美妙、最富有浪漫色彩的一幕此时正式向他们揭开，他们无须再竭力控制内心深处早已隐隐出现过的种种躁动，握着这张通行证，他们就可以堂堂正正地在那些比自己早一点步入成人世界的同性伙伴的带领下，满怀着对古老神话中关于天空和大地实现美妙结合的期冀，去窥探那个神秘而美妙的殿堂，去兴致勃勃地追寻肉体与感情相交织的愉悦体验。

他们要尽情地与异性同伴嬉乐，尽情地享受那天性的馈赠，尽情地表现潜藏在生命中的青春活力。用他们自己的话来讲就是“串姑娘”“玩姑娘”或“串小伙”①。从总体来看，西部一些少数民族的青年男女在未婚之前，普遍享有同异性青年交往的自由。凡执有那张通行证的未婚成年者，都可利用

① 需要稍加说明的是，这里的“玩”和“串”，并无玩弄、欺辱之意，而是相识、交往和嬉乐等，并在这过程中相互寻伴择偶。

各种机会，在一些特定场合里同异性青年尽情交往嬉乐。

当然，这种自由也并非完全没有约束。在人类社会中，男女间的交往绝不是纯生理的交媾行为，作为一种文化现象，在男女群体性交往活动中，群体规范首先表现为对择偶性交往活动的范围有所限制和规定。

就择偶范围来看，西部各少数民族的情况虽然有一些不尽相同的地方，但从总体上看，以实行氏族外婚的一夫一妻制为多见，即不仅严格禁止同一血缘家族内的近亲通婚，而且同宗甚至同姓青年男女的婚配也在禁止之列。正因为如此，很多民族的青年男女在初识阶段对唱情歌时，一般都少不了从探问彼此的姓氏家谱开始。除了血缘关系方面的限制，过去在一些民族中还不同程度地实行过限于同一社会阶层范围内的等级内婚制。

不过，尽管如此，他们这张通行证在很大范围内还是够管用的了，他们由此而能够使其纯真的天性得以展示，并在自由的交往中寻找那属于自己的“另一半”。

在西部的许多民族中，当两个青年相恋到一定的时候，还要行定情礼，即互相赠送一些东西作为信物，海誓山盟。究竟以什么东西作为信物，各个民族有自己的习惯和规矩。沧源的拉祜族，小伙子多把藤编的脚圈或项圈送给姑娘，而姑娘则把五色线织成的腰带给小伙子；另外一些地方的拉祜族，行定情礼时，小伙向姑娘送草烟、槟榔、石灰等，姑娘送小伙子帽子、布袋等。在红河彝族中，小伙子送给姑娘的是银镯等，姑娘送给小伙子的是腰带等。一些地区的哈尼族小伙子送给姑娘的信物是早些时候被他抢走的帽子，并且把一些银泡银珠钉在帽子上，外加一些装饰品和一个小篾箩；姑娘送给小伙子的是一顶篾帽，其帽箍等须由自己亲手编织而成。怒族男女行定情礼时，一般是姑娘从发辫上剪下一截，用花包包好；小伙子剪下自己的指甲，装在一个精制的竹盒里。男女互赠头发和指甲，意味着奉献自己的一切，因为头发和指甲均被认为是自己灵魂的象征之物。

男女青年间的定情并无很隆重的仪式，它均以男女双方交换某种具有象征意味的信物为主要内容，虽然整个过程都在两个相恋的男女间进行，但是，它的起源显然比我们将在其他章节讨论的婚礼早得多也单纯得多。它是青年男女两情相悦之时，受其身心驱使而相互做出的交换，纯粹是两个人之间的自愿之举。它的最初形式大概是男女相恋时的纯真许诺，而且这种许诺是与性的结合相依相伴的，只是随着社会文化的不断发展，人类对性行为的限制越来越多，定情才逐渐与性行为出现某种分离，而更多地偏向于情感方面。

此外，在一些民族中，当孩子进入青春期后，长者就要为他们准备专门的住所。这或者是因成年而获得的权利，或者干脆就是成年的标志。

在西部一些少数民族聚居的村寨里，均依照传统习惯而设有供成年未婚者集体夜宿的特殊场所，俗称“公房”。一般分为女性公房和男性公房。这类公房多设在村寨附近或村寨里，有的是专门建盖的，有的是村寨里的空闲房屋。说到特殊，这类房舍并非在式样上与别的房舍有多少不同，主要指其有特殊用途。

独龙族、景颇族、基诺族，部分地区的哈尼族、圭山地区的彝族、香格里拉纳西族、丽江傈僳族的一些村寨均有公房。从流传于景颇族地区的《公房歌》里的某些唱段可看出，这类公房一般都比较简陋，设置公房的用意主要在于给互相交往的成年男女挡风遮雨，并避开父母和同胞兄妹。如《公房歌》里有这样的唱段：

美丽的嗤多能增，
盛开的鲜花哟，
我想你悠扬的声音，
请唱支动听的歌！
怕阿爹听着，
就到山上去，
隔一堵墙来挡着；
怕阿妈听着，
就到山上去，
摘枝树枝来遮着①。

在云南楚雄山区的彝家山寨里，公房则多为未婚成年女性设置，也称“姑娘房”，进入青春妙龄的姑娘晚上都要到那里去住宿，接待男青年们来“串”和“玩”。在这里，每个姑娘可以分别留宿对自己有意的男青年，但一般不可发生性关系。云南姚安、牟定和大姚等地的很多彝族村寨都有这种公房，彝语叫“一度黑”。

在一些有公房的民族中，未成年人取得象征成年的标志后，便自动离开

① 杨知勇、秦家华、李子贤编《云南少数民族婚俗志》，云南民族出版社 1983 年版。其中的“嗤多能增”为男青年对初次见面的女友的泛称。

自己的家，到公房里与同性伙伴们共宿，并同成年的异性未婚者谈情说爱。在某些民族中还有这样的情况，即由未成年人向成年人的转换并没有什么显著的特殊标志，到了一定的年龄，当他（她）向自己的父母提出要到公房过夜，得到父母允诺后，就可搬到公房中去，也有的则是由父母亲主动向自己的儿女提出。就此类似情况而言，搬进公房之举实际上就是一种对其身份转换的确认。

还有一些民族，如红河、勐海等地的哈尼族，当儿女到了一定的年龄，父母即在大房外建盖几间名曰“尤拉”的小屋，这种尤拉或者是土筑的，或者是用茅草搭成的，专供自己的儿女们去单独与异性青年交往。当父母动手建盖这种小屋时，家里即将成年的孩子往往就已明白，这标志着自己正式成年的时刻将要来到了，他（她）往往为此激动和不安，神不守舍地等待属于自己的小屋的出现。当小屋盖好后，父母分给他（她）们一套被褥等，他（她）们即可搬到里面单独过夜。如果儿女们到了十四五岁时依然同父母住在一起，而没有属于自己的特殊小屋，则会被别人视为“总是长不大的”“不成器”的孩子。永胜等地的傈僳族过去也有相似的习俗，不过父母们一般只为家中已成年的女儿建盖这种小房，而家中已成年的男子则多是到外家或外村寨姑娘小房中去“串”。

有些地区的有些民族，如沧源佤族、鹤庆彝族等，还有一种习俗，即当女孩长到十四五岁时，做父母的往往会鼓励她与别的成年未婚姑娘相约，三五成群地在某一人家集体夜宿，以便于同成年的未婚男子交往。取得这种权利的少男少女，无异于也就同时意味着自己的正式成年。

总的来说，在西部一些少数民族中，绝大多数取得成年资格这一特殊通行证的青年男女，尽可自由地交往和嬉乐。这种自由说到底是根源于特定的社会经济发展水平和价值观念及文化心理的久远传统，它无疑是西部一些少数民族留给那些实现了社会角色转换的青年最显著的权利的体现。这种权利所带来的体验当然是很美妙的。

第七节 对成年礼的思考

在许多心理学家的研究著作中，都强调了人在青春期内不可避免地表现出来的躁动与不安的情绪，更有一些论著强调了成年礼仅仅是性成熟的标志，而忽视了对这种礼俗的社会化作用的考察。然而，当我们对西部各民族的成年礼俗进行认真的研究后，就会看到，其真正内涵在于具有深刻意义的、直接施之于青年一代的社会化功能。

在拉丁语里，青年这个词的最初含义是“生长达于成熟”和“具有繁殖能力”。因此，许多民族，即使在今天，仍把性的成熟视为一个人脱离孩童时代、进入理智的成人阶段的标志。世界上许多民族，都在儿童出现性成熟迹象时，为他们举行一定的成年礼仪式，以表明他们已经成年。然而，我们绝不能把成年礼只看作是适应人的生理变化的一种礼俗，尤其应看到它所包含的对社会成员所产生的社会化教育与训练作用。

成年礼标志着少年时代的结束，受礼者从此进入成年人的行列，开始了新的征途。因而，它以一定的形式要对少男少女的勇敢与智慧进行考验，并传授必要的生产、生活与道德规范、部落或民族的历史与传统等方面的知识。不论各个民族的成年礼采取何种形式，其共同特点是，老一辈将自己的希冀寄托于这种社会化教育与训练中，使新一代的个体通过学习与锤炼，在生活的道路上有一个良好的开端和坚实的基础，进而希望年轻人聪慧、强健，成为合格的社会成员。

在一些西部少数民族中，成年礼俗是对青少年个体进行社会化教育与训练的一个重要途径或形式，这种教育与训练的目的主要表现在以下几个方面：

第一，成年礼是对某种角色、权利和义务的认可。根据上述对西部保留成年礼俗的一些民族的考察，大凡在成年礼后，受礼者都要换上成人的衣冠，标志其进入成年，社会予以承认、予以管理和约束，在此之后，其可择偶婚配。成年礼表明了一个人从“自然孩童”到“社会成人”过渡的完成，也就意味着他已拥有一个社会成员的角色和地位，拥有作为一个社会成员应该具有的权利和义务以及应当承担的社会责任。

第二，成年礼以进行民族传统道德与行为规范教育为重要内容。由于独特的历史进程和生活条件，各民族形成了不同的传统道德、行为方式及准则。为了使这些民族的道德传统得以传承，使各民族的特色得以保存，就需要一定的形式来传递它们，成年礼就是一个重要的保存和传递形式。

在一些少数民族中，传统道德的维护和人际关系的调整，除靠社会舆论之外，还需要有威信的长者。由于一些民族历史上曾处于恶劣的自然环境下，社会与生产发展水平较低，因而更需要一种特别的凝聚力，需要一个中心，一种权威，这样才有利于整个民族应对险恶的环境，或共同抗御外敌。于是也就特别需要让社会的每个成员懂得权威的重要性，做出服从权威的承诺。所以要求青少年对长者的尊敬和服从，就成了许多民族的成年礼的一个重要内容。

第三，成年礼是一种生存和生活经验与知识的传授方式。历史上，一些民族由于生产水平、生产方式落后，生产技术、生活经验与知识简单化，社会生产、生活组织形态单一化，因而社会对劳动者的生产、生活经验与知识的要求相对较低。由此，人们从儿童过渡到成人的社会化过程，也就相对简单得多。儿童仅仅凭借长辈的指点或依靠直接经验的积累，就可以适应自给自足的自然经济生产的要求。简言之，从一个“自然孩童”过渡到“社会成人”，从一个劳动的个体成长为社会劳动者，仅凭借身体的发育和性的成熟，加上长者所积累的生产经验、生活知识的传授就可以了。

从青春发育开始，到发展为一个成人，其间不必经历现代工业化社会中的青少年所必须经历的学校教育这样一个特殊时期。正是为了适应这种社会生产与生活的特点，一些少数民族在举行成年礼时会进行生活习俗、生活常识、生产经验和技能的传授。在一些民族的历史上，成年礼俗活动代替了学校教育，成为这些民族对新一代实施各种知识教育、传授技能的重要途径。

通过以上对西部一些少数民族成年礼所做的考察，我们可以从中大致把握住这样几个特点：

其一，现今仍在举行的西部一些少数民族的成年礼，已经鲜见那种在原始成年礼中常见的富有神秘色彩的仪式了。

说得具体一点，除了瑶族的度戒，在西部少数民族的大多数成年礼中，我们几乎已经看不见任何借助某种非常规方式让受礼者习得体验神灵的能力或试图与神灵建立联系的仪式了。即使瑶族度戒中有些仪式程序与国外诸多人类学家报道过的原始成年礼中的仪式程序存在不少相似之点，但认真分析下来，似乎也主要不是出于与神灵建立联系的意图。我们曾经在前面提到过，让受礼者与神灵建立联系，这正是原始成年礼的基本功能之一。

也许可以做这样的猜测：大概至少有一部分西部少数民族的成年礼在其原始阶段也有这类仪式，由此我们可以认为，在西部一些少数民族中曾经有过的这类仪式和相应的功能现在已近于退化殆尽。这倒并不奇怪，当神灵们的威力在人们的社会生活中处于逐渐退减的境况时，或者当与神灵们建立联系的资格已不再为全体成年人所必然拥有，而变成了那些宗教神职人员独占的专利时，这类仪式在成年礼中的消失应该是再自然不过的结局了。

随着社会文化的变迁，西部一些少数民族对成年人的品格和素质方面的要求，已经大大地不同于原始时代了。在已发生变化的文化背景中，神灵们在其所属社会的文化系统结构中的地位已经发生了相当大的改变。

尽管如此，西部少数民族的成年礼仍然在其所属的社会系统中发挥着作为这种特定的人生礼仪所具有的基本功能，即通过一定的仪式，向受礼者赋予人们能够认同的成年标志。正因为如此，改变受礼者的外在特征（如服饰、发型等），实际上成了西部一些少数民族成年礼的核心仪式，或者就如我们在永宁纳西族、宁蒗普米族等民族中看到的那样，成年礼被他们称为“穿裤子”和“穿裙子”仪式。

其二，西部少数民族的成年礼虽然不同程度地包含着一些氏族社会的文化色彩，但总的来看，这种氏族文化色彩已经大为淡化了。

有种种迹象表明，成年礼应该是在氏族社会产生的特有文化现象，它的基本用意在于使受礼者通过此项礼仪被正式接纳为氏族社会的合格成员。换句话说，成年礼较为古老的用意与其说是庆贺某一个人的成年，不如说在于宣布该氏族群体又多了一个合格的成员。在这里，突出的不是个体而是氏族组织这样的群体。

西部一些少数民族成年礼中的氏族文化色彩主要表现为：

成年礼的举行往往不仅仅是受礼者所属家庭的事，有些民族少不了寨中长老和祭司等的参与和主持，举行仪式的地点有时候也不限于受礼者的家里。瑶族、基诺族等民族和滇西北一部分彝族的成年礼就具有这样一些特征。

一些成年礼包括祭祖活动，祭祀对象常常是氏族的共同祖先。

在有一些民族中，举行过成年礼的男女青年首先被认为是氏族或村社的共同成员。例如，永宁纳西族的受礼者在举行过成年礼后的数日内，必须到同一“斯日”（氏族）内的所有家庭去拜访，同样，斯日内的所有人都自然而然地会把这些受礼者实现的角色转换视为同自己有关的事情，向他们表示祝贺，为他们祝福。另外，瑶族男子行成年礼后即被授予法名，并因此可列入族谱。

在考察中我们很容易发现，总的来看，西部大多数少数民族成年礼中的氏族文化色彩早已呈淡化，取而代之的是以家庭为核心的家族文化色彩。如宁蒗普米族的成年礼通常在受礼者的家里举行，主持者通常是受礼者的父亲或母亲；永宁纳西族和滇西北部分彝族的成年礼也通常在受礼者的家里举行。由于成年礼是在受礼者的家里举行，所以这种成年礼不再像原始成年礼通常是同氏族内年龄相当的一批受礼者在同时同地集体举行成年礼的各项仪式那样，而往往是为个别受礼者单独举行成年礼。基诺族男子的成年礼则属于两者兼而有之，显现出了某种过渡期特有的形态。

氏族文化的衰减和家族文化的兴盛，是氏族组织处于消亡状态，家庭演化为起主导作用的社会群体这一特定背景中的必然结局。

其三，尽管已经出现了种种变化，但成年礼赋予受礼者的依然是权利与义务并重。

在氏族社会里，每个取得了成年资格的人理所当然被正式接纳为氏族成员，受礼者同时享有一些共同的权利并承担一些共同的义务。前者如参加祭祀神祖的权利，与成年异性实行婚配乃至生儿育女的权利，以及选举和被选举为氏族组织头领的权利等；后者如遵守氏族内部的社会规范，无条件地接受氏族头领的支配，参加氏族间的械斗、争战，保护共同的氏族群体的义务，等等。

随着文化的变迁，这些权利和义务所包含的实际内容已经发生了种种变化。尽管如此，权利与义务并重的情形在很多少数民族中仍然存在。

其四，男尊女卑的观念已经在一些少数民族的成年礼中有所显现。

如上所述，基诺族女性的成年礼较之男性的成年礼，其程序已经简单得多，受重视的程度也低得多。瑶族更加明显，女性已基本上没有成年礼可言。这种男女之别的出现同该民族的文化变迁有着直接的关系。很显然，在上述两个民族中，由于男娶女嫁婚姻形式的普遍确立，男性与女性的社会地位是迥然有别的。当婚姻（出嫁）对于女性来说意味着将成为另一个群体的成员时，她原来从属的群体自然会把她的成年礼视为可有可无之举。

除了上述四种基本特征，我们还要着重谈到，从总体上看，西部少数民族的成年礼实际上已处于“无可奈何花落去”的衰败境地。这种衰败主要表现在两个方面：一方面，作为完整的仪礼行为，它在大多数民族中已经消失殆尽，至多只剩下些许依稀可辨的残余；另一方面，即使在一部分民族中尚存，但也明显呈现出某种逐渐趋于简化的状态。我们在前面已经谈到，对于女孩子来说，这种情况尤其突出。

我们知道，人类所创造的文化可以被视为一个处于不断变迁过程中的动态系统。这种动态性的一个重要层面呈现为各种具体文化现象的生长、兴盛和衰败、消亡。从某种意义上讲，一种文化现象的衰败和消亡较之生长和兴盛，也许含有诸多更使人迷惑也更耐人寻味的文化之谜。

成年礼的衰败是基于一些什么样的社会文化原因？为什么许多民族宁愿将这一标志少男少女人生历程中重要转折的仪礼予以简化或摒弃？这当然涉及一些很复杂的问题。

实际上，我们在前面的论述中已经一再强调，成年礼真正赖以存在的文化背景是氏族组织在整个社会结构中处于核心位置。成年礼的基本文化功能只有在这样一种系统结构中才可能完整地显现出来。因此，说得简单一点，西部少数民族的成年礼之所以总体上处于衰败和消亡的境地，从实质上讲就是因为这些少数民族都已经超越了氏族社会和与之相应的氏族文化。当整个社会的系统结构已经发生了根本改变时，作为氏族社会特有文化现象的成年礼必然也就逐渐失去了其赖以存在的土壤。

很显然，在不同的文化背景中，连成年的界定也会出现某种根本性的不同，譬如在下一章里我们就将看到，对于男娶女嫁的婚姻形式已经得到确立的许多民族来说，从某种意义上讲，实现婚配成了男性和女性社会角色发生根本转换的真正标志。此外，由外部作用而导致的某些文化整合也难免会使得少数民族的一些文化现象渐渐失去原有的意义，并最终名存实亡。

不难设想，若干年来，当这些少数民族与其他民族的交往日益增多，越来越成为更大的社会结构系统中的一部分时，法定的公民年龄和结婚年龄，无疑会对传统的成年礼仪产生重大的难以抵御的影响。在这样的文化背景中，西部少数民族成年礼仪在整体上的衰落，似乎是在所难免的事。

第三章　婚姻礼仪

婚礼是主要的人生仪礼之一，从某种意义上说，其能使新婚夫妇得到社会的承认和祝福，防止重婚，有助于新婚夫妇适应新的社会角色和要求，并准备承担相应的社会责任。

第一节　婚姻礼仪概述

几乎所有的民族和国家都有其传统的婚礼仪式，这不仅是民俗文化的继承途径之一，也是一种进行本民族文化教育的途径。从某种意义上说，一些与婚礼相关的传统与习俗，既是对社会物质生活的反映，也是对一个民族的文化心理的反映。

一、概说

我国最初的婚礼形式大约始于原始社会末期，从相传始于伏羲时代的订婚“以俪皮（成对的鹿皮）为礼”逐渐演进，到夏商时的“亲迎于堂”，再到周代所具备的完整的“六礼”，初步奠定了传统婚礼的基础。西部民族婚俗更是丰富多彩，是展现民族文化的一个平台。

二、婚姻礼仪的文化内涵

人类学家特纳将礼仪划分为：分离礼仪、过渡礼仪和统和礼仪。分离指的是脱离以前的状态和身份，即原状态的“死亡”；过渡显示的是一种既不在前状态，也不在新状态中的无限定状态，非正常状态，“不死不生”；统合是个体进入新状态，亦即“再生”。

婚礼是人一生中的重大的转折点，是与过去告别，开始在亲族群体中扮演新的、重要的角色的标志。婚姻作为社会关系中最基本的关系之一，体现了人与人之间的协作，与人的繁衍有关。同时，婚姻在调节人们之间的关系、维护社会稳定等方面都起着不可忽视的作用。

婚礼与社会特征、与信仰特征交织在一起，形成复杂、多样的民族婚俗文化，具有深刻和丰富的文化内涵。在一些民族心目中，婚姻不仅仅是个人的终身大事，还是关系到家族延续的重要承诺。婚礼所展现出的丰富的民俗文化方面的内容，既能展示民族文化传统，让别的民族对本民族有更多的了解，同时也增加了本民族的认同感，又具有重要的社会功能，即民族传统文化以及生产技能和生活技能的教育和传承功能，在一些民族的婚礼上，老人、媒人、专门主持婚礼的人往往起着主要的作用。

傈僳族的婚礼上，媒人从订婚到举行婚礼，一直在唱主角。在丽江华坪花傈僳的婚礼上，“尼扒”或者“毕扒”会把人类的由来、婚姻的起源、本民族的渊源以及男女的感情等内容都融入歌声之中，那丰富的历史传统、对本民族深深的情感，都和着悠扬的音乐从他们的嘴里流淌出来。许多人从孩子时开始，就一遍又一遍地聆听，等到他们长大成人的时候，本民族的起源传说早已深深地印在他们的心中。通过婚礼仪式，耳濡目染或言传身教或亲力亲为，传承了民族的传统文化。

在一些少数民族中，新娘结婚之前，都要准备一套婚服。这套婚服漂亮至极，制作起来也十分复杂。因此，新娘子必须向母亲、姐妹和亲戚们请教。这种学习往往从很小的时候就开始了。新娘在准备婚服的时候是十分认真的，因为她知道，在婚礼上，她的服装是焦点之一，她手巧不巧、勤不勤快、能不能干，都会从服装上反映出来。总之，婚礼作为一种多方位展示礼仪习俗和行为规范以及一些生产生活技艺的活动，在喜庆气氛的烘托下，其感染力是其他活动所无法相比的，因此，就成为年轻一辈学习本民族传统的最好机会①。

从客观的角度来说，形形色色的婚姻礼俗浓缩了丰富多彩的民族民俗文化，在他们传承本民族的传统文化的同时，也是学者研究民族社会、历史、文化心理、宗教等的极好时机。婚姻的缔结并非个人私事，它受各种社会关系的制约，体现了一个民族的社会观和价值观。婚礼中的这种对民族传统的展示，其内容是极为丰富的。许多民族正是在这样的场合，通过各种形式，将本民族最本质、最突出的特征展示出来。婚礼所涉及的历史、典故、天文、

---

① 赵伯乐《少数民族婚礼的社会功能》，《云南社会科学》2000 年第 4 期。

地理、历法、气象等内容都是了解少数民族渊源的重要依据和宝贵资料。

由于历史的原因，我国西部各个少数民族的经济发展极不平衡，大部分少数民族地区的经济状况较为落后。但西部少数民族的婚俗往往更多地保留着传统的历史文化内涵，而且，西部少数民族的婚姻形态中包容了人类几乎所有历史时期的婚姻形态，是活生生的人类婚姻史的博物馆。透过这些民族丰富多彩的婚礼，我们能够看到我国西部少数民族甚至人类历史发展的一个剪影，对研究少数民族社会发展史有着重要的史料价值，对于今后传承和保护西部少数民族传统文化，推进西部少数民族文化发展也具有重要的意义。

三、婚姻礼仪的特征

婚姻礼仪作为民族文化宝库中的一个部分，具有多方面的特征和意义。

婚礼是在社会发展过程中长期积淀下来的被某一特定地区的人们反复适用、遵循而形成的一套较为稳定的关于婚姻的非正式的规则。婚礼和婚姻制度有密切联系，从一个侧面反映了人们的文明教化程度。婚礼作为历史沉积下的宝库，从一个侧面解释了人类社会的历史发展。

我国西部众多少数民族在不同历史时期经历了不同的婚姻形态，从西部地区一些少数民族的婚礼风俗中，可追溯某些婚姻形态的发展轨迹。

西部一些少数民族传统婚礼旨在借助各种仪式促使新婚夫妇对自己在社会、家庭中的不同角色进行确切的认知，以完成从婚前所在家族到另一个家族的身份转换，以及婚前角色（女儿）到婚后角色（主妇）的顺利过渡。而这种角色的转换一般要通过某种仪式进行。

西部一些少数民族的婚礼除了具有相对稳定的历史资料价值及反映人们思想观念的特征之外，还是一个展现少数民族民俗文化的平台，集中展现了少数民族优秀的民间文学、歌舞、饮食文化、服饰、生产生活技艺、社会交往等方面的文化。例如婚礼上的婚礼歌，以美妙的艺术形式，反映着不同的生活内容，表达着不同的思想、情感，承载着不同的社交功能，多方位、多层次地体现了民族艺术丰富的内蕴和特质。

西部一些少数民族的传统婚礼分为婚前礼、正婚礼、婚后礼三个阶段。在订婚仪式举行之前，男女双方的婚姻关系还未确定，各自都是单身状态，双方关系还处于婚姻前的相对稳定状态。对应的婚前礼仪有不同形式和程序，所包含的环节有求婚说媒、占卜算卦、订婚、下彩礼等。订婚仪式则意味着男女双方婚姻关系的意向性确立，民族的风俗、礼仪在此期间有所呈现。正婚礼一般包含迎亲和送亲、成婚拜堂、婚宴、闹洞房等。婚后礼多为回门礼，标志着婚礼仪式之后，新婚夫妇双方过渡到了新的角色和生活中。

第二节　求亲与定亲

一、求亲

提亲的习俗礼仪，是整个婚姻缔结过程中第一个具有普遍性的礼仪，也是婚姻中极为重要的一环，关系到两个家庭联合商讨的最初过程。在西部一些少数民族地区，自古便有提亲的习俗，且形式各不相同。有的为男女青年双方有意之后，男方到女方家，向其父母表达求亲之意，并商定婚事；有的是由青年的父母家长代为订下婚约；有的由男方家找媒人上女方家提亲。

（一）求亲时的信物或礼物

求亲时的信物或礼物繁简不一，多是受当地民族喜爱或广为适用的风物特产，体现了民族风情和地域文化。例如广南地区的壮族有一种传槟榔示意的传统习俗。男方第一次去提亲先去探听女方家的口风，若认为这门亲事有谱，第二次去时则请媒人带上装有槟榔的荷包送给女方家，女方家若同意这门亲事，也用荷包装槟榔回赠对方。回赠的槟榔数量多，表示婚期还远；数量少，则表示要尽快完婚。傣族、佤族求婚则会带一些芭蕉、甘蔗等特产。云南的德昂族等善种茶的民族有以茶叶为媒的习俗。

酒也是西部少数民族常见的求亲信物，酒不仅是礼物，很多时候还作为传情达意的媒介，借酒言志，双方通过酒委婉地商讨婚事。例如拉祜族如果女方家答应这门婚事则当场饮酒，如不同意则把酒打翻。哈尼族也是以酒探路，如果女方接受了这壶酒则表示愿意商谈这门亲事，又称这酒为“喜欢酒”。还有的民族在酒壶上挂上耳环、红布作为答允的信物。另外还有求亲时带着布匹、盐巴等礼物。

土家族请媒人到女方家探口风，一般前后有三次，其仪具是伞。第一次探口风时，媒人起初进屋就要拾伞，但这伞不能放进女方屋里，而只能放到女方家的阶沿上，表示这门亲事“八字还没有一撇”呢。第二次探口风时，媒人照样进屋就要拾伞，但这次伞不是放在阶沿上了，而是放在女方家的堂屋角落里，表示媒人与女方家里人的关系又进了一步。第三次探口风时，媒人带的伞就不能再放到堂屋角了，而是要放在女方屋里的火塘边，表示女方父母有心把自己的女儿送给男方父母家做媳妇了，也就是女方父母答应这门亲事了。

媒人前两次探口风后准备离开时，随身携带的伞不能撑开后拿出来，表示这门亲事还没有谈成；而第三次到处女方家，说媒成功之后，媒人离开时则要把伞撑开后拿出来，表示提亲成功。媒人每次到女方家去说媒时，除了要带伞以外，还要带上酒、糖等礼物。媒人第一次、第二次去时，女方父母一般都不会收其带来的礼物，因为他们还在考虑到底答应还是不答应这门亲事；而等到媒人第三次带礼物去女方家时，女方父母则会把礼物全部收下，表示他们已经答应这门亲事了。

一般来说，求亲的信物或礼物较为简单，一般是民族风物特产，并非特别厚重。还有很多民族将求亲的信物或礼物和聘礼合并在一起，在求亲的同时带上聘礼，而不再单独将其作为求亲的信物或礼物列出。

（二）媒人

媒人是促成婚事的关键人物。媒人的产生，曾引起了不少学者的关注。我国著名的民俗学家乌丙安先生在《中国民俗学》一书中说："媒的产生在我国有悠久的历史，大约在父权制、私有制产生时，婚媾逐渐向专偶制过渡、议婚形式发展时期，媒就应运而生了。"到了对偶婚的后期，人类的居处原则渐由从妻居转向从夫居的时候，尤其是一夫一妻的专偶婚开始取代对偶婚的时候，婚姻中产生了议婚形式，于是媒人便随着家庭和社会的需要应运而生。媒人产生以后，在人类婚姻的舞台上起到了重大的作用。

在封建社会里，媒人成为"合法婚姻"的主要标志。如果没有媒，作为社会"软控制"的道德、习惯、礼教和"硬控制"的法律都将否认婚姻的合法性。部分西部少数民族地区也讲究"明媒正娶"。在西部一些少数民族社会中，媒人充当着反映婚姻道德标准、监督婚姻合法化的角色。

例如维吾尔族社会很早就开始设有媒氏之官，专管婚姻事宜。此后，除了官媒之外，还设有"私媒"。私媒一般是由民间德高望重的人来担任，做媒者必须深晓礼仪，熟记传统谚语和各种格言，善于辞令，较有名望，随机应变，能准确把握男女双方的喜好和心理。此外，媒人最好还能具备夫妻同住、有儿有女等条件，以图吉利。

甘孜地区藏族的媒人应由德高望重的长者来担任。因为长者深晓礼仪，善于言辞，通晓传统的谚语和格言，甘孜藏语称这样德高望重的善言者为

“巴么”。提亲的家长会随同巴么择吉日带上青稞酒、哈达、茶叶去对方家中，并由巴么说明来意，对方家长如果同意，就会接受敬献的酒、茶、哈达；反之，则表示拒绝这门婚事。

达斡尔族媒人去提亲时，头上要戴一顶帽子，帽子右边挂一红布条，并要提上酒。别人一看这种装束，就知道是去女方家提亲说媒的。

贵州民族地区有“天上无云不下雨，地下无媒不成亲”之说。说亲一般不会一次就成功，一般会经过两三次的回转和考虑。而媒人每次去女方家，一般需择定日子，带些糖酒之类的礼物，说话尽量婉转得体。

彝族请“扶菊”（媒人）到姑娘家提亲。扶菊试探女方家的口气之后，才准备彩礼、商量定亲等事宜。傣族、侗族等民族说亲则不是请专门的媒人，而是找自己家的亲戚。如侗族的媒人往往是男方的嫂子。傣族比较重视母系亲属的意见，男方要请舅舅、姨妈前去说亲。

（三）说媒

西部少数民族说媒较为含蓄婉转，一般不直抒胸臆，而比较喜欢托物言志，言辞幽默。在一些民族中，即使女方家同意这门亲事，媒人第一次来提亲，女方家也不会很快回话，一般要经过三次提亲，甚至更多次提亲，女方家才会答应，亲事继而定下来。维吾尔族说媒一般为三次：媒人第一次去女方家主要是转达男方家的心意；第二次去则是询问女方家的意见，得到女方家的回复；第三次去则是男女双方家庭比较正式的地谈婚论嫁，涉及定亲、择日、聘礼等多项事宜。

哈尼族订婚首先是由男方父母给女方送去一壶讨亲酒，或叫欢喜酒。若女方父母高兴地收下，就说明同意求亲，然后男方父母才正式请媒人去说媒。媒人通常要到姑娘家三次：第一次叫“踩门槛”，目的是去向女方父母要姑娘的生辰八字，带回男方家，仿汉俗合八字；第二次去是“吃媒酒”，媒人给女方家送去聘礼；第三次去主要是确定结亲的时间，商量准备婚礼事宜。

仡佬族将说媒称作“问名”。请一位媒人到女方家探口风，如果女方父母同意，媒人就带着男方的彩礼到女方家里，并约定好双方下次见面的时间。

鄂温克族说亲是找另一氏族的能说会道的一男一女为媒，带着两瓶酒到女方家。

媒人并不提说亲的事，而是说：“我们打算向你家借个酒壶。”

女方父亲说：“没有。”

媒人说："不是用杯酒来哄你，不是用碗酒来管你，是为对长者敬酒，请借个酒壶吧！"

女方父亲说："酒壶是有。"

媒人说："那就借一个吧，我们'杜拉尔'（氏族）的先辈说，你们'深格冬'有个拿剪子的姑娘，我们是结亲来了。"

女方父亲说："女儿是有，还小不懂事，还离不开父母，不行。"

说亲不可能一次成功，非要几次登门才行。媒人第二次来时，女方把全家族的人都请来，媒人对大家说："很早以前我们就世代为婚，是割不断、拉不断的关系。为了结成世代的亲戚，我们又来了，直截了当地说，是为了男女孩子的喜庆事来的。"

这时女方父母装听不见。媒人再对着女方父母的耳朵大声重复一遍上面的话。女方父母如果愿意了，就在媒人带来的酒瓶上悄悄拴上一条红布。

女方父亲说："我不看你的家园如何（贫、富），主要是为了自己的女婿（同意了）。"

说亲成功，女方家族要请媒人喝四大碗酒，媒人常常是带着喜讯酩酊大醉而归。

居住在西南边疆的拉祜族，媒人不能直截了当地提亲，而要婉转表达。媒人第三次去女方家时会带一壶酒，如女方家父母当场喝了酒则表示同意，如不同意就把酒打翻在地。有的则在酒壶上挂手镯或耳环，如女方家同意，不直接用语言表示，而是将手镯等取下即可①。

基诺族求亲则请知名的祭司作为大媒人，新郎所在氏族的头人作为小媒人，带领着男方家的几个亲戚一同前往。求亲仪式开始时，男女双方的家长跟随大媒人举行"按例祭酒"，三人各用右手食指在酒杯内蘸酒，再用食指与拇指将酒弹到面前的桌上，要分别蘸酒弹酒三次，接着用笋叶叠成酒勺舀一点酒，共舀三次，均倒在面前的桌上，再用食指、拇指、中指掐一小撮肉粽放在桌面，掐三次亦奠三次，表示对家神（祖先世界的父母）与寨神的祭祀。按例祭酒后才开始说亲，但基诺族习俗是说亲时并不直接提婚事，而是请大媒人来唱传统求婚歌：

我家的一只红公鸡长大了，

① 严汝娴、刘宇著《中国少数民族婚丧风俗》，商务印书馆1996年版。

但它的叫声还不洪亮，
它的鸡冠还不高，
它后腿趾的弯钩还不够大，
可它走出了家门，
超越了它的居住范围到你家吃米，
你家看到它会用棍棒赶走它吗？

女方由其长子代表父系家长唱和，他要谨慎地回答对方的问题：

你家的红公鸡超越了它的所在地，
到了我家的鸡圈，
我们不会用棍打，
而是用碎米筒的米来喂它，
让它栖息在我家的鸡笼。

男方家长唱道：

我母亲在楼下养的红公鸡离开了鸡圈，
我是来找这只红公鸡的宿处的。
竹篾捆刀把要绕三道才能稳，
我儿子到你家追求你女儿是追求了三次才如愿的。
像牛在山间觅食走久了走出一条牛路一样，
像妇女在寨内纺线走出了一条人路一样，
我家到你家的路已经走通了。

女方家长唱道：

你母亲在楼下养的一只红公鸡，
安然宿在我家的鸡圈里了。
我虽是女儿的父，
我虽是女儿的母，
可是我不能阻挡太阳，
我不能阻挡月亮，
澜沧江的水路我不能阻挡，
青年人爱情的大门我不能关闭。

求婚成功后，要喝订婚酒。并根据订婚双方的年龄来确定具体的婚礼日期[1]。

鄂伦春族一般由男方父母托媒人到另一氏族的女方家求婚，在喝酒吃肉的过程中交谈。女方的父母一般不轻易答应婚事，找种种理由推辞两三次，即便答应也不直说，只要女方父母在话语上稍有表露，媒人就抓住时机向女方父母磕头致谢，一般到了磕头时，求婚就算成功了。然后举行“认亲仪式”，未婚夫由媒人及妈妈陪同，携带礼物到女方家认亲，未婚夫要给女方家所有长辈磕头。其后要办“过彩礼”仪式。过彩礼在鄂伦春族的婚姻缔结中是一件大事。认亲之后，男方父母或媒人带上美酒等到女方家商定过彩礼的日期和数量。彩礼可分几次送，在最后一次送彩礼时双方才商定结婚日期。

二、定亲

西部少数民族大多有传统的订婚礼俗。媒人几次去女方家说媒，女方家同意成亲之后，男方家就要准备聘礼。定亲一般先要合婚，并以接受聘礼或举行订婚仪式作为订婚的标志。其中，“合八字”、看卦等合婚形式在本章的第三节中再详细论述。

（一）聘礼

聘礼，又称彩礼，是在聘娶婚中，缔结婚约时，男方家庭赠送给女方家庭的财物。这种习俗古已有之且广泛流传于一些少数民族中，同时在民族民间文学中也有着丰富而详细的记载。

西部少数民族婚姻中的聘礼习俗，不仅与自然环境条件、他们的生活方式相适应，而且与这些民族历史上形成的宗教信仰、民族心理、社会结构及其他风俗习惯相关联。聘礼从表面上看是物质的东西，但它又是一种象征符号，蕴含着丰富的文化特征，因此许多民族结亲要以聘礼为证。

聘礼的形式，除了日常的家什钱物之外，不同民族根据文化习惯一般还会选取具有各地风俗特征的物品。聘礼的多少，往往因家庭经济条件和社会地位的差异而不同。西南地区许多少数民族有着淳朴的自由婚恋习俗，这些少数民族女子在择偶时注重男方的人品，不讲求家境的贫富，传统的求亲更讲究的是聘礼的形式，而不仅是聘礼的价值和多寡。

例如，泸沽湖畔的摩梭人缔结“阿注婚”，男方只要送女方少许的盐、茶

① 杜玉亭著《和而不同的中国民族学探索》，云南大学出版社 2009 年版。

以及一身衣裙。布朗族的聘礼也不多，主要有酸茶叶、草烟和猪肉等。从赠送聘礼这一传统习俗中，人们可以从侧面了解到这个民族的心理素质、文化传统和历史传说。

笔者按不同的民族文化特点和功能将聘礼的形式分类，西部少数民族的聘礼大致可分为四类：一类是秉承少数民族特有的传统文化、历史传说、具有民族象征符号寓意的独特的聘礼；另一类是与当地自然风物、生活习性相关的聘礼；还有一类是将日常生活的必需品作为聘礼；再有一类是与宗教信仰有关的聘礼。

在安多等藏族聚居地区，有一种将箭作为聘礼互赠的习俗，在藏族古代婚俗中，箭曾作为一种不可缺少的聘礼而互赠，在联姻方面起着相当大的作用，逐渐形成了“以箭为媒”的婚俗。这种婚俗一直延续至今[①]。

基诺族聘礼是一对铜手镯。手镯戴在手上不会生锈，象征着两人的爱情永不变，用手镯牢牢套住女子的芳心。纳西族聘礼是茶两筒、糖四盒（或六盒）、米两升、坨盐两块。茶（“长”的谐音）希望两人的婚姻天长地久，糖表示感情甜蜜如糖，米的寓意是生活富足，两块坨盐象征海誓山盟的爱情。

苦聪人聘礼中有一份松鼠干。以松鼠干作为聘礼显然非常独特。相传，一位善于狩猎的小伙子带上猎物向姑娘求婚，姑娘说：“一个猎人凭力气对付凶恶的野兽还不算能干，只有射中机灵的松鼠才算有本领。”为了表达对姑娘的真心爱慕，小伙子凭机敏和智慧射中了几只松鼠，制成松鼠干再次向姑娘求婚，二人终于结成了美满的婚姻。

景颇族的聘礼中有铓。铓作为打击乐器，敲击时声音洪亮、节奏欢快，是景颇族欢庆传统节日“目脑纵歌节”时必不可少的乐器。相传目脑纵歌节由景颇族创世英雄宁贯娃首创，最初是原始的宗教祭祀活动，祈求人丁兴旺和生活美好，用铓锣表达人们心中的这些期望。因此，将铓锣作为聘礼，目的是为了期望女方吉祥快乐，嫁到男方家后繁衍子孙，振兴家业。

而蒙古族的聘礼大都是牛马羊等牲畜及金银、布匹、绸缎等。值得一提的是，蒙古族聘礼中的牲畜一般以九为单位计算。难以凑足九头牲畜的人家，则准备九以下的奇数头牲畜(或七头，或五头，或三头，或一头)。

---

① 才项多杰《藏族婚礼中箭的交换及其文化内涵》，《西南民族大学学报》（人文社会科学版）2010 年第 5 期。

受自然环境影响，各民族形成了不同的生产生活方式，培养了各自不同的审美情趣。聘礼作为民俗文化的重要组成部分，集中体现了西部少数民族的地方特色。历史上，西北一带氐羌民族喜欢以羊皮为聘礼，这显然跟他们的生存环境、生活习惯息息相关。氐羌民族，在漫长的迁徙过程中，大多居住在地势较高、气候相对寒冷的山地，以农牧经济为主，羊皮及其制品可起到御寒保暖的作用。

白族、普米族给女方的聘礼中一定要有用硝鞣制加工过的一张绵羊皮，以白色为最佳，绵羊皮上还要保留完整的四肢和尾才显得美观大方。一张绵羊皮体现了当地男子对女子浓厚的爱意。西南地区瑶族、傣族、哈尼族等所处地域植被丰富，适合种烟茶，聘礼中则会有槟榔、茶叶、烟叶。

有的少数民族除了用一些与当地文化习俗有关的特殊的物品作为聘礼之外，还喜欢以生活中常用的、必不可少的物品如茶叶、粮食、烟酒、布匹等物作为聘礼。例如在善种茶叶的西南民族中，因地理气候的影响，当地居民都有饮茶的习惯，茶是人们日常生活中的必需品。他们以茶为媒，认为茶礼是确立婚姻关系的明显标志，认为茶树的特性符合人们对稳定婚姻、忠于爱情、繁衍后代的心理渴求。

德昂族把茶叶看作“万物的阿祖”，有句谚语“茶到意到”，认为只有送茶叶才能体现出男子求亲的诚意以及对女子的深情。拉祜族认为求亲必须有茶，“没有茶就不能结婚”。拉祜族男方去女方家求婚时，必须带上一包茶叶、两只茶罐及两套茶具。而女方家长以男方送来的求婚茶质量的优劣，作为了解男方劳动本领高低的主要依据。白族语中的“茶”和“长”为谐音，故白族聘礼中必须有茶，含有期望婚姻长久之意。傣族、瑶族、布朗族的聘礼中都有茶[①]。

贵州的侗族姑娘如果不同意这门婚事，可以用退茶的方式退婚。姑娘悄悄包好一包茶叶，选择一个适当的机会亲自送到男方家中，对男方的父母说：“舅舅、舅娘，我没有福分来服侍两位老人家，请另找好媳妇吧！”说完，就把茶叶放在堂屋的桌子上，然后离开。这门亲事就这样给退掉了。

过去，苗族以“换饭”的传统方式来提亲。男方将约一升米饭装入口袋，

---

① 高奇仙《试析云南少数民族婚俗聘礼的文化内涵》，《大理学院学报》2009 年第 3 期。

与媒人一道去女方家里。若女方同意这门亲事，便盛情款待，换上一升新的米饭装入口袋交给媒人送给男方；若女方不同意这门亲事，则以简单的便饭待客后，将口袋原封不动地让媒人还给男方。一般要经过三次换饭，才能确定这门亲事成与否。在此过程中，苗家青年男女经常相互走访，帮助对方做一些力所能及的事情，彼此增加了解和信任感。

滇南的布依族、傣族等民族的聘礼中必不可少的是糯米饭。由于他们在气候湿热、海拔低的坝区或河谷地带近水而居，种植水稻，稻作文化发达，大米是他们的主要粮食作物，糯米被视作米中珍品，用糯米做聘礼实际上是对本民族往昔稻作文化传统的传承。

酒也是少数民族求亲时常带的礼物。彝族求亲时，如果女方家同意这门亲事，女方父亲就会把酒喝下，表示同意，反之则不喝酒。女方家长同意这门亲事后，男方还要送适当的钱和礼物给姑娘，姑娘也要回赠自己精心绣织的礼品，算是订了婚。

聘礼习俗不仅是民族文化传统的一部分，而且体现了西部各少数民族在观念上有意识地注重传统的文化传承。比如傈僳族聘礼中总少不了三脚架，因为傈僳族长期的生产生活中信奉原始宗教，崇拜自然，认为万物有灵。三脚架代表着火神，代表着生命，所以严禁用脚蹬踏三脚架，不能溅唾沫等秽物，否则认为会遭受灾难。用三脚架做聘礼，体现了傈僳族对传统文化的坚守，对信仰的重视。

在一些民族心目中，婚礼是两个家族缔结姻亲的重要仪式，女方家的亲属也要关照到。如临夏回族，除了给新娘家基本的财物、衣饰以及传统的“四色礼”（茶叶、冰糖、桂圆、果品）之外，也准备多份四色礼分别送给女方家的叔伯姑舅。

（二）定亲仪式

订婚仪式既是择偶过程结束的一个阶段性标志，同时也直接体现着择偶决策的初步结果。这一仪式让联姻的两个家庭进入婚姻协商阶段，并且明确家庭间的姻亲关系。凡·吉纳普曾应用“过渡仪礼”的框架来分析订婚仪式，认为订婚仪式形成了个体青春期婚礼的阈限阶段。他认为订婚时期是一个特殊的自治时期，它还包含具体的脱离、转变以及加入仪式。对于双方而言，订婚是一个重要而忙碌的时刻，除了准备聘礼之外，还要商定婚期，准备嫁妆等等。

西部的很多少数民族有订婚仪式，简单的仪式有以酒为约，即女方家喝下男方家带来的酒水，作为同意这门婚事的标志。复杂的仪式则要邀请亲友做证，一些民族还要请神职人员或通晓算卦的人来，合婚、算卦、主持订婚仪式，最后还要设宴摆酒，以此宣布订婚。一些民族的订婚仪式设了一些环节，男方来提亲的人总免不了经历几重考验，才能顺利完成订婚仪式。

苗族定亲要举行正式的定亲仪式，邀请父老乡亲到场做证，以便让更多的人知道，某家与某家的一对男女定亲。定亲仪式有一套传统的完整程序。男方要按女方预定的日期，准备好礼品，再请媒人及男方家一位长者作为“家长”及一个表兄弟作为“陪郎”，与男青年一起，背上礼品，携带雨伞，吹起芦笙上路，到女方的亲戚家去散发礼品。同时，由媒人唱《请客歌》说明来意，请他们按时出席某家的定亲仪式。把客人请到后，媒人等一行人员才到女方家去。

这时，一场对歌活动在门前开始了。男方家去的对歌者“行媒”先唱《开门歌》，女方家去的对歌者“坐媒”后唱《问客歌》。就这样一问一答地对唱着，直到坐媒问的，行媒都答对了，女方家的大门才打开。此时，主人有意回避，坐媒假装冷淡，客人只好自己放礼品、挂雨伞、找座位。女方的一位长者开口说：“你们既然来了，等我去问主人家的姑娘是否同意这门亲事。”一会儿，主人随长者出来，热情地敬烟、敬茶、摆酒宴招待客人。

午饭后，主人摆好桌子，烧好咂酒，便举行定亲仪式。行媒唱了《求亲歌》后，坐媒就唱《盘问歌》，含蓄地问男女双方是否同意，双方父母是否有诚意，还问媒人走的什么路，受了那些苦，意思是叫媒人表态，定亲后双方不能翻悔。对歌后，主人感到满意，则请客人和在场的亲朋好友就座，畅饮咂酒，请一位有名望的长者代主人和坐媒宣布：“你们两家的亲事成了。”此时，全场欢声笑语，掌声不断，吹起芦笙以表祝贺。

白族把订婚叫作“发红帖”“送水礼”。订婚仪式首先由男方父母托媒人要女方的生辰八字，请算命先生合婚，要是不冲不犯，女方父母也同意这门婚事，便把女儿的生辰八字也书写在红纸柬帖上，交给男方，作为婚约的凭证。因此订婚叫作发红帖。男方父母在托媒人向女方父母要红帖时，送给女方家酒两瓶、茶两包、糖四盒、土布两匹。礼物不多，所以称为送水礼。订婚后若男方提出解除婚约，女方可以不退还水礼；若女方提出解除婚约，必须退还水礼。

过去，生活在西藏的藏族的订婚宴要在未来的新婚房中举行。宴会前男女双方献哈达、送礼物。这次男女双方相会，藏语称“龙哈”。要给姑娘母亲一定数量的“努仁”，意为“哺乳钱”。无论姑娘母亲在世与否，努仁都是要送的。交了努仁后，双方家族要请一位证婚人，并在证婚人前订立婚约。根据喇嘛的占卜择定婚期吉日，然后加盖两个家族和证婚人的印章，由两家各存一份，这样做的目的在于防止毁约。随后，摆酒设宴，并请专人跳藏戏庆贺一天，订婚仪式才算结束。订婚的男女相互送定情物后，一般到结婚那天才能再相见。

达斡尔族假如婚事谈成，女方的父母要对未来的女婿进行各种考查，所以男方要随父母到女方家去两次。第一次去时，女方家要进行“面试”：在女方家的门口站一位老者作为“监考官”，他负责考查这位未来的新郎的相貌和品行，同时提出一连串的问题，要他回答。青年的回答令长者满意，方可进屋，待为上客。这说明婚事已经有八九成的把握。第二次去女方家时，则商定婚期，择吉日娶亲。在举行婚礼的前几天，男方要带上酒和肉去新娘家认亲，这种仪式叫“端盅”。在媒人的陪同下，未来的新郎和新娘要向双亲和家庭成员敬酒。

哈萨克族在订婚时，由男方父母和近亲前往女方家，如果女方接受男方送的一匹好马及衣料等物，就表示接受了这门亲事。随后，女方要宰羊，以盛宴招待客人。主人还要端上一份芳香诱人的酸奶子，上面还撒着煮熟的羊尾巴油和羊肝。主人十分诚恳、热情地向客人嘴里、脸上又塞又抹，而客人则不躲不避，与主人同乐。女方家的年轻人还会把男方家来的年轻人拉到帐篷外，推到河中，取乐逗笑，欢乐的气氛随之达到高潮①。

订婚仪式一般会邀请亲属参加，标志着双方家庭之间的关系的进一步发展。“亲家”关系的公开对当地少数民族来说意义重大，一方面建立了姻亲关系，从而在社会网络中增加了一个新节点；另一方面也意味着儿女婚姻的开端，双方家庭要在举办婚礼之前筹备婚事，将亲家关系在家庭和社会网络中进一步展开。

在一些少数民族中，保留着母系社会以及从母系社会过渡到父系社会等时期的一些遗存风俗，如女方家对男方家的种种考验和玩笑、女子的哭嫁、

① 严汝娴、许秀玉著《中国少数民族婚俗》，商务印书馆 1997 年版。

仪式性的抢婚与偷婚、不落夫家等，甚至从订婚开始，女方的舅舅就扮演着较为重要的角色。如佤族、苗族、纳西族等民族订婚，女方的舅舅必须参与，舅舅甚至要参与商定婚礼。苗族男方家送聘礼时，必须准备一头小山羊，专门送给女方的舅舅。

在撒拉族的婚俗中，从订婚到结婚，舅舅是必不可少的贵宾，“阿让恩达”是藏语与撒拉语的合成词，意即“宴请阿舅”。婚礼祝词中专有赞颂舅舅功德的一节：“铁出炉家，人出外家，人品好是看阿舅，娘家养育了好后代，人看德行水找源，树木参天必有根，阿舅是骨头的主人，尊敬阿舅是规矩。”由此可见婚礼中敬舅习俗之一斑。为表达敬舅的心意，婚礼前专门请舅舅及其眷属美餐一顿，并于饭毕敬献给舅舅特意煮的“羊背子”。撒拉族认为，如果舅舅不乐意，婚礼就无法顺利进行，还得请众人替主人道歉，直至舅舅心满意足为止。

佤族求亲后，女方父母和舅父会请巫师看卦。而男方家则请自己的舅舅或能说会道的亲友带上水酒到姑娘家，由男方亲自倒酒请姑娘的父母、舅父和亲友喝，说明来意。第二次，男方带上烟草、茶叶、芭蕉、甘蔗和更多的水酒到姑娘家送小礼，由男女双方向姑娘的父母、舅父倒酒，说明他们是自由恋爱的，正式提出要结成终身伴侣的请求。这时，姑娘的父亲会故作推辞，或说自己的姑娘年纪小，或说自己的姑娘有诸多不足，要男方家另找姑娘等等。这种求婚的方式，有时，是用唱歌的形式表达。姑娘家总是找各种理由，唱姑娘的不足，男方家总是唱出各种优点，来夸奖姑娘，你贬我褒，情趣盎然，边唱边喝，直到深夜，使整个竹楼的里里外外，洋溢着喜庆的气氛。第三次，送大礼，男方要按姑娘的舅父选好的日子，带上一头小猪、十几斤大米、芭蕉、甘蔗、水酒等礼物，送到姑娘家。姑娘小伙一起煮饭给双方父母和舅父、亲戚朋友吃。双方父母以及舅舅商定结婚的日子。通常忌讳选在长辈病故和安葬的日子。

而基诺族婚礼中的舅权则体现得更为明显。订婚除了要商定婚期之外，还要举行“请舅舅放女儿”仪式。确定婚期后的第二天下午，男方的婚使们持肉粽一包、酒五碗、半开银币一枚、红公鸡与黄母鸡各一只，先至女方家，再和女方的婚使们一同前往新娘的舅父家。登堂入室后在舅父居室门前摆好篾桌，将肉粽打开放在桌上，向桌上的酒杯倒酒。舅父居主座，女方婚使陪坐于舅父一方，男方婚使作为客方坐在主方的对面，首先由大媒人祭司、舅父与男女双方家长按例祭酒，接着唱传统婚仪歌。男方大媒人祭司先唱，其主要内容有：

我是人神之间的使者，
是男方用酒正式请来的证婚人，
我代表男方请求舅舅放女儿。
舅父胜于父亲，
新娘的根骨属于舅父，
可是正像太阳不能阻挡一样，
男女的爱情也不能阻挡。
你的女儿与男方议婚后，
现在拿了鸡，拿了酒，
拿了肉粽子登你家门，
举行正式仪式，
请你代表祖先放女儿。
一棵大树不会自己分开，
我是人神之间的使者，
我要用楔子把你的女儿从你们的大树上分开。
人不报鬼不知，
人不做仪式鬼不会靠拢，
我向祖先鬼灵敬了酒，献了鸡，
我说的话神也听得见，
我的祭酒神已接受，
人和神都可以为这门婚事做证。

舅父的答词主要是：

我不能阻挡太阳，
我不能阻挡女儿的爱情，
我不能阻挡女儿的婚姻。
舅父胜于父亲，
在女儿结婚时，
我要向她赠送舅父应送的各种礼物。
我的女儿五官端正，

家务与山地劳动勤快，
她嫁出后，
她的肉身与气是男方的，
骨头还是我家的。

举行这一仪式时，一边喝酒、吃肉粽，一边对唱，全过程约两小时。作为礼物的一个半开银币在对唱中由大媒人交给舅父。作为礼物的两只鸡拿到舅家后即由男女双方婚使各派一个代表将鸡宰杀洗净，放入锅内煮两滚后取出半熟的全鸡放于桌上，作为献给祖先鬼灵的祭品。但这半生不熟的鸡不在仪式上吃，事后经舅父家人再煮制且祭家神、寨神后才能吃①。

也有一些少数民族实行较特殊仪式，如普米族订婚，先由男方家送去酒肉和一颗猪心，女家将猪心一剖为二，请男方家带回一半，并将自家的猪心切成两半，留一半，送男方家一半。双方将对方的一半猪心和自家的一半猪心合在一起，表示“永结同心”。其后男方家还要送女方家一头黄牛，表示女家嫁出“两只脚”，得到“四只脚”，不算吃亏。纳西族定亲后还有请媳妇（小过门）仪式，办宴席，送首饰、衣物给女方。春节，已订婚的男女相互到对方家拜年，但未婚夫妻不能谈话往来，否则被耻笑为厚脸皮、不庄重。订婚后，两家人已为亲家。新郎会不时参加女方家的一些农事活动或参与其家庭事务，互相帮助。

第三节　趋吉与避凶

有的少数民族通过一些仪式表达了趋吉避凶、逢凶化吉的祈愿，比如抽签、合八字、择婚期（包括订婚日、结婚日）、贴红喜字等等，都是典型的趋吉祥意愿之体现。

这种趋吉择吉思想观念古已有之。“山顶洞人会在死者周围撒上一圈赤红色的铁矿粉，这种行为不会是无缘无故的，而是原始人以红色代表火，或代表生命旺盛，代表驱赶黑夜和邪恶，代表吉祥的运气和光明的未来。时至今日，一些地区、一些民族仍以红色代表吉祥。”“过去，人们认为，选日总比不选日好，相信民俗总比不信好，何况选了日期可以调动民众信心，并且还

① 杜玉亭著《和而不同的中国民族学探索》，云南大学出版社2009年版。

有一些成功的实例在先，何不选吉日呢。”[①]

一些民族会选择其视为吉祥的属相日，避开被认为与其“相冲”的属相日。这与相应民族的风俗、文化禁忌相关。例如，哈尼族卡多支系一般把举行婚礼之日选择在“属狗”这天。他们认为：驯养的狗是与人最亲近的动物，又是人最得力、最忠实的助手，男女青年若在属狗这天举行成亲礼必将大吉大利。怒族一般选在“属龙”或“属蛇”的日子成婚，因为龙和蛇历来被怒族视作吉祥如意的象征。这种文化心理源自怒族的图腾崇拜和民族起源神话传说。而裕固族忌在“属龙”或“属蛇”的日子举行婚礼。拉祜族忌“属蛇”的日子举行婚礼等。

结婚，意味着要组建一个新的家庭，这对于新人乃至整个家族而言，是大事。不管是新人，还是双方的父母、亲朋好友，均希望这个新建的家日后生活幸福美满。但现实中总不会全遂人意，总是可能出现种种不幸而又无法预料，于是有的民族效仿汉族测算双方八字、选择良辰吉日等等诸多仪式活动，企盼避过灾祸，求得一生平安吉祥。而一些具有宗教信仰文化的民族则有更为复杂的讲究和礼仪，如婚礼由神职人员参与或主持，宗教习惯、禁忌等礼仪贯穿始终。其中，有的民族还根据宗教礼俗来确定婚期。男女双方在媒人周旋且达成口头一致后，商定一个时间，由媒人携带男方家的礼物到女方家，再次表示男方的诚意并确定婚期。

这种趋吉的思想通过婚礼等民俗活动展现出来，并且一代代传承下来，随着社会的不断发展，少数民族的传统礼仪也在不断发展变迁中。婚礼前的看卦祈灵等内容作为一种固定的传统礼仪，作了含有趋吉的美好祝愿外，还具有多重文化意义。

一、抽签

抽签在婚俗中一般体现为婚期的选择、占卜预测未来的婚姻家庭生活是否美好、丈夫与妻子相处是否和睦等方面。抽签形式不一，但常用于择婚期(包括订婚期、结婚期)。

傣族在订婚那天，媒人拿出一根甘蔗，把甘蔗头朝下立着，然后请主人家捏住甘蔗最下端，媒人去捏主人手上方的甘蔗，捏稳后，主人家又从媒人手上方捏甘蔗，如此反复，一拳拳丈量，一直捏到头。每捏一拳就算一天，

---

① 王玉德著《趋吉解读》，广西人民出版社 1999 年版。

如捏了十拳到头，则婚期定为十天后。

云南墨江哈尼族要在“踩路”之后才能订婚。所谓的踩路就是由男女双方家族的老人一同在寨外林间小道上走一段路。双方老人一边默默地往前走着，一边用双眼盯着小路两旁，看是否有兔子、狼等动物出现。如果在路上遇到这些动物，便认为这门亲事不利，即使男女青年感情再深也只能作罢。而今，哈尼族订婚前仍然要踩路，但这只是一种象征性的礼仪了。

二、合八字

“合八字”是传统婚礼中颇具有特色的一项礼仪，我国自周代即有庚帖，媒人提亲获女方家同意后，双方互换庚帖，根据双方出生年、月、日、时和属相推算，请人查其是否相生相克，此过程谓之合八字。人们十分忌讳生肖和属相相克相冲，认为生肖相克相冲的婚姻是不会幸福的。古代多为包办婚姻，男女双方在结婚前甚至未曾谋面，而八字则作为衡量婚事的标准之一。民间流传着“五行相生最为佳，五行相合理应当，五行相逢皆可用，相克相冲不应当”；“虎马相兔刀割断，金鸡遇犬泪汪汪，猪见猿猴一旦休，自古白马怕金牛”的说法。

合八字不仅在汉族地区曾甚为流行，许多少数民族地区由于受汉族的影响，也曾有此风俗。不过对于少数民族来说，合八字表达的是对未来美好生活的一种祝愿，即使在合双方八字后，发现有不相称之处，家人也不会硬生生地棒打鸳鸯，而是通过请法师做法事化解后，姻缘照续。表达了西部少数民族对幸福婚姻的独到理解，真正的幸福掌握在自己的手中。一般是在求婚时或是订婚之前，请专门的人士合八字。有的民族请祭司合八字，有的民族请懂八字的媒人合八字，有的民族请文化程度较高的寨老合八字。

过去，土家族地区婚姻受汉文化影响较深，时兴“父母之命，媒妁之言”，男方请媒人到女方家求亲。男女双方八字相合，男方即正式请媒人到女家求亲。父母正式表态后，再征求伯父母、叔父母的意见。然后测日，男方家请媒人在女方家放爆竹，此时才算正式定下婚事。

壮族也比较重视吉利，在订婚前双方父母都要请专门的人来测算，看看男女双方的“生辰八字”是否搭配和谐，如果八字不合，双方家人各自做好子女的思想工作，有情人一般就此分手。不过，这种情况现在有了一些变化，只要双方生辰八字的结果不是严重的不合（比如灾祸、相克等），其他微小的不相称处，可以通过请道公做法事弥补，之后有情人依然能成眷属。

藏族姑娘出嫁也有讲求合八字的风俗，若八字相冲，也是可以化解的，大多数的民众选择请当地的僧人来念经、佩戴相应的护身符等方法来化解双方属相相克相冲的现象。

而彝族结婚不仅要看八字，还要看“根骨”。以前彝族的等级观念较强，婚姻界限严格，封建领主与农奴不通婚，黑彝、红彝、白彝不通婚，同姓同宗不通婚，奴隶只能与奴隶婚配。提亲后，男女双方都要寻根究底，即所谓“论根骨”，只能在不违背上述原则的情况下才能成亲。中华人民共和国成立后，这种风俗逐渐消失，一般只请“毕摩”来测算双方的八字，并择日子。之后，男方会根据家庭情况带上几百元钱，给女方买点结婚用品，称为“压八字”。

布依族在订婚之后，还会举行专门的“背八字”仪式。镇宁的布依族，男方要携带蜡烛一对、鞭炮一串、“鸳书”一套、猪腿一只、猪肉一块、公母鸡一对、酒十二斤、糖两斤和银圆若干（必须是双数）送到女方家。女家将填好女儿生辰八字的鸳书、银圆和糖放在供桌下，燃蜡，鸣炮。当媒人取鸳书告别时，女方家又向媒人斟酒一杯，表示此亲开得“酒（久）长酒（久）远”。兴仁的布依族在背八字这天，女方家用红布、蓝布各二尺将女儿的生辰八字包好，放在神龛前。从男方家来客中选一名聪明的儿童去“取八字”，当他伸手去取八字时，猛遭一瓢冷水泼在身上，众人大笑，此儿童趁人大笑之际便将八字取到手中，主人当场赏他一元二角和一升米，以褒奖他能干①。

水族在订婚以后、结婚之前有一个隆重的仪式，即吃媒酒，合八字是吃媒酒仪式上重要的一个环节。吃媒酒要择吉日，杀猪待客，家族中的亲戚一般也会带上鸡或是米、酒相帮。吃媒酒由女方家主办，除了女方舅舅、女方家族长辈、男方较亲近的人以及媒人之外，村中老幼都可以来吃媒酒。届时，媒人会将新娘的八字取回男家。在宴席上，桌子上放着用红纸盖住的八个碗，其中七个盛米酒，一个放着新娘的生辰八字。媒人揭开碗上的纸，遇酒喝酒，直到揭开的碗中是八字为止。取了八字之后，男方会根据生辰八字选择吉日。根据水族的风俗，正婚日忌天打雷，因此水族的婚礼多选在旱季冬日举行。

三、占卜看卦

在一些少数民族地区，出嫁前还有一个占卜看卦的仪式。一般请当地宗教人士，或是通晓看卦的老人以各地不同的方式占卜测算出嫁的吉日。

---

① 杨知勇、秦家华、李子贤编《云南少数民族婚俗志》，云南民族出版社 1983 年版。

西部一些少数民族，如彝族、苗族、佤族，有杀鸡看卦的风俗。彝族把看“鸡卦”作为订婚后的一件大事，当地人称为“啊曲祖”（烧鸡吃看鸡卦）。订婚后择定啊曲祖吉日，确定这门亲事是否吉祥如意。一是通过看鸡卦定亲，二是议定付给女方的结婚礼银，三是以双方鸡卦为凭证，立此为据，永不反悔。媒人“扶菊”带领男青年及家长，并带两瓶酒和一些布料去女方家送彩礼。女方家必须杀一只公鸡和一只母鸡热情款待，并请家族和邻寨的老人作陪。男方家来客将鸡腿吃完后，看里面骨头的斑痕来占卜凶吉，彝族叫烧鸡卦。如果“卦象”好，男方家就定下送彩礼“时贺”的日期。

历史上，不同支系的苗族看鸡卦的方式有所不同。黔东南的苗族看鸡卦风俗十分神秘，以杀鸡看眼的方式来占卜婚事。参加这个仪式的人一般只是双方父母及亲族中的代表三至五人。杀鸡不能用刀，而由女方家男子用手将鸡掐死。煮熟后，查看鸡眼：如果双眼全睁或全闭，认为吉利，亲事可成；如果一睁一闭则认为婚事不能顺利举行。贵州三穗县的苗族在婚礼迎亲时节才举行杀鸡卜凶吉的仪式。迎亲队把新娘拥至家门口，男方家族亲友早已等候欢迎。燃放鞭炮后，新娘由引亲姑娘带进堂屋。这时，堂屋中间已摆下香案，寨老烧香化纸，口中念念有词，接着，左手提鸡，右手拿刀，把鸡杀死，将鸡血滴入酒碗中。剩下的鸡血就用纸钱擦干，与鸡一起祭祖先。如果那只鸡死后不闭眼睛，那就被视为夫妻和睦、家庭兴旺的好兆头。反之就被视为不祥之兆。当地苗族称这种杀鸡看卦的仪式为“细没嗳”。

佤族订婚成亲都要请巫师“大魔吧”看鸡卦。照例，男方家要先杀鸡看卦祭祀祖先，请祖先回来参加婚礼，然后再正式去女方家求亲定亲。

藏族姑娘出嫁，以前一般请喇嘛卜卦，确定出嫁的吉日。例如，甘孜县藏族到对方家说媒日、择定婚期、新娘启程的时间、成大礼的时间等都是根据高僧的卜卦来确定的。当地认很注重对这些日期的选择，认为要使婚事办得顺顺当当，夫妻婚后和和美美，就必须选择吉祥的日子。择日时，以三、六、九等奇数为吉，尤其重视三与九，忌双数[①]。

四、祈灵问祖

婚姻不仅仅是两个人的事，而是关乎两个家族的大事。西部的一些少数民族在备办婚事时也有祈灵问祖的环节。很多民族把这一环节放在定亲礼中

---

① 宾秀英、青麦康珠《藏传佛教思想对藏族婚俗的影响——以四川省甘孜县农区婚俗为例》，《民族学刊》2011 年第 6 期。

或与合八字一起举行，也有一些民族是在迎亲过门的时候才举行。一些民族在宴请开始前，先把煮熟的肉放在桌上，祭祀双方的祖先，向祖先禀明这门亲事。一些民族在迎亲环节才祭祖，则是祭祀男方家的祖先。

彝族的祈灵问祖仪式称为祭酒。订婚之后，男女双方为确保这门亲事美满如意，各自举行祭酒仪式，请“布摩”主持祭天地、祭祖先。祭天地时，多在各家院坝摆上祭酒，然后向天地祷告，祈求施恩保佑这门亲事顺利无灾，将来夫妻白头偕老、子孙兴旺、夫荣妻贵。祭祖先时，多在各自家堂的神龛上置祭酒，由布摩祭酒并念诵祖先名字，从第一代直到最后一代亡人的名字都要念诵，向他们告知此门亲事，祈祷保佑夫妇百年好合、长命富贵。祭酒仪式除祭天地、祖先外，还要宴请家族的族长及长者。

土家族在正婚迎娶新娘的前两天，男女双方都要请族内的亲戚、老人吃酒，叫“老客酒”，并敬土王、敬祖先。

鲁甸纳西族在男女双方协定的聘礼基本付清后，求亲的小伙子要由媒人带领，携四分之一只猪、一斗米、数十碗酒、若干件衣服到女方家置办酒席，邀请女方父母和其他亲属及寨中长老等。此礼称“定亲大酒”。席间，求亲的小伙子要在媒人的引导下，向姑娘的舅父、叔伯及寨中长老等行跪拜礼，向姑娘家的祖灵神龛磕头。

第四节　迎亲与送亲

迎亲与送亲是婚礼中的关键一环，即男方家的迎亲队伍到女方家接走新娘，以及随同女方的送亲队伍一起将新娘送到男方家的过程。而这个过程，从人类学角度分析，处于过渡仪式的阈限期，具有反结构的特征。在婚礼中则表现为一反社会日常礼仪和风俗的特征。比如，新娘在这喜庆的日子，要以哭嫁的形式离开父母家。在迎亲的过程中充满了群体性的戏谑：其中有些民族是女方亲友在自己家门口主动地“刁难”或“戏弄”前来娶亲的新郎或男方的接亲客，而被戏谑的新郎或男方接亲客只能无条件地接受女方的“嘲弄”；有的则是男方亲友在自己家门口故意戏谑前来婆家的新娘或女方送亲客，而新娘或女方送亲客则不采取对等的戏谑方式“回敬”男方[1]。各民族的送亲礼仪都别具特色，不仅是民族风俗的具体呈现，还展现了民族文化心

---

①　瞿明安《中国少数民族迎亲仪式中群体性的戏谑关系》，《中南民族大学学报》（人文社会科学版）2008年第3期。

理，更有着调节社会人际关系等功能。

一、迎亲

迎亲又称亲迎礼，指新郎亲自前往岳丈家，将新娘接回来完成婚礼。它是古代传统婚礼最重要的步骤之一，至今仍保留在中国人的婚礼中，不仅仅是汉族，大部分西部少数民族也有这样的风俗。一般说来，前往女方家迎亲的人主要是新郎、伴郎（陪郎）以及男方亲戚家中已经成婚的男子，人数通常为双数。

也有的少数民族传统的迎亲风俗是新郎不亲自去，云南丽江纳西族有时会用“顶马”，即让五六岁的小男孩代替新郎去女方家接新娘。西双版纳的哈尼族由新郎一方派出媒人、弟弟或堂弟去接新娘。红河的哈尼族则会请父母儿女健在、家中没有人死于非命的中年男女到女方家去迎娶新娘。一些地方的苗族迎亲时，新郎不得亲自参加，而是由男方家在婚礼前一天派媒人、压礼先生和新郎的兄弟、朋友带着礼品前往新娘家迎亲。有的地方的苗族接亲人数一般为五至七人，回来时人数则要是双数，叫“去单回双”。土族婚期一到，男方先选出一个能说会道的人，称为“纳信”，代新郎去接新娘。

土家族在新郎迎亲的前一天晚上，由新郎的姥爷、舅爷及姑姑、姑爷等，为新郎进行插花披红的仪式。男方的姥爷、舅爷、姑姑、姑爷等，一边给头戴“状元帽”的新郎披上红绸缎，一边讲“四言八句”，然后再一边给新郎的状元帽上插上花红一对，一边对新郎说些吉祥话。届时，堂屋两边要挂满红绸，神龛上也要摆满供品。等插花披红仪式一结束，即开始“告祖”仪式。新郎的姥爷、舅爷、姑姑、姑父等就要依次出来接受新郎的叩拜。长辈会从今后如何做人、如何善待妻子、如何孝敬父母、如何承担责任等方面对新郎进行训诫。

在新郎参加的迎亲礼中，新娘的娘家人往往会故意“刁难”新郎，称为“弄女婿”。

苗族、彝族、土族、侗族等民族当接亲队伍到了女方村寨后，许多地方设有“歌卡”，女方会以歌向来者提问，而迎亲的队伍则要派出歌手用歌对答，通过歌卡方能进入女方家。若是接歌不顺畅则会被女方戏弄一番，或会罚酒。

以侗族为例，侗族设有道道歌卡，迎亲队伍每经过一道歌卡都要对歌。一问一对，答如流方许进去。进了“团门”，是否能接出新娘，还要突破最后一关。因为新娘屋里歌手云集，即兴盘问。例如，女家歌手问：

你从哪方哪路来？

哪方哪路上长岭？

长岭的树哪人栽？

江边的桥谁人架？

谁人打马踩桥来？

桥头有口什么井？

桥尾有块什么岩？

男家歌手答：

我从江边小路来。

西边路上上长岭。

长岭的树孟良栽。

江上的桥鲁班架。

六郎打马踩桥来。

桥头有口仙鱼井。

桥尾有块飞山岩。

盘问对答完毕，女家才宣布发亲。当迎亲的队伍把新娘及陪同新娘来的娘家客人接到男家门口时，男家迎亲婆一边热情地上前迎接，一边唱着迎亲歌，娘家客人唱答谢歌。在歌声中，迎亲婆把客人迎进了家中。

彝族、阿昌族、傣族等西部多个民族在迎亲队伍到达女方家门口时，女方家故意紧闭大门，任凭新郎的伙伴哀求叫嚷都不开门。门内，新娘的伙伴准备一大缸冷水和几桶水，几番口舌娱乐之后，打开门，将蜂拥进来的迎亲队伍的成员泼得个个湿透。据说，水泼得多，新娘到婆家后才不会去远的地方背水，天也不会旱，五谷保证丰收，家人有吃有穿。

阿昌族认为，泼水给新郎“洗外心”，让他清新头脑。洗去各种邪念，让他以后对新娘要忠贞。新郎队伍在众人的欢声笑语中，冒着劈头而来的泼水，狼狈地奔向堂屋。女方还不罢休，随即又从灶房锅底刮下烟灰，向新郎伙伴脸上涂抹一气，表示要新郎日后勤俭持家，直到新郎和伴郎们一个个被抹成花脸，狼狈不堪，这个戏弄新郎的游戏才在哄笑声中收场。

仡佬族有“打亲”的习俗，迎亲时，新郎有四个伴郎相陪，其中两人扛着竹扫帚，另外两人抬着酒肉等礼物。在途中会“遇到”女方派出的几个壮汉栏路“抢劫”，把“抢”来的酒肉在山坡上吃掉，表示女家富有，不稀罕你这点礼品。到了女方家，女方家的乡亲们事先就准备好一大堆竹片、细竹条，在新娘家门后等着，见着迎亲的人就“打”，当中被“打得最惨”的要数媒人了。有的地方用锅灰涂迎亲人的脸，被涂上锅灰后，他们不能洗脸，必须这样黑着脸回去，这种有趣的、逗人发笑的打亲婚俗，给婚礼增添了娱乐性和趣味性，也给人们带来了愉悦。

布朗族在结婚迎亲时有半路打劫新郎的习俗。当新郎一行人到达离岳父家不远的地方时，一群预先埋伏好的新娘的伙伴突然蜂拥而出，用橄榄、芋头向接亲者雨点般地抛去，主要目标是新郎，以打中他为快。接亲者则用事先准备好的斗笠、雨伞遮挡躲避，同时也予以还击。一直打闹到女方家附近才结束。

土族请“纳信”（媒人）代替新郎到新娘家接亲，人们与纳信一起在庭院外翩翩起舞，边唱边跳，表示祝贺。歌舞结束后，才能放纳信进院。纳信一进屋，又上来一帮妇女，堵住纳信对歌，既是取乐，又含有考问的意思。因此一般派能歌善舞的纳信去接亲，没有点对歌本领的人，是完成不了接亲使命的。当纳信圆满地对答完毕时，就把他迎上热炕头，由新娘的父母、亲属上前问安，以酒肉款待。

总之，经过层层“考验”后，男方才得以接到新娘，双方一齐拜过女方长者，新娘父母、兄弟以酒肉款待迎亲的客人和父老乡亲。吃过女方家的酒宴，有的立即带新娘返回男方家，而有的因路途遥远，奔波劳顿，还会在女方家休息一夜，第二天早上再启程。

二、送亲

一般说来，女方家祭祖后，即可发亲。在热闹的婚宴之后，有歌者会唱起庄严的送嫁歌，大致意思是女儿长大成人即将告别父母，开启她人生的新篇章。新娘则在亲人、客人的注目下离开娘家。

送亲的队伍除了男方接亲的这队人之外，还有新娘的女伴或新娘的兄弟或堂兄弟陪同。湘西苗族姑娘出嫁时，其族中的兄弟、姊妹、姨母、舅母及新娘的母亲都要陪同前去送亲。女方陪嫁物品，视家庭的经济情况而定，大多是家具、炊具，有的还有金银细软、牲口田地等，目的是为今后的共同生活奠定基础。

一些民族的新娘出阁的礼仪，有一定的规矩和讲究。新娘或要打伞，或要遮面，或要背婚，或上花轿，也要经过一番考验才能顺利到达男方家。这个礼仪各民族不尽相同，但都有特殊的寓意。

过去，黔东南地区的苗族要由一个亲兄弟（无亲兄弟则由堂兄弟代替）进入即将出嫁的新娘的房间，将其背起。此时，还有一人手持灯笼紧跟其后。所持灯笼由男方家制作，灯笼里还燃着一盏小油灯，供夜路照明之用（以前婚礼是夜里举行）。兄弟把出嫁的新娘背出闺房，先是来到家人常围坐并正在燃烧着熊熊烈火的火塘旁，顺时针绕火塘一圈。火塘是家人团聚的象征，同时又表示舍不得离开家人而远走。随后将新娘背到堂屋，面朝“香火”，背者扯着新娘的双手，朝香火作揖三下，以示祷告祖宗，祈求宽恕。作揖毕，便将新娘背往屋门口，让新娘在已安好的长凳上站立。

这时可能会出现两种情况：一种情况是出嫁的新娘自愿从兄弟背上下来站在长凳上，表示心甘情愿出嫁；另一种情况是新娘不愿从兄弟背上下来，又哭又叫，表示不愿意离开家中父母。遇到后一种情形，亲族邻里即前来开导，经过一番艰难的劝说，新娘方勉强站立在凳子上。至此，“发亲”仪式结束，女方家将待嫁之女交给了男方娶亲队伍①。

白族送亲时，同样要兄弟背去，一路背，一路哭，新娘边哭边唱，哭诉父母的养育之情，除了脚不能着地之外，还要戴一副墨镜，遮住双眼。

裕固族姑娘出嫁时有戴头面的仪式，即将用珊瑚、玛瑙、海贝等饰物制成的宽约五寸、长约三尺的头面（裕固语叫“萨尔达格”）系在姑娘的发辫上。戴头面时，姑娘的头发要梳成三条辫子，左右辫由耳后垂在胸前，一条在背后。启明星刚刚升起，两位伴娘搀扶着盛装的新娘进入待客的帐篷，给新娘梳妆打扮，戴头面，歌手们在一旁唱起动情的戴头面歌。唱歌时，新娘和代表新娘唱歌的人要在帐篷内的一角，用布把自己遮蔽起来，不让别人看见。这一风俗与裕固族的历史传说有关，据说是为了纪念裕固族女英雄萨尔玛珂。

维吾尔族新娘出嫁前，坐在一块小地毯中间，由四个小伙子扯住地毯的四角，将新娘抬到马鞍上。新娘要戴“琼拜勒”面纱遮羞辟邪。

公鸡一叫，土家族迎娶新娘的轿子就要出发了。新娘哭着穿露水衣、露水鞋、胸挂铜镜（主要为了辟邪）。花轿来到屋前，还要用一只雄鸡给新娘退

① 龙生庭编著《婚俗趣话》，光明日报出版社1989年版。

煞。之后由两个中年妇女扶新娘出轿，跨七星灯，然后新娘与新郎一起拜堂。

威宁彝族接亲的人要让一个小伙子先背上姑娘的一只箱子或包袱，内装一双鞋或一条新裤，于天刚亮时就动身，俗称“抢路”。传说抢路人走得早，新婚夫妻便能多子多福。路上如遇到别家的迎亲队，要互相交换箱子内的衣物才吉利。准备出发时，新娘盖上“吾薄”（盖头帕），由其兄或其弟背至大门口上马。上马前，此马要由别人先试踏一只马蹬，新娘踏另一只马蹬而上，意为女方家已把姑娘交给男方家。新娘骑的马由新郎的弟弟牵着，在客人们的簇拥下启程①。

藏族迎亲之日，男方家择一位有地位之人，让其带上一队人马，牵上一匹预备给新娘骑的装饰考究的马（此马颜色须与新娘之属相相合，且必须是怀孕的母马），还要带一支挂有铜镜、璁玉、珍珠、珊瑚等的彩箭。与此同时，女方家要举行远送新娘之仪式，由舅舅主持，男方迎亲队与女方家要对歌，如果迎亲者回答不上就不让把姑娘接走。当男方迎亲队对上了女方的歌，进入女方家门后，先把彩箭插在姑娘背上，以示新娘是男方家的人了。男方还要把玉置于新娘头顶，藏族在习惯上将玉视为灵魂玉，表示男方的灵魂已托付给女方了。新娘骑在孕马上，如果路上遇见背水、负薪者，认为是吉祥之兆，新娘立即下马给他们献哈达。当新娘走出家门时，女方家有一人一手拿彩箭，一手拿羊腿，站在楼顶高呼：“不要把我家的福气带走呀！”反复多次，直到新娘走远②。

哈尼族夜娶新娘，届时新娘在伴娘和兄弟的陪同下与男方接亲队伍一齐上路。此时，本寨的青少年男女埋伏在寨门外，等新娘一走出寨门，便大声呼喊“我们的人被偷走了，打呀！快追呀！”一边追赶着，一边用野果、土块、泥团向男方接亲队伍砸去。接亲队伍的成员只能躲闪，不能还手。

景颇族有这样的习俗：新娘被接到男方家村寨时，不能直接进入男方家，而是先在媒人家落脚，由媒人负责招待陪伴一夜。据说，这样可以避免女子把娘家的鬼魂、神灵带到男方家里。举行婚礼前，首先由两名敬酒人向在媒人家休息的新娘敬四次酒，每次要敬水酒、白酒各一竹筒。每次敬酒都有特

---

① 聂庆元《威宁彝族婚俗音乐“酒礼歌”及其现状思考》，《中国音乐学》1997 年增刊。

② 周云水《仪式与族群记忆：对藏缅语族婚俗的人类学分析》，《大理学院学报》2008 年第 5 期。

定的含义：第一次敬酒表示欢迎新娘的到来，第二次敬酒表示请新娘好好休息，第三次敬酒表示请新娘吃好饭，第四次敬酒表示已准备周全，请新娘到新郎家。敬完酒后，就为新娘梳妆打扮。同时，由一名妇女将谷子、黄豆、苞谷和两把刀放进装新娘衣裙的背箩里。当新娘一切准备就绪后，由女方的媒人“章同”执矛带路，新娘由两个伴娘相伴左右，另有一个伴娘为新娘撑伞，在众人的簇拥下，来到新郎家门前。新娘和伴娘要坐在事先为她们备好的新凳子上，新娘要面对新郎家的屋脊和正门①。

瑶族送亲那天，新娘打扮一新，向父母叩头后出门时，不得低头，也不许回头。新娘一定要打把红色的伞，用一条红绳把几根鸡毛拴在伞骨上，由陪娘送上花轿。上轿后，新娘的两只手要手心对手心（右上左下）放在胸前，并用一条新毛巾盖着。途中，还会发生一些有趣的事，如“拦新娘”“吵新娘”。每逢过桥时，往往会有人在桥头放一只新脸盆，脸盆里有新毛巾和热水。新娘必须下轿洗脸。洗完脸，将盆内的水倒掉，还一定要放一个“红包”在脸盆内表示感谢。抬花轿、抬嫁妆的人故意说“抬不动，要休息了”，此时新娘子不但不能生气，反而要马上下轿笑着说好话，给他们敬烟、“发红包”。

当花轿抬到离新郎家不远的地方，新郎家早已派了一位尚未结婚的姑娘拿着一双新鞋、一双新袜、一条新毛巾、一个脸盆和一盆热水在此等候。新娘下轿，用新毛巾洗完脸后，将湿毛巾交给迎接她的那个姑娘，然后又洗脚，换上姑娘为她准备的新鞋、新袜，把换下来的旧鞋袜交给送亲来的兄弟带回娘家。之后，迎接新娘的这位姑娘会把她带来的那条新毛巾盖在新娘的手上。

新娘进婆家时不许踩门槛（踩门槛有过了门想当家之含义）。进门后，堂屋（客厅）里点燃香烛，中间的地上铺开一床新被子，新娘要按顺时针方向绕被子走一圈，然后由新郎出来牵着新娘入洞房。午饭后，新郎用大红彩球牵着新娘出来，才正式举行婚礼。拜天地、拜高堂、夫妻对拜都得在铺在地上的新被子上进行。

总之，西部少数民族的送亲仪式丰富多彩、形式各异。送亲是新娘从娘家离开，去新的地方组建自己的新家庭，开启新生活的关键环节，是实现角色转变的重要礼仪。

---

① 云南省民族事务委员会编《景颇族文化大观》，云南民族出版社 2013 年第 2 版。

第五节　成亲

在传统社会中，人们举行婚礼时往往贯穿着许多具有象征性的仪式活动，其中比较重要的就有拜神仪式和驱邪仪式，其目的是为了使得新婚夫妻的结合得到神灵的认可和保佑，并消除某些在人们观念中可能对新婚夫妻尤其是对新娘构成威胁的不利因素。芬兰著名人类学家韦斯特马克在《人类婚姻史》一书中认为："在婚姻礼仪中，有些是想从积极的方面给新婚夫妇双方或其中一方以助益；而另外一些则是要保护他们免遭邪魔侵袭，或是把邪魔从他们身上驱走。这就是一种所谓的'辟邪仪式'或'驱邪仪式'。"

作为民间信仰的一种表现形式，驱邪仪式与拜神仪式都是婚礼过程中带有浓厚象征意味的仪式活动。所不同的是，拜神仪式的对象是人们心目中至高无上且受到人们广泛崇拜的天地或祖宗或其他神灵，选取的仪式活动是在巫师或宗教职业者的安排下，当事的青年男女以谦恭的态度向这些神灵奉献丰厚的祭品，并加以恭敬的叩拜，其目的是换取这些神灵对青年男女所缔结的婚姻关系的认可，以沟通人神并祈求神灵的保佑。驱邪仪式的对象则是在人们想象中有可能威胁人身安全，且形象凶恶的妖魔鬼怪，选取的仪式活动是借助于某些包含着浓厚象征意义的器物、符号和行为符号来举行戏剧性的表演活动，其目的是消除那些在人们想象中的邪魔对青年男女可能造成的危害，以消解人们内心深处的忧虑情绪。正是这两种仪式活动的交相进行，使得传统婚礼蒙上了一层神秘的色彩①。

一、祭神献祖

古代婚礼祭祀礼仪主要是祭天、地、祖先等。婚礼是一个象征家族薪火相传，延续繁衍的重要礼仪。西部少数民族重视祭神献祖的礼俗，因为祭祀神祖的仪式不仅含有祈求神灵保佑的思想，而且也将两个家族的结合通告祖先神灵，求得祖先神灵的认可和保佑。不同形式的祭神往往和当地历史文化传说相关，仪式中充满了各种象征元素和想象空间，表达了对祖先的崇拜。

少数民族的祭神献祖往往与其文化背景相连，这种礼仪一直传承至今，

---

①　瞿明安《中国少数民族婚礼驱邪仪式中的象征符号》，《宗教学研究》2007 年第 3 期。

相对稳定、固定，变迁、消失速度相对其他礼仪来说要缓慢。祭拜对象是各民族信仰体系里的保护神灵，以及家族和民族的祖先神灵。

纳西族新郎领新娘第一次步入堂屋时，门槛上要安放一个红纸裱的马鞍，新郎新娘一齐跨过马鞍进入大门，就此成为一家人了。在有的地方，新娘跨过马鞍进入堂屋时，祭司“东巴”要立即开始念经、向神灵和祖先们禀报，并且在新娘的脑门上抹几点酥油（有的是预先备一碗清水，新娘进门时，由媒人向她头上泼洒）。这些仪式的用意都在于接纳新娘为男方家的正式成员。普米族新娘初到男方家时，也要请巫师为他主持祭祖和抛撒糌粑祈神的仪式，举行仪式时要在新娘额头上涂抹少许酥油。

彝族认为天、地、日、月、星、辰、风、雨、水、火、山都有神灵存在，诸神对人们的祸福都有主宰力。若对神灵进行拜祭，便可求得安泰顺遂。在南涧彝族婚恋习俗中也表现出这方面的内容，如结婚前一天新郎、新娘的喜衣必须抬到水井旁，祭拜“龙”，南涧彝族称之为“照龙”。由此可看出南涧彝族婚恋习俗与他们的自然崇拜联系在一起。

南涧彝族的婚恋习俗也与图腾崇拜联系在一起。彝族“虎”图腾崇拜较为突出：在很多山神庙里供奉着的塑像或石雕像中必有虎的形象（古山神庙壁上便常绘有虎画）；各家都供奉一枝三杈并生的松枝作为象征的宓戏（按古书宓戏多写为“虙戲”，据学者们考解，宓戏二字均有“虍”，故俗称的宓戏，实乃是虎图腾的一种形式）。因此，婚俗中祭拜宓戏，则意味着迎亲能顺利完成，能保护他们，宓戏一般被视为“保婚之神”。

彝族婚俗还与祖先崇拜联系在一起。对家族祖先的崇拜在婚恋习俗中表现为在献酒时男方对女方祖宗的祭拜，在拜堂时女方对男方家堂的祭拜。

羌族《汶志纪略》言：“婚丧之礼，饶有古风，冠礼用鼓吹。”更详尽的记载有：“羌人婚礼请巫师到家，插各色纸旗于屋之周围而拜祀之。是日跳锅庄。新郎、新娘由巫师导拜，并杀牲畜涂血于屋之周围。”“男子若被招赘上门时，女家于门前设酒宴，男子与其从人饮。”。

信奉南传上座部佛教的傣族在婚礼开始前，新婚夫妇要先到佛寺拜佛，祈求吉祥幸福、白头到老。之后，在女方家竹楼上举行婚礼，男女双方并排坐在婚礼桌前，接受德高望重的长者的祝福。桌上摆着送给女方的衣、筒裙、银器、长刀、煮熟的鸡、米酒、糯米饭、红糖、芭蕉、盐巴、白线等。祝福后，新人要去抢酒盅里的槟榔叶，据说谁先抢到谁就会在将来的家庭居于主导地位。之后，婚礼主持人要按男左女右之序为跪在面前的新人拴线，从男方左肩一直围到女方右肩，再拿起两束白线，分别拴在新郎、新娘的手腕上，婚礼仪式就算结束了。白线象征纯洁，拴线意味着把他们的心拴在一起。

藏族男方到女方家娶亲时，天一亮就到女方家去。女方家在大门口摆上接桌，献上酒茶等。娶亲人到门口献上哈达，用酒菜祭天、祭地。这时，女方家的姑娘们有的唱藏曲迎接，有的从大门到房门口，准备好一桶桶、一勺勺的清水。娶亲人在大门外也做防泼水的准备。娶亲人进门时，站在大门后的新娘的母亲向天空泼一勺掺有牛奶的水，表示祭天神。姑娘迎娶进门时也要先用哈达、酒菜祭拜天地。

信仰本教的藏族，婚礼仪式中也十分注重向神灵祈祷神灵。在婚姻仪式中，首先把羊毛捻成的“穆”绳贴在新郎的前额，把一根蓝色吉祥结贴在新娘的前额。新郎手持一支箭，向五位守舍神供奉青稞酒和“朵玛”。新娘手持一支纺锤，供上奶酪和“切玛”。祭司交给新郎一件金制品，称为“拉色尔”，交给新娘一块绿松石，称为“拉玉”。新婚夫妇坐在一块白毡毯上，毡毯上有以青稞粒摆放而成的雍仲符号，为招福仪式之用。随后，祭司和新婚夫妇一起吟唱颂辞。颂辞的内容除了要叙述世界起源及最初世系外，耐人寻味的是，还要讲述箭与纺锤的最早来源：

据说很久以前，在天上的一条峡谷里，恰冈江扎和什贝东桑玛结合在一起，生了三个神奇的卵。从金卵裂口处蹦出一支带有绿色羽翼的金箭，这就是箭的来源，也是新郎的生命箭。从青绿色卵的裂口处蹦出一支带有金色箭翼的青绿色箭，这就是新娘的金光闪闪的箭。从半圆形的白卵的裂口处蹦出一支纺锤。从天空的光和雾海中出现了白色羊毛，风把它拉了出来，纺织成线，它被缠绕在一棵树上，这根线被命名为“穆”绳和吉祥结。把白色“穆”绳系在新郎的前额，新郎手持生命箭；把蓝色吉祥结系在新娘的前额，新娘手持玉叶纺锤①。

总之，西部少数民族用各种各样富有象征意义的符号和手段告知祖先、神灵，该女子已成为男方家的正式成员。

二、驱鬼送邪

过去，西部一些少数民族有一些驱鬼送邪的仪式，主要以巫术的形式呈

---

① 才项多杰《藏族婚礼中箭的交换及其文化内涵》，《西南民族大学学报》（人文社会科学版），2010 年第 5 期。

现出来。在这些民族的传统婚礼中，一些仪程也反映了他们充满神秘色彩的神灵系统和世界观。

巫文化的婚仪沟通了人和鬼神之间的关系，使婚姻具有了一种神圣的力量，婚姻关系由此得到进一步承认。一方面，这强化了人们的共同信仰、情操和道德责任，强化了其族群认同，婚姻也具有一定的规范作用。另一方面，正如前文所述，婚礼也是新娘身份角色进行转换的过程，在特定的文化体系中，人们认为新娘此时容易受到邪魔侵扰，同时又对他人具有强烈的危害性，因此要请巫师作法，借助神灵或巫术的力量驱邪。在送亲的过程中，特别是在进入男方家时，必须要将污秽鬼怪清除干净。

西南一些少数民族习惯用鸡来驱鬼除邪，尤其是雄鸡，因其本身具有勇敢好斗的特性，更是被人们赋予辟邪的象征意义。除了杀鸡洒血以外，有的少数民族还有以鸡绕新娘来辟邪的仪式。这种以鸡驱邪的礼仪在苗族中表现得最为明显①。

湘西苗族姑娘出嫁时，其族中的兄弟、姊妹、姨母、舅母及新娘的母亲都要陪同前去送亲。新娘到男方家时，要由客巫手拿公鸡一只，念念有词，叙说鸡的非凡本领，念完以后，用口咬破鸡冠，将血滴在地上。

贵州镇宁等地的苗族，当新娘走到男方家门前时，老人会上前阻拦，手持公鸡，让其在新娘面前拍翅飞舞，象征捉魂。贵州三穗的苗族在新娘进门时，堂屋摆设香案，寨老烧香化纸，口中念念有词，接着左手提鸡、右手拿刀，将鸡杀死，把鸡血滴入酒碗内。剩下的鸡血用纸钱擦干，与鸡一起祭祖先。

广西龙胜等地的苗族，在接亲路上，由男方准备一只公鸡，请一个熟谙“倒煞”的人，于新娘走近男方家时，举刀杀鸡，沿路洒血，用以拒鬼驱邪，之后，新娘才能跨进家门。

滇东南和滇南的苗族，当新娘跟随接亲人来到男方家的大门口时，则要由一个老年妇女（多为新郎的伯母）手持毛色光滑、冠子立正的公鸡，于新娘的左脚跨进新郎家大门的瞬间，用公鸡在新娘头上绕三圈，象征捉魂。经过这一仪式后，新娘才能正式成为男方的家庭成员。

哈尼族结婚有一个专门为新娘举行的“驱鬼”仪式。新娘到了男方寨门时，

---

① 瞿明安《中国少数民族婚礼驱邪仪式中的象征符号》，《宗教学研究》2007 年第 3 期。

神职人员“贝玛”早已准备好，在路的左右两旁各插一根金竹桩，上面扯一根黑白两色捻合的花线，将路拦截。这时，人们把新娘家带来的一只公鸡和新郎家带来的两只小鸡交给贝玛。贝玛便念念有词，大意是将跟着新娘来的一切邪魔赶走。末了，贝玛把两只小鸡一一捏死，丢在路旁，然后捡起那只大公鸡往前走去。这时新娘便用手掐断那根花线走过去，送亲的队伍又继续前行。

维吾尔族结婚时，除了有祭拜神灵的念“尼卡”仪式，还要举行驱鬼送邪的拜火仪式，由客人钩一点火，在新娘头上绕三圈，新娘向所有的客人分送礼品，然后绕火堆走一圈，再入新房。他们认为这样才能驱除从外面带来的秽气。维吾尔族人认为火有辟邪、赐福、降祥的功能，能把魔鬼挡在外面，保证夫妇和睦、家庭巩固。举行传统婚礼时，人们不仅以麻绳、席子、盖头、毯子、马鞍等来清除空间的污秽以辟邪，还把山羊、花色马等排斥在外。在维吾尔族人的心目中，山羊是许多鬼灵的化身，它总在四处走动，没有它不去的地方，因而人们认为，在婚礼中出现山羊，就可能影响到新郎新娘，使他们见异思迁、喜新厌旧。显然这是对婚姻不美满的一种担心和防范，同时也反映了维吾尔族人对婚姻美满的期盼、求吉求福。

甘孜阿坝藏族婚庆大典之日，根据卜算确定的时间迎新娘（或新郎出门）。当新娘或新郎准备进入家门时，首先会有一名属相与新娘（或新郎）相符的人领着新娘（或新郎）绕着门前的火堆转三圈，以此仪式来消除一路上携带的“邪气”。随后会有一位当地的高僧为新娘（或新郎）行“持”，“持”本意为“沐浴”，是一种佛教仪式，以洒圣水的方式为人们驱邪减灾。接着将新娘（或新郎）迎至家中的经堂里。经堂的床榻上铺着白色毛毡，白色毛毡上有用麦粒摆放而成的雍仲符号。当地的人们认为，经堂是家中最为神圣的地方，这样做是为了表达他们迎娶新娘（或新郎）的诚意。婚礼期间进行各式各样的娱乐活动。婚庆大典那天，要不间隔地煨桑，以祈盼婚庆大典顺利进行，并祈请佛祖庇护这对新人，使之以后的婚姻生活幸福美满①。

三、婚礼中的象征性礼俗

（一）婚礼中形形色色的象征符号

一些民族在婚礼仪式中有许多象征性的符号，有的取其谐音、有的属于

① 宾秀英、青麦康珠《藏传佛教思想对藏族婚俗的影响——以四川省甘孜县农区婚俗为例》，《民族学刊》2011 年第 6 期。

象形，还有的承载了该民族历史文化背景中的要素。主要的表现形式有器物符号，主要是指婚礼驱邪仪式中包含特定象征意义的人造物品。日常生活中使用的某些器物，人们采取类比联想的思想方式，认为其外部形状和内在属性与人们头脑中消灾、避祸、驱鬼、除魔等方面的观念有着十分相似的特征，将其作为婚礼中使得新娘或新婚夫妻免遭邪魔侵害的护身法宝。

接亲、发亲的礼仪更是贯穿了象征的礼俗，特别是在各个民族的婚礼仪式中，出嫁的新娘始终扮演着极其重要的角色，而新娘从自己家出行到男方家与新郎结婚，则往往要经历一个阈限期，并有一些独特的礼仪或仪式，例如打伞遮面辟邪，甚至为了辟邪，还需携带刀、箭、镜子、筛子、剪子、尺子、历书、簸箕、犁头、纸张、被子、毡子等物品。这些物品大多是通过人们将其外部形状和现实功用与自身头脑中驱邪避祸的观念进行类比联想之后对其赋予象征意义的。

这些物品有的由新娘、新郎或其他随行人员携带或使用，有的悬挂在轿子或洞房门上，还有的则摆设在新娘必经的新房门口，作为消除鬼魅或其他灾祸的象征物。在不同的文化背景下，物品的功能和使用方式各异，但辟邪的心理是一致的。

（二）婚礼仪式中的行为象征

婚礼中的驱邪仪式包含着多方面的内容。除了以物质实体表现出来的器物符号以外，还包括许多以动作、姿势、仪式表现出来的行为符号，这些行为符号既有新娘出嫁时的绕圈，进新房时的跨火堆、跨火盆、钻火门、点火把、撒五谷、撒灰、喷酒、泼水、烧辣子、杀牲、洒血等仪式，也包括某些婚礼中的亮轿、守洞房、跳舞、哭嫁、对歌、奏乐、鸣枪、放鞭炮等活动。在人们的传统观念中，这些行为符号有助于新婚夫妻和其他参加婚礼的人消灾避祸并得到神灵祖先的保佑，也有助于新郎新娘完成角色的转换。

有的少数民族认为新房门后有可能潜伏着各种妖魔鬼怪，因此，当新娘进门时采取喷酒、撒灰、泼水、烧辣子等方式来辟邪。

景颇族在婚礼过程中必不可少的一个仪式过程为“公巴莱”，即过草桥仪式。这个习俗还与景颇族的传说有关，据说来自宁贯瓦和龙女结婚的传说。宁贯瓦用“公巴草”为龙女去除腥味，从此就形成了新娘必须过“公巴草桥”的习俗。这个仪式具有浓重的过渡礼仪的特征。通过新娘的渡过行为，象征其身份的转变。同时，以公巴草去除腥味，也具有较强的驱邪象征意义。

举行过草桥仪式时，在新郎家门前临时搭起独木桥。桥的两边栽上公巴草和各种时令鲜花，并请祭司杀猪、鸡祭鬼神，将猪、鸡的鲜血洒在花草上。而新娘要由新郎的弟弟或侄子牵着右手过草桥。如果新娘此时已怀有身孕，则不能走桥上，而要从桥边走过，然后再登上正房的楼梯入屋。楼梯要新增一至两块雕着四至八个象征乳房的形状的梯蹬，表示新婚后早生子女。当新娘来到正房竹楼楼梯门槛外，在那里等候的婆婆，会把手镯或银项圈给新娘戴上，表示认儿媳。然后，将新娘引入公婆住的房里。这时，外人不得入内笑闹①。

西部一些少数民族的婚礼过程中还有新娘跨火堆、跨火盆、钻火门、点火把进男方家门的仪式。这既反映了人们对火的崇拜，同时也反映了人们对火赋予了驱除邪魔的象征意义。芬兰人类学家爱德华·韦斯特马克认为火也是人们在婚礼中驱邪的一种常见手段，因为鬼神都喜欢黑暗、惧怕光明，使用火的目的无疑是为了驱赶黑暗中的鬼魅。

另外，人们之所以要在婚礼上用火来驱邪，不仅由于火的光亮，而且还因火能燃烧。正是火具有的功能使得火本身成了人们用以驱邪的工具。在满族、蒙古族、达斡尔族、裕固族、维吾尔族、乌孜别克族、柯尔克孜族、藏族、白族、纳西族、苗族、侗族、黎族等众多的民族中，形成了新娘跨火堆、跨火盆、钻火门、点火把进门等象征性的仪式活动。

总之，虽然在现实生活中并不存在所谓的魑魅魍魉，但是当举行以上那些富有象征意味的驱邪仪式之后，仪式中那些被认为具有无比威力的辟邪物以及极富象征性的行为举动，都给人们留下了极其深刻的影响，因而人们认为这些仪式活动真的会产生神奇的驱邪作用，于是原先在心灵深处担忧新娘或新郎会遭受邪魔侵袭的忧虑情绪就会自然而然地得到一定的缓解，使得新婚夫妻和双方的亲属对这桩婚事充满信心②。

除了富有象征意味的驱邪行为、仪式之外，还有一些民族的新郎新娘通过喝“交杯酒”、共吃一种食物、“拴线”等方式，寓意正式成为一家人。

白族的新郎和新娘要在媒人面前互饮交杯酒。西双版纳哈尼族的新郎和新娘则要吃下由新郎递给她的一碗米饭。墨江一带的哈尼族新郎和新娘要在

---

① 云南省民族事务委员会编《景颇族文化大观》，云南民族出版社2013年第2版。

② 瞿明安《中国少数民族婚礼驱邪仪式中的象征符号》，《宗教学研究》2007年第3期。

地里共同种一塘瓜。西双版纳部分哈尼族的新郎和新娘则要当众相互为对方洗脸、洗手、洗脚，还要与主持成亲礼的“咀玛”（通常由一位“福好命大”、多子多女的老妇来担任）同吃一只熟鸡蛋。部分地区的彝族新郎和新娘在饮交杯酒时，还要各含一口酒，相互喷在对方脸上。傈僳族新郎与新娘在成亲礼的饭桌上吃饭时，要当众不停地互换碗筷，以示两人日后要同甘共苦。

傣族则以拴线来象征正式缔结夫妻关系。举行这项仪式时，新郎和新娘双双跪在一位主持成亲礼的寨中长老跟前，先由长老用一根白色的长线从新郎的左臂围到新娘的右臂，接着，再由双方的亲友依次来拴。程序是新郎的亲友先为新娘拴，然后再为新郎拴；新娘的亲友则先为新郎拴，然后再为新娘拴。

傣族认为，这一根又一根象征着吉祥的白线能够把新郎和新娘的魂永远拴在一起。拉祜族、基诺族等民族也有与此相似的拴线仪式，只是拉祜族的拴线仪式究竟由谁来主持，要抽签决定。宁蒗一代的普米族新郎和新娘以各自点亮摆在火塘上方的一盏酥油灯来象征他们的结合。

文山壮族的新娘和新郎要互相在对方袖子上扎红绣球，然后肩并肩走进堂屋，先拜天地神灵，再拜长辈乡亲，当众宣告两人从此结为夫妻。

楚雄部分地区的彝族还盛行一种“解松毛结”的仪式，即把松毛绕成几个结（一般是六个），以红线相串，并把串在一起的松毛结拴在堂屋门上（有的要专门置一张桌子把它插在桌子上）。举行仪式时，司仪边唱祝词、边解开松毛串，象征双方正式缔结了婚姻关系①。

四、新人角色转换礼俗

婚礼是人生礼仪之一，也是标志着人的角色、身份转换的礼仪之一。

在一些民族中，女性角色的转变体现在发型、服饰等的变化上。土族迎亲日黎明时分，举行新娘改发仪式，新娘的阿姑、姐姐为新娘改变发型并穿戴相应的服装、首饰。而等候在闺房门外的纳信双手扇动褐衫的大小两襟跳起舞蹈唱起歌，把姑娘从头到脚，连同发辫、首饰、服装全部赞美一番，并催她起程。

湘西苗族出嫁前要“修眉”，又叫“开脸”。由已婚妇女担任修眉者，修

① 王亚南、郑海著《生—死：永恒的诱惑与恐惧——云南少数民族人生仪礼研究》，云南人民出版社1991年版。

眉时，先在新娘的脸上撒上少许的草木灰，然后用白线在其眉边绞来绞去，直到把新娘原先那两道浓黑的眉毛修得又弯又细为止。

刮脸是傈僳族婚俗中的重要环节，从不让外人特别是男性看见。新娘刮脸在婚礼的当天上午进行，之后是新娘梳妆换衣、宴请宾朋、送亲等仪式。刮脸由舅母等家中女性长辈帮新娘完成。首先将准备好的石膏粉涂抹在新娘发际边长有汗毛的地方，然后用手轻揉汗毛，并将其一根根拔掉，最后反复为新娘梳理头发，编成两根发辫，用红头绳扎好，披上花头巾。

哈尼族未婚的成年女子腰间系的一般是粉红色的围腰，成婚以后则要改系蓝颜色的围腰。未婚时发式为垂辫，送亲仪式上则要将辫子盘在头顶，以后一直如此。德宏傣族姑娘未婚时着印花筒裙或深色长裤，成婚那天要穿黑筒裙，且裙边上有两道或四道花边，额头上系一条黑色丝带为头饰，以后也如此打扮，以示已婚。基诺族则取下“姑娘帽”，从此戴上另一种三角形的已婚妇女戴的标志性的帽子。

土族在接亲时有一个“戴头礼”环节，即由新郎为姑娘改变发式。新郎来到新娘家后，被女方的一位老妇人领出热闹的人群，来到新娘的闺房，将她作为姑娘标志的单辫发式解开，把红头绳缠在自己左腿上，然后用梳子在自己的头上梳三下，接着在姑娘的头上梳三下，就算为新娘戴了头。这个礼仪标志着女子从姑娘到人妻的角色转换。

布依族有“不落夫家”之俗，姑娘必须通过“戴假壳”仪式才标志婚姻正式开始。“假壳”是一种帽子，形似簸箕，以竹笋壳为架，用青布结扎而成，戴时再加一块花帕子。布依族未婚姑娘都梳辫，婚后一段时间仍住娘家。在婚后当年的八九月到次年的四月期间，由新郎家的两位妇女趁新娘不备，将其搂住，强解发辫，换上“假壳”，之后新娘方可到夫家生活。

除了发型、服饰等的改变，一些民族还有取婚名或取喜名的传统。白族男子年幼有乳名，读书有学名，举行成亲礼时要取喜名，并且自此大多使用喜名作为正式名字。彝族新娘到时，有的地方还要由毕摩将姑娘的名字改为媳妇的名字，姑娘方可通过“迎亲门”。

华坪一带傈僳族有在结婚仪式上给新郎新娘取婚名之俗。傈僳族每人一生都有三个名，即小名、学名、婚名。婚名是伴随一生的。结婚时，媒人在婚礼上要根据新郎、新娘的为人、特长，取一个象征吉祥幸福的婚名，傈僳语叫“杰扎咪”。婚名一般是夫妻相对的，比如丈夫取“能花扒”，妻子取

“能花玛”。意思是：宾客盈门、主人好客。平常大多称呼这个名字，显得亲热、尊敬。而今，这种婚名一般只是新婚时期用得较多，其余时候还是以小名和学名为主。取了婚名，意味着这对年轻人从此是有家室的人了，不再是漂浮不定的小伙子和姑娘了，他们要承担起掌家的责任，扮演新的人生角色，遵循各种传统规范，努力完成特定社会群体对自己角色的期待。

一些民族认为，男女婚配是由“喜神”决定的，在男女青年的整个恋爱过程中，都是喜神在起作用，一旦男女结为夫妻，喜神也就没有必要，或者说不应该再伴随他们了。否则，举行过婚礼的男女会永远像婚前那样安顿不下来，创不了家，立不下业，也不会好好地生养儿女，甚至还会起“外心”。因此，他们还要举行一个“退喜神”的仪式。

金平的拉祜族在成亲礼上，要请巫师主持退喜神仪式。在新娘未到之时，新郎家就要在门外的大路正中摆一张正方形的木桌，桌上放有一只盛满米的斗或箩，米上竖有两只鸡蛋、三炷香，桌脚旁边也要各插一炷香，并烧一份纸钱。当新郎等把新娘接来以后，由巫师在木桌前铺一床席子或者垫点松毛、树叶等，并指点新郎和新娘一同跪下，向喜神磕三个头，以示感谢。然后，巫师让人当即杀一只红公鸡，由他手提滴着鲜血的鸡沿桌子绕一圈，再把死鸡丢在新郎和新娘的右边，而他自己则站在新郎、新娘的左边，用嘴各含三口酒和水，喷向桌子四周以及新娘、新郎的头顶，然后手执香在他们头上来回比画，口中同时喃喃念咒，祈请喜神尽快离开这一男一女，好让他们得安生，静下心来创家立业、生儿养女等。直到巫师认为喜神已退时，仪式才算结束①。

白族新娘到了男方家门，要退喜神，即由两人持火把在新娘周身晃过，也称“退马车”。仡佬族新娘距男方家三五百米时，男方家组织人抓泥沙从新娘头上撒过，以示驱邪。新娘进大门前须请巫师把一只鸡宰杀后从新娘的头顶抛过，叫退喜神，这时，男方家男女老幼回避，新娘不许进入新房而要与送亲客同宿。

苗族把新娘接到家门时，鸣枪、放只公鸡以退喜神。新娘进家后要拜祖宗，认亲戚。彝族男女结婚这一天，在新娘快要进家门的时候，要在大门外准备好喜神牌位。喜神牌上写着：“天地三界十方万灵满空真宰神位”。两边

---

① 王亚南、郑海著《生—死：永恒的诱惑与恐惧——云南少数民族人生仪礼研究》，云南人民出版社 1991 年版。

还写有“东王圣宫，西王圣母”或“金华小哥，银花小姐”之类的语句。牌位设在摆有礼品的香案上。此时，香案上烛火明亮、香烟缭绕。待新郎新娘一到，退喜神的先生便开始说吉利的话：“东方一朵紫云起，西方一朵红云来。”此时，新郎新娘跪在香案前，进行三叩首。叩首完毕，先生接着说：“前有青松垫路，后有云雾遮身。”先生喷一口净水，边撒米边说：

一撒东方甲乙木，
优生优育多幸福。
二撒南方丙丁火，
先开花来后结果。
三撒西方庚辛金，
先是楼台后是金。
四撒北方壬癸水，
养得儿子中状元。
五撒中央戊己土，
夫妇寿年如彭祖。
六撒六畜兴旺，
七撒七子团圆，
八撒福禄寿喜，
九撒大团圆。

撒完米，便引新郎新娘进大门，先生边走边说：“一步一花开，二步进门来，三步堂前立，四步掌家财。”说完，才送新郎新娘拜天地、拜高堂[①]。

还有一些新娘角色、身份转换的方式是隐性的，蕴含在当地少数民族的精神体系之中，只有对于当地文化和信仰机制有较为深刻的了解才能发现。例如基诺族，他们将新娘接回男方家之后，贯穿整个婚礼的“丕茂”巫师要唱这样一段祭词（内容较多，摘要而录，如下）：

我是人神之间的使者，
已把父亲某某的儿子的婚姻告知了鬼神，
也告知当寨的寨老，
告知当家的男家长与寨上所有的人。

---

① 陈开心《彝族人家的吉利语》，《中国民族报》（电子报）2004年7月2日。

我已用象牙制戥子称金子，
把这姑娘的身价买断，
又向新娘的母亲交了奶水钱。
我已用鸡蛋把新娘的魂从她娘的怀里引出来，
又用鸡蛋把这未曾养过的女子的魂引到男家来，
再经拴红线来认下这个未曾养过的女子。
父亲某某的儿子的婚姻是造人女神刻在他们额头的皱纹上的，
是造人女神刻在他们的手心上的。
你二人结婚后生儿等于生了金窝，
壮如男人在寨脚栽的大龙竹，
以后会开金花，可当寨老；
生女等于生了银窝，
苗条如男人在寨脚栽的黄竹，
会开出银花，
可当聪明的女长者。
……
我说的话信得过，
像澜沧江水流传久远。

“丕茂”致颂词毕，新娘舅父接着说：

我女儿五官端正，
她勤快还是懒，
大家知道；
她未偷过东西，
大家也知道。
新郎某某追求她，
他们恋爱，
今又结婚。
我女儿的肉身、气和魂也到了男方家，
但她的骨头是我家的，
以后有三长两短，
我要找到她的骨头来算账。

寨老们接着说：

今晚父亲某某的儿子结了婚，
你俩婚后要和睦团结。
如果公象多生了一根象牙，
要拔掉多余的象牙；
如果母象生的小象多了一只脚，
要取下一只脚。
如男方出了问题引起了离婚，
女方要带走全部嫁妆；
如女方出了问题引起了离婚，
嫁妆不能全带走。

丕茂是基诺社会公认的人与神之间的使者，他代表男方氏族，通过唱词实施新娘身份的转换，将新娘氏族身份中的肉、气、命、魂四象，转换至新郎的氏族中，而新娘代表女方氏族血缘神性根基身份的“骨”，仍然留在母方。这种隐性的转换不仅完成了新娘在两个氏族之间的身份转换，而且这种转换又进而包罗了基诺族传统生命观之中的肉、气、命、魂、骨五象[①]。

五、婚宴

婚宴是为答谢宾客举办的筵席。婚宴把整个婚嫁活动推向了高潮，很多民族举办婚礼时都要准备隆重热闹的婚宴。

在西部一些少数民族中，男方家会摆宴席招待全村寨的乡亲和各地亲戚好友，以祝福新人并答谢众人。各地因风俗不同，婚宴的时间也不尽一致，有的举行一天甚至更长的时间。婚宴的头一两天，亲友就来新郎家帮助其开展各项准备工作，如杀猪、搭灶、煮饭、抬菜等，呈现出一派繁忙、喜庆的景象。

婚宴除了吃饭之外，还有一些民俗礼仪，一方面是为庆祝、娱乐、联络感情，更重要的是对这对新人和在场年轻人施以教育，传承民族文化，传授生活生产技能。笔者按婚宴礼仪的内容将其分为三类：一类为“吃喜酒”礼仪，另一类为婚宴上的特殊礼仪，还有一类为歌舞表演。

举办婚宴也称“吃喜酒”，可见酒在整个婚宴中扮演的角色之重。而

① 详见杜玉亭著《基诺族传统爱情文化》，云南人民出版社 2008 年版。

西部少数民族酒风更盛。一些民族在婚宴上有给宾客敬酒、给父母长辈敬酒、夫妻双方喝交杯酒的习俗。宾客们更是把酒言欢，甚至通宵达旦，不醉不归。广西盘瑶婚宴中的“长桌酒”又名“连心酒”。连心是指新婚夫妻心心相连，长桌是取久久长远之意，由几张或十几张四方的台连摆一起，极有气势。

婚宴中，仡佬族用咂酒招待客人。咂酒是将酒酿好后密封于外抹柴灰拌黄泥的坛中，插上两根竹竿，一弯一直，竹节没有完全打通。饮用时打通竹节，直管进气，弯管咂吸而饮，饮酒时有专门唱“打闹歌”的歌手助兴，使客人感到一片温馨。傣族在宴席上边唱边喝酒，欢愉热闹。有应邀为客的“赞哈”对唱比赛，从天文地理唱到日常生活，输的即要喝酒。普米族也在婚宴上对歌，多在男方客人和女方客人之间进行，一方问，一方答，回答不出来的则要罚酒，直到喝得酩酊大醉才罢休。

布依族的婚宴以劝酒拉开序幕。首先由一位男士唱一段开场白式的歌谣作为引子，然后男方开始唱歌劝女方喝酒。一方以歌代言，想方设法说服对方饮酒，而另一方却要很有礼貌地拒绝，于是，戏剧性的“敬酒拉锯战”开始。喝与不喝，都要用歌声来表达自己的理由。男方用委婉的语气和无可辩驳的理由巧妙地劝说女方喝酒，而女方却千方百计找出理由婉言谢绝喝酒。这样，经过几个回合、几番较量，女方终于被说服，于是大家开怀畅饮，增添了欢乐喜庆的气氛。

傣族的喜酒宴是不撤席的。主人家早早准备好流水席，宾客们从早上开始陆陆续续来到主人家贺喜。选个位置坐下，倒一碗酒，夹起小菜，吃一会儿聊一会儿，可以从早吃到晚。甚至有的宾客喝醉了，在附近走走或是小憩一会，再回来接着喝婚宴喜酒；有的宾客吃完去办事，回来之后又接着喝。来来回回的流水席就这样一直持续到深夜。

婚宴与一般宴席不同，在菜品上有很多讲究，用餐时也有不同的礼俗。例如盘瑶长桌酒第一道菜便是扣肉，叫“福禄寿全”，取吉祥如意之喜兆。从第二道菜起，便开始上瑶族特有的、别具风采的“山珍海味”。大体顺序是从天上飞的到地上走的，再到水中游的，然后是土特产品。这些菜或煎或炒或炖，五花八门均别具风味。最后一道菜是瑶山大韭菜，这种韭菜既大且长，全身墨绿，入口咀嚼有一股甘香气味。而其意义还在于瑶语中“韭”与“久”同音，象征婚姻美满长久。

滇南的哈尼族在婚礼中，要吃夹生饭。这夹生饭必须蒸至五成熟，使其外熟内生。他们认为新娘吃夹生饭是添丁的好兆头。傣族婚宴中用植物染成的彩色的糯米饭是必不可少的，有吉祥幸福的寓意。

南涧彝族的“跳菜”婚宴别具特色。在南涧彝族婚宴的跳菜礼仪中，一般讲究上八大碗菜，八谐音“发”。每碗菜都有特定含义：

酥肉。用小粉和麦面裹肉在菜油里煎炸出来的酥肉，因其颜色呈金黄色，与黄金的颜色一致，人们将酥肉视为财富的象征。

炒骨（排骨）。村寨里的彝族普遍养猪，遇到年节或结婚等重大事件时才宰杀用以款待亲朋，再穷也不能怠慢了亲朋，炒骨在此代表着彝族为人处世讲究有骨气和不惧贫寒的铮铮傲骨。

粉丝。寓意为“三思而后行”。

豆腐。代表新娘心地善良。

豆芽。因其芽根牵绊在一起，意味着“不分开、不拆开”，象征夫妻永不分离。

竹笋。意味着多子多孙，表达了彝族繁衍后代的生育观。

川芹或薯类。若是川芹意指勤快、勤劳，若是薯类则指“凡事有预见”及“遇事要思考”。

红烧肉。也称“红冬包”“大红袍”，为压轴菜。粱红色，意为红红火火，客人刻意不吃完，餐毕后收回厨房，意为办事留有余地或年年有余。

此外还有一碗清汤，不放任何蔬菜，意为清清爽爽做人、平平凡凡过日子。彝族待客时一般只能用大米，其他的杂粮都不能用来待客。所有菜品忌讳酸、冷、苦，肉类忌自然死亡的动物、怀孕或哺乳期的动物、带蹄（分叉、分离）或带尾巴的动物，素菜忌萝卜（寓意落魄）、蕨菜（寓意断子绝孙）等谐音不吉利的菜。总之，婚宴上的食品都寄托了人们对新婚夫妇甜蜜恩爱过一生的美好期盼①。

而其中跳菜是整个彝族婚宴仪式中的一个亮点，它把整个婚宴推向高潮。彝族办喜事，桌子迎厨两面摆开，中间留路，宾客三方围坐。跳菜开始，只听数声锣响，大号、唢呐齐鸣，主持办事的“总理”一声令下，两位跳菜大师从厨房相继而出，他们头顶托盘，口含饭勺，手里还端着托盘，托盘里装

---

① 秦莹《南涧彝族“跳菜”礼仪的象征分析》，《广西民族研究》2007 年第 3 期。

满了菜碗，在忽高忽低、忽急忽缓的音乐声中，一前一后，踏着音乐，时而“苍蝇搓脚”，时而“鹭鸶伸腿”，时而“金鹿望月”，时而“野鸡吃水”，时而刚劲有力，时而轻柔似水，刚柔相济，旋转自如，翻转跺脚，大步舞盘，竞献绝技。

表演过后才把菜摆放在桌子上，盘碟的摆放也具有浓厚的民族特色。结婚当晚，摆成圆形，第二天早上则摆成梅花形。婚宴中，吹鼓手不得与客人同席，必须单独进食。如今这项“绝技”成了南涧的民间艺术瑰宝，并发展为一种独特的民族舞蹈，登上了大雅之堂，在各地舞台展演。

在一些民族的婚宴上还有奇特的仪式伴随，如哈尼族在婚宴上，年轻客人会用灶灰、猪食和牛粪拌和以后，涂抹新郎新娘的衣服，据说这也是一种对他们的祝福。

受地域和自然环境的影响，西北放牧的民族形成了一套与自然环境相适应的风俗习惯，也有表现在婚礼上的独特的风俗，如甘肃省肃南裕固族自治县明花区裕固族的“羊圈席”。明花区的裕固族长期以来定居放牧。这样的定居放牧生活为羊圈席的存在提供了一个必要条件。羊圈席这一特殊婚俗现象仅存在于位于荒漠地带的明花区。羊圈席指在牧区家庭的羊圈中举行的一种婚礼宴席，是这一地区传统婚宴中的主体部分。

首先是羊圈席的准备活动。这是很耗时耗力的一件事情，主人必须在婚礼前的一个月或更早的时间就布置羊圈。先要把羊圈打扫得干干净净并消毒，在墙上围上红色的布围墙。临近婚期时去亲朋好友家借来羊毛毡、炕桌等需要的东西。将借来的羊毛毡全部铺在羊圈的地上，并布置出行走、娱乐和吃饭的区域。还要在羊圈上方挂上足够照亮羊圈的灯，因为羊圈席一般都在夜间举行。

到了婚礼当天傍晚，女婿在羊圈门口迎宾，一一敬酒。而客人也只有喝完敬给其的酒，才能进去入席。座次依照尊卑长幼之序排列，其中“总东”的地位最高，他调控整个婚礼宴席的进程，维持整个宴席的秩序，总东由会唱裕固族古歌的歌手担任。总东主持宴席，首先敬酒致辞感谢主人家。致完敬酒辞后，总东便主持婚礼中极为重要的“冠戴新郎”仪式。总东的桌前有两个“门杯”，即比其他酒杯略大的两个酒碗。门杯只有在婚礼的场合中才有，在其他大型活动、民俗仪式中都没有门杯一说。

在整个羊圈席中，门杯的作用也是不可小视的。门杯一放下，参加酒席的所有人都要停止喧哗。若有违反秩序者，便由总东用门杯罚他喝上十八龙碗。因此人们对总东所定的规矩很少甚至从未违反过，作为一种历史形成的习惯约束力量，总东把门杯一放，席上所有的人都停止喧哗，表示真正转入酒席阶段。总东便从上席的贵客来宾那里开始唱酒曲敬酒。酒曲的内容因人而异，而且非常丰富有趣，给酒席带来欢快的气氛。当上席的重要来客都招待完之后，总东便会撤掉门杯。门杯一撤，人们便可以自由交谈、猜拳。尽情地唱歌、跳舞、嬉闹，通宵狂欢，尽兴而归。如今这种古老而传统的婚俗已经逐步消失，只能在资料上和老人们的回忆中去领会羊圈席上的酒歌等民俗文化。

婚宴中的另一类礼仪为歌舞表演。少数民族能歌善舞，婚宴上，通过歌舞将本民族的传统文化、神话和历史故事、工艺绝活等等一一展现，更是把整个婚礼推向了高潮。在这里以西北一些民族的宴席曲为例。宴席曲是一种流行于回族、土族、撒拉族、东乡族、保安族等西北部少数民族中的传统风俗仪式歌。宴席曲集歌舞、说唱及文学艺术于一体，内容丰富，形式多样，具有当地小调的某些特征，又有其独特的风格。在婚宴场合，被邀请而来的民间艺人们开始献艺，表演宴席曲，歌手兴浓时便手舞足蹈，遂形成了宴席舞。众人边吃边唱，载歌载舞，唱古颂今，直至更深夜静，方兴尽而散。参加婚礼的男女老少，不论辈分，不分大小，个个兴趣盎然，围观欣赏，唱到有趣时，大家仰面大笑，心花怒放。有时伴以舞蹈，边唱边舞，或两人对舞。

临夏回族的宴席舞，以男子双人舞为基本形式，基本动作大致有两类：模拟鸟类动作和武术动作。在具体称谓上，人们从音乐角度称它为“宴席曲”，从舞蹈角度称它为“宴席舞”，在民间俗称“宴席曲”。内容极其丰富，有歌唱历史事件和历史人物的，也有歌唱中华人民共和国成立后回族人民新生活的，还有歌唱青年男女炽热的爱情、缠绵的相思或痛苦的离别的，亦有倾诉对旧社会的封建道德和伦理观念的鄙视和不满的。

六、闹洞房

闹洞房，又称闹房、闹新房等，是婚俗之一，亲戚朋友可拥入新房，嬉笑逗乐，其招数千奇百怪。闹洞房是中国传统婚俗，最早出现于先秦时期。古人闹洞房，取辟邪驱恶之意，又有融洽新人关系，表达宾客祝福之愿。有的少数民族因遵守不落夫家的习俗，有的甚至连夜要回娘家，因而闹洞房的活动相对来说并没有汉族那么热烈。对于有闹洞房婚俗的民族来说，闹洞房的功能和意义也是多重的。

一些民族的闹洞房有着重要的家庭伦理教育意义。例如户撒地区的阿昌族，他们闹洞房具有象征表演性质。到了夜晚，男方家请两位有福气的中年妇女，一人假扮新郎，一人假扮新娘，两人躺在床上扮演恩爱夫妻。外面一声“雄鸡”报晓，唤醒了熟睡的“新郎新娘”，“新娘”说：“鸡叫咯，天快亮咯，我起来去给爹妈烧洗脸水、扫地。”“新郎”说：“我也起床喽，起来备一下犁，今天早上我要去使牛犁田呢。”“新娘”又说：“昨天夜里，我梦见两个宝掉到我们的床上（意为得子）……”“新郎”高兴地说：“我们要好好看管、教育这两个宝，以后让他们听话能干……”沿着这个话题，“夫妻俩”继续谈论关于怎么孝顺父母、同甘共苦。此时，婆婆从洞房外丢进几块银币，意味着老天掉下银两给勤劳耕作的人。整个表演过程，为坐在洞房里的新郎新娘和其他在场者施以轻松愉快而又富于意义的家庭伦理教育①。

一些少数民族闹洞房，是顺延宴席上的歌舞，以歌舞的方式完成。湘西一带的苗族，到了晚上，新婚夫妇都请出各自的歌手“闹夜”，一般由男方的歌手起歌，女方答歌，你唱我和，歌声不绝。内容一般从客套开始，接着对唱盘歌，最后是祝福歌。歌手们生动的比喻、丰富的联想，以及真挚情感的流露，增添了喜庆热烈的气氛。新婚夫妇在新婚之夜要陪客人到天亮。仫佬族的新婚之夜，一对新人要在亲友和男女青年的陪同下，齐集房内唱歌。歌手对唱“古条”，诉说着仫佬族的历史，教育下一代不忘自己民族的光辉历史和奋斗历程，激励新婚夫妇为了民族的未来共同奋进。

上文提到的一些西北民族，他们的宴席曲要唱整夜。在酣宴之后，众人围坐一起，开展群体性的歌舞活动。人们或引吭高歌，或翩翩起舞，往往延至次日凌晨，才尽欢而散。回族的新娘在人们的呼唤簇拥下进入洞房。人们蜂拥而至，在洞房唱起宴席曲中的《恭喜歌》。到一定的时候，新娘的姐姐（或嫂子或送亲的女子）携带夜餐和核桃、枣子前来洞房铺床，将核桃、枣子压在毡角下，又各置数枚于新娘怀里，祝福儿女满堂。有的地方，还请二位新人睡前各喝一碗放有两枚熟红枣的牛奶。也有的在新被子的角中塞上红枣、花生、瓜子等，意为早生贵子、白头偕老。这时，新郎要给铺床人送些钱，

① 刘江著《阿昌族文化史》，云南民族出版社2001年版。

以示谢意。至此，人们才散去。

还有的民族闹洞房则会尽情地戏弄新婚夫妇。例如白族人婚礼以热烈隆重而著称。因白族话中“辣”与“亲热”谐音。因此，当新郎进入洞房时，新郎的伴郎们即将辣子面撒入早已准备好的火盆里，一时辣味四溢，呛得新郎和新娘一阵大咳。接着，新人在新房里吃喜饭、喝喜酒，在饭菜及酒肉中也调入很多的辣子面，辣得新郎新娘难以下咽。这时闹喜的人们便爆发出一阵欢声笑语。

东乡族在新婚之夜会以“打枕头”的方式闹新房。所有的女眷在炕上紧紧护围着躲在炕角的新娘，闹房的男青年手持准备好的枕头，一边唱，一边千方百计寻找空隙，将手中的枕头砸向新娘。女眷防备甚严，将砸过来的枕头摔过去。男青年们冲上炕沿，女眷齐力将他们推下，哄笑喧闹。新娘一旦被打中，女眷们无奈之余，便让新娘拂去蒙面的彩巾，在炕上给众人亮相，同时打开箱子，展示嫁妆。至此，双方一哄而散，礼毕。

一些以往闹洞房时的陋习如今已经逐渐被人们摒弃，闹洞房的风俗随着社会的进步，呈现出不同时代的文化寓意。人们借助闹洞房习俗祈福禳灾，通过歌舞娱乐、寓教于乐等形式，寻找到精神满足与心理宣泄，改善人际关系，为青年男女交往创造机会，在一定程度上为维护和稳定社会秩序，并为延续和谐稳固的社会制度打下良好的社会基础。

七、对新娘的考验

婚礼的完成标志着新娘正式成为男方家的成员。然而，在这个新娘角色转换的最后阈限期结束、新的角色使命开始之初，还有一些礼仪。一般从婚礼后的第二天起，就会有一些对新娘的考验，经受了这些考验之后，便能得到男方家族对于新成员的认可。

由于我国西部一些少数民族的风俗是在婚礼之前，新娘一般不到男方家，也不参与整个仪式的前期过程，因此对于男方家族成员和家规、习惯都需要一个认知的阶段，因此婚礼后的第二天对于新娘的考验也可视为新娘的认亲礼。对于她融入整个家族，团结家族、承担家庭事务等方面有着积极的意义和作用。在我国西部的一些民族中，男方家都有一些考验新娘的仪式。

锡伯族结婚第二天，新娘由男方的嫂子引见并行认亲礼，按长幼依次叩头。凡是受礼的长辈，都必须给东西，有给钱的，有给帐子（衣料）的。院子里要搭起天棚，把五颜六色的帐子都挂起来。而新娘此时也要打开箱子，把早已刺绣好的枕头套、钱包、粉扑、褡裢等手工艺品，分送给公婆、小姑、小叔。这时人们可以仔细欣赏新娘的手艺。

为了在这一天能显示自己的手艺，不受婆家的歧视，锡伯族的女孩子，从七八岁开始就要学针线活，学习各种针法的刺绣。如平金、套线、打籽儿、垫绣等等。平金，是用金线平平地盘成各种花样，再用别的线把金线缝结实；套线，是用深色、浅色的线把一个花瓣的颜色绣制得和真的一样；打籽儿，是将钱包上的图案与字形，缝得特别结实；垫绣，则是使所绣的花样凸出来。至于各种衣服鞋袜的剪裁缝制，更是从小就要学习的。

第三天，新婚夫妇上坟地祭祖，祭祖时必须由公公婆婆率领，在祖坟前焚香、摆供品、叩头。这一天男方还要请娘家客，一般要请新娘的父母及姑舅到自己家来，摆酒席款待，这时娘家人也可以用各种方式表达对新娘的安置还有什么不妥当之处①。

土家族在正婚礼之后次日，新娘由新郎陪同，向前来道喜送贺礼的亲族及新郎父母亲敬茶、端洗脸水。在敬茶的同时，新娘把自己从娘家带过来的专门送给婆家亲戚的礼信（礼物）一一呈上。凡是喝了新娘敬的茶水的人或者用新娘端的水洗了脸的人，都得给新娘送“茶钱礼”，丢在茶盘之中。同时，这天早上，新娘也要给男方家的长辈磕头、敬茶、送喜鞋。同日，男方家里要专门宴请高亲客，名为“高亲酒”。在宴高亲的那天，男方家里一日三餐开席之前，都要用放火炮的方式请高亲客入席吃饭，且每一顿饭都要把高亲客安排在堂屋正中央的最上席的位置上。等高亲客坐好后，才开始上酒菜和开始吃饭，以表示对送新娘来男方家的高亲客的敬重。

藏族婚后的第一天，新娘与新郎要很早起床，在守护家神前拜神祈祷。婚后第一个月，新娘不得入公婆的住房。一个月后，公婆与新婚夫妇正式见面，从此新娘就可随便出入公婆的住房了。

第六节 不同形式的回门

热闹的婚宴结束后，还有回门。回门即结婚后新媳妇第一次回娘家，回

① 王悦《锡伯族妇女的生活习俗》，《西北民族研究》1994 年第 1 期。

过娘家整个婚礼才算完满结束。回门为婚后回家探视父母之意，有女儿不忘父母养育之恩，女婿感谢岳父母及新婚夫妇恩爱和美等含义。女方家通常会设宴款待，新女婿入席上座，由女方家族中的尊长陪饮。女方家设宴款待新婿就是回门宴。

回门在西部一些少数民族中也十分盛行，一些少数民族是夫妻一同回门，也有一些地方的少数民族是新媳妇单独回门。回门促进了双方家庭的沟通，增进也了双方家庭的感情交流。

一、从夫居单独回门

壮、瑶、黎、侗、水、彝、布依、哈尼、普米、仫佬等民族在旧时有不落夫家的礼俗，即成婚之后，新娘要回家住一段时间。如今结婚之后的回门礼，特别是单独回门则可能从这个不落夫家的婚俗中演变而来。

西部少数民族回门的形式之一为单独回门。成婚当天或数天后，新娘要返回娘家小住或常住一段时间，等待丈夫来接才长期住在男方家，正式建立起家庭。而新郎来女方家后也有一个回门礼仪。

乌孜别克族的男女结婚后，新娘的亲友要把新娘叫回娘家。而新郎则要带上礼品去娘家，请回新娘。而新娘要表现出“不愿意”回去的样子，抱着母亲哭泣。这时，父亲要为女儿祈祷，祝愿这对年轻人平安幸福、恩爱到老。然后由新娘的嫂嫂等人把新娘护送到婆家。有的地方在新娘回来时，还要在院中生一堆火，新娘要绕着火堆走一圈。人们认为火能辟邪，以此求吉利。之后，新娘踏着铺在地上的白布走进屋门。此时，要撒一些水果糖，让小孩们抢着吃，以表示对新娘返回的祝贺。

在一些地方，新郎会见女方亲族的仪式，在新郎接新娘回家时举行，通过这一会见，两家加深了了解，联络了感情，双方亲友也初步结识，为今后的往来打下了基础。

二、从夫居夫妻回门

从夫居的夫妻回门则是夫妻双方一起回女方家拜见女方家长。回门时，有的民族的新郎要带上礼物，有的民族的新郎要经受一番“折磨”，意义主要在于缓和女方家族由于“失去一名成员”而产生的感伤，并且促进双方家庭的感情交流。

按照怒族婚礼的传统风俗，新娘在丈夫家住了三天后就得在新郎的陪同下回娘家。此外，还有另一个同龄男子陪同做伴。新郎婚后第一次到岳父家，必须带上重礼去回敬岳父母。传统的礼物是背一头肥猪、一斗米、一床棉被和披毡、一丈棉布。新郎到了岳父母家后，得住三天三夜，并帮岳父母砍柴或耕作。到第四天一早，才带着妻子，背上岳父母赠送的礼物返家。

羌族在婚后三天，新娘与新郎以及送亲时陪同来的兄弟一起回娘家。回到娘家后，女方家人设宴招待，并要用各种方法来戏弄新郎。例如在宴席上，他们让新郎用一双四尺长的细竹竿做的长筷子，筷子的另一端吊上几个洋芋做坠子。同时，盘里的肉和菜都是切成丁状的，桌上摆着几盏装满油的灯。新郎夹菜要艰难地握着长筷子，稍不小心，还会把菜掉进灯盏里，油会溅到脸上，新郎的处境狼狈不堪，人们以此开玩笑。除此之外，新郎还要“受罚”，或是被姑娘们抛起再摔在地上，或是被灌醉。经过几番捉弄后，姑娘们方才罢休。

阿昌族婚后第二天，女方家请客，新郎与新娘来到女方家。在席间，新郎要到每张桌子前，敬酒认亲戚。新郎还要派男方家的几个亲戚和媒人携带彩礼送至女方家。在宴席上，姑娘们会嬉闹，然后把新郎的脸抹黑。新郎回家前还须到岳父母跟前跪拜，并说一些吉利的话，岳母会送姑爷一匹自己织的布，岳父会给姑爷一点钱。而围观的姑娘们会冷不防地把串在一起的骨头、肉皮挂在新郎肩膀上，并打趣说：“肉我们吃完了，剩下的骨头、肉皮，请姐夫带回去吃……”引起一阵欢笑。而新郎只有走出寨子以后，才能把这一串骨头、肉皮扔掉。

三、回门祭祖

在许多西部少数民族看来，彼时女方已经正式嫁入男方家，成为男方家的家庭成员，但是这并不意味着女方就此与生养自己的父母家断绝关系。回门祭祖在一些民族中也是必要的礼俗，象征对女性祖先禀报。此外，作为新人，她是以婚后的角色、身份去拜见女方父母、亲长和祖先。

例如，苗族有回门祭祖的习俗。湖南湘西和湖北恩施等地的苗族新娘于婚后三天以内，不得与新郎同宿，要等到娘家回门祭祖之后，才正式同房成为夫妇。贵州台江、雷山、清镇等地的苗族新娘婚后都要回娘家“坐家”，时间长短不一，农忙季节可以回夫家参加家务劳动和生产劳动，直到怀孕生子，才落居夫家。滇东南和滇南的苗族结婚三天以后，男方伯父母或叔婶要携新郎新娘，带着鸡、肉、酒等礼物到新娘父母家举行回门祭祖仪式，并在女方家住上一至三天不等。随后，新婚夫妇才能返回男方家正式同房。

第七节　独特的婚礼歌俗

在西部众多少数民族婚俗中，婚礼歌是不得不提的一个风俗礼仪。大多数民族在各自不同的婚礼程序中有演唱各种各样以喜庆、祈愿为主要内容的婚礼歌、婚宴的习俗。有学者认为这其实是古代哭嫁习俗的变体，也有人认为无歌不成礼，这是少数民族举行人生礼仪、重大喜庆活动时惯常用歌来表达思想感情的一种风俗特点。少数民族婚礼歌是将音乐有机地融入文化之中的，它与物质文化、行为文化和精神文化有一定关联，具有很强的仪式规范功能，如有一定的演唱地点、演唱程序和一定的含义等，且这种文化的具体事象具有极其稳定的结构。

一些民族的婚礼包含求亲、送亲、迎亲、结婚仪式、谢宴等程序，其婚礼歌有求婚歌、做媒歌、迎亲歌、送嫁歌、嫁女歌、上轿歌、拦路歌、拦门歌和各种宴席歌，几乎可以贯穿整个婚礼过程，构成一套完整、固定、密切结合婚礼仪式的歌舞形式。一些少数民族的婚礼犹如一部盛大的歌舞剧，有的生动活泼、风趣盎然，有的严肃庄重。演唱有独唱、对唱、歌舞结合等形式。歌唱内容十分丰富、包罗万象，如头饰歌、酒歌、流筷歌、借锅歌、对盏歌等。各个民族在婚礼时唱的歌和唱法都有一定的传统规定和寓意。

一、哭嫁

哭嫁是西部一些少数民族的婚嫁习俗之一，蒙古族、侗族、裕固族、京族、撒拉族、土家族、藏族、彝族、白族、壮族等多个民族均有此习俗。在一些地区，每来一位客人，新娘要向其边哭边歌诉衷肠。在贵州有些地区，客人还会给新娘一些“分离钱”。哭嫁歌的内容丰富多彩，有一些较为固定的哭嫁歌，也有现唱现编歌词的。

关于哭嫁的起源，目前学术界的看法不一，有学者认为，哭嫁是历史上女性地位逐渐被弱化，女权丧失和母系时代结束，在面对无法抗拒的社会现实时所发出的一种“有声”的反抗。在面对强大势力时，无权选择自己的幸福，唯有以哭诉的方式来发泄内心的愤懑与委屈，从此，“哭”与“嫁”联系在了一起。

随着社会的发展，在封建社会，“掠夺婚”虽然日渐消亡，但其他落后婚姻形式仍大量存在，如买卖婚姻、包办婚姻等，仍大肆剥夺着广大妇女的婚姻自由。哭嫁歌中有大量的控诉封建买办婚姻的内容。如以下这首贵州土家族的哭嫁歌：

人家放女选儿郎，

你们放女选家当；

拿着女儿做买卖，

不管女儿啥下场。

一些哭嫁歌通过新娘与亲人倾诉离别之情和对娘家生活的回忆，广泛深刻地揭露了封建婚姻制度的罪恶，全面抨击了封建宗法制度和封建伦理道德。同时表现了广大妇女要求摆脱封建枷锁的束缚，追求男女平等、婚姻自由，向往幸福生活的强烈愿望。如今，一些民族仍然保留着哭嫁的习俗，但哭嫁歌的主旨已由控诉不合理的婚姻制度转变为伤别离、感亲恩，审美性与娱乐性的特征更为突出①。

在土家族、侗族、纳西族、壮族、哈尼族、撒拉族中，哭嫁的内容包括哭父母、哭哥嫂、哭姐妹、哭媒人、哭上头、哭嫁衣、哭扯眉毛、哭离娘席、哭梳头、哭别祖宗、哭上轿、哭借锅等，还包括头饰歌、拦路歌、拦门歌、陪楼歌、婚宴歌（酒歌）等。

由于哭嫁以新娘为主体，且以唱诵为主要形式，内容又比较多，所以新娘要能顺利出嫁，完成这些礼仪程式，不但必须会唱，而且要能在各种场合下“哭唱”这些哭嫁歌。在西部许多地区，新娘的父母在女儿出嫁前，要事先请当地歌手一句句地教新娘唱，否则就难以顺利完成哭嫁仪式。一些壮族地区在婚礼前，新娘要通宵达旦给父母亲属唱哭嫁歌，哭唱内容大多即兴发挥。西南一些少数民族认为，哭嫁歌唱得好坏、唱得有无文采，是衡量一个女子是否聪明颖慧的重要标志。唱得好，从此名声大振，人人夸赞；唱得不好，则大跌面子，今后要被人笑话。可见，在一些民族中，哭嫁已转化为新娘展示自己的文采、智慧的方式之一②。

以土家族为例，其哭嫁仪式已成为有独特社会内容和审美价值的民间文化形式。在土家族地区，家中的女儿从懂事起，就随祖母和母亲学唱哭嫁歌。出嫁前数日甚至一月前开始哭嫁，或独自一人哭诉，或亲人围坐陪哭。土家

① 黄彩薇《浅析“哭嫁”婚俗的起源与发展》，《群文天地》2011 年第 7 期。

② 陈崇凯《少数民族婚俗：歌哭出嫁》，《民族大家庭》1997 年 3 月刊。

族将女子唱哭嫁歌的水准作为衡量女子才智和贤德的标准之一。新娘对家中每位亲人要唱一首，来一位亲朋又唱一首；遇上陌生人来要唱，每做一件事也要唱。

土家族哭嫁时间最长，一般长达一个月左右。开始是隔天哭唱一次，后来每天晚上都要哭唱。开始的一夜要将全村寨的好姐妹和姑嫂长辈请到家中陪哭。一般从“母女对哭”唱颂开始，其他姐妹姑嫂听到这一“号令”后，每天晚上都要循声前来陪哭。从此一直哭唱到上轿后即将到达夫家时为止。土家族哭嫁歌内容丰富多彩、感情表达淋漓尽致。在不同的哭唱中，有怨艾、有感伤；有追忆，有诅咒；有斥问、有嘱托。叙事与抒情结合，文辞形象，句式多变，散曲、韵文交叉，曲调跌宕，生动感人①。

侗族新娘临近出嫁时要唱哭嫁歌，谁走进她的房间，她就对谁哭唱，来陪伴的人也跟着一起哭唱。哭嫁歌中会诉说亲人多年来对自己的养育之恩，以及就要与亲人离别的难舍之情。每当这时，亲人们也用哭唱劝慰。这样，一首接一首地唱哭嫁歌，声声动情，场面极为动人。在侗族地区，新娘的哭嫁歌唱得越好，就越能表现出她的聪明才智、明白事理，也就越能博得人们的称赞。

随着哭嫁风俗逐渐演变，其娱乐和艺术欣赏功能逐渐增强，形式由重“哭”转为重“歌”，成为西部一些少数民族婚礼上必不可少的歌哭礼仪。

二、迎亲送亲歌

瑶族、壮族的“陪楼歌”是婚礼歌的一种。广西恭城一带，每当瑶族或壮族姑娘出嫁前几天，新娘家均要邀约寨里的姑娘及表姐妹等来与新娘“陪楼”。陪楼期间，姑娘们一边做女红一边唱陪楼歌，内容多为祝福新娘的吉祥歌词。每当陪楼时，邻近村寨的小伙子们异常兴奋，因为这是他们能寻觅意中人的好机会。他们早早干完农活便到新娘闺楼外，放开嗓子邀请陪楼的姑娘们对歌。陪楼的姑娘们先与新娘陪歌，有意冷落小伙子们。然后出对子，打谜语、点难题，让小伙子们以歌对答。这样的陪歌、对唱一直要持续到新娘出嫁之时。

唱“拦路拦门歌”的习俗存在于西部一些少数民族中。以京族为例，婚礼当天，男方要挑选几对善歌者，前去女方家迎亲，因为女方要拦路拦门。

① 严汝娴、许秀玉著《中国少数民族婚俗》，商务印书馆1997年版。

女方家早已准备好几对歌手，当男方迎亲歌手到达女方家时，女方家大门紧闭，门前大路设置三重悬灯的彩门楼，每道门楼又以彩条横牵拦阻。第一重门楼，由男女歌童拦守盘歌，等男方歌手一一对答完成才让其通过。第二、三重门楼由成年歌手把守，男方歌手对答如流，能使女方满意方能通过。到女方家大门内，还要互相对唱，以示吉庆，才能顺利接走新娘。

在仫佬族中，除女方家要拦路拦门让男方迎亲队伍对歌外，新娘送亲队伍到达男方家所在的村外时，男方也设“拦门歌”，女方送亲队伍要唱“拆门歌”，才能进入男方家中成亲。瑶族则在婚礼前一天派出迎亲队伍，先在女方家对歌交流并住一晚。次日将新娘送往新郎家，途中若路过溪水，要向水中撒钱买路。位于男方村寨前后的两个村寨的妇女要在男方村寨前用红线或红带拦路，新娘必须对唱山歌，唱赢了才能通过。

哈萨克族的送嫁歌是对答式的。歌中唱道：

用歌声送别新娘历来是哈萨克人的习惯。

我们舍不得让你走啊，

但你可以安心离去，

望你大胆创建自己的新生活。

新娘一方则由嫂子代答：

父母的恩情尚未报答，

兄妹的情意难舍难分，

去到那陌生人家不知祸福，

我怎能离开自己的部落和亲人。

蒙古族迎亲要经过双方幽默婉转的答唱后，新郎才被允许进门。鄂尔多斯一带的蒙古族唱婚礼歌时，伴娘先唱道：

什么象征着洁白无瑕，

什么标志着幸福荣华，

这样的礼物是什么，

你可以把它带到姑娘的家。

伴郎答唱道：

清晨纯洁白净的鲜奶，

正午酿得更加甘甜，

晚上变成醇香的酥油，

这珍贵的礼物全部带来。

伴娘又唱道：

千里草原上远近驰名，
奔腾飞跃神速如鹰，
为迎娶美丽的姑娘，
你们可曾带它来临。

伴郎又答唱：

成吉思汗圣主的马群里，
挑选出白玉色宝马驹，
驰骋蓝天云间的千里马，
现已牵引到这里①。

贵州威宁彝族迎娶礼仪中，始终有歌声相伴。

“骂挪”。姑娘们在寨前的路上，考问接亲人的歌。彝族接亲，一般都要请两位善唱的“酒礼歌手”作为接亲客。到了女方家寨前的路上，一群姑娘分两边站着，手执竹条小棍唱歌盘问。骂挪的意译是“盘问映山红花”，即问映山红的根、枝、叶、花等情况。这一阶段唱问的歌还有“脚诺”（问路上的情况）、“富气敖”（问路上遇着狗拦路如何过来）、“娄库哄”（问遇着姑娘们拦路如何过等）。因从骂挪开始，所以将这一阶段的对唱统称为骂挪。如果接亲者答对了，就让其过去；接亲者若答不上，就要被姑娘们用冷水泼身、黑灰抹脸、树条抽打。整个过程十分幽默、风趣。

“搓果朴”（开篱笆门）。在姑娘家门口的“月宫门”前考问接亲人的歌。良辰吉日，新娘家在迎亲客人到来之前，用松枝或杜鹃花树在篱笆门前搭三道彩门，称为月宫门。门前摆有一张桌子、一盆水，桌上放有一杯酒、一杯水。双方仍要对唱阿硕（酒礼歌），答唱不对就不准进门，还要被盆里的冷水泼身，答唱对就请喝桌上的酒。有的人先端水漱口再饮另一个杯中的酒；有的人拿起杯子就喝，引得众人捧腹大笑。

“鲁果朴”。在姑娘家大门口考问接亲人的歌。过了月宫门后，接亲客人到了姑娘家门口，又一次被考问，答不上又要被奚落，不准进屋，答对了才能进去。

---

① 蔡志纯、洪用斌、王龙耿编著《蒙古族文化》，中国社会科学出版社 1993 年版。

“抽祖雀姐”。吃晚饭时开唱的礼仪歌。入夜，场坝上、篱笆园内、天井里，升起一堆堆篝火，人们渐渐围聚在火边。这时，女方家在饭桌上摆一个碗，盛两片厚厚的腊肉，放一双筷子，筷子顶端串两个红辣椒，接着开始对歌。

“楚楚后”。在酒席上与客人对唱的歌。抽祖雀姐唱罢，请接亲的客人坐中间，女方家的歌手与客人对唱酒礼歌，试探客人的唱歌本领，并以酒助兴。答对了即开怀畅饮，答错了，便被调皮的姑娘抢走筷子奚落一番，十分有趣。

“卢外”。礼节歌曲，以宾主互相祝颂为主要内容。也有叙事的，多由男性长者唱，主要用以教导姑娘出嫁后要好好孝敬公婆，贤德处世。从这古老的叙事歌中可见彝家良好的伦理道德风尚。

“克捂克祖”。礼仪歌，是姑娘出嫁前晚，其姊妹、嫂嫂、姑妈及女长辈等劝慰、送别姑娘的歌。一般是在姑娘堂屋里围桌而坐，边喝酒边唱。有劝姑娘出嫁后好好为人的，有抒发姐妹、姑嫂难分难舍之情的，也有诉苦情的，诸如姑娘离别家乡、父母之苦，到婆家当媳妇之苦，家中贫困之苦，身世之苦等。此外还有知识性的谜语歌、历史故事等，内容极为丰富，形式多姿多彩。

“许姑”。给姑娘披上披毡时唱的歌。大约子夜时分，姑娘由其兄长或弟弟背着绕桌子三转，边唱边走，送到屋外的场坝上。接亲的客人和主人分坐场坝两边，出嫁的坐在中间，两边对唱或齐唱，为姑娘举行披毡仪式，劝姑娘披上披毡出嫁。接亲的人们，边唱边把一件披毡丢给对方，对方接到后就甩回来，接亲的又丢过去，如此往返三次后，对方将披毡给姑娘披上，表示姑娘已是婆家的人了。

“阿妹刻”，也称“美阿妹刻”。即姐妹歌舞。披毡完毕，人们手拉手在场坝上翩翩起舞。每一队都由两个善舞的人，手执白帕，在队伍的两端领舞。大家边唱边跳，动作简单朴实，内容有抒发姊妹朋友离别之情。诉姑娘离家之苦，讲历史事件，谈生产劳动，论衣物制作等。听者心弦随歌词拨动，喜怒哀乐时时出现。歌中唱道：

今晚的酒礼歌场，
像个什么样？
今晚酒礼歌场，
像平整的绿毯。

今晚酒礼舞的帕子，
像个什么样？
今晚酒礼舞的帕子，
像白鹤展翅飞翔。
今晚酒礼歌的声音，
像个什么样？
今晚酒礼歌的声音，
像蝉儿叫得响亮。

大家接着跳起表现生产劳动场景的、舞步欢快的撒麻舞[①]。

三、婚宴歌

新娘来到新郎家，正式的拜堂和婚宴开始，婚礼达到高潮。此时，能歌善舞的少数民族更少不了用歌来表达喜悦的心情和对新人的祝福。

东乡族在举行婚礼时，亲友们和“唱把式”赶来祝贺，他们先在大门口唱起宴席曲的恭贺词：

恭喜、恭喜、大恭喜，
各庄的乡亲们来讨喜。
你把个调我唱个曲，
欢欢乐乐地恭上个喜！

办喜事的人家将乡亲们迎进院内，大家自动围成圆圈，唱起赞曲，祝愿合家和睦幸福。赞曲之词真切诚挚：

我父母好比江河里的一股水，
水深（呀）浪大（者），
水里头养鱼（者）哩；
我兄弟好比江海里的一只船，
水帮船（呀）船帮水，
弟兄们恩情重哩；
我姐妹们好比花园里白牡丹，
随开随败者呀，

① 聂庆元《威宁彝族婚俗音乐“酒礼歌”及其现状思考》，《中国音乐学》1997年增刊。

绿叶叶扶持者哩；
我嫂子们好比个高杆上的一盏灯，
高照低亮者呀，
四下里分明者哩；
我亲戚们好比个高山上的松柏树，
根深叶旺者呀，
四季里长青者哩①。

这类宴席曲比喻亲切，语句恳切，体现了朴实的民族性格。除此之外还有《十里亭》《纺四娘》《五更月》《四季青》《红黄凤凰》等，反映了西北民族的民俗文化。唱宴席曲作为民族的传统婚俗，经过长久的传承、积淀，形成一种模式，至今仍在西北民族中流传。

景颇族由巫师主持，在其他长老应和下，唱叙长达数千行的结婚歌，内容极其庞杂，从人们怎样学会婚配到举行成亲礼的详细过程，从姑娘们如何植棉、捻线、织筒裙到小伙子怎样种烟叶、酿米酒等等，景颇族的历史进程和生产生活中的很多方面都有所涉及。有时巫师还会把结婚歌一直唱到第二天早上。紧接着，巫师还要走进里屋，专门向新郎唱本民族的历史系谱，从开天辟地、万物起源的远古一直唱到男耕女织的时代。

结婚歌一向只能在成亲礼上唱叙，即使是土生土长的景颇族人，在成亲礼之外，也很难听到这首结婚歌。由此可见，他们总是把成亲礼视为对族人进行最具完整性的社会化训导和民族传统文化教育的最佳时机。同时也说明，新郎和新娘通过成亲礼而实现的角色转换对他们本人、对他们所属社会群体都有着极为重要的意义，从这一时刻起，必须让他们懂得自己民族的过去，懂得其祖先所走过的漫长而又曲折的道路②。

西部一些民族从说媒到迎亲、从哭嫁到过门都有丰富多彩的婚礼歌贯穿其中，婚礼仿佛一个热闹欢乐的民族歌舞节日。以苗族为例，苗族的婚宴酒歌有固定的曲调和成套的歌词，要从男方迎亲队伍抵达女方家被拦门时唱起，一直唱到迎亲队伍带着新娘返回男家方。大体可分为九部分：一是拦门歌，内容为互致谦敬与感谢而不刁难；二是“十切”，为十段民风生活歌；三是

① 李德洙主编《中国少数民族文化史》，辽宁人民出版社1994年版。

② 王亚南、郑海著 《生—死：永恒的诱惑与恐惧——云南少数民族人生仪礼研究》，云南人民出版社1991年版。

“苗族根基”，介绍双方家世……六是“风亲”，即结亲情况；七是“过定”，长辈教导新婚夫妇；八是“谢主”，向女家致谢；九是“龙船歌”，为婚酒歌高潮，由男、女双方歌手边比赛唱歌边取出一只用腊鸭做的“龙船”，胜者一方获得“龙船”。此后迎亲队伍才能接走新娘，以辞别歌告辞而去。

不管是哭唱还是喜唱，均是艺术与婚俗的有机结合，使婚礼逐步艺术化而进入了娱人的境界。婚礼歌成为当今西部一些少数民族婚礼中不可或缺的组成部分。一些婚礼歌传诵了少数民族古老的神话传说，有些还涉及历史、典故、天文、地理、历法、气象等内容。这些都是了解少数民族渊源的重要依据和宝贵资料。婚礼歌还通过比喻、夸张等手法描写了服饰打扮、起居饮食等生活习俗。婚礼歌也将自然界的日月星辰、名胜古迹、花草树木和社会生活中的历史人物、传说故事等都作为歌唱的内容和题材。婚礼歌作为西部少数民族婚俗的重要组成部分，分别反映着不同的生活内容，表达着不同的思想、情感，承载着不同的社交功能。通过独特有趣的婚礼歌，多方位、多层次地体现出民族文化丰富的内蕴和特质。

第八节 其他婚姻礼仪的基本形式

一、抢婚、偷婚

（一）古代遗留的抢婚、偷婚风俗

抢婚，原本是原始社会的一种婚俗。即由男子通过掠夺其他氏族部落妇女的方式来缔结婚姻。亦名“掠夺婚”。直至中华人民共和国成立前后，有些民族还不同程度地保留这种遗俗。

一说，掠夺婚盛行于以男性为中心的游牧时代。此时因女子已是男子的所有物，所以成为部落与部落、民族与民族发生斗争时的掠夺对象。

一说，掠夺婚产生于对偶婚向个体婚演进的原始社会末期。对偶婚制实行“夫从妇居”，男子“寄人篱下”，难以树立性别权威，无法改变传统的继承制度。随着男子在社会生产中的地位日趋重要，他们要求不再“嫁”出去，而将女子“娶”回来。但由在“妻”方居住改变为在“夫”方居住，并非轻而易举之事，其间存在着尖锐的对立和激烈的斗争，掠夺婚就是以暴力掠夺手段来实现的变革。

一说，掠夺婚出现在母系氏族社会向父系氏族社会过渡之时。论者同时指出导致这种婚俗的原因有二：一是男性成为主要生产劳动力后，妇女的地位下降，为了生存常有溺杀女婴的现象。由此出现的后果是男多女少，两性比例不平衡。二是女子也是家庭劳动力的一分子、氏族财产的一部分，家长或族长不愿其被分流出去。然而在父系氏族时代，发展族外婚已成为必然趋势，所以掠夺婚就成了缔结婚姻的方式之一。

一说，掠夺婚的出现可追溯到人类由原始杂婚向血缘婚演变的原始社会前期。当时，家族与家族之间经常为争夺某种生存条件、某种猎获物而械斗。所获俘虏，男的予以杀害，女的则可用以满足性的需要。有了这种诱惑，各家族之间经常发生以掠夺对方妇女为目的的战斗。被抢劫的妇女在对方家族长期与人同居，也会逐渐适应新的两性生活。尤其生儿育女之后，她们与新的家族的关系，更是密不可分。于是抢夺妇女的事件屡有发生，甚至会演变成各家族之间习惯性的报复。因抢亲出现的不同家族的远缘结合，其后代远比血缘家族近亲繁殖的畸形婴儿优越。此时人们遂有“男女同姓，其生不蕃”的认识，开始到族外寻找更为美满的婚姻，抢亲逐渐淡出，自愿的结合逐渐增多。

总之，众说纷纭，掠夺婚的时代与成因尚无定论，主要是由于直接性证据的缺乏，因而有些论证难免有假设加想象之嫌。欲求得上述问题的历史真相，还需一段艰难的探索历程。

历史上，抢婚曾见于我国西南云、贵、川、藏等省区的少数民族地区。西部少数民族大多崇尚自由恋爱，而婚姻大事则须经过两家人甚至“神灵”的许可。因为一些原因而不被允许结婚的恋人们，会努力用其他形式勇敢地争取自己的幸福。此外，旧时思想观念桎梏，导致一些非正常的婚礼形式出现。刘锡蕃《岭表纪蛮》：“东兰、河池、镇边之瑶族中，有所谓闹婚之俗。即男子于婚期之深夜，率领壮夫十余人冲门斩关，闯于岳家……于是双方吆喝格斗，新郎趁乱入新妇室，拉新妇还家。助斗者，亦一哄而去。婿家杀牛祭祖先。助斗诸人及贺客，皆聚歌畅饮……”瑶族这种婚俗，正是抢婚的一种遗风[①]。

以前，在彝族社会中，抢婚这种婚俗尚有古代掠夺婚姻的遗迹。过去，在凉山彝族聚居地区，抢婚有两种情形：一为同一等级可以通婚的男女由认

① 彭立荣主编《婚姻家庭大辞典》，上海社会科学院出版社 1988 年版。

识而相爱，进而有了完婚的要求，但因经济状况、社会地位的某些差异等而难以通过常规途径成婚，以致不能不采取非和平手段来达到结婚的目的。二为强行抢婚，即强霸者，得知某女美艳，业已许人而自己欲据为己有，遂约同八九个强汉，于女家不知不觉中骤然实行抢劫。中华人民共和国成立前，彝族习惯法是承认掠夺婚姻有效的。

在滇东北彝区，抢婚已与凉山不尽相同。一般没有太多的顾忌，常常是明目张胆地纠合亲友，持械到平素倾慕的女子家中，或伺机于途中把女子捆起来，挟上马，任凭女子号哭叫骂，抢亲者无不以胜利为荣，沿途高歌，戏弄被俘女子，奏凯而归。若情敌从后边追来袭击，则免不了一场争夺战。胜者掳回女子，遣人送其回娘家。然后男方派人向女方正式提亲，择吉日迎娶。

景颇族过去也有这种风俗。他们称之为“弄格顺”即“抢女人”。抢婚时，男方事先一般不通知女方，甚至也不管女方愿意与否。采取这种方式多是因为几个男子同时看上一个女子，担心被别人娶走，而先下手为强。抢得后，一般仍要通过媒人到女方家商议聘礼，否则会使女方家生气。

以往，户撒地区的阿昌族小伙子将姑娘抢回来后，要将其藏在亲戚家，派人日夜看守，然后再告知父母。梁河地区的阿昌族抢婚时将姑娘直接抢到家，在进门的时候放鞭炮，举行绕火塘等各种仪式，当夜就入洞房。姑娘被抢来后，男方父母要赶快和家族中的长老、管事们商议解决办法，三天内必须请媒人去姑娘家报信，向姑娘家赔礼道歉。媒人去时带上几份礼，每份为草烟、茶叶各一小包，分别送给姑娘家及家族长老和村寨首领们。一是通报姑娘被某家“拐走”，二是赔礼认错，请求女方村寨和家人的原谅，同时请求成全这对年轻人，使之结为夫妻。媒人到女方家后，女方父母和兄弟往往会满腔气愤地指责他，媒人只能连连赔不是，并说尽好话。

而偷婚一般是迫于无奈之下而为之的缔婚方式。情况各有不同。有的是因经济原因，双方或某一方负担不起费用，为省事便私底下商量约好采取偷婚的方式结婚；有的是已婚男女丧偶而想再婚，又怕家人阻挠或社会舆论而以偷婚或抢婚的方式避免种种阻碍达到结婚的目的；还有的是两情相悦，而双方家人因为八字不合、家族矛盾或经济等问题不同意婚事者，则约好私奔偷婚，或两人事先商量好由男方召集一群小伙到女方家偷婚或抢婚。

偷婚风俗如今主要表现为夜娶新娘。云南的傣族、苗族、哈尼族、纳西族、景颇族等多个民族都有这种风俗。一般是双方约好日子，入夜，男方同亲人朋友兄弟若干人在约定地点迎候新娘，而新娘则和要好的女伴几人悄悄出发到约定地点与新郎会合。新娘不带嫁妆，只带随身衣物，打着一把伞进男方家门。

根据苗族习俗，新娘过门第二天，新娘到水井抬水，抬水仪式表明新娘已经是男方家的主妇了。这一天在男方家举行婚宴。而女方家人见女儿不在，经过打听，知道是这么一回事，只有无奈地等到第三天男方家派家中能说会道的叔伯，到女方家登门拜访，赔礼认亲。偷婚是中华人民共和国成立前苗族社会认可的婚姻形式，所以父母即使气恼也无可奈何，众人反而还会称赞男女之间的坚贞爱情。

中华人民共和国成立前，有一些民族赔礼、协商也会不顺利，双方陷入僵局。在此情况下，有的男方家只有无可奈何地把姑娘送还女方家；有的执意僵持不下的还会由此结为冤家；有的则是青年男女双方私奔离家。

景颇族男方与女方在两情相悦的情况下，请媒人说媒不成，女方家则会将自己的女儿藏起来，以防被男方家偷走，而男方家如果执意要娶，便请自己一方的媒人串通好女方的媒人，设法将姑娘偷来男方家。成婚之后再与女方家商议聘礼。

云南户撒地区的阿昌族称偷婚为“领婚”，阿昌语为“作业撒”，梁河地区阿昌族称为“扎尼拐”。阿昌族的婚姻前提是男女双方自由恋爱，私订终身，但女方父母不同意，或是已经将女儿另许他人，男女双方便私下约定好，决定偷婚。他们约定好时间地点，到时候，小伙子约上几个伙伴等候在预约的地方，姑娘在离家前把一点零钱分别放于父母的枕头下、甑子里，然后悄悄赴约。待父母发现这些钱时，才明白女儿已经被领婚了①。

一般说来抢婚或偷婚同样也要举行一些仪式。如在云南麻栗坡的苗族中，小伙子把姑娘带到自己家里，要在姑娘住处的门前用一把纸伞象征性地将姑娘“罩住”，再由一名老年妇女（多为小伙子的伯母）拿一只活公鸡在姑娘头上绕三圈，此举象征着姑娘的魂已经被“捉住”。

还有一些地区的苗族，当小伙子把姑娘带回家时，进门前，要先请一个人进去“报喜”，迎候在家中的人立即做好准备，待姑娘到门口时，立在门内的一至二名少妇就将一些鱼和麻塞在她手里，意为吉祥如意。

---

① 刘江著《阿昌族文化史》，云南民族出版社 2001 年版。

过去，在部分彝族中，当姑娘被带到男方家时，若小伙子把一担水挑进门，人们便认为姑娘的魂便象征性地被留住了，从此便算作男方家的人①。有的人家，需要媒人去几次才能平息女方家的怨气，认可婚事，从而坐下来商谈聘礼，择定婚期。如果抢婚七天后，男方家还不请媒人来赔礼说情，事态很有可能会激化，甚至引起两个家族之间的矛盾和械斗。而极少的情况是，女方家坚决不认这桩亲事，男方家无奈单方面操办婚礼，婚后女方父母不允许女儿再回娘家，从此断绝关系。直到父母年岁高了，思念女儿，才让女儿带着外孙们回家。

（二）当代仪式化的抢婚、偷婚礼仪

中华人民共和国成立后，人们遵守《婚姻法》的规定，现在所说的抢婚和偷婚实际上已改变了原来的意义，而是模拟性的、象征性的表演。这实际上已经成为大众认可的一种婚俗仪式，并非真正意义上的偷婚、抢婚。

傣族的抢婚习俗演变至今，作为一种风俗，比较具有戏剧性。青年男女恋爱并互订终身之后，两人约好时间地点，届时新郎会邀集同伴数人，手持棍棒，埋伏在约定地点四周。而姑娘借故出来时，小伙子们蜂拥而上，挟持姑娘便跑，这时，姑娘高呼救命，有意通知父母等亲人。家人闻声追出，约集邻里也手持棍棒来追赶。但这仅仅是一种风俗，并不真动手，追赶者会故意追错方向或放慢速度，而被追者则会把事先准备的零钱抛撒在地，乘追者拾钱的机会安然“逃”去，最终让男方顺利将女子“抢”去。将姑娘“抢”回家后，再托人说媒，商量聘礼等诸多事宜。然后姑娘再回到自己家，等待正式的迎娶。

直至今日许多民族虽然已经不再延续抢婚的习俗，但是从与结婚礼仪相关的一些风俗中仍可看出抢婚的遗风。傣族、佤族、纳西族、侗族、苗族、彝族、普米族、哈尼族、景颇族、傈僳族等多个民族仍有一些以“抢”为风俗的结婚礼仪。仪式化的抢婚的共同特点是：男女双方家人均知道也认可这一行为，且作为结婚礼仪中的一项内容，在举行“偷”和“抢”的仪式时，大家都用暗语或代词，不提结婚二字。

贵州的侗族举行传统婚礼时一定要有“抢新娘”的仪式。一般是晚上，

---

① 王亚南、郑海著《生—死：永恒的诱惑与恐惧——云南少数民族人生仪礼研究》，云南人民出版社 1991 年版。

男方家带着男女青年打着火把到女方家“抢亲”，到了女方家，女方家大门紧闭，灯火全无。叫门之后，听见门内唱起拦路歌。男方也对歌回应，歌词往往是双方相互戏谑的内容。对唱几轮之后，女方才把门打开，男方青年二话不说拥上前去抢新娘，而姑娘们则一边护住新娘，一边阻挡来人，当然最后肯定都是男方把新娘背起来，而女方姑娘依然不依不饶地“骂”对方。没背多远，新娘要挣扎滑下地，然后又哭哭啼啼，坐着不肯走，片刻之后再起身上路。这时候，男方接亲者要向新娘要喜糖吃，新娘要故意不给，让对方搜嫁妆，把糖果翻出来吃，每一床被褥、每一件衣服都要烧一个小洞，表示吉利。这一整套习俗都是侗族约定俗成的婚俗礼仪，大家按照习俗演绎，其中娱乐表演的性质大大增强了。

瑶族迎亲时有新娘“逃婚”的风俗，新郎到新娘家迎亲的时候，新娘要故意让新郎看见她在往外“逃跑”。而新郎要照例迅速去把新娘“追”回来，“追”回家之后，新娘还会伺机“逃跑”，新郎则又要前去追赶，如此三番之后，新娘才打扮一新和新郎一同前往男方家。

滇东北的苗族结婚时，有“抢媳妇”的游戏，陪娘均知道游戏规则，但凡在场的陪郎和年轻男子都会参加抢媳妇，而在场的女子都要保护姑娘不被抢，迎亲时分，众人扭作一团嬉戏争打，抢赢了也不当真，大家哄笑娱乐。

生活在西双版纳的哈尼族支系僾尼人崇尚婚恋自由，僾尼青年男女享有充分的社交自由。每个村寨都有专供青年们聚会和谈情说爱的“公房”。未婚男女夜晚可以到公房里去唱歌、跳舞、玩乐，相互倾诉爱意与恋情。情人经过多方了解之后，就会秘密约定一个“偷姑娘”的时间。在他们约定的时间，男青年在伙伴的帮助下，把自己所爱的姑娘“偷”到家里。在“偷姑娘”时，女方要故意装出哭哭喊喊的样子，还要咬男青年的手，以表示自己是不愿意离开父母的，是被情人“偷”了去的。

“偷姑娘”一般是在月夜。女方父母从中阻挠，一般都不是想抢下自己的女儿，而是趁机看看自己家的女婿长得健壮与否，是不是很有本事。男青年将姑娘“偷”回到自己家中后，就请媒人带着鸡蛋、鸡胸脯、糯米饭、酒等礼物到女方家里正式提亲了。姑娘的父母照例故意把前来求婚的人大骂一番，边骂边哭，最终一般还是同意这门亲事。

二、入赘礼仪

入赘招赘婚是指男女结婚后，男方到女方家成亲落户的情形。这种婚姻形式是母系氏族社会对偶婚从妻居婚俗向父系氏族社会过渡期间出现的，是对从夫而居的一种补充。在父权社会中，男娶女嫁是最主要的婚姻形式，女子出嫁从夫为正常现象，男性入赘女家被视为异类。之所以会有招赘婚姻的存续，女方或为满足接续香火的需要，男方多出于经济利益的考虑。招赘家庭通常膝下无子，如果女儿出嫁，父母无人赡养，祖业无人继承。入赘家庭一般都很贫困，子女较多，无力娶妻。

在这种情况下，“倒插门”女婿的家庭地位、社会地位都很低，经常要面对周遭异样的目光，甚至来自家族内部的排斥。《汉书·贾谊传》载：“秦人家富子壮则出分，家贫子壮则出赘。”唐代女子娶夫亦称“赘婿”，宋以后改称赘婿为“舍居婿”或“入舍女婿”。这期间随宋明理学盛行于世，无子人家认为女子无赡养父母之力，于是为女儿招赘，以帮女儿履行赡养父母之责，故招赘亦称招“养老婿”。元明戏曲、明清小说等亦述及招赘现象。由此可见这种风俗由来已久。

在西部少数民族中也有这种风俗。入赘的婚姻仪式通常比较简单，不事铺张。也有婚礼前新娘到其他亲戚家居住，而新郎到女方家居住，成婚之日从亲戚家把新娘接回岳父母家的，其婚礼过程与一般婚礼无异。婚后，入赘的男子地位并不低下。

广西那坡这一地区的彝族招男为婿，岳父与女婿的关系如父子一样密切。云南昆明官渡区子君村的彝族撒马都人，西山区龙洞彝族以及西山车家壁的彝族都有招婿入赘的习俗。撒马都人规定：如无子或虽有子但缺乏劳动力都可以招婿入赘。入赘仪式同于一般娶妻，新娘要躲至亲友家，然后由赘婿到该家迎娶接回，举行婚礼，入赘女婿要由女方家族中的老人送一个名字，一般是在自己姓前加上女方的姓。西山龙洞彝族招上门女婿则是由姑娘到男方家接，上门女婿要改女方姓方能继承家业。而车家壁彝族的招婿仪式却很复杂，先由女娶男，然后再由男娶女。

白族中也有入赘的婚俗，入赘的男子不仅在社会上享有同不入赘的男子一样的地位，而且还受到邻里乡亲及女方家成员、亲友的尊重，并享有继承女方家财产的权利和赡养女方父母、照管年幼弟妹直到他们长大成人的责任，人们把这种入赘俗叫“上门”。有的白族人家还有意把儿子“嫁”出去，讨姑爷进门，故民间还有“打发儿子招姑爷”的俗话。男女在恋爱关系确定后，如果男子愿意到女方家上门，在征得双方父母同意后，订婚时，女方家把男子及男方家长辈亲友数人邀请到家，女方家在宴请宾客时，长辈要当着众亲友的面为他改姓。从此他就随妻姓，不再使用原来的姓氏，并按女方在家中的排行定男子的排行。

自此之后，男子结婚后成了女方家的一员，同辈人之间只能互相称兄弟，禁忌把入赘的男子称为“姐夫”“妹夫”或“姑爷”。入赘婚姻的子女的姓氏继承父姓，由于父亲改姓，表面上看是子女随母姓，实质上是随父姓，这是由入赘男子地位较高而决定的。

拉祜族从妻居的结婚礼仪是这样：在求婚阶段，男方带一些酒、茶到女方家，与女方家共同招待亲友。结婚仪式在晚上举行，如要杀猪则在白天举行。男子从妻居时，一般要带一把刀、锄头，拉一头牛送去。婚礼由“卡些”祭司主持。新郎到女家后，有一个风俗是岳母拉着新郎的手放进谷箩里，象征有吃有穿。第三天，新婚夫妻共同来到男方家，在男方家住一天，意为回门，再返回女方家。

蒙古族也有入赘婚，在女方家无男子继承家业，或者男方家因贫穷无力下聘礼娶妻子的情况下，都采取这种婚俗。蒙古族的入赘婚分永久性和非永久性两种：前者必须一辈子住在女方家；后者则分三年、五年、十年不等，期满可以携妻回父母家，但必须把生下的第一个男孩留在女方家。过去，在蒙古贵族的通婚中也有象征性的入赘，“然台吉之女成婚之日，若妇不命婿入，婿不敢遽入也。既婚后婿在妇家，必俟产男育女后始归”。就是新婿必须先住女方家，等有了子女之后再回父母家。

入赘主要在平民中流行，特别是因男方无力付出巨额的聘礼，自愿去女方家劳动来抵偿，又称服役婚。这种招婿方式在古代就得到法律的许可和承认，被招的女婿既有权利也有义务，“若某人未给牲畜而娶某女为妻，被招到岳父母家当女婿劳作，后来负义逃出，即应给（岳父母及妻）十头牛和三十只羊。若本人愿去妻家，而其家人将指被招的女婿强行索出，则应给八头牛和二十只羊，子女无须赎取，即归男方。”被招到岳父家的女婿如果变心休妻，必须给女方相当的补偿①。

土族还有“抱子为婿”和“借子还子”的风俗。前者为家中有女无子，便先抱养一个年龄与女儿差不多的男孩作为养子。实际上这个养子是以将来

① 蔡志纯、洪用斌、王龙耿编著《蒙古族文化》，中国社会科学出版社1993年版。

成为女婿为前提条件的。抱养时，养父母与生父母也要立定赘婚契约，双方严格履行。待养子和女儿至婚龄时，再举行结婚仪式。后者为男子入赘女家后，如生二子，便将其中一子送还男方原姓家族，或留下一子给岳父母家，为其传宗接代，自己则领妻子和其他子女回归本家族①。

三、表亲婚礼仪

表亲婚是指双方父母是同一血统出生的兄弟姐妹的婚姻形式。又称姑舅表亲婚。表亲婚是古代以亲族感情和继承特权为依存基础而形成的传统习俗，是原始社会古老的血缘婚、环状联系婚、亚血缘婚的遗俗。

表亲婚通常指兄弟的子女与姐妹的子女即姑舅表兄之间互相缔结的婚配形式。

其一是舅父之子可以优先娶姑母之女，可视为对当时姑母外嫁的一种补偿与交换。

这种表亲婚在中国古代婚姻史上占有相当重要的位置，流行于全国广大地区。中华人民共和国成立前，在边远山区及少数民族地区仍存在表亲婚。门巴族称为“撒参木”；达斡尔族称为“他拉里”（回头婚）；壮族称“借姑还表”；纳西族称“阿舅则美该”，其意便是舅家的儿子理应娶姑母家的女儿为妻。有的地区的瑶族，舅家如无子嗣，外甥女出嫁他人的聘礼归舅家所有；有的地区的苗族则送钱给舅家作为补偿，称为“还娘钱”；水族、布依族称为“舅爷钱”；侗族称为“谢舅公”。

另一种是只许舅家的女儿嫁给姑家的儿子，即汉族所称“认姑做婆”，而禁止姑家的女儿嫁给舅家儿子的单向表亲婚。

旧时认为姑家的女儿回嫁舅家为“骨血倒流”“血脉回头”，故被严格禁止。汉族、满族、景颇族、拉祜族、达斡尔族等民族，民间多实行这种单向婚配风俗。这种风俗从遗传学角度来说对人类自身的繁衍、优生及后代子女的健康有极大的危害，中华人民共和国成立后，中国婚姻法有了近亲不得结婚的规定，才逐渐改变了这种习俗。

过去，土家族、布依族、傈僳族、瑶族、壮族、纳西族、苗族等都有姑表亲（又称姑舅表亲）的习俗。姑家的女儿必须嫁给舅家的儿子，舅家有优先娶外甥女的权利。土家族的俗语说：“姑妈女，顺手娶；舅舅要，隔河叫。”

① 李德洙主编《中国少数民族文化史》，辽宁人民出版社 1994 年版。

布依族若姑之女不同意，女家要向舅家交纳“舅爷钱”。某些壮族地区流传着“除了青冈无好柴，除了郎舅无好亲”的说法。

广西天峨县白定乡壮族称这种姑舅表婚为“借姑过表”，即把舅家娶姑家女儿为媳作为当年姑出嫁的一种补偿。即使舅表是有残疾的，或年龄过小，或年龄过大也无可更改，否则便用强硬手段逼迫成婚。只有舅家不愿意娶甥女时，甥女才可嫁与别人。瑶族在舅父无子，姑之女嫁与他人时，其聘礼由舅父收取。可见表亲婚的规约习俗是带有某种习俗规约性质的，违反了这种习俗规约即是犯禁行为，势必受到谴责和惩罚。若甥女要嫁别家，甥婿要给女方舅家一块猪肉、一坛米酒，有的还要给许多钱。

《蛮峒竹枝词》载：“清江（今凯里一带）苗婚嫁，姑之女定为舅媳，倘舅无子必重献于舅，谓之外甥钱，否则终身不得嫁或召少年往来，谓之阿妹居。”傈僳族实行族内婚制，婚姻有“姑表亲优先”的习俗，即姑生的女儿必须优先嫁给舅舅的儿子，其次才是堂姑亲和姨表亲。婚礼分别在男女双方家举行，须请两位男子主持，傈僳族称“娃扒”，即证婚人。农历七月半后说亲、定亲，婚礼多在腊月至翌年二月举行，规矩是“男方不给聘礼，女家不陪仓”。

另外，景颇族、侗族和彝族等还恪守姨表不通婚的习俗。其规矩也是很严格的，族民一律不得违反。彝族认为，姨表兄妹等于亲兄妹，严禁通婚。景颇族普遍恪守这一婚姻禁忌习俗。如果舅家有女儿，外甥在求偶时违背习惯而向其他姓氏的丈人种求亲，必须事先向舅家送礼，征得舅家的同意方可。舅家同意了，还要向表姊妹道歉，为之“洗脸”。

如果舅家无女儿或女儿的年龄和外甥不相当，外甥不得已另找丈人种时，也必须征得舅父的同意，否则，亲戚关系就会被破坏，这是很忌讳的。丈人种与姑爷种的姻亲关系因故中断，想再恢复时，姑爷种一方应向丈人种一方送礼认亲。如对方同意，则以酒食相待，并回送一支火药枪和一对手镯。这样双方就算恢复了姻亲关系。

丽江纳西族以往曾经盛行姑舅表亲优先婚配，纳西话叫“阿舅则美该”，意为“舅家可以优先选姑母的女儿为儿媳”。依照传统风俗，舅父的儿子有优先娶姑表姐妹的权利。即使舅表兄弟是傻子，姑表姐妹也无权拒婚。舅父只有在外甥女病残或“八字”与儿子不合的情况下，才允许她嫁给外人。

表亲婚风俗是人类从前存在过“普那路亚家庭”的不可动摇的证据。尽管在早已建立的父权一夫一妻制的长期影响下，我国西部少数民族的表亲婚已采取了个体婚的形式，已不复是原生形态时期那种一群从（表）兄弟姐妹之间的集体婚配，但我们仍然可以从中选择各种典型加以排列、比较，进行追本溯源的分析研究，把古代普那路亚家庭产生和发展的历史进程勾画出来。

四、转房婚礼仪

转房婚，又叫填房婚，丈夫死后，寡妇改嫁亡夫的亲属。如兄死，弟收寡嫂为妻；弟亡，兄纳弟媳为妇，均称转房，这种婚俗出现于原始社会母系氏族制后期，是原始社会族外群婚制的一种遗俗。在古今许多民族中广泛流行。这是一种强迫婚姻，中华人民共和国成立后被强令禁止。

过去，女子出嫁后，便为男家的财产，寡妇必须留在男家转婚。由于这样的男女双方本来就认识甚至熟悉，其结婚可能是个人选择。有的是出于经济考虑。贫困人家娶寡嫂、弟媳等，解决了赡养她们的问题，也省了聘礼。如果寡妇继承了财产，这样的婚姻可以防止家庭财富外流。社会视女性为夫家财产的时候，夫兄弟婚也可被理解为一种继承。过去，在蒙古族、哈萨克族、柯尔克孜族、赫哲族、藏族、满族等的游牧部落中，夫兄弟婚是常见习俗。

历史上，蒙古族中曾有兄亡嫂转嫁其弟，弟亡弟媳转嫁其兄，父亡其妻转嫁非其婚生之子的转婚形式。《马可·波罗行纪》载："鞑靼可娶其从兄妹，父死可娶其父之妻，惟不娶生母耳。娶者为长子，他子则否，兄弟死亦娶兄弟之妻。"如明代土默特部阿勒坦汗死后，其妾三娘子转嫁于阿勒坦汗长子黄台吉；黄台吉死后，三娘子又转嫁于黄台吉长子扯力克。转房婚与族外婚有密切关系。在古代，蒙古氏族或部落内部不能通婚，男子只能娶其他氏族或部落中的女子为妻；女子嫁到某一氏族或部落后，若丈夫死去，该女子只能嫁给其丈夫的近亲为妻。

西南地区的怒族、景颇族、傈僳族、壮族、彝族、佤族、独龙族、阿昌族、苗族和东北地区的鄂伦春族、鄂温克族等，都较长时间地流行过"转房婚"。其主要形式是兄死，弟以嫂为妻；姐死，妹代姐为妻；父死，子以继母为妻。转房婚带有"群婚"的遗风。

过去，怒族社会尚保留有"转房"的习俗。那是仅限于"兄妻弟妇"的转房，即兄死，弟可娶其嫂子为妻子；弟死，兄可纳其弟媳为妻。转房手续很简单，只需当事人杀猪煮酒请客吃饭。按照怒族过去的习惯，丈夫死后，寡妇不得随便改嫁；只有在夫家兄弟不愿意接受转房时，寡妇才可改嫁他人。改嫁他人有一定的条件：先内后外，由近而远。即先在本家族的近亲中挑选对象，如果本家族的近亲中无合适人选，在征得本家族的同意后，才可嫁给外族人。外嫁时所得彩礼，全归亡夫家所有。

哈萨克族的转房婚称为“安明格尔”，这种婚姻习俗是妇女死了丈夫，如果改嫁一定要首选亡夫的亲兄弟，其次是叔伯兄弟，再次是本氏族其他成员。只有本氏族无法解决婚配问题时，才能嫁给其他氏族成员。哈萨克族有句俗语“失去丈夫也不离开氏族”，以使本氏族的人口与财产不流入其他氏族。如果该妇女要嫁到别的氏族去，则有被驱逐出氏族的可能性，有时还会引起氏族间纠纷[①]。

彝族社会中有一个重要的婚姻惯制，但各彝族聚居地区的具体情况又不尽相同。凉山彝族谓之“喜玛石”，凡有生育能力但尚无子女或子女未成年的女子，在丈夫死亡后，其再嫁对象，由亲及疏，乃至本家支近亲属；一般先考虑平辈，在特殊情况下亦可转与长辈或晚辈，但上下以不超过三代为限。转房是家支内部的事，一般由亡夫的父亲或兄弟与家支头人共同商议确定人选，通常不征得妇女本人同意。最后以头人的名义做出决定。

如男方找不到适当人选为寡妇转房或不愿意承担孤儿寡母的抚养责任致使寡妇不能在本家支内再嫁的，男方家应允许寡妇回娘家另行改嫁，不得索回聘金；若寡妇本人坚决不愿意在其原夫家支内转房而回娘家者，女方家须退回原夫家所给的全部身价，若此妇女再嫁，则其后来所找的丈夫通过岳丈家退还前夫家的身价钱。转房时采取从妇居或从夫居。

中华人民共和国成立后，这种风俗已经不复存在，只能从历史文献和影像资料中去了解转房婚的礼俗。

五、不落夫家礼仪

不落夫家又称“长住娘家”“坐娘家”“坐家”或“不乐家”，是我国婚姻风俗的一种，起源于古代对偶婚阶段，兴盛于父权制初期。即男女结婚后新娘不在夫家居住，而是返回娘家住上若干年，在农忙时节或节日期间以客人的身份由丈夫的母亲或姐妹接回夫家住一两天，怀孕或生子后才到夫家长住。有学者认为，不落夫家习俗的历史源远流长，与母系氏族制有着密切的

---

① 李德洙主编《中国少数民族文化史》，辽宁人民出版社 1994 年版。

联系。

母系氏族盛行对偶婚，婚姻关系极不稳定，女子是家庭和社会的主人，男子只得从妻居，处于受支配地位。随着男子在生产生活和财富积累过程中日益发挥决定性作用，财产继承制度、族长人选及夫妻居住地点等逐渐发生变化。不落夫家婚俗，女子既不是无限期地长住娘家，又不是婚后即随夫居，立刻受夫权的管制，可见这是母权制向父权制过渡时期的产物，是母权制不甘衰落、拼命抗争最终却不得不屈服的体现。

《后汉书·东夷列传》载："（挹娄族）其婚姻皆就妇家，生子长大，然后将还。"新郎接妻子，接几次妻子就逃回几次，有"三回九转"及"不跑不是好媳妇"之谚。清代的方亨咸在《苗俗纪闻》里载："婚后不同寝处，唯私媾。俟孕而乳，始同焉。"陈鼎《黔游记》亦云："必生子，然后归夫家，惟红苗为甚。"爱必达《黔南识略》则曰："女嫁数日即回母家，生子然后归，曰坐家。"

农区的蒙古族，在婚礼结束后，新娘要回娘家住一个月，俗称"坐对月"。据史载及民俗调查，有新娘婚后回娘家居住一段时间之风俗的民族有布依族、壮族、门巴族、普米族、羌族、彝族、苗族、侗族、水族、仡佬族、景颇族、纳西族、傈僳族、哈尼族、蒙古族、塔塔尔族等。如果新娘婚后即与夫家同住，则会被认为不念娘家，遭到社会舆论的批评。

在不落夫家期间，新娘到夫家，大多是节日或春耕、秋收等农忙季节。此时新郎新娘才开始同房，新娘要由夫家去"喊"回来帮忙，称为"喊新媳妇"。在有的民族中，去接的人，除了新郎外，谁都可以。接几次后，新郎新娘的感情越来越亲密，直至怀孕或两三年后，新娘才真正在新郎家"坐"起"家"来，开始建立自己的家庭，长久过日子。

如今看来，这不完全是一种落后习俗，因为在中华人民共和国成立前，在一些少数民族中存在早婚的现象，不落夫家在一定程度上弥补了早婚的缺陷。通过这个慢慢适应的过程，逐渐培育、造就成熟的少数民族女性，从而确保婚姻家庭稳定及家业兴旺。这对于建立完美家庭、促进民族的繁荣等起到了积极的作用。因此，不落夫家，有其必然性。同时，这样做推迟了早婚的少数民族女性的初育年龄，对妇女的个人健康和人口素质都有好处。有些民族在不落夫家期间，男女双方仍可参加寻偶的社交活动，一旦选中另外的意中人后，还可退婚，提高了自由恋爱、自由婚配的比例，使婚姻更加幸福美满。

在贵州的苗族地区，婚宴一结束，新娘就和伴娘们一起回娘家。在娘家住上三五天或八九天后，新郎家的人要到新娘家去接新娘回家。因为是首次去喊新娘，所以主人特地选一位被认为“命好”的年轻妇女去。去喊时，还提着一个细篾竹篮，竹篮中放置着生的米粑及糖果之类的东西。来到女方的娘家，女方的母亲便用竹篮里头的生米粑来煮油茶，让主客共同品尝，以示祝贺新郎新娘成家立业，期待其将来发家致富……把新娘接到男方家住上几天后，新娘又要返回娘家。之后，男方家又会第二次、第三次找人去喊新娘回家。通过反复多次接送，新娘便慢慢地习惯了，来去由她。两头居住是她的自由，直到怀有身孕，才到男方家长住。但随着社会的进步与发展，这一不落夫家的习俗正在逐渐改变。如今，有的青年男女一结婚，妻子就长期住在夫家了。

布依族青年男女结婚后新娘不“坐家”。新婚头两天，由伴娘同新娘同宿，第三天，新娘同伴娘一道回娘家生产、生活。此后，农忙时或年节时夫家可由小姑或母亲接新娘到夫家帮忙。新娘到夫家劳动或过节期间（每次一般三五天左右），仍然不能住夫家，而是比较固定地住在亲戚家。帮忙过后返回娘家，待数年后自愿或有身孕后才到夫家坐家。从不落夫家到坐家的时段可短可长，短则一两年，长则七八年。从布依族婚姻缔结的特殊程序以及各个程序中的环节看，不落夫家是布依族婚俗的一个重要特征，曾经对布依族婚姻的构成、家庭的最终建立产生过重要影响①。

按布朗族传统礼俗，新郎新娘举行成婚礼后，分别在各自所属的家庭中劳动和生活。农忙时，新郎要到新娘家帮忙，平时，新郎只能在夜间到岳父岳母家与新娘同居，夜合朝离。这种情况大多持续三年左右。在这期间，所生孩子主要由妻子抚养，且属于妻方的家族成员。三年后，若双方感情融洽，男方家即可选择吉日，举行隆重的仪式把妻子和孩子接回来。布朗族称这一仪式为“第二次成婚礼”，而且普遍把这次成婚礼视为正式的仪礼。

届时，女方家要把女儿送到男方家，并送茶树、铁锅和衣饰等作为嫁妆。再次身着嫁衣的女儿离别娘家时，仍然要号哭不已。到了丈夫家，婆婆等候在楼口，并送给她一条新筒裙。她则把新筒裙与第一次成婚礼时自

---

① 李君怡《布依族“不落夫家”婚俗探析》，《黔西南民族师范高等专科学校学报》2008 年第 4 期。

己的母亲送给丈夫的新上衣叠放在一起，表示婚姻的正式缔结。女方陪送者要向男方一一点交女方的嫁妆，并由双方的女伴和男伴各持两对蜡条，代表“新郎”和“新娘”互相交往，作为正式缔结婚姻关系的契约之象征。接着，由寨中长老为夫妻二人再次举行仪式，并由巫师念诵祝词：

生个儿子力气大，
会挖竹鼠会拿鱼，
会射飞鹿会使斧，
旱谷、茶叶有多余。
生个女儿手巧脑瓜灵，
会找螃蟹会养禽，
会簸谷子会织布，
腌的酸笋最爱人。

仪式结束以后，男方家摆席宴客，客人们开怀畅饮，当晚，“新郎”“新娘”与村寨内的青年们彻夜歌舞，以示庆贺。经过这第二次成婚礼，妻子便居住在丈夫家，正式成为其家族中的一员。如果在此之前生了孩子，则孩子也一起正式进入丈夫家，成为夫家的子嗣①。

六、买卖婚礼仪

中华人民共和国成立前，我国西部一些少数民族社会中存在着买卖婚。买卖婚一般流行于阶级社会中。除了以等级差异为基础的买卖婚，还有童养媳买卖婚、寡妇买卖婚等形式。

买卖婚的婚礼特点主要表现为根据女方的相貌、健康等条件和所处的家族地位来决定男方娶妻的代价，一般通过聘礼的环节来体现买卖的代价。李银河认为传统彩礼大多是买卖婚遗存的风俗。买卖婚后，女方完全为男方家所有，而离婚时，女方还要退回全数或是一部分彩礼。

如凉山州调查显示，中华人民共和国成立前，大约有70%的人婚姻由父母包办，并以买卖婚的形式索取财物，定娃娃亲盛行，近亲订婚的也比较多。彝语中结婚一词，最早就是“买老婆”之意，即以聘金、彩礼去换取妇女及嫁妆。聘金、彩礼的多少因等级身份不同而异。一般一个诺合女

① 王亚南、郑海著《生—死：永恒的诱惑与恐惧——云南少数民族人生仪礼研究》，云南人民出版社1991年版。

子的身价是曲诺女子的6倍左右。诺合女子出嫁要携带陪嫁丫头作为主要嫁妆，其聘金多少与所带去的丫头成正比。在离婚时，若女方提出离婚，则必须如数偿还男方的聘金，而男方提出离婚，则不准向女方索要聘金[①]。当时，西昌彝族聚居地区黑彝姑娘的身价，有的高达1500两银子，白彝一般是150—300两银子。

七、母系制度的婚姻文化礼仪

随着时代的发展、社会的变迁，少数民族的婚姻形态也不断变化发展。人类发展至今经历了群婚和个体婚两大阶段。中华人民共和国成立前，我国许多少数民族的社会发展是不平衡的。不同的地区、不同的民族，保留了不同的社会形态，也保留了群婚残余、对偶婚、一夫一妻制等多种婚姻制度。

聚居在川滇交界处的宁蒗县永宁摩梭人（纳西族支系），中华人民共和国成立前尚有母系制残余，实行一种具有初期对偶婚特征、与母系家庭形式相适应的“阿夏”婚姻。“阿夏”婚姻的基本形式是男不娶女不嫁，相恋钟情者互送信物定情。情侣双方都终身生活在母亲家里，男子在夜间到情侣家过偶居生活，次日黎明即返回自己的母亲家里。男女缔结“阿夏”关系要遵守传统习俗，只有不属于同一母系血缘的成年男女才能建立这种关系[②]。男女为终生分属于各自家庭的成员。有时男方也要为女方家承担一些田间劳动，属于义务帮忙的性质。每年中秋节男女互赠一些衣物。女方分娩后，男方家的人，即婴儿的祖母、姑姑等，也携带礼物前来探望，称为“认子”。但是，这个孩子永远属于女方家族成员，无论男孩女孩，都随母姓，由女方教养。男方家庭生活条件好的，也给些资助。孩子长大以后，父子关系密切的，孩子可以到父亲家串门，看望奶奶、姑姑等，但不能成为父亲家庭的成员；父子关系疏远的，孩子就认母不认父了。男女双方的阿注关系一经建立，一般是男不再娶，女不另嫁。

裕固族过去还有一种名为“帐房戴头婚”的风俗。即姑娘在奇数年龄（十五或十七岁）时，举行戴头仪式。如果不准备出嫁。父母就为其另立一

---

① 李绍明、冯敏《凉山彝族旧有婚姻家庭形态与现代化问题》，《思想战线》1990年第6期。

② 摘自中华人民共和国国家民族事务委员会网站 http://www.seac.gov.cn/col/col303/index.html。

顶小帐房，并举行戴头仪式。举行仪式时，在大帐篷附近立起小帐房，请喇嘛念经，由两个妇女按照择定的时辰在大帐篷内的客人面前给姑娘戴上头面，然后姑娘给每位客人倒碗茶，之后便用帽子遮住自己的脸，不讲话。这时，那两位妇人将姑娘接入小帐篷内坐下，直到下午客人散毕。仪式完毕，给两位前来帮忙的妇人各八尺白布、八尺蓝布及一条哈达表示感谢（礼物内容、数量可根据家庭经济状况调整、增减）。此后，戴过头的姑娘独自住在小帐房，有了社交自由，找到情投意合的伴侣，可到小帐房内同居，可结成长期固定伴侣或短期伴侣。同居男子必须帮助女方家劳动，生儿育女不受非议。男不娶，女不嫁，离异时，男子不能带走任何东西，孩子亦随女方。戴头女子不受男子约束，在家庭中享有较高的地位和权威①。

像纳西族摩梭人走婚以及裕固族帐房戴头婚这种以女性为主的特殊的婚姻形态，具有较为明显的母权制婚姻形态的残余。

过去，壮族也部分地存在着母系社会婚俗。青年结婚的时候，按照传统的风俗，男的到女的家去就行了，自己家既不备什么礼物，也不大摆宴席，结婚用品全部由女方家准备。夜晚，请族中老人为新郎更名换姓，按照新娘的辈次给新郎排辈次。如果姑娘在同辈兄弟姐妹中排行老大，新郎就被排成大哥。即使新娘的兄弟姐妹有比新郎年龄大的，日后他们也要称其为大哥，绝对禁止称姐夫或妹夫。以后生了孩子，也一律随母姓，属于女方家庭成员。入赘的新郎，在女方家中是受尊重的，不仅家族中无人欺生排外，社会地位也得到人们的肯定。倘若妻子早亡，丈夫对妻子的财产有继承权。如属中年丧偶，女方家也允许男方再找配偶。布朗族、瑶族等少数民族，也盛行这种风俗。这种婚俗在男嫁女家、更名换姓、子女属于女方家这三方面反映着母系社会婚俗的特点。

而许多民族不落夫家、逃避从夫居、抢婚都是从母权社会向父权社会转变时的一种过渡的礼仪。

---

① 《裕固族简史》编写组编撰《裕固族简史》，甘肃人民出版社 1983 年版。

第四章　亲长身份晋升礼仪

在中华大地上，建立在亲族关系基础上的社会网络历来根深蒂固，人们往往忽视了社会生活中亲长身份及其相应亲权的获得及晋升的重大意义，看不到与此相关的种种民俗仪礼活动形式的广泛存在，这实在是一种令人十分遗憾的情况。

第一节　亲长礼仪概述

一、概说

任何一个人在其人生历程中的各个重要转折点上，通常都伴随着自身社会角色、身份的巨大转换，众所周知的有与出生、成年、婚配等相伴的角色、身份转换。在传统社会中，凡此种种的社会角色、身份转换均以相应的人生仪礼民俗活动形式为标志，一则象征着这类社会角色、身份的转换就当事者个人来说业已完成，二则意味着公众、社会对当事人的这种角色、身份转换的普遍承认。研究者一般公认，在人的一生中，这一类人生仪礼共有四大类别，即出生仪式、成年礼、婚礼和葬仪。

然而，人们还应当看到，一个人从成年结婚到年老寿终，往往还经历了多次极为重大的社会角色、身份的转换，那就是亲长社会角色的身份和地位的转变或晋升。可惜的是，迄今为止，中外人类学家、民俗学家们却大都严重忽视了这个问题，在流行的各种概论性或专题性著述里，对与这一期间的各种人生仪礼相关的民俗活动形式近乎一概忽略未谈。

二、仪礼与亲长角色

中国西部一些少数民族社会相对更长久、更接近原貌地保存着中华大地上某些古老的社会文化传统，可以为这一方面的考察提供极其丰富的实证材料。

基诺族自称“基诺”，“基”为舅舅，“诺”为后边，意为尊敬舅舅的民族，他称“攸乐”。主要分布在云南西双版纳傣族自治州景洪市的基诺山基诺族乡和景洪市勐旺乡补远村公所，其余散居在附近勐养镇、允景洪镇三达山、大渡岗乡及勐腊县勐仑乡等地。关于基诺族的来源，没有文字记载。

据传说，基诺族先民由普洱、墨江甚至更远的北方迁至基诺山东部边缘一处名叫“司杰卓米”的地方。后来人口增多，分为乌优、阿哈、阿希三大支系。早期的基诺社会曾处于狩猎采集时代，生产力水平十分低下，传说要填饱肚子需要走九架山九条箐。而当时祭祀活动频繁，更加重了食物供给的困难。基诺族先民因此迁离司杰卓米向外发展，大部分人员迁到基诺山地区的杰卓山定居。

与此同时还进行了两项重大变革：

一是废除了“巴什”（血缘亲属之意）内婚制，出现了“基诺洛克”的名称。“基诺”含有“舅舅的后代”的意思，“洛克”的含义是全体或整体。这显示基诺族先民在杰卓山时代已经进入母系氏族社会，而基诺洛克是当时若干个氏族合在一起而形成的部落组织。

二是发生了信仰习俗的变革，出现“人鬼分家”。“司杰卓米”从此在人们心目中成为祖先神灵居住的“鬼寨”。当时形成了用生姜及芋头“驱鬼”等习俗。

在杰卓山时代的晚期，社会经济出现繁荣景象，传说当时已经有了过“特懋克”节即“打铁节”的风俗，表明基诺族先民已掌握了金属工具的制作工艺而告别了石器时代。当时有了酿酒房，定期举行集市贸易，附近的其他民族都来赶集。

大约在公元13世纪中叶，传说由于战争原因，基诺族先民迁离杰卓山分散到基诺山区各地建立村寨，这时发生了由母系氏族制度向父系氏族制度的过渡，随后又发生了由氏族社会向农村公社时代的过渡，农村公社成为各个村寨基本的社会形态单位，而在农村公社内部存在父系氏族组织。每个村寨由若干个氏族组成，每个氏族中最年长的男子即成为村寨的头人，由此组成农村公社的权力机构即“七老”组织。“七老”分别称为卓巴、卓生、巴努、生努、达在、柯卜罗和乃厄。其中卓巴及卓生的含义分别是为众人挑起担子的人及为众人开辟道路的人，即村社的主要头人。人口较少的村社只有卓巴及卓生两个头人。

巴朵寨原来由两个氏族组成，分别产生卓巴及卓生两个头人，后来由于疾病流行，卓生氏族的男子全部死光，只剩下卓巴氏族。巴朵寨寨民原来遵照巴什外婚制即氏族外婚制的古规而进行婚配，卓巴氏族与卓生氏族互相联姻，在失去了卓生氏族以后，村民们只得打破巴什外婚制的古规，在卓巴氏族内部进行婚配。卓生这一职务也从卓巴氏族的成员中产生①。

在农村公社时代，任何基诺族男子都有希望担任村社的首领，即使是残疾人也不例外，唯一的要求是他的岁数要比本氏族的其他男子大一点儿。每个村社都有两面木鼓，它是为纪念其始祖玛纽玛黑乘木鼓从洪水中逃生而制作的，若有人当选为卓巴或卓生，村民们就把木鼓送到他家的竹楼上挂起来，因为这木鼓是首领权威的象征。通过这种保管木鼓的办法，数百年来，基诺族社会一直避免了首领的世袭制，避免了其首领使公共权力转变为私人特权的可能性。

历史上，基诺族的青年男女谈情说爱之际即可同居，中华人民共和国成立前，他们一般是在生育了头一个孩子之后才举行婚礼。婚礼过后的第二天，早已做了母亲的新娘还有一个正式拜认公婆以确定相互间角色、身份的仪式。这一天清晨，新娘出去背水回来，烧好洗脸水，端水请公婆洗脸，并于此刻开始称呼“阿爹”和“阿妈”。

在此，人们不难看出，这一仪礼形式已经失去了婚礼原有的单纯作为过渡仪式的意义，而具有了更多的内涵。它不仅仅标志着一对男女青年合法结合，取得了夫妻的角色、身份，而且还标志着新人及其亲长各自角色的多重变化，他们在人生历程中的身份、地位的晋升得到了彼此确认。

这一对青年男女获得了新生婴儿的合法父母的身份，由子辈晋升到父辈、母辈。他们的双亲有了成年结婚的儿女，同时又做了自己儿女的配偶的法定亲长，亲长权力的范围无疑有所扩大，与儿女尚小的年轻父母相比，其身份地位自然也得到了晋升。这一对男女青年的双亲还有了已经出生的第二代后嗣，在人生历程中的社会代际层次上由亲辈转为祖辈，其社会身份和权力地位再一次得到晋升。归结起来，这种种情形皆可简单概括为亲

---

① 国家民委民族问题研究中心编《中国民族》，中央民族大学出版社 2001 年版。

长身份的晋升。

在中国西部的许多民族的成员的人生历程中均有这一类社会角色、身份转换的仪礼象征形式，只不过它们不那么引人注目罢了。在一个成年人的生活经历中，这类标志着亲长社会身份和权力地位的获得及晋升的仪礼形式，便可统称为“亲长身份晋升仪式”。

诚然，亲长身份晋升仪式往往隐藏在其他的几大类人生仪礼之中，具体说来主要是隐藏在出生仪式和婚礼之中，而不大为人们所注意。这一点也许是象征亲长身份及其相应亲权的获得和晋升的仪式活动历来被人类学家、民俗学家忽略的一个原因。可是，只要稍加分析便可以看出，亲长身份晋升仪式自有其相对独立的民俗活动形式，并没有全然消融在出生仪式或婚礼当中。

简要地说，在出生仪式里，有相当一部分仪式活动内容与初生婴儿的年轻父母关系更为密切，主要是为了表明他们的亲长身份的获得，这一种仪礼形式倒不如说是“生育仪式”。而在传统的婚礼过程中，通常都有一项专设的小仪式，即向双方父母施礼。如果说新媳妇拜公婆还可认为是婚礼的组成部分的话，那么在婚后几天到数月不等，丈夫随妻子回娘家拜认岳父母的仪式，便同婚礼失去了固有联系，而成为相对独立的程式化“回门仪式”，标志着女方父母的亲长身份的晋升。在一些民族中，婚后头胎的婴儿出世，需由专人（一般是婴儿的父亲）赶赴婴儿外祖父母家送吉讯，这一“报喜仪式”标志着女方父母的亲长身份的晋升。

这里所要做的就是把它们从中辨析出来，并首次赋予亲长身份晋升仪式与出生仪式、成年礼、婚礼及葬仪同等重要的民俗仪礼意义。如此一来，也就丰富了人们以往对自婚配到死亡、自婚礼到葬仪这一段具有重大社会意义的人生历程中的角色与身份转换研究、人生仪礼分类的内涵。以下便具体展开，做较为详细的考察分析，尽可能将西部一些少数民族民间的有关情况一一列举，力求以其普遍性立论。这对于提出一种新的见解来说是很有必要的。

研究亲长身份晋升礼仪对于分析和认识以亲族关系为主要社会结构网络、以亲族权力为主要社会控制机制的社会组织形式，势必有着举足轻重的学术价值。这是因为，亲长身份晋升仪式本身即是亲长的权力地位得以确立并得到社会公认的基本仪礼象征，而维持亲族社会机制正常运行的社会权力，恰恰是在亲长权力基础上形成的亲族社会权力系统[①]。

第二节 确定门户的新居制

人类学中所说的新居制（neolocal residence），即婚后离开长辈之宅而新择住址，新婚夫妻自立门户单独居于一处，也就是平常所讲的“分家”。它的要义并不仅仅是分取家产、另起炉灶，在经济生活中自立自主，而且还在于这带来了社会地位上的完全的门户独立，促成了社会心理上的完整的个体人格。在一些民族当中，就新居制的实现而言，结婚只是一种必要条件，而婚后生育才是其充分条件。这一点也足以表明，家中亲长的社会身份、地位显然不同于新婚或婚后未育的夫妻社会身份、地位。

居住在小凉山的彝族百姓，直到儿媳妇怀孕快要生产之际，才由婆家选择吉日举行仪式，帮助已婚多时的儿子建盖新房。在新房完工的当晚，这一家人又要杀猪宰羊，同亲友乡邻一道欢宴，庆祝儿子的新居落成，庆祝一个新的家庭将要正式诞生。

景颇族的传统习惯法甚至于有明确的规定，当儿子婚后生了小孩，父母、长辈须动员他们另辟家园。据笔者在景颇族聚居地区实地考察，育有后嗣的儿子们的干栏式长屋新居，往往就建盖在他们父母的房屋的近旁。逐渐分化出来的各个核心小家庭，便围绕着各自家族的祖宅，构成了一个以亲族关系为其结构网络的村落社会。

哈尼族男女青年结婚生下第一个孩子后，做了亲长的儿子们也大多择址另建新家，与自己父辈的大家庭分家而独立生活。

丽江傈僳族青年结婚以后尚不能够分家自立门户。直到他们有了小孩，自己已身为亲长，方可建一幢板盖木楞房，从此离开祖宅，生活开始独立。

哈萨克族家庭多为小家庭制，男子成婚后，在父母毡房旁另立毡房，独立生活。有的只是分开居住，但还跟父母一起吃饭、生活。有的无力搭新毡房，儿子与媳妇暂时与父母同住一个毡房，其铺位用幔帐与父母及其

① 关于“亲长身份晋升仪式”及其在中国传统宗法社会权力机制中的重要意义，参见王亚南《无冠的加冕——云南民俗仪礼中的礼教》，《中国文化报》1989年4月5日；《华夏传统社会结构分析》，《毛泽东哲学思想研究》1989年第2期；《亲长身份与亲权——从云南民俗看华夏社会传统》，《云南社会科学》1989年第4期。

他家庭成员隔开，待条件具备再另立新毡房，并分给儿子一部分财产和牲畜，为其购置一套生活必需品，让其开始独立生活。

维吾尔族的家庭是以夫妻关系为基础的小家庭制。家庭成员一般包括祖孙三代以内的直系亲属。独子不分家；多子女的家庭，在儿子长大成婚后，即与父母分家另立门户。父母常把幼子留在身边，作为养老送终的依靠。

通常只有家长才能自立门户，而做了亲长便有了这样的身份、地位。这里面的社会机制不但具有经济学上的意义，而且还包含社会学、心理学方面的诸多因素，独立自主的心理人格和与之相应的社会身份、地位也与自食其力的经济生活同等重要。在传统亲族社会中，新居制就标志着社会成员资格的全面获得。

婚后，夫妻向父母的社会角色、身份的转化，这一过程的社会意义并不亚于未婚男女向夫妻的社会角色、身份的转换，而就获取一定的社会身份、地位，拥有相应的社会威望来说，由夫妻角色向父母角色转化的社会意义更为重大。但是，为什么与之相伴的民俗仪礼活动，却往往不如婚礼那般隆重，以至于人们习惯上难免忽视了亲长身份晋升礼仪，而把婚礼视为人生中的大礼呢？在这里有必要提醒大家考虑这样一个明白显见的事实：婚配是一种由性禁忌的反面派生出来的社会性的人为安排，而生育在其本来意义上却是一种自然性的生理现象。举凡民俗仪礼当然是人为的社会活动。婚配与生育之间在人生仪礼的设置上有失平衡的反差对比，也许就出自于此。

人为安排尤为需要社会的有意识干预，而生理现象本身便会自然而然地发生。从这里也可以看出，各民族的先民们习成各种民俗仪礼活动，想必是有意以此人为之举来表达特定的文化象征意义。正因为这一点，过继的社会继嗣关系、养父养母的社会亲长身份地位，也才有可能缘此而来。

第三节　生育者的晋升礼仪

一般来说，成年便意味着一个人成了社会的正式成员。在奉行民俗习惯法的传统社会里，成年即以成年礼为其基本标志，由此而完成当事人角色身份的转换；而在施行现代成文法的当今社会，人们到了法定年龄便获得公民权，即实现了这一角色身份的自然过渡。尽管如此，一个人在其一生中，只有在结婚成家以后，特别是在生育子嗣以后，才最终被视为完全合格的社会成员。这一点在人们无形的观念意识和民间有形的民俗传统里都有反映。在很多民族的社会生活、政治生活当中，皆可清楚地看到这一方面的情况，而在亲族社会群体内部就更加明显。

有史以来，结婚生育、繁衍后嗣，一向是人们一生中最根本的社会义务之一。因此，没有哪一个民族会自动放弃人口的生殖繁衍活动，也没有哪一个社会不重视后世传人的培养。

在中国西部的一些少数民族中间，古老的女阴崇拜、石祖（男阳）崇拜自不待言，传统的求神赐子至今也依旧可见，而且，从结婚到生产前后的不少民俗活动形式，也都不乏与企盼生育子嗣或希望子嗣健康相关的仪式内容。比如，按照传统，布朗族男女青年在结婚的当天，要用猪肝、猪心剁碎，同糯米掺和，煮成一种“猪肝饭”，请全村寨的儿童来吃。这一仪式活动象征着新婚的夫妇“叫了孩子的魂”，即可早日生儿育女，为人父母。生育者的亲长角色身份确实令人羡慕，其社会地位值得人们去追求。

无须赘言，在民俗传统中，为人父母者与未育夫妇相比较，在社会生活里的身份、地位以及相应的权利和义务都是不一样的，甚至各自死后的丧葬待遇也不尽相同。人生历程中的缺憾竟致使送终也不得圆满，这在实行传统葬仪的社会里是常见的事情。

过去，云南某些地方的苗族女青年结婚之后，待到怀孕满半年时，就有一个回娘家报喜讯的仪式。在这个仪式上，做阿妈之人要为有了身孕的女儿梳一次头，把女儿的头发往头顶上拢起，绾成一个发髻，表示这个女儿已经进入了“妈妈”的时代。在苗家女性中间，未婚少女、待嫁新娘、婚后妇女和已育母亲的发式，各自均有传统严格规定的差别，以表明各种角色身份、地位的不同。德宏傣族人家上有一整套传统的接生仪式活动，在行拴线礼时常常吟诵《接子歌》，其中也有完全针对刚做了父母的年轻夫妇的祝词，同样道出了为人父母所特有的福分：

热闹的竹楼又多了一份福气，
仁慈的神又送来了一个仙子，
向家神拜跪吧。
孩子的母亲，

向家神致谢吧；

孩子的父亲，

……

这是你们的欢喜，

这是你们命中注定[1]。

笔者认为，在新生婴儿出世前后，公众、社会承认其父母的亲长角色、身份及相应权责、地位的那一些仪礼活动，恐怕只能称作“生育仪式”，以明确区别于为新生儿举行的“出生仪式”。现将中国西部一些民族的民俗中的生育仪式的有关表现形式简介如下。

一、象征父母相应身份、地位获得的仪式

在丽江纳西族民众中间，婴孩出生后，家中就要奉米酒祭祀祖先，向列祖列宗报告他们的儿孙业已做了亲长，有了下一代的子嗣。而瑶族人家则在婴儿出生后第三日，摆酒设宴，亲友村邻都来参加，大家向年轻的父母表示祝贺。傣族婴儿出生满一个星期，家里要由年长者主持祭家神，同时念诵祝福词，给孩子的母亲及她的孩子行拴线礼。等到小孩满月的时候，还要再举行一次这样的仪式。

永宁纳西族至今尚保持着母系大家庭的社会结构，实行走访婚，因而婴儿满月的酒宴一般由母系亲族承办。可意味深长的是，如果这婴孩为女方与自己的长期“阿肖”所生，那么满月酒则要由孩子的生父来举办。在这个长久以来对生父不称“父亲”而称“舅父”的母系社会内，因走访婚而得子的成年男子同样也没有“儿子”的概念。但是，由生有子嗣的长期“阿肖”来办满月酒，则可解释为公众、社会对其生父的身份、地位的承认。

过去，白族青年夫妻生育头胎之后，在请“满月客”的同时，还要上娘娘庙去拜谢得到后嗣；若头胎生的是一个男孩，使家族有了又一代传人的年轻父母更加自豪，他们会于当年的农历六月二十四火把节那一天，在自家房屋附近的场院上竖立起一支火头绵绵不绝的火把，以示格外的庆祝。

一些民族之所以重视新生儿满月，大致说来就是因为满月标志着孩子已脱离了神秘的另一个世界，其弱小的新生命进入人间并初步稳定下来。

---

① 《山茶》1987 年第 6 期。

与此同时，初生儿父母们的亲长身份、地位也得以基本稳固。

生活在洱源的白族乡民，在小孩出世满三个月取乳名时，要把孩子父母双方三代以内的全部血亲一起请来，摆好酒宴请客人们就座。随后，婴孩的母亲抱着孩子同客人们见面，而孩子的父亲则向客人们下跪敬酒。随着这婴儿的乳名命名式的结束，这一对年轻夫妻的亲长身份、地位也得到认可。

这一方面的例子还很多，只是由于常常与出生仪式混在一起，往往被人们混同于出生仪式，其实认真分析起来，所谓出生仪式的相当一部分内容，归为生育仪式更为贴切一些，因为它们同初生婴儿本身并无多大关系，而实质上是在祝贺年轻父母亲长身份、地位的获得。

二、特色各异的命名仪式

即便是在各民族最常见的婴儿命名过程中，某些特定环节的特殊意义也不能忽视。

裕固族婴儿在十天或满月时，由祖父、父亲或舅舅为其取乳名。这无疑是亲长权的一种基本体现方式。周岁或三岁剃头时取经名，上学或到成年外出工作时取学名[①]。

柯尔克孜族给孩子命名包括非正式命名和正式命名两个过程。

婴儿生下后，母亲首先给他（她）起一个名字。这个名字是婴儿的妈妈根据“阿寅勒”（牧村）有名望的人或者自己崇拜的人的名字而起的，希望孩子长大后像自己所崇拜的人物那样有所作为。但这种名字只能叫三天，意味着母亲在行使自己的母权，即亲长身份得以确立。

三天后就要举行正式的命名仪式，全牧村的人都来庆贺，祝贺婴儿的父母喜得贵子，欢庆牧村又添新丁。在宾客满堂的盛会上，主人为婴儿举行正式的命名仪式。主人请来村里年纪最大的、有知识的老人或宗教人士为孩子命名。从婴儿的祖辈里挑选一个出类拔萃的人物，在其名字后面加上婴儿父亲的名字便是这个婴儿的名字。这样命名意在鼓励后辈向先辈学习，做一个有大出息的人。

名字取定后，婴儿的父亲要当众宣布婴儿的名字，然后举行命名宴。待客的食品是一种叫作“煎泰克塔拉依”的特制饭食。这种饭是将沙枣煮

---

① 李德洙主编《中国少数民族文化史》，辽宁人民出版社1994年版。

熟去核并把小麦、青稞炒熟、磨成面加上酥油、奶皮、熟肉末搅拌而成，吃起来香甜酥脆。吃这种饭食的目的是祝愿婴儿一生丰衣足食、生活幸福，同时也向世人宣布婴儿父母的亲长身份得以确认。

哈尼族人家在婴孩出生的第三天，要举行隆重的父子连名仪式。在红河、元江一带，这一天太阳刚一出山，婴儿的双亲就在屋前院子里摆出许许多多的糯米饭团，供全村各家各户来人用一个鸡蛋换取后共食。这就等于是正式通知村中一应人等，他们已经做了亲长，有了刚出世的子嗣，同时也求得了公众对此的承认。最后，孩子的亲长还要宴请村里的男性长辈，让他们来取定父子连名的名字。这实际上是一种父传子嗣得到村落社会公认的命名仪式。

再看永胜的傈僳族，他们在过去也是等待生育了小孩才正式举行婚礼，届时有一个为业已做了父母的夫妇取"结婚名"的仪式。这个仪式由"东巴"主持，先念经祈祷，而后取名，男的叫作什么"扒"（子），女的则叫作什么"妈"（女）。在丽江傈僳族当中，这种结婚名时常根据聘礼情况或娶妻的远近难易来取。例如，"由苴扒（妈）"，意即"以一对羊为聘礼"；"花沙扒（妈）"，意即"容易找的"；"抓恩扒（妈）"，意即"远处找的"。

如果说，尽管他们此时已具备了亲长的身份，但所取之名毕竟还是结婚名，那么，在金平拉祜族那里，这种情况下所取之名却是名副其实的"生育名"。青年男女在结婚生子以后，便按照自己头生子女的名字，再加"拔"、"塔"（父）、"麻"（母）的后缀作为自己的称谓。这种亲从子名（teknonymy）正是身为亲长之人的社会标志。

德昂族也是这样，已育夫妇依照其子女的名字，让他人称自己为"某某的妈"或"某某的爹"，有的夫妇为尽快获得这样一种亲长身份的社会认同标志，新生命尚在孕育之时，便预先给自己未来的子女取下名字，并让人们以此加后缀来称呼自己。

云南的元阳、金平、绿春、红河一带的瑶族在婚后生育第一个孩子的第三天或是第七天，要举行一种耐人寻味的"优赏补"（意为"取新名"）仪式。这不是给新生婴儿取名，也不是给婴孩亲长取名，而是别具一格地取"户名"，代表着一个完整的核心家庭从此在村落社会里取得了独立地位。届时，小孩的亲长要宰杀几只鸡，酿制甘甜的米酒，做出雪白的豆腐，备好各种山珍野味，宴请村寨中的长老及亲友邻里。仪式上，先由巫师念吉祥咒语，主持向家神、祖灵献祭，然后人们在席间取下户名。这个户名要吉祥入理，而且只能是单名，后面再加上一个“家”字，诸如“好家”“喜家”“财家”“理家”“实家”“阳家”等等，最重要的是必须得到大家的一致同意。

有了这一种户名，年轻的父母的亲长身份、地位及核心家庭的独立，便获得了村落社会的普遍承认。在以亲族关系来维系的传统村落社会内部，拥有亲长权威的人才有公共事务的发言权，亲长就是一个家庭的合法代表。

三、源于母系的“认舅仪式”

中国西部若干民族如今尚存的新生婴儿认舅仪式，或许同早先母系社会的继嗣关系以及由此而来的财产、地位以舅传甥的做法不无联系。某些民族中为婴孩祈福求吉的种种“认干爹干妈仪式”，也是与父母的亲长身份、地位的确立仪礼有关的变式。凡此种种，均不妨视之为生育仪式的特例。不过，它们一般都同直接抚养并教育孩子的家中父母的亲长身份地位无涉，在此也就不再详述。

管教子女的家长权利总是同养育子女的亲长义务密切联系在一起的。

在西部一些少数民族中，舅舅的地位实质上很高。比如，撒拉人的婚姻离不开“嫂吉”（媒人），“嫂吉”也愿意为俊男靓女们喜搭鹊桥，认为这是积德行善的事情，绝对不索求任何报酬。因此，“嫂吉”深受众人尊敬、爱戴。“嫂吉”向女方家提亲，女方父母及叔、伯、舅同意，方可订婚。其中舅舅的意见尤为重要，有“铁出炉家，人出外家”的说法。

舅舅在撒拉族人民中的地位是很重要的。正如《乌热亥苏》中唱的：

俗话说：
铁出炉家，
人出外家，
咱们的阿舅，
最应受人敬重。

在撒拉族人中，每家的婚丧嫁娶，生儿育女，或其他重要事宜，都必须请舅舅参加，并重视舅舅的意见。舅舅在家庭中起着至关重要的作用，任何人不得怠慢，否则，舅舅可任意惩罚，他人不得干涉。

第四节　儿女婚事中的亲长

就中国西部的一些民族而论，父母亲长对儿女婚事的关心乃至一定程度上的参与，正是他们对祖先、对家族所肩负的一种责任的具体表现。这同他们自己生儿育女一样，为的是能够延续家世、传宗接代。

同样，也正是因为如此，在不少的民族中间，青年男女往往要在婚前婚后祭拜家族祖先之灵，以告慰列祖列宗：又一代后嗣准备担负起生儿育女、传宗接代的社会义务。基诺族倘若儿子娶妻成婚之时父母双亲已亡故，那么婚后翌日就得杀猪祭奠，告慰已经亡故的亲长的灵魂，这在基诺语中叫作“牙恩恩”。此时，还须请巫师“牟培”来吟唱祷告，祭词的内容是这样的：

你们的儿子结婚，

今天杀猪请你们来吃。

请你们保佑新婚的夫妻，

金子像粮食一样多，

银子像江水一样长流，

用不完，汲不干，

粮食满仓像沙石①。

毫无疑问，在人们的现实社会关系之中，结婚并不仅仅是婚配的男女双方的事，其间人们社会角色、身份的转换也不仅仅限于婚配中的两个人。最明显的一点是，随着其缔结婚姻，他们各自的父母的亲长身份、地位也相应发生了不可否认的重要变化。不难注意到，同男女二人联姻之礼直接或间接相关的一些小的仪式活动，实际说来恰恰是这种亲长身份、地位改变的民俗仪礼象征。

一、拜父母（公婆）仪式

巍山彝族的男女青年在举行订婚仪式之时，小伙子须向女方父母作揖行礼，并郑重其事地称呼“岳父”“岳母”；姑娘则须向男方父母作揖行礼，也郑重其事地称呼“公公”“婆婆”。

① 云南省编辑组编《云南民族民俗和宗教调查》，云南民族出版社1985年版。

潞西的德昂族人家接亲时，新郎得一同前去女方家，并要行拜岳父岳母之礼。大理洱海周边地区的白族家庭迎亲的时候，新郎也要在女方家先拜岳父岳母，岳父岳母则要为新郎披花挂彩，并且赠送给新郎一定的礼物。石屏彝族民众娶亲之际，新郎拜岳父母之礼无论如何也不可免。如果新郎自己前去接亲，拜见过岳父母，婚后便可免回门礼，否则必须于回门礼时拜岳父岳母。

洱源白族人到女方家迎娶新娘之时，新郎甚至要向女方父母行跪拜大礼。阿昌族娶亲的小伙子只有在向女方父母亲长跪拜、磕头之后，才能够带走他们的女儿。女方回到男方家以后，这一对新婚之人还要再向男方父母亲长磕头、行跪拜之礼。拉祜族的新婚夫妇，则是在结婚的当天，双双往返于男女两方的家庭，分别参拜两方的父母、亲长。

居住在香格里拉和维西的一部分纳西族人，新娘要在新郎的陪伴下拜见男方的父母亲。拉祜族在举行婚礼时，一对新人在女方家双双向女方父母磕头行礼，第二天夫妻一起回到男方家中，新娘还得再向男方父母磕头、行拜见之礼。在丽江及其附近地区的纳西族当中，人们婚后第二日才举行所谓“分大小”仪式，让新娘逐一拜见公公、婆婆及男方家族的其他长辈。

很明显，通过这样一些仪礼活动，男女双方的父母的亲长身份、地位都出现了一次重大的变化，他们已不再单纯是为人父母，简简单单地做自己儿女的亲长，同时也成了自己儿女的配偶的亲长（公婆或岳父母）。

相应的民俗仪礼象征形式，标志着亲长的社会身份、地位的新的晋升，也标志着他们拥有了更多的亲长权责。这些仪礼活动确实是与亲长角色、身份以及亲长权责、地位相关的民俗仪式象征。

二、回门认岳丈

从这一层意义上来看，最有说服力的即为通常所谓的“回门仪式”。回门仪式基本上是在完婚之后举行，此刻联姻之事业已完成，男女青年是以夫妻的角色、身份专门前去拜见父母亲长。由这一仪礼活动中人们的社会角色、身份的转换来看，完全有理由认为，回门仪式其实主要是一种亲长身份晋升仪式，它象征着岳父岳母的亲长身份、地位的正式确定。

在有婚后从妻居之俗的民族或社区之中，则刚好反过来，回门仪式象征着公公婆婆的亲长身份、地位的正式确定。当然，离开了已婚儿女及其配偶的参与，这个仪式便无从谈起，因而在另一个方面，它同时也具有确认已婚儿女的配偶的子辈角色、身份的意义。亲长们作为施礼对象，确切地表明了这一仪式同他们的社会角色、身份的转变不无联系。

经过回门认亲，一方成了亲辈，而另一方则成了子辈，女婿与岳父母或儿媳妇与公婆彼此间的社会角色、身份已相互确认。

具体说来，回门形式有已婚儿女单独回门、已婚儿女携配偶回门，还有饶有趣味的从妻居回门。

由于婚后从夫居的情况较为普遍，首先便集中考察从夫居的回门仪式。在此意义上所讲的“单独回门”，即新娘婚后独自一人回娘家，以已婚妇女的身份去拜见自己的父母、亲长。云南的藏族，在婚礼结束后，新娘便立即启程，返回娘家。昆明西山区的白族新娘，则是于婚后第二日由娘家来人接回去。在红河地区聚居的哈尼族，举行完结婚仪式的第二天一早，新娘及其家族成员即随同送亲前来的伴娘一起返回娘家，当天下午新娘再单独返归夫家。

墨江一带的哈尼族新娘在结婚次日也要回门，若是回娘家去的路途远，当天返回夫家有困难，新娘就要在夫家村子里拜认一个干哥哥，以他家为“后家”（娘家），回门礼则在这里举行。墨江一带的布朗族的新娘于婚后第三天回门，只在娘家吃一顿午饭，当天即返回夫家；倘若娘家路程远，新娘便前往较近的一户娘家的亲戚家，也是吃一顿午饭即返归回夫家。墨江县一带的这两个民族的新娘回门的变通形式耐人寻味，虽说看起来似乎已失去了回门仪式的原有意义，虽作为一种特例，但回门仪式本身仍然是免不了的。

仪礼活动基本上是为了达到一种象征的目的，仪式本身便具备特有的标志作用。回门也是对新婚夫妇及双方亲长的角色、身份变化起到象征作用的仪礼标志。云南的布依族人家结亲之际，第二天新娘即与伴娘一同前往娘家回门。在有的地方，则是依照娘家陪嫁的柜子多少来定回门的日子，陪嫁几个柜子，新娘就在夫家待几天，之后再回门。

哈尼族将回门称作“斗太阿水水”或“斗太阿衣”，在有的地区，回门仪式分外隆重。如在西双版纳一带，婚后三个月以内，新娘由公公或丈夫的叔伯陪同，带上一只鸡、一筒酒、一包糯米饭和一个熟鸡蛋作为礼物回门。一行人到新娘的娘家住一天，返回时，娘家则以锄头、砍刀、镰刀、篾帽和背箩回赠。只有行过此回门礼，女婿才可以去岳父母家。

香格里拉、维西等地的纳西族婚后也是女方单独到娘家回门。有些地方的苗族妇女一直要等到有了身孕，才上娘家去回门。新娘单独回门，这一种民俗仪礼形式的社会含义就在于，经过这一仪式，其父母得以明确了已经有成年完婚女儿的亲长身份、地位，并将督促下一代人尽其应尽的各种社会职责和义务。

在从夫居的婚后回门中，有几个民族的回门仪式颇具特色。有些地区的白族，新娘和新郎在同一天分别单独回门。成亲第二天上午，新娘先行独自去娘家回门，到傍晚时分由婆家派媒人和小姑接回夫家。新郎则在太阳落山之际再赶到岳父母家，按惯例，途中不可与新娘相遇。

撒尼支彝族的新娘婚后回门即留娘家不归，几天后由婆婆、小姑专程去接其回夫家，如此这般反复数次，新娘才终于居住在夫家，三至五日后再由新郎伴送回门，一起在娘家住上五至七日，才一道返回夫家。

不言而喻，从夫居情况下的所谓“夫妻回门”，即新娘在新郎的陪伴之下一道回娘家，以夫妻的身份拜见女方的父母、亲长。它与新娘单独回门的不同之处在于，其间又多了一个新郎拜见岳父岳母等亲长的认亲仪式，其人为的仪礼象征意味尤为明显。

昆明西山区彝族在婚后第二天回门，在女方家举行认亲礼。昆明官渡撒梅支彝族民众成亲，回门仪式也是在婚后的第二日。来到女方家，新郎要在大门外放声叫门，呼唤“阿爸、阿妈来开门”，声调越高、嗓门越大，则越显得心诚意切。富民彝族的青年男女新婚，依然是于结婚的次日回门，回门时新郎须以酒肉为礼，敬拜岳父母。楚雄的彝族同样在婚后翌日，由新郎陪伴新娘回门。启程时，事先请来的歌手唱起《送亲调》，甲、乙二人对唱，甲代表“讨家”（即讨媳妇的男方家），乙代表“嫁家”（即嫁姑娘的女方家）。新郎还要带上一只鸡，背着一壶酒，作为见面礼。

德昂族的夫妻多在婚礼的次日回门，新郎得给岳父岳母带去衣服、筒帕（挎包）等礼物。若新娘是本村之人，也可以当天回门，之后即返夫家。

苗族婚后次日回门，还要由新郎的父亲与新郎和新娘同行，到女方家住一天再返回。其中包含相互角色、身份的确认之意。

布朗族新郎结婚第二天跟着新娘回门时，岳母要将一件新上衣送给这个女婿，其意也是如此。施甸蒲满支布朗族新婚夫妻回门的时候，新郎需要带上两筒米、两斤肉、一斤酒，来到女方家后，当即拜见岳父母。

云南的壮族新婚夫妻若是同一村寨的人，便于婚后第二天一道回门；若男女两家之间路途较远，则于婚后第三天再回门。

云南瑶族大都在婚后次日回门。不过，居住在富宁的瑶族例外，他们把回门仪式远远推至婚后一个月左右才举行。

白族大多是在结婚以后第三天回门。这天早上，新娘由特地请来的梳妆妇女把她的头发梳成高高的一个髻。这叫作“收头”，表示新娘自此“成人”，可以自立生活了。然后，新娘就在新郎的陪同下，以成年已婚妇女的身份返回娘家。生活在洱源的白族，新郎新娘回门进入女方家，便一同跪拜，向女方父母、亲长敬酒。

阿昌族一般于婚后第三日回门，新婚夫妻由媒人陪送前往女方家，新郎须挑上米、酒、肉、盐、菜等一担礼品，进堂屋后，一对新人一同叩拜女方父母。

牟定的彝族于结婚第三天午饭后回门，新婚夫妻一同上女方娘家吃一顿饭，随后，新娘的母亲把一对新人送到男方家去。在弥勒的阿细支彝族中，若是青年男女两人私订终身后假装抢亲成婚，到第三天便各背一捆柴去女方家回门，连请罪带认亲。木已成舟，女方父母、亲长只好认下这桩婚事和这个女婿。

在拉祜族的从夫居地区，新婚夫妇婚后三日，要带上酒、肉、粑粑等礼物回门。

纳西族的青年夫妇婚后第三天回门来到女方家，新郎要一一拜见女方父母及其他长辈。在丽江，新郎拜罢还要同新娘一起向各位亲长敬酒。不管路程有多么远，他们二人都必须当天返回男方家。

峨山的彝族、雅尼（他称僾尼）支哈尼族也是新婚后第三天回门，卡多支哈尼族则在第四天行回门礼。

傈僳语中称回门为“赤破”，时间在婚后三至五日或十多日，各地不同，新郎同新娘一道携带酒肉前往。到了女方家，新郎要为岳父母砍柴、犁地，劳动数天至十几天，再带妻子返回自己家中。有的人家在女儿随夫返婆家时，要由母亲送给她一只鸡、一口锅、一头猪和一把镰刀，以示女儿从此离开父母，单独与他人在一起支撑门户过日子。

怒族人结亲时的回门仪式多在婚后第十三日举行，新郎新娘须带上一捆松明和一瓶酒为礼。

独龙族新婚夫妻却在结婚数月以后回门，也有婚后数日（五至十日）即回门的。在独龙语中，回门称作“阿拜卖来阿当首”，即回到父母的身边之意。回门之时，他们通常要带上一筒酒、一只猪腿，作为拜见亲长之礼。

在丽江境内居住的彝族，新婚之人回门，新郎要向岳父母送上些钱和衣服，作为拜见亲长之礼，同时还得送岳母一些食物，一般是猪肋一半、羊腿一只、炒面一袋、煮鸡蛋和红糖若干。作为对女婿身份认定的回赐之礼，岳父母则送新郎一条裤子。礼物往来虽不均衡，但礼仪上的彼此之间角色、身份的确认却是对等的。

新婚夫妻回门与新娘单独回门相比较，又多出了一层仪礼意义，它标志着女方父母亲长的社会角色、身份产生了双重的变化：一来，对女儿而言他们成了已婚后代的亲长；二来，对女婿而言他们则成了岳父岳母。亲长的社会身份、地位已经不同于前。本来，这种角色、身份的转化随着女儿完婚即已发生，但在传统社会里，回门仪式的意义就在于使这一自然转化得到形式上的承认。正是民俗仪礼活动形式本身起到了社会公认其合法性的象征作用。

从妻居情况下的回门仪式，事实上也有新郎单独回门与新婚夫妻回门之别，由于它在回门方向上具有独特性，此处才将其单独论述。从妻居婚后的回门，就是指男女青年在女方家完婚并定居下来，而后前往男方家回门拜见，以已婚夫妇身份前去拜见的是男方的父母、亲长。

拉祜族是母系、父系及双系制的世系结构并存的民族，从妻居住的婚姻形式在许多地方颇为盛行，从妻居婚后的回门仪式自然不难见到。在结婚的当天，新娘上男方家迎娶新郎归来，两人要一同下山去背水，回到家中向女方父母献水献饭，再到寨庙祭祀寨神，之后一起祭祖，并拜见女方的父母、亲长。婚礼过后，在有的地区，他们应于翌日到男方家回门，如此这般地再重复做一次。而在孟连、沧源两地，却是在成婚后的第三天，新婚夫妻二人共同来到男方家，行回门之礼，拜见男方的父母、亲长，住一天即返回女方家。

云南的瑶族当中也有从妻居的现象，婚礼在上午便结束，接着新婚夫妇赴男方家回门，新娘要另有一个男伴、一个女伴陪送。河口瑶族从妻居婚礼于上午结束，宴乐之后接着便是回门仪式。傣族的婚礼多在女方家举行，从妻居也较为盛行。婚后第二日天亮前，新郎就要独自一人先行前往自己父母家中回门，到晚上又返转妻家。到了第五天，新婚夫妻一起挑着凉粉，再赴男方家回门认亲。

勐腊、景洪等地的克木人，婚嫁之俗也盛行从妻居形式。婚后七日，新郎新娘双双到男方家回门，拜见男方父母亲长，公婆则向儿媳妇赠送裙子和衣裳等礼物。

从妻居回门仪式标志着男方父母既确定了已婚后代的亲长身份，又获得了公公和婆婆的亲长地位。这当然也是一种亲长身份晋升仪式，是一种社会角色、身份转换的民俗仪礼象征。它与从夫居婚姻的回门仪式相对应，正好可以作为婚礼中“拜父母仪式”的补充。从夫居婚礼和从妻居婚礼上的拜父母仪式也都是标志着亲长身份、地位晋升的仪式。

换一个角度来看，子女的成年礼对于其父母、亲长而言，也绝非毫无意义。对亲长来说，孩子的成年礼意味着他们有了已步入成人世界的儿女，而他们自身也由此而进入了另一个受人尊敬的阶段。然而，由于成年礼的施礼对象并非亲长，并且对亲长而言，成年礼远不如回门仪式这样的亲长身份晋升仪式那样带有意味深长的社会意义，所以不是这里的讨论范围。

婚礼后的回门仪式以及婚礼中的拜父母仪式这类不容置疑的象征性仪礼，其蕴意在于：它们使得成婚男女双方的父母亲长们过渡到某种不同寻常的社会角色、身份上去，从而拥有了更高的亲长地位和更大的亲长权责。而且，这也预示着，他们将很快面临人生历程中身份、地位的再一次重大改变，即由亲辈角色转变为令人敬畏的祖辈。我们对传统亲族社会内的这样一种角色、身份和权责、地位的重要转换切不可视而不见。

第五节 世系地位晋升礼仪

从根本上来讲，人们婚配生育的直接目的便在于繁衍后嗣、传宗接代、保证家族世系后继有人。每一个民族都十分重视自身的历史，每一个民族的人们更分外看重自己亲缘家世的继嗣关系。在无文字的民族当中，口承传统里的历史系谱，命名系统内的父子连名制，就记录下了人们亲族代际的历史脉络。而有文字记载的传世家谱，姓氏及名字中的辈分排列，其社会内涵又何尝不是如此。正是这些外在的文化表征，把每一个人上同自己的亲辈、祖辈乃至祖先，下同自己的子辈、孙辈乃至无数后代密切联系在一起。文化与基因、姓名与世系、符号象征与亲缘辈分就这样关联在一起。

由于这个缘故，在传统社会里，每个家族中每一代的第一个孩子降临人世，便成了整个亲族群体内的一件大事，甚至与早已故去的祖先也不无关系。景颇族人家新添了婴孩，总免不了要请来“董萨”祭家堂鬼，祭品多用鸡。董萨祭祀时要念祭词，景颇社会把这称为“念鬼”。念鬼之词开头主要是说：某某家添了新人，他（她）是你的后代子孙，你得好好保佑他（她），让你家的新成员健康成长，百病不生①。

依据婴儿的不同性别，以下的祭词也有某些区别。如果新添的是男孩，董萨就说：等他长大成人，会是一个能干、有本领的人，他会经常杀牲来献你的。如果新添的是女孩，董萨则说：等她长大出嫁了，也会回来杀牲给你献祭的。金平县的布朗族在婴儿生下来第三天，其祖父或父亲须抱着孩子向死去的祖先报告，并杀鸡煮饭祭祀祖先。不必说，这些都是有形的仪式活动，而且均与已故的家族祖先直接相关。新一代后嗣出生，家庭系谱上又新添一代，连远在另一个世界里的历代祖先都高升了一辈，现实世界中的各辈亲长的代际地位无疑也随之晋升。

一、亲从子名制：亲长地位的标志

在现实生活中，大家庭内四世同堂、五世同堂的情况并不普遍，在经济、医药等条件较差而人们预期寿命不很长的传统社会里，这种情况就更加少见。因此，祖辈通常成了家庭祖先的直接代表，成了现世中的通祖之人。在汉语中，“祖父”和“祖先”二词同源，有着天然的联系。祖者，始也，已所从始也，那是生命亲缘及家族世系的所出之处。

在汉文化影响所及的中华广阔的地域，诸如“祖籍”“祖业”“祖国”等概念，无一不同“祖”的观念有关。祖先是令人肃然起敬的，而祖辈亲长的身份、地位也往往成为世系血缘根基的现世代表，成为亲族社会权威的具体象征。在传统的亲族社会内，人们对祖先的敬畏，对亲权的顺从，常常就集中体现于对祖辈亲长的尊重上。

随着后辈第二代子嗣的出世，那些在此之前还仅仅是父辈亲长的人，一下子便成了祖辈亲长，其亲长角色、身份势必会出现巨大的转换，其亲长权力、地位也有了相应的变化。在红河地区哈尼族中间，婴孩落地，待

① 云南省编辑组编《云南民族民俗和宗教调查》，云南民族出版社1985年版。

包裹完毕，刚刚做了祖父或祖母的人马上就将婴儿接过来抱在怀中，口里吟念着吉利的祝词，随即用手指在初生儿脑门正中轻轻划一下，给这一后嗣取下纪念性的名字，谓之奶名。

当然，这个仪式还不能完全看成是为了确定祖父母亲长身份、地位的仪礼活动。在此，身为祖父祖母之人与其说是仪式的当事者，还不如说是仪式的执行人。由于婚后从夫居的情形居多数，孕妇往往是在其婆家生育，确认婴儿祖父母亲长角色的第三种亲长身份晋升仪式，便时时淹没在出生仪式和生育仪式当中。如此说来，就有必要把考察的视点转向产妇的娘家，着重看一下全然独立的一种标志着外祖父母亲长身份、地位得以确立的“报喜仪式”。

二、生育报喜：亲长地位的确定

这里所谓的报喜仪式，指的是在婴儿降世之后，男方家指派专人，多数情况下就是婴孩的父亲，专程赶赴女方家，向孩子的外祖父母亲长报喜的民俗仪礼形式。这种活动多半是在头生婴儿出世时举行，这本身就很能够说明问题的实质。在有的地区，彝族人家的妇女生育头胎之后，刚做了父亲的人便上岳父母家去报喜，去时携带一瓶酒、一只鸡作为贺礼，生的是男孩就带母鸡，生的是女孩则带公鸡。拉祜族的从夫居家庭在头生儿出世当天，不论路途多么遥远，女婿都要抱一只鸡赶去向岳父岳母报喜，同样是生男孩抱母鸡，生女孩抱公鸡。洱源白族人婚后生了小孩，也须到产妇娘家去报喜，仍然是生了男孩要送母鸡去，生了女孩要送公鸡去。

昆明官渡区撒梅支彝族家庭生下第一个婴儿，产妇的丈夫赴岳父母家报喜，带的是燃香和假元宝。他赶到后，将这些东西放在桌子上，随即便向岳父岳母磕头。昆明西山区的彝族人生了第一胎，也要由女婿前去向岳父母报喜。女婿须送上一罐酒为礼，生的是男孩进屋就把酒罐放到桌上，生的是女孩则将酒罐放在灶台上。丽江纳西族婴孩生下来后，孩子的父亲便带米酒、红糖和鸡蛋，去给这小孩的外祖父母报喜，待其满月之时又要再次送去喜酒。独龙族人家婚后每生育一个小孩，按习俗，女婿都应送给岳父一头牛或一件其他的东西，如一口锅、一把刀之类。这固然源于以财物换来妇女的生育力及其子嗣的古俗，但也少不了带有向岳父母送礼报喜的这层含义。

云南一些地区的苗族在生头胎的第二日，产妇的公公带上一瓶酒、一袋炒面为礼，去向亲家报喜。双方的祖辈亲长正好在一起互贺同庆，相当于一种彼此间对等的亲长身份、地位的认同之礼。

随着石破天惊的一声啼哭，胎儿挣脱了胞衣来到人世间，于是，下自这刚刚诞生的婴儿本人，上至其父母、祖父母和外祖父母等各辈亲长，每一个人都自然而然地获得了在人生历程上的特定的代际地位。可是，对于这种自然地位的社会确认，即社会角色的新生，却往往要通过相应的过渡仪式来实现，这在传统社会中几乎可说是理所当然的。通过出生仪式，新生的自然人成了社会的一员；通过生育仪式，夫妻双方即婴儿的父母做了社会公认的父辈亲长。同样，通过诸如此类的报喜仪式，夫妻双方的父母也具有了祖辈亲长的社会、身份地位。报喜仪式与生育仪式都是亲长身份晋升仪式，而它们又与出生仪式的民俗意义有共通之处。

自然，在这种报喜的民俗仪礼活动中，成为祖辈亲长之人不但拥有了一定的社会身份、地位，而且立即就开始履行起与之相应的社会职责和义务。有些彝族出嫁妇女的娘家，见到女婿随身带来的是公鸡还是母鸡，立刻明白了女儿所生育的是男婴还是女婴。作为相应角色、身份的回复之礼，已做了婴儿祖辈亲长的这一对岳父母则要给女婿换鸡。送来的是一只公鸡便换成一只母鸡，送来的是一只母鸡便换成一只公鸡，让女婿抱回去，可是不许杀了吃，而必须精心喂养起来。如此看来，换鸡本身也成了有关之人的角色、身份确立的一种礼仪形式。

云南一些地区的苗族妇女产后，其娘家在接受报喜的第二天，由做了外祖母之人怀抱一只鸡（生男孩抱公鸡，生女孩抱母鸡），随前来报喜的婴孩祖父一道去男方家复礼。洱源白族产妇的娘家在接到“鸡的报喜”以后，也要以母鸡、鸡蛋、糯米粉和小孩衣物作为回赠之礼。丽江纳西族人家接受了此类报喜，则要等到婆家办“满月客”之际，置备一套婴儿衣物作为回礼。而阿昌族男孩满月，外祖父母家会送上银质的小长刀为礼，女孩满月则要送上银首饰为礼，以示自己对外孙之辈的关心。

三、葬礼中孝子：世系传人的替补

祖辈亲长的身份、地位相对特殊，他们与孙辈之间，还隔有亲辈一代人，这就致使他们对待孙辈的态度，既有异于他们对待自己儿女时的父母亲长的态度，又有异于他们的子辈对待其儿女的态度。总之，在子辈面前，他们是亲养严教的父辈亲长角色；在孙辈面前，他们又成了可敬可畏的祖辈角色。他们的双重亲长角色使他们拥有了双重的亲长身份和地位。

更为重要的是，他们的祖辈亲长的社会身份赋予了他们一种高居亲族社会上层的权责、地位，在那些以亲族关系构成社会网络联系并以亲族权威维持社会生活运转的传统村落社会中，这一情况就显得尤其突出。不妨看一看传统的葬仪，倘若死者是一位村落首领，那么就会出现社会权威、地位的替补移交；倘若死者是一位家族长老，那么也会发生家族权威地位的重心转移。在这两种情况下，相应地位及其权威的直接继承人，无疑要经历一次社会身份、地位的晋升仪式。这样一种潜藏着的身份晋升同样是基于人生历程上代际梯次的递增而来。

亲长身份晋升仪式是传统社会中的一种过渡仪式，并且是人生仪礼诸形态里非常重要的一个大类，它包括了在多个不同层次上确定亲长角色、身份及其权责、地位的民俗仪礼活动形式。

在西部一些少数民族的亲族村落社会里，亲长的权威、身份和权责、地位的最初确立，往往都以诸如此类的民俗仪礼活动作为其象征性的形式标志。实现亲长角色的转换便意味着获得相应的亲长权威、身份和权责、地位，而亲长权威正是西部少数民族的亲族村落社会权力系统的基础。这也是研究亲长身份晋升仪式的学术意义之一。

第五章　丧葬礼仪

灵魂不灭观念是有的人笃信的一种观念。有学者认为，从某种意义上讲，丧葬礼仪正是基于灵魂不灭观念而产生的一种社会习俗，它包括了不同地域的民族对死者举行的殡殓祭奠的礼仪，以及人类对自己的祖先、大自然及周围事物的敬仰、崇拜并由此而产生的祭祀礼仪。

第一节　丧葬礼仪概述

丧葬礼仪存在于世界各个民族中，是各个民族历史文化中重要的组成部分，是一定社会经济生活的反映，也是不同时代的不同文化观念的表达。并且将在各民族文化中永远存在下去。丧，《说文解字》解释为“亡也”，即人之死亡；葬，解释为对遗体的处理，因此丧葬可理解为处理遗体的方式及方法。

通过考古发掘，我们已知至少早在公元前 6 万年，人类世界便有了具有宗教含义的丧葬习俗，伴随人类历史的发展，丧葬从史前社会简单的掩埋方式演变成为繁杂的、有体系的丧葬礼仪和丧葬文化。

一、概说

由于历史、民族、宗教信仰以及社会环境、经济发展多样性等多方面的原因，各地丧葬礼仪迥然不同，内容十分丰富。但灵魂不灭观念始终贯穿在丧葬礼仪当中。这一特点使得丧葬礼仪具有保守性，即使在各民族文化交融变迁剧烈的当下，丧葬礼仪仍然保留了古代各民族文化以及社会生活的痕迹，对我们认识各民族的文化历史有着重要的启示作用。

二、丧葬礼仪的特定内涵

丧葬礼仪作为人生礼仪之一，是民族学家和人类学家研究的重要内容。

而丧葬文化也是民族文化中至关重要的一环，它对于探讨人与自然、人与人之间的关系，以及人对自身的过去、现在和未来的思考与认识，都是不可或缺的。从这个角度来说，对丧葬礼仪的研究具有多重意义。

死亡对于个人来说如同出生、青春期一般是生命的转折。“世界上大多数较为简单的社会和许多‘文明’社会，都由许多典礼或仪式标志着个人从生命或社会地位的一个阶段过渡到另一个阶段。”① 死亡是人由生到死的最后一章，是灵魂脱离躯体束缚迈出的首步，葬礼便是完成这些转化的仪式。因此对于个人而言，葬礼便可归为生命转折仪式（life-crisis rituals）。

但这个“转折”仪式不仅以其围绕的个体为中心，同时还联系着与个体相关联的其他人。维克多·特纳在其著作《象征之林》中引用了拉德克里夫-布朗曾经说过的一句话：“比起与死者的关系来，葬礼和生者更有关联。”② 尽管个人的死亡可以被视为个体生命的终结，但一个共同体失去了一位成员，它的构成便有一定改变。因此，剩下的人就得重新调整关系以求恢复关系的平衡。他们还必须接受与之感情亲密的人离去之现实。

因此，葬礼可以被看作一种强化仪式（rites of intensification），标志全体生命而非个体生命危急时刻的仪式，它允许活着的人以非破坏性的方式表达他们对于死亡的不安，同时有助于他们进行社会调适。这种仪式的常见特征是对于死者的一种模棱两可的态度③。一方面，活着的人渴望维持与死者的联系，而另一方面，他们又对死亡深感厌恶和恐惧。

一些民族在葬礼中，认为死者并没有完全死亡，死者的灵魂还留在尸体内没有脱离出来。参加葬礼的亲属和乡民们沉浸在失去至亲的悲痛中时，仍然将已躺在棺中的死者当作一般人④来对待，渴望与死者保持联系，从净身、穿衣、喂饭到何人来祭拜都要通过各种仪式一一告知死者。与此同时，人们认为，生者与死者尸体的过分接触也是危险的，那些即将游离出来的亡魂很可能攀附在生者的身上，这些都将极大地侵害到活着的人的利益和灵魂。

部分少数民族的男性都有在即将成年时，在长辈的要求下参加抬灵的经

---

① ［英］维克多·特纳著，赵玉燕等译《象征之林》，商务印书馆 2006 年版。

② ［英］维克多·特纳著，赵玉燕等译《象征之林》，商务印书馆 2006 年版。

③ ［美］威廉·A. 哈维兰著，瞿铁鹏等译《文化人类学》，上海社会科学院出版社 2006 年版。

④ 一般人指在生理属性上活着的普通正常人。

历。他们认为在男孩即将成年时参与完成抬灵这件与死者有着较近接触、既神圣又恐怖的工作，是对男孩的考验。其间，若表现得沉稳冷静，便会得到其他男性长辈的赞扬和认同；反之，则仍然还是被当作孩童来对待。此后，便开始严格控制其参与抬灵的次数，否则认为必将招来祸事。

由此可见，丧葬礼仪是一个介于生与死之间的一个过程，存在着死者、死者的灵魂和生者三个“实体”，表面上以死者为对象，其核心是灵魂不死观念，而实质是为生者造福。生者对于死者有着一种交织着恐惧和留恋的复杂心态，但最终仍然要撇清生者与死者的界限，将现实世界和灵魂世界由模糊、混沌状态清晰地划分开来。

三、丧葬礼仪的功能

丧葬礼仪作为一种文化现象，在各民族的生活中发挥着重要的教育功能、社会整合功能、心理调适功能和文化传承功能。这既表现在对后生者“孝”和死亡观念的教育上，又表现在对家庭、家族和村寨关系的协调上；既表现在帮助生者完成对亲人逝去的情感宣泄上，又表现在加强对本民族传统文化的学习，强化民族心理认同和精神传承上。

（一）教育功能

自古以来，我国各族的丧葬礼仪，教育功能尤其显著。《孟子·滕文公上》记载：“盖上世尝有不葬其亲者，其亲死，则举而委之于壑。他日过之，狐狸食之，蝇蚋姑嘬之。其颡有泚，睨而不视。夫泚也，非为人泚，中心达于面目，盖归反虆梩而掩之。掩之诚是也，则孝子仁人之掩其亲，亦必有道矣。”《孟子》将远古时代的人们由随意抛弃尸体到有意识地掩埋尸体的转变归结为人们对亡故的亲人的怜悯和对孝的觉悟。

丧葬礼仪对葬礼参加者具有进行孝的教育的功能，各民族通过丧葬礼仪增强对本民族文化中孝文化的理解和体验。在我国很多西部民族的丧葬仪式中，都表现出了后人对逝去长辈的尽孝。例如，整个葬礼期间，与死者有亲属关系的后人要着丧服，要为死者通宵守灵，要歌颂父母在世时的养育之恩，还要孝敬在世长辈等。亦如仡佬族在哭丧歌《五更传》中悲泣道：

二更二点上佛堂，
想起亲生我的娘。
我娘怀中生下我，
一盆血水染衣裳。

儿奔生来娘奔死，
命隔阎王一张纸。
亲生父母恩难报，
吃斋念佛保爹娘。
三更三点上佛堂，
想起亲生我的娘。
我娘抚我十五岁，
丢下读书配鸳鸯。
好酒好肉别人吃，
一身罪恶我娘当。
亲生父母恩难报，
吃斋念佛保爹娘。
四更四点上佛堂，
想起亲生我的娘。
我娘抚我十八岁，
杀猪宰羊娶妻房。
儿娶妻来说妻好，
女嫁夫来说夫强。
亲生父母恩难报，
吃斋念佛保爹娘。

仡佬族借助哭丧歌对父母双亲往日艰苦生活经历的追忆和赞颂，使儿女们真切感受到父母的崇高和伟大，感受到人生的真谛在于艰苦奋斗、无私奉献[①]。

云南大理白族举行葬礼时，孝子手拄丧杖，丧杖高仅尺余，要执杖而行，必须把身子完全弯下去，这是十分费力的事情，会使孝子体力严重透支[②]。这些仪式在缅怀去世亲人的同时，也完成了对后人的孝文化的教育与熏陶。

除此之外，诸多与丧葬礼仪有关的其他活动也有教育意义。例如，长则三年、短则一月的守孝期，在清明节、中元节或者周年祭等特定节日时对祖

① 刘赟《论务川仡佬族哭丧歌所蕴含的人文情怀》，《兰台世界》，2014 年 8 月刊。

② 张海超《大理洱海地区白族葬礼研究——兼论“礼”的视角在人类学仪式分析中的应用》，《云南社会科学》，2010 年第 1 期。

先的隆重祭祀等活动都是对孝的阐释。“凡是有生命的都要尝试死亡的滋味”一语道出了所有生命都以死亡作为永恒终结的自然规律。在参加葬礼的过程中，生者对死亡有更为深刻的理解，对生命价值有更为深刻的感悟。以他人的葬礼为镜，生者自会感悟到死亡的不可逆性，思索自己的人生历程，重新确立自己的人生态度。

（二）社会关系的整合功能

法国社会学家爱弥尔·涂尔干认为宗教可以分为两个基本范畴，即信仰与仪式。仪式作为信仰的基础，在宗教社会范围内具有整合性质。社会成员通过仪式强化了个体对集体的归附感，同时也将微弱的个体力量提升到强大的集体力量中。在这个过程中，仪式起到了凝聚社会团结、强化集体力量的功能[①]。

从某种角度上讲，葬礼是一种蕴含民族文化元素、展现民族礼仪的社交活动，其又由若干具有浓郁民族特色的小型仪式组成，例如报丧、奔丧、哭丧、出殡、送葬、下葬等。在这些仪式过程中，每个参与者都有很强的归属感。一些民族都有“白事不请自到”的习俗，若所生活的村寨中有人去世的话，整个村寨在丧礼期间都要停止生产活动，全员参与到丧葬活动中，且以积极参与其中为荣。

即便时至今日，古老的氏族宗法血亲传统的观念习惯依然有着强大的影响力，仍然是一种固化的文化结构和心理力量。在一些民族的丧礼中，有突出和强化血缘关系的仪式。也正是通过丧礼中的诸多礼仪，同一宗族成员间的血缘关系纽带得到一次又一次的巩固。佤族在老人去世时，都要杀猪宰牛做“克来”（意为道场）来超度逝者亡灵。待猪宰杀好后，按规矩得将猪腿先送给逝者的弟弟，再由逝者的弟弟将其送给逝者的兄长，逝者的兄长将其送给逝者的父亲，逝者的父亲将其送给伯父家的幼子，伯父家的幼子又将其送给伯父家的长子，伯父家的长子再送给逝者的父亲，逝者的父亲又送给逝者的弟弟，如此循环一周。佤语称为“贡比啊”，是佤族父系家族的“维系圈”或“联络圈”之一。

同时，在丧礼这一特定场域内，所有参与者都暂时脱离了自身原有状态，

---

① ［法］爱弥尔·涂尔干著，渠东、汲喆译《宗教生活的基本形式》，上海人民出版社1995年版。

权力地位、贫富差距、口角矛盾等都被淡化处理。正所谓“死者为大”，无论逝者生前地位、辈分高低，在丧葬仪式中，逝者处于最高级别的存在，之前比逝者社会地位或者亲缘辈分高的人都要向其鞠躬或者磕头。不论孝子孝女平时所处社会地位如何、拥有财力与权力如何，在自己至亲的丧礼上，都要给所有前来吊唁者磕头答谢，行礼致敬。

对常规环境的打破，让固有结构不复存在，参加葬礼的群体从死者的直系亲属到表亲、姻亲等亲属，从村落的邻里乡亲到与死者相熟的朋友，由亲及疏，在丧礼期间亲密互动，增进彼此间的情谊。由此，逝者的家人得到安慰和帮助，人情得以交往，与死者相关的往日恩怨也得以化解，和谐亲密的人际关系得以实现。

（三）心理的调适功能

生死的问题一直是人类面临的最为重要的问题之一。灵魂的观念与人类对待生死的观念以及认知息息相关。尤其是在较为远久的历史时期，人们对于死亡的焦虑和恐惧甚至深深影响着人们的心理状态。因而，丧葬对人们的心理调适有着重要的作用。

人类对待死亡的态度、情绪是非常复杂，甚至相互矛盾的。生者对死者通常有着既怀念又恐惧的矛盾心理。在装殓、停灵等丧葬仪式和葬后祭祀等一切与丧事相关的风俗上，都表现出这种心理。人面对死亡时，总是希望与恐惧交织着，一面是对不死的强烈欲求，另一面却是完全相反的对现实的感知——尸体腐烂、死者长逝、完全终结。这双重情感造成既欲断绝与死者的关系，又希望保持这种关系的态度与行为①。

葬礼的过程是人们对生死和人生的又一次认识的过程。丧葬仪式中的一系列大小礼仪，便是引导死者由“有形”进入“无形”的过程，同时也是引导丧亲者接受亲人已然与世长辞的过程。葬礼期间，丧亲者在情感和心理上经历了亲人逝去，死亡无可挽回的消极情绪，同时也理性地意识到死亡是人生必须经历的结局，仍应积极面对日后生活。短则一天，长则十天半月的葬礼，便是为人们的情感调适提供的缓冲空间。

在整个丧葬过程中，起灵仪式从外在行为上最直接地体现了送亡灵到另

① 崔昌源《中国古代丧葬礼仪结构之分析》，《内蒙古师范大学学报》1999 年第 3 期。

一个空间的内涵。如果说此前的丧葬礼仪主要是宣泄亲人生离死别之情的话，那么，此后的礼仪活动则充盈着对亡灵的恐惧之感。在活人的潜意识里，盼望尽快将亡灵送走，使之与活人断绝关联，从而确保活人的安宁。要达到顺利送走亡灵的目的，一方面必须使亡灵能“一路顺风”，另一方面又要千方百计熄灭亡灵滞留于人间的强烈愿望。因此，在举行起灵仪式时就必须面面俱到，唯恐某个细节出错或不到位，使亡灵觉得不满意，不愿到另一个空间而滞留在人间，作祟于活人。

对于生者个人来说，完成葬礼并把逝者送到另一个空间有一种完成托付的自豪感。无论逝者是谁，一旦过了为逝者悲痛的阶段，作为亲人的生者，有把逝者安然送走的责任。顺利举行葬礼，对于生者来说，不仅宣泄了悲痛情绪，同时也尽到了自己的责任，还能在这种对自我意义的认同中获得一种自豪与满足感，从而能得到心理的调适。可以说，祭奠阶段结束后，生者的情感就是悲痛与自豪相互交缠在一起了。在许多地方，“白喜的同庆”这种习俗的重要基础之一即在于此。

葬礼的过程同样是个人乃至丧亲之家的社会关系的一次有力的彰显和再次整合。红事和白事是人生最大的两件事，是个人乃至家庭和家族都无法独立承担和完成的，因而需要乡亲的鼎力支持和帮助。不同民族、不同地域的人们，在面对红白事时互相鼎力支持的诸多习俗也都证明了这一点。乡亲的支持和安慰总是让人感觉到温暖，尤其是在传统的“熟人社会”中。殡以待葬，即是通过时（殡期的长短）空（殡处的设施）的双重作用，将原来调适个人情感的目的，提升到以社会意义的确认与价值取向的遵循为目的。

丧亲之家总是在这样的“节点”时刻，获得社会关系中特定的认同，由此而得到进一步的声望，这种声望和社会关系的认同，是传统社会中最为重要的社会资源来源之一。能获得特定的社会声望，对于丧亲之家中的个体来说，更有助于其实现心理调适。对于参加葬礼并帮忙的乡亲们来说，葬礼则是一次难得的相聚的机会。大家互通消息，了解近况，在葬礼中完成了社会关系的整合和心理的沟通。

葬礼同时也是传统文化的集中展示与传承过程，也是族群认同和个人、家庭获得认可与社会地位的重要时刻。无论哪个民族，葬礼都是传统文化最为集中的体现之一，葬礼的过程是社会规则的再一次彰显和被执行。个人的心理在社会规范和文化的传承中得以调试和升华。

（四）文化传承功能

丧葬礼仪实际上是民族文化的一个焦点所在，葬礼直接体现出人们对于生命、对于生死的理解和看法，同时又集中凸显出社会关系的脉络以及社会组织运作的纹理。一些随着社会发展而失去了存在的自然条件和社会环境的民族传统文化，在丧葬礼仪中得以保存和传承下来。这与丧葬礼仪所独具的保守性有关。从某种角度上可以说，丧葬礼仪是人类所创造的物质文明和精神文明积累到一定程度时产生的，发挥着承前启后、传承民族传统文化的重要作用。

在彝族、哈尼族、壮族、纳西族等诸多民族的丧葬仪式中都有指引亡灵归故里的经文和念经仪式。这些经文中大多记载了本民族起源、迁徙历史等，是后人研究该民族历史及传统文化的最宝贵史料之一。而在葬礼上对这些经文的念诵，事实上也是对每一位参加葬礼的民众进行一次本民族的起源、迁徙历史的再教育，让每一位葬礼参加者都对本民族历史及传统文化再次获得深刻的领悟。

在布依族、傣族、藏族、彝族等民族中，丧葬仪式中还有歌舞活动。既有生者借此宣泄对逝去亲人哀思之情的吟唱，也有参加丧礼的人们的舞蹈和对唱。文化传承需要媒介作为载体，一些没有自己文字的民族，民族文化的传承主要靠口耳相传，而这些既有祭祀作用又有娱乐性质的歌舞便将这些民族传统的音乐调式韵律、舞蹈动作以及民族文学传承下来。

丧葬礼仪促进了民族民间文学和民族歌舞创作的发展、传承和传播。除此之外，还有其他的非物质民族文化遗产通过丧葬礼仪传承下来，例如白族的丧葬剪纸文化等。丧葬礼仪涉及了民族文化的一些层面，一次丧葬活动，实际上就是民族文化某些层面的一次集中展现和传承。

各个历史发展阶段的丧俗，体现了各个时期人们的哲学思考、宗教信仰、血缘与宗族感情、审美标准、传统观念以及心理力量等，所以，每个民族的丧葬礼俗，都是一个具有多种功能的文化综合体，是特殊的文化宝库①。

第二节　丧葬的种类

在我国数千年的丧葬历史中，各民族因受自然环境、生产方式等诸多因

① 杨知勇、秦家华、李子贤编《云南少数民族生葬志》，云南民族出版社1988年版。

素的影响而形成了各自特有的文化习俗，也由此产生了多种多样的丧葬习俗和种类。就西部民族地区来说，大致可以分为如下丧葬种类：土葬、火葬、水葬、塔葬、悬棺葬、天葬、崖洞葬等。各种丧葬形式又因各地域或民族文化的不同而各具特色。

一、土葬

在我国，土葬有悠久的历史，根据考古发现，早在山顶洞人时期便已初步形成土葬的风俗，至新石器时代晚期已经相当普及，并成为广泛采用的丧葬形式。除汉族外，维吾尔族、回族、蒙古族、达斡尔族、东乡族、珞巴族、傣族、基诺族、佤族、景颇族、德昂族、布朗族、阿昌族、傈僳族、独龙族、怒族、白族、纳西族、普米族、彝族、苗族、瑶族、布依族、水族等民族自古也广泛地采用这种丧葬形式。

云南祥云县大波那遗址中出土了距今三千年的木椁干栏式铜棺。明代钱古训的《百夷传》中记载傣族的丧礼云："葬则亲者一人持火及刀前导，送至葬所，以板数片，如马槽之状，瘞之，其人生平所用器皿、盔甲、戈盾之类，坏之以悬墓侧而自去，后绝无祭扫之礼也。"

这些出土文物和历史记载都说明古代中国的西部民族也已经开始使用土葬的葬法。从考古的情况来看，墓穴形状或为长方形土坑，或为圆形、方形土坑；死者多以木棺入殓，但也有以陶器、竹器、树皮或者白布作为葬具的；大多数行一次葬，但有一些民族地区行二次葬；葬式以单人仰身直肢最为普遍，少数地区有俯身葬、侧卧葬、屈肢葬等①。虽然各民族土葬在墓穴的形状、葬具材料、葬式、入葬仪式上各有特点，但其都希望死者"入土为安"②。

（一）一次葬的土葬

一次葬的土葬是指把死者埋葬于地下之后不再迁葬的丧葬方式。其中又可分为有棺椁和无棺椁两种形式。

1. 有棺椁的土葬

有棺椁的土葬是指将死者放置在葬具中的下葬方式，此种方式历史悠久、使用范围广泛，但因各民族文化的差异，棺椁所选材质也各不相同。

---

① 夏之乾《中国少数民族的丧葬》，中国华侨出版公司 1991 年版。

② 徐吉军、贺云翱著《中国丧葬礼俗》，浙江人民出版社 1991 年版。

其中与汉族棺椁相似的木制棺椁是使用分布最广、使用时间最长的一类葬具。此外，也有部分民族使用石器、竹器、树皮、木板、圆木等作为葬具。

1938 年所修《广西田西县志・苗人礼俗》谓，“苗人……葬不用棺木，祗于家内以石砌成棺状，置死者于其中，盖以石，复以土，即为竣事”[①]。

云南潞西三台山有的德昂族用竹篾编成长方形的盛尸笼埋葬死者，勐海县曼瓦寨布朗族和潞西车里的傣族，也用竹篓作为葬具埋葬死者[②]。

拉祜族死后用树皮裹尸埋葬，按死者身长将树皮剖为两半，尸体上下各置一块，头脚处则以芭蕉叶包裹，再以藤条捆束。云南西北部的怒族“墓穴为竖穴土坑，尸体放入后，四面用木板围起，然后以土掩埋”[③]。

贡山的独龙族埋葬死者时“先挖好一块入土不深的长方形穴，底垫木板，四周再插上木板拦护，以土掩之”[④]。云南福贡、泸水的傈僳族，“棺椁很简陋，用木板制成，共六块，上下左右共四块长板，两头各一块短板，镶在坟坑中”[⑤]。以木板作为棺椁在我国民族中较为普遍，在布朗族、瑶族、佤族中都有迹可循。

以圆木为棺椁在我国古代文献中有颇多记载，且考古发现也相当之多。檀萃《滇海虞衡志・志蛮》谓，“黑濮，……葬用木槽”。《贵州通志・风土志・风俗》谓苗人“亲死，刳木以殓”。圆木棺形式大致有两种：一是将树干一剖为二，掏空树心做成棺椁（云南镇康县的德昂族、云南金平县的拉祜族、云南西双版纳的哈尼族等采用的都是这种圆木棺椁）；二是将圆木的一段掏空，上面加一木盖而成（云南潞西、东川、陇川、瑞丽等地的景颇族都采用此法）[⑥]。

2. 无棺椁的土葬

无棺椁的土葬是指将死者直接放置或包裹后放置在墓穴中的下葬方式。四川甘孜州白玉县山岩地区的藏族就有这种土葬形式：死者生前最好、最喜欢的衣服来包裹死者，并直接把包裹好的死者放入挖好的坑内，然后填土垒

---

① 夏之乾著《中国少数民族的丧葬》，中国华侨出版公司 1991 年版。
② 夏之乾著《中国少数民族的丧葬》，中国华侨出版公司 1991 年版。
③ 《怒族社会历史调查》，云南人民出版社 1981 年版。
④ 《独龙族社会历史综合考察报告》（第一集），云南省民族研究所印。
⑤ 《傈僳族社会历史调查》，云南人民出版社 1981 年版。
⑥ 夏之乾著《中国少数民族的丧葬》，中国华侨出版公司 1991 年版。

石，建立坟包[1]。西藏墨脱的门巴族也使用无棺椁的土葬，直接将尸体放入坑内，并从死者的衣物、用品中选几样随葬。坑上先盖以木板，垫些芭蕉叶，然后堆土形成坟包，坟周围还要修一道木围栏[2]。

（二）二次葬的土葬

二次葬的土葬是指采用风化、土化、火化等不同方式使死者的皮肉、内脏等腐烂或者燃烧后，再将遗骨进行一次土葬的处理方式。

二次葬中最为常见的是捡骨葬和骨灰葬。捡骨葬是指把一次葬后留下的骸骨重新再进行一次土葬。此种葬法以西南的少数民族居多。壮族有对正常死亡者施行二次葬的习俗，首先将死者装入木制棺椁，三五年后拾出骸骨，再放置在陶罐中埋葬。云南宣威的苗人过去有“翻尸”之俗，死者葬后数年，要拾骨重新安葬，据说这样死者才睡得舒服[3]。达斡尔族的萨满死后也要先将尸体运至山上“风葬”，几年后再收拾其遗骨葬入土中[4]。

骨灰葬是指先将尸体火化后，再将骨灰埋葬的葬法。此种葬法在我国西部一些民族中较普遍。傣族中较有威望的贵族和僧侣死后一般都先举行火化仪式，然后再将骨灰转入瓦坛中埋在墓地里。普米族是先将死者连同棺木一起火化，但并不将骨头烧成灰烬，隔天死者至亲去火场捡回十三块骨头装进骨灰坛中，将其埋葬在村寨的墓地里，其余的剩骨则就地掩埋。

云南金平县的瑶族是先将死者火化，再从下至上将骨灰渣装入陶坛，并用石灰塑一个人头状的盖子盖住坛口再埋入土中。云南金平、屏边等地的红头瑶，死者埋葬三四年后，也要将骸骨掘出火化，拾骨后放入瓶中安葬。此种葬法可被视为先火葬，再土葬，将两种葬法综合后出现的一种复合式葬法[5]。

二、火葬

火葬是一种将死者遗体焚化的丧葬方式。根据考古发现，我国在新石器时代就出现了火葬。春秋时期，火葬习俗在一些少数民族中流行。《荀子·大略》云：“氐羌之虏也，不忧其系累也，而忧其不焚也。”《太平御览·四夷

---

① 范河川著《山岩戈巴》，四川大学出版社 2000 年版。

② 石奕龙编著《中国民俗通志·丧葬志》，山东教育出版社 2005 年版。

③ 夏之乾著《中国少数民族的丧葬》，中国华侨出版公司 1991 年版。

④ 夏之乾著《中国少数民族的丧葬》，中国华侨出版公司 1991 年版。

⑤ 夏之乾著《中国少数民族的丧葬》，中国华侨出版公司 1991 年版。

部》引《庄子》曰："羌人死，燔而扬其灰。"东汉之后，火葬的习俗进一步发展。《后汉书·南蛮西南夷列传》载："冉駹夷者……死则烧其尸。"[①] 元代李京著《云南志略》载："末些蛮，人死则用竹箦舁至山下，无棺椁，贵贱皆焚一所。"清道光《云南通志》卷一八二记载："爨蛮，死以豹皮裹尸而焚，葬其骨于山，非骨肉莫知其处。"以上史料都叙述了一些少数民族历史上的火葬风俗。

突厥人也曾流行火葬。《周书·突厥传》载："择日，取死者所乘马及经服用之物，并尸俱焚之，收其余灰，待时而葬，春夏死者，候草木黄落，秋冬死者，候华叶荣茂，然后坎而瘗之。"

彝族有的支系以虎为图腾，对虎有特殊感情，过去裹着虎皮火化的目的是火化归祖。彝族祭司毕摩对此做了这样的解释：彝族是虎变的，人死后火化就成了虎。民间谚语说得更清楚："虎死一枝花，人死一只虎。"过去，西康彝族火葬时，亲人始终守候于火边，以防阴谋者投牛羊骨于其中，影响死者还原为虎。云南彝族要"踊跃火上，助喝其长"，并以"趋骑挟弓弩，周围驰骋，名'搅魂马'……绕尸旁歌舞，孝子受贺"[②]。

西藏某些地区的门巴族认为火葬是让灵魂即刻升天的最好方式。火葬时，先将融化的酥油茶浇在尸体上，点燃干柴焚烧，由喇嘛在旁边念经超度亡灵，由于采用此法要耗费大量的木柴和油料（主要是酥油），一般有财力者才能为之。有时为了能行火葬，先将死者埋葬数月或一年，待储蓄足够的油料后，又将死者挖出实行火葬。而其骨灰的处理方式大致有如下三种：一是留在原处；二是撒入河流之中；三是将骨灰与泥土拌匀，做成小塔状，安放在用石头砌成的放置骨灰的小屋"叉康"或者"古空"中。

云南普米族在举行火葬时，先将尸体放在事先架好的柴房上，"讳规"一手执法铃，一手执松明，念火葬经超度亡灵。随后往柴房上倒入拌有酥油和蜂蜜的香油，用火把点燃柴房，火葬后，将骨灰装入布口袋或骨灰罐中，最后送至存放骨灰的山洞里。

部分地区的彝族、纳西族直接将死者置于柴火堆中火化。纳西族会在火葬场用易燃的松木搭砌成高约一米五、长宽各约一米的"井"字形木架，内

① 夏之乾著《中国少数民族的丧葬》，中国华侨出版公司 1991 年版。
② 杨知勇著《西南民族生死观》，云南教育出版社 1992 年版。

置松枝。将死者面朝北方呈蹲坐状放入其中。点火后不断向柴堆上淋注酥油①。

在元、明两朝及清代“改土归流”之前，西南一些少数民族普遍实行火葬，改土归流后，火葬一度因被视为“丧伦灭理”的行为而受到禁止，改为土葬。但火葬仍然在一些少数民族中保留了下来。嘉靖《贵州通志》中记载了贵州彝族“焚于野，掷散其骸骨”。《越嶲厅·夷俗志》载：彝族“丧葬不用棺椁，以火焚化……用土石掩盖也。”

明景泰《云南图经志书》卷一《云南府风俗》载：“土人（白人）死则浴尸束缚，置于棺中，或坐或侧卧，以方布另有室僧阿吒力者书咒了，其上曰：‘地水风火，常乐我净，而包布以五彩，覆于棺，不问僧俗，皆送之野而焚之，或五日，或七日，收骨贮瓶，折日而葬之。’”同书卷四《镇南州风俗》载：“境内白族，人死置于堂中，请阿吒力僧诵咒之，三日焚于野，取骨贴以金箔，书梵咒其上，以瓷瓶盛而葬之。”

光绪《安平县志》记载了当地布依族火葬的方式：“有火葬习俗，三年后，视尸朽烂，举火焚之，以瓦缸盛骨灰埋窖。”② 清人余庆远的《维西见闻录》记载：“人死无丧服，棺以竹席为底，尽悬死者衣于柩侧……死无贵贱，三日后舁至山，厝薪灌酥，焚而弃其骨，取炭一寸瘗之，每六月五日，则祭于瘗炭所，迎神于家，炙小豕祭焉。三年后不复祭。”③ 其他少数民族如藏族、裕固族、普米族、土族、瑶族等也有火葬的习俗。

近现代以来，政府大力倡导新式火葬，新式火葬已成为我国城市最主要的丧葬形式。而在各民族相对聚居的县镇及乡村，各具民族传统特色的火葬形式依然得以保留下来。

除此之外，不少西部民族对“凶死者”也行火葬。过去，云南德昂族认为暴死、凶死、难产而死的人为恶鬼缠身者，须火葬，且火化后留下的骸骨不得埋入家族或公共墓地之内。傈僳族凡属刀枪杀死、暴力、难产或泡肿病死者，都应火化。禄劝、武定的傈僳族，未婚的青年死者也只能行火葬，其火化后的骨灰同样不能埋葬在家族墓地中④。

---

① 杨知勇、秦家华、李子贤编《云南少数民族生葬志》，云南民族出版社 1988 年版。

② 惠水布依学会编《惠水布依族》，贵州民族出版社 2001 年版。

③ 方国瑜著《云南史料目录概说》，中华书局 1984 年版。

④ 石奕龙编著《中国民俗通志·丧葬志》，山东教育出版社 2005 年版。

三、水葬[①]

水葬的方式有两种：一种是将死者遗体或肢解后的遗体直接抛入江河湖海中；另一种是将尸体火化后的骨灰（或连同盛装骨灰的器皿）一起抛入水中。前者属于直接的水葬，而后者可被视为间接水葬，是火葬后二次葬的一种。

康熙《西藏志》中记载：藏族“人死喂鹰或沉水”。这可能源于藏族尊崇河鱼为河神，尸体被鱼吃掉便能顺利升天。直接水葬的丧葬方式多见于我国四川阿坝红原、若尔盖等地，甘孜的康定、甘孜等地，西藏昌都的芒康、左贡等地。由于那些地区山高谷深，很少有鹰鹫之类，很难进行天葬，因此这些地区的藏族大多采取整尸投水或肢解尸体的水葬作为他们安葬死者的主要方式，并形成了固定的水葬场。

西藏某些地区的藏族认为乞丐、凶死者、难产而死的孕妇、染恶疾而死者等非正常死亡者为不净者，只能行水葬。同时为了不玷污河神，这类人行水葬时要用皮革裹严，整尸投江。西藏门隅门巴族也有类似的水葬习俗。门巴族无专职水葬师，临时请胆大者担任，死者家属不能充当水葬师。墨脱门巴族的水葬仅用于麻风病人及凶死者。此外，居住在江河流域的云南独龙族、傣族同样也对该类死者施行水葬，方式也较为雷同。

四、天葬[②]

从历史记载上来看，天葬的类型大致可分为两种。

一种是将尸体放于高山或大树上，让肉食类飞禽来啄食。西藏、四川、云南的一些藏族地区，由专职的天葬师将尸体砍切成小块喂给鹰鹫，亦称“鸟葬”。《隋书·契丹传》记载契丹人曾有天葬的习俗：“但以其尸置于山树上，经三年后，乃收其骨而焚之。”此外，南方也有行天葬的记录，《南史·扶南国传》中也有“鸟葬弃之中野”的记载。另据《清稗类钞·丧祭类》载，清代的西康和甘青地区的少数民族中也有天葬习俗。如西康“人死以尸送之于山，任乌鸦食其肉，所余之骨收而碎之，敷以麦粉，复为鸟食，必食尽而后止，名曰天葬”。而在甘青地区，则是将死者的尸体送到沙漠中，然后吹响骨号，以召唤鹰鹫。顷刻间，“鸟四集，地为之黑，血肉食尽。谓之天葬”。

---

① 主要参考石奕龙编著《中国民俗通志·丧葬志》，山东教育出版社2005年版。

② 主要参考石奕龙编著《中国民俗通志·丧葬志》，山东教育出版社2005年版。

另一种是将尸体以不同方式运至荒野，置于地上，任凭野兽吃食，亦称“野葬”。《隋书·真腊传》中记载当地葬俗是“送尸山中，任野兽食者”。《大唐西域记》卷二载滥波国等地葬俗为“野葬，弃林饲兽”。蒙古族在清代也有天葬习俗。蒙古族老人死后，便把其尸体用白布裹好，用马驮尸体或用勒勒车载尸体，驱马或驱车疾驰，尸体在此过程中坠下之地就是该逝者的葬处，然后任由野兽或秃鹫等猛禽啄食。三日之后，若尸体已经被鸟兽食尽，则认为逝者亡魂已经升天，举家皆大欢喜；如果尸体没有被啃食干净，则认为死者生前的罪孽未消，必须请喇嘛来诵经祈祷，替逝者消灾忏悔，直至其尸体为鸟兽所食尽。

五、其他葬式

（一）崖葬

崖葬是指把死者的棺木或遗体、遗骨安葬在高山洞穴或悬崖上的一种丧葬方式。崖葬是我国非常古老的一种丧葬方式，是主要分布在我国长江流域以南地区的一些民族使用的丧葬方式之一。因其多种多样的葬式，学者们对于崖葬中各类型的划分也各持己见。

本书根据我国西部民族的葬俗，在此将崖葬笼统地分类为：将葬具安置在高山绝壁的天然洞穴中的崖洞葬；将葬具安置在悬崖峭壁处的天然浅穴或凿穴中搭出的木桩上的悬棺葬；将葬具安置在山崖顶部、山崖间突出或凹陷的墩台处的崖墩葬①。

崖洞葬的形式如明朝田汝成《炎徼纪闻》载：“仡佬，……殓死有棺而不葬，置之崖穴间，高者绝地千尺，或临大河。”根据考古发现来看，这种选择临江河的悬崖绝壁处的天然洞穴为葬所的情况较多。需指出的是，此类崖洞葬和悬棺葬应属于同一种丧葬类型中的两种不同的葬法，但以往也有学者将两者统称为悬棺葬。除此之外，也有选择不临江河的悬崖绝壁处作为葬所的情况，例如广西隆安县、柳江县的崖洞葬都在“山峭壁上，下不临河”②。

还有一种崖洞葬是将葬具直接放入高山峭壁上的天然溶洞中。这种崖洞葬主要出现在我国云贵高原的东部地区。这些地区有喀斯特地貌，多溶洞。明代万历年重修的《贵州通志》中记载：“短裙苗者……死不殡，置之山洞”。

---

① 石奕龙编著《中国民俗通志·丧葬志》，山东教育出版社 2005 年版。

② 夏之乾著《中国少数民族的丧葬》，中国华侨出版公司 1991 年版。

贵阳东南高坡乡的苗族用崖洞葬的方式安葬其族人，山洞内棺材按照死亡时间的先后自下而上重叠堆放在一起。贵州罗甸县的崖洞葬则是选择“岩脚或半山腰上的岩洞”作为葬所[①]。崖洞葬的年代也不相同，有的可上溯至新石器时代，有的则属于明清时期，甚至更晚的近代。可以确定的是，近代我国西部的部分壮族、瑶族、苗族、仡佬族仍有崖葬的习俗[②]。

此处所指悬棺葬主要是指在临江绝壁上，平行凿孔，再打入木桩，然后架棺椁于上的葬法。唐《朝野佥载》曰：“五溪蛮，父母死，于村外阁其尸，三年而葬。打鼓路歌，亲属饮宴舞戏一月余日。尽产为棺，于临江高山半肋凿龛以葬之。自山上悬索下柩。”这种葬法以四川珙县、兴文县、高县、筠连县和滇东北地区一带最为典型。对四川珙县洛表麻塘坝的十具悬棺研究表明，其产生年代可能在明代中前期，其族属有的认为是“僰人”，有的认为是“僚人”或“仡佬人”。

崖墩葬指利用山崖的顶部，或山崖高处突出或凹陷形成的墩台来安葬死者的丧葬方式。另据元代《云南志略·诸夷风俗》记载：“土僚蛮在叙州南、乌蒙北……人死则以棺木盛之，置于千仞巅崖上，以先坠者为吉。”可见元代云南的少数民族便有崖墩葬习俗。近代以来，西藏门隅北部的门巴族还保留着用崖墩葬来安葬喇嘛的习俗。在喇嘛圆寂后，把死者安置在木匣内，然后送到高山上的石崖下安葬。此外，在门巴族中，小孩夭折时，有时也使用这种方式来安葬[③]。

（二）树葬

树葬是将死者置于野外树木、特制的木架上风干或者将葬具直接挂在树上的丧葬方式。树葬是一种比较古朴而原始的葬俗。它起源很早，主要流行于我国的东北和西南地区的一些民族中[④]。《新唐书·契丹传》载：“契丹本东胡种，……风俗与突厥大抵略侔。死不墓，以马车载尸入山，置于树颠。”可见突厥先民也有过树葬的丧葬风俗。

《西域图志》载准噶尔地区有“五行葬法”，其中“木葬则悬诸树”。《大清一统志》载：“夭苗，一名黑苗，死不葬，以藤蔓束之树间。”墨脱珞巴族

---

① 夏之乾著《中国少数民族的丧葬》，中国华侨出版公司1991年版。

② 石奕龙编著《中国民俗通志·丧葬志》，山东教育出版社2005年版。

③ 石奕龙编著《中国民俗通志·丧葬志》，山东教育出版社2005年版。

④ 石奕龙编著《中国民俗通志·丧葬志》，山东教育出版社2005年版。

米古巴部落行树葬时，先用藤条将尸体捆缚成胎儿状，再放入藤条箱中。停尸两三日后，在大树上挖出树坑放置藤条箱，或将藤条箱放置在树杈上。

树葬在我国西南地区的民族中，主要是用于处理夭折的孩童的尸体。据徐珂《清稗类钞·丧祭类》载，云南原住民对夭折的儿童也采用树葬的方式："凡未满七岁之小儿死时，土人以其先父母而入泉路，目为不孝，乃盛以无盖之棺，悬之树，任鸟啄之。"①

广西茶山瑶的小孩夭折后，通常用破布或棕树皮等将小孩尸体包裹好，置于竹筐中，再请"道公"开路，把竹筐挂在村寨附近山冲里的大树上，任其腐烂。当地人认为这样安葬，夭折的小孩能够很容易就能转世投胎②。贵州黎平的侗族也有用树葬方式安葬早夭小孩的习俗。

（三）塔葬③

塔葬，又称塔屋葬，指的是修建各种类型的塔，把死者的尸身或骨灰安放在塔内的安葬方式。塔葬的习俗源于印度佛教，信奉汉传佛教、南传佛教、藏传佛教的僧侣常使用这种葬式，通常可分为骨灰葬与肉身葬两类。骨灰葬是将德高望重的大师的法体火化后，再将其骨灰或舍利子安置在佛塔内的丧葬方式。近现代以来，汉族僧侣已很少用这种肉身葬的形式，藏族部分僧侣仍使用这种肉身葬的形式。在西藏地区，只有高级僧侣阶层中的少数大活佛去世后才能行塔葬。塔葬过程复杂，需用多种香料、特制油漆，经涂刷、晾干、烘干、贴金、整容等工序后，再移入装饰得富丽堂皇的佛塔中，让信徒瞻仰膜拜。

除了以上几种葬式之外，在我国西部各民族的历史上，由于宗教信仰、历史文化背景、地理环境的不同，还曾存在过其他丧葬种类。但随着各民族文明的发展，有的葬式已经退出了历史的舞台，而流传下来的一些葬式也在传承过程中发生了一些演变。

第三节　非正常死亡仪规

葬仪并不是将死者的遗体用何种办法简单处理掉了事，它具有使死者得

① 〔清〕徐珂撰《清稗类钞》卷八《丧祭类》，中华书局 2010 年版。

② 石奕龙编著《中国民俗通志·丧葬志》，山东教育出版社 2005 年版。

③ 主要参考石奕龙编著《中国民俗通志·丧葬志》，山东教育出版社 2005 年版。

以完成最后一次重大的角色身份转换的意义。无论是传统俗民社会或是现代科学社会，不同民族对待死亡的态度和处理方法有着巨大的差异，就是在同一民族中，对于不同种类的死亡，都有着不同的处理方式[①]。

死亡是一个人人生历程的终点，一般而言，一个人走完自己漫长的人生历程，年老体衰而寿终，这便是常言的“正常死亡”。其余的情况，都属于“非正常死亡”。过去，有的民族认为，和寿终正寝者相比，早年夭折与意外死亡者，缺乏足够的资格实现最终向祖灵过渡的根本性角色转换，大多采用薄葬的方式，在葬仪的各个方面存在着差异[②]。以下反映的多为中华人民共和国成立前的情况。

一、报丧上的差异

传统的亲族社会以年龄和辈分作为划分不同社会地位的重要标准，其中又以人生历程中的各类人生角色转换礼仪为具体标志。在大多数民族中，小孩夭折一般都不必报丧。

二、葬前吊丧上的差异

葬前装殓吊丧的情况一般取决于死者生前的社会角色，其规格总是与死者生前的社会身份、地位一致。在传统亲族社会中，家族老人寿终之时，为之吊丧是较为隆重的。民间的哭唱丧歌是很有特点的一种民俗事象。中华人民共和国成立前，在云南剑川白族中，小孩若未满三岁而夭折，便被认为是“偷生鬼”，必须请僧人念经“除鬼”，同时，家中房门上还要贴上“驱鬼”的符咒，成年人若不是病亡，而是凶死或意外暴毙，也要念经“赶鬼”，然后才能抬出去埋葬。

在白族丧葬文化中，只有寿终正寝的人和正常死亡的人才能把灵堂设置在堂屋里。而对于非正常死亡的人，则不允许将其尸体抬回村里，只能在村外搭灵堂，而且非正常死亡带来的震撼和恐惧感远远超过正常死亡，村民们都尽量避免从村口设置灵堂的地方路过，觉得那里是不洁净的，会给路过的人带来噩运。如果人客死异乡，人们曾认为其灵魂是回不了家的，要请法师来做道场，念安灵经，在家门口用凳子搭一座桥，把死者的灵牌从桥上接进

---

① 王亚南、郑海《生—死：永恒的诱惑与恐惧——云南少数民族人生礼仪研究》，云南人民出版社。

② 王亚南、郑海《生—死：永恒的诱惑与恐惧——云南少数民族人生礼仪研究》，云南人民出版社 1991 年版。

屋里，放在祖先牌位旁边，由法师超度他入祖先席位，之后，他的尸体才可以入祖坟。

侗族认为非正常死亡的人的灵魂会变为厉鬼作祟于人，因此凡凶死者尸体不能抬回家，只能在河边入殓，由师公做简单超度法事后，即可安葬，其魂魄不能列入祖宗之列。妇女若难产而死，尸体不能从门口抬出入殓，而要撬开楼板扔下入棺，和未成亲的青年人死亡一样，出殡时，只能用一根木杠抬送。

在云南巍山彝族中，未成婚的人死亡，或者人们自缢、淹死以及因伤致死和客死外乡的人，尸体均不能抬进家门，客死他乡的人，还需要招灵。西双版纳傣族人在外非正常凶死，其尸体甚至不能抬回寨子。

彝族诺苏支系的一些地方倒是可以稍微变通一些，客死他乡，死者尸体虽不能从大门抬进家中，却可以在后墙上挖一个洞运进屋，即便如此，正常与非正常死亡的葬仪仍然有别。有一些吊丧仪式活动会根据死者年龄、性别以及死亡原因等的不同而有所区别。

云南彝族的撒尼人会给因战争等原因尸首不知在何处的亡者举行草人补丧仪式。撒尼人相信未能举办丧仪的亡魂找不到祖先亡魂或不为祖先亡魂所接纳，因此成为游魂，常回生前其所在的家中作祟。故要用山草扎一替身，为其穿衣并将其装入棺材，举行补丧仪式。行此仪式时，首先用草扎一个腰身粗若手腕、双手双脚伸直叉开的小人，并给草人穿戴衣帽裤鞋，在正堂铺上一张草席，在草席上铺垫一两层布，将草人平放在布上，又盖上一两层布，模拟死者患病状。

此时需请两名毕摩，其中一位坐在里屋的火塘边，身旁放一只盛满水的碗，手拿一只碗作为亡者生时的替身；另一位毕摩坐在门口，手拿法铃。随后，子女们围坐在草人旁，开始模拟病人生病时的状况：先去坐在门口的毕摩处询问自家有人生病了，如何祛祟，毕摩让行泼冷水饭法破除。泼完后，毕摩问病情好转了吗？子女回答没有。如此重复三次，第三次时，毕摩说无须再作法了，病人已经好不了了。

这时，坐在火塘边的毕摩将小鸡的头没入水中，让其溺亡，说道："病人已经死了。"于是子女开始放声大哭起来。毕摩将死去的小鸡伸展开翅膀和双脚，绑在草人身上，头对头，翅膀对着双手，双脚对双脚，此举意为给死者接气。随后毕摩开始念经，并在草人头朝向处点上一对香，再供上一碗饭。

念经结束后，将草人装棺埋葬[①]。

三、出葬方法上的差异

西盟佤族成年人死亡要隔日才葬，而小孩死亡当日即葬。西双版纳傣族的凶死者当天即葬，而且没有丧葬仪式。基诺族小孩夭亡和非正常死亡的成年人也都一概不举行丧葬仪式。哈尼族未婚或已婚但只生了女孩的女性亡者，葬礼都非常简单。云南景颇族死于非命者一概不用棺木土葬，而是用竹篾笆抬到寨外荒野处火葬。贵州仫佬族高寿者辞世可用红漆油棺椁；逝者父母尚健在者用黑油漆棺椁，且棺椁前头翘起部分要割下；年龄未满四十岁且属非正常死亡者，棺椁仅涂桐油或不涂，棺椁前头翘起部分也同样要去掉。

云南的苗族，殓尸出葬时，只有成年死者用棺木。在一些民族中，已婚者若一直未曾生育，直至老死也不必举行丧葬仪式，他们被认为不能为人祖宗，无法完成生死之间的祖灵角色转换。妇女生产过程中死亡过去曾被视为恶死，有儿女的青壮年遭遇不幸而死亡过去曾被视为凶死，均被视为不可归入祖宗神灵之列。

四、安葬地点和基本葬式的差异

西藏林芝地区的藏族，对于夭折的儿童，通常用盐水把尸体洗干净，殓入木箱、木桶或竹筐里，然后到大山阴面的森林中，选棵大树悬挂起来，以防止家里再有孩子遭不幸。门隅门巴族在小孩夭折后，先用盐水洗净尸体，放入盛有干沙的木箱，封严后，置于房屋顶层上（门隅北部的住宅多是石砌结构，房屋较高大，一般有三层）。放置一年或数年后，择吉日再行水葬或崖葬。水葬或崖葬时，需连箱抛入河中或将木箱放入高山崖洞中。墨脱门巴族当婴幼儿亡故时实行屋底葬。具体做法是：揭开地板，在住屋底层挖一个深坑，将尸体用布包裹或装入大葫芦中，掩埋后填平土，不设标记，不让外人知晓，不请喇嘛念经，而是秘密将孩子埋葬。

云南布朗族的少儿死亡后，一般不用木质棺材，而用竹篾笆将尸体裹住后以麻绳捆绑，放在竹竿担架上抬去安葬即可。云南景颇族对于夭折的幼婴，用竹笋叶包裹，放在树脚下或到山林僻静处埋葬即可。侗族小孩夭折后用几块薄板装殓，抬到野地荒郊挖坑埋葬，为防其鬼魄蹿出，要用带刺的树覆盖坟墓。金平傣族，正常死亡者与非正常死亡者不能共用一个墓地，正常死亡

① 摘自和少英主编《云南特有族群社会文化调查》，云南大学出版社2006年版。

者的墓地往往是在河流的源头一方，而非正常死亡者的墓地只能选在河流的下游一方。广西大瑶山的盘瑶中未满十八岁的人死后用杉树皮裹尸埋葬。

第四节　丧葬礼仪

西部各民族都有其独具民族特色的丧葬礼仪，甚至在同一民族的不同支系或地区当中，丧葬礼仪也不尽相同。这些各具特色的习俗也从不同的方面体现了各民族的民族特点、宗教信仰、灵魂观念、伦理道德观念等，同时也展示了一些民族间的历史联系。在信仰灵魂不灭及灵魂世界观念的传统民俗社会，丧葬仪式既是逝者走完自己人生历程而离开人世的礼仪标志，也是逝者由人生世界进入“彼岸”世界，由人生角色进入彼岸角色的过渡仪式。

而生者的心态是极为复杂的：对生的期望与对死的恐惧互相交织，失去亲友的哀痛与送别亡魂的欢愉相互混合，对逝者的悼念不舍与对鬼魂的恐惧抵御相互冲突。由此形成了一系列处理尸体的礼仪——殓与葬，抚慰灵魂的礼仪——奠与祭，以及处理亡者与生者关系的礼仪，共同形成了一套成系统的、有规律的、能够妥善解决由死亡带来的纷扰和冲突，调节生者居丧期间不适情绪的丧葬礼仪。基于这一根源，各地古往今来的丧葬礼仪又有不少共同之处。

当然，要把各民族丧葬礼仪的含义一一解释清楚实属不易。笔者所能做到的便是尽可能地把我国西部一些民族的丧葬礼仪的特色展现出来。

一、临终、初丧礼俗

临终、初丧礼仪是指当老人病危且预后不良时的习俗、礼仪。

（一）守候接气

当老人病危且预后不良时，其家人便开始准备葬礼所需要的各种用品。“落气”是死者离开人世的最后一刹那，许多民族对此刻非常重视，有一定的守候接气的习俗规定。有的民族认为老人寿终正寝是有福之事，当其去世时，家人应把福气接过来，才能继续保佑子孙后代；有的民族认为临终弥留之际是体现子女孝道的最佳时刻；有的民族会在临死者口中塞入口含物，作为其前往彼岸世界的上路钱[1]；也有的民族认为此时是洗刷自己“罪恶”的最佳时刻。

---

① 有些民族则是在为死者净身更衣后才将口含物放入死者口中。

父母病危时，彝族长子必须守候在身旁，一是侍奉老人，二是做好接气的准备。一旦老人即将断气，用一只彝语中称为“散赞昂”的鸡（男性用公鸡，女性用母鸡），将鸡嘴洗干净后放入其口中接气，直至鸡被憋闷而死，而鸡的尸体将随后被带到坟地焚烧。接气时，需用右手托住死者的下巴，防止在咽气后张着嘴；左手则轻轻在死者眼皮上一抹，让其“瞑目”。

云南元江哈尼族多塔人在老年人即将断气时，家中长子会用自己的衣角蒙住老人的嘴，然后嘴对嘴吸气三次，随后诸子依次接气。傣族以能在自家老人病危之时侍奉为荣。死者落气后随即在死者嘴里放入一小包包有金或银、铜板的含口钱。有时，死者会把含口钱吐出来，遇到这样的情形，人们认为是死者赠给活人福分，最为吉利[①]。

白族会在老人弥留之际，由儿孙们轮流将其揽入自己怀抱中。老人即将断气之时，由家中长子将老人抱在怀里，一只手托着老人的头，另一只手扶着下巴，将由一块碎银、少许米和茶叶、一粒大枣和五色丝线组成的“饭含”（又称“银气”）放入其嘴中，五色丝线的一端留于口外。白族认为让老人在自己亲人的怀抱中落气，是报答养育之恩的最后机会。

藏族会事先准备好“披当仁布”（一种圆形藏药），放入将逝者的口中，并趁将逝者断气之前，立即撤去床上和身上的皮毛衣物，藏族认为皮毛衣物是从动物身上剥下来的，载有杀生之罪，若不撤换，逝者将带着罪恶去阴间。

德昂族相信，活人所生活的阳世与死者将要去的阴间以一条仙河为界，要把一枚银币或者一件小银器放入临死者口中，留作摆渡钱，让死者的灵魂可以顺利平安地到达彼岸的世界。有与此相似习俗的民族还有阿昌族、纳西族、傈僳族、普米族等。

西南许多民族都有放口含物的习俗，有的是将这一步骤放置在净身完成后，或者入殓之时。总之，落气是死者由生向死的第一步，守候接气的仪式为的是让临死者可以安然地渡过这一关口，但依然是围绕丧葬礼仪中对亡灵“避祸求福”的态度展开的。

（二）净身

净尸是为逝者走向“彼岸”世界正式送行的准备阶段。在逝者之躯未完全僵化时，要为其净身，以便其能干干净净地到彼岸的世界。西部各民族都

---

① 杨知勇、秦家华、李子贤编《云南少数民族生葬志》，云南民族出版社 1988 年版。

有为逝者净身的习俗，但净身仪式各有不同之处。

《炎徼纪闻》谓壮族丧俗曰："亲始死，披发持瓶瓮，恸哭水滨，掷铜钱、纸钱于水，汲归浴尸，谓之'买水'，否则邻里以为不孝。"

毛南族人死后，由孝子持香到井边，投掷几枚硬币于水中作为"买水"钱，然后跪地闭气，反手舀水一碗（意为清洁之水），回家后还需掺上热水，再在盆中放入少许大米、茶叶、柏树叶后，才为逝者净身。云南大理的白族则是由逝者的大儿媳挑着两只水桶，大女儿拿着一些金银纸和一小把点燃的香到河边"买水"。

云南永宁纳西族取水的地点和取水的人经"达巴"占卜后确定。取水人取水时要头顶钢盔、身披野猪皮甲、背负长刀，打扮得如同古代的战士。盛水时，水碗要朝逆流方向，寓意为希望家中不再有人去世。打水的数量视亡者的性别而定，男性取九碗，女性取七碗。云南蒗蕖（今宁蒗中南部地区）摩梭人对取水的数量亦有相同的规定。取洗尸水的水源一般在逝者家族送魂归宗的沿线，或者由"毕扎"占卜确定。

在有些民族中，烧"净身水"也有独特的习俗。云南大理白族会在水中加入香面和蒿子；布依族用艾叶煮水净身；德昂族用蒿枝浸水；广西凌乐瑶族用茶水，而龙胜、隆林等地的瑶族则要往水中放些黄皮叶、野姜之类，认为这样洗身，能让祖先满意①。云南蒗蕖摩梭人用水必须洁净且用松树或香柏的树枝把水煨热，他们认为松树和柏树是高洁之树，燃烧松树、柏树的枝可以洁净空气，消解污秽。之后，再用洁净的麻布条，慢慢仔细擦洗逝者全身②。

净身时，男性死者一般由儿子净身，女性死者一般由女儿净身。但有的民族有其独特的习俗。例如云南永宁纳西族妇女是不能参加洗尸活动的。

西部一些民族会为男性逝者剃头，为女性逝者梳头。云南纳苏彝族按照从头到身躯再到手脚的顺序为死者擦身，边擦边念叨"干干净净来，干干净净去"。广西龙胜壮族为死者净身时，洗到眼睛处要告诉死者"好好吧眼睛眯住，不要再看阳间的事物"；洗到耳朵处时则要叮嘱"好好掩住耳朵，不要再听阳间的闲言蜚语"，然后塞上棉花③。

---

① 夏之乾著《中国少数民族的丧葬》，中国华侨出版公司1991年版。

② 熊永翔《当代蒗蕖摩梭人丧葬仪式考察》，《宗教学研究》2010年第2期。

③ 夏之乾著《中国少数民族的丧葬》，中国华侨出版公司1991年版。

云南大理白族为逝者净身时，需用蒿子将全身擦拭一遍，随后为逝者剪去手、脚的指甲，并用纸包好，在逝者入棺时一起放入。布依族为逝者净身时，需用旧衣服蘸艾叶水，由上到下擦而不能反复或逆向擦。云南丽江纳西族会在净身完毕后，将酥油茶涂满逝者的全身。

新疆锡伯族的净身仪式别具一格。在人即将离世时，不能大声喊叫，更不能去摇动他。离世后，也不能马上号啕大哭，要等到为死者洗理（洗澡、剪发、修剪手脚指甲等）、穿上寿衣之后，才可以放声哭喊。过去，要请族中长者或邻居中的长辈来给死者净身，女尸要请女性来净身，男尸要请男性来净身。净身的时候，忌讳年轻女性或小孩去观看[①]。

对于“净身水”的处理，西部一些民族也有不同的习俗。有些民族随意泼去即可，而有些民族则有特殊的处理方式。云南元江哈尼族多塔人将净身水连同煮水的土锅一同抛弃在村外。贵州江县的苗族认为生者若是踩了净身水下田劳动，会使庄稼枯萎，因而要找僻静无人之处将净身水倒掉。毛南族认为不慎踩到净身水会使皮肤皲裂，净身水需找个无人之处才能倒掉。贵州贵定、望谟的苗族，逝者的儿子、儿媳、女儿每人都必须喝一口或三口净身水，以表示对父母的孝敬和对后代子嗣兴旺的祈祷。

（三）更寿衣

给逝者沐浴后就可为其换上寿衣了，这一以衣衾裹尸或更换寿衣的礼仪也可称作“衣殓”或“小殓”。

门巴族要用绳子或者逝者的腰带将逝者并腿屈膝成蹲式捆绑，双手交叉于胸前，似胎儿状。男性逝者左手靠胸，女性则右手靠胸。

仫佬族男性死者一般穿寿衣裤、寿袜、戴寿帽；女性死者系寿围裙、打头巾。云南普米族为逝者净身后，便给死者穿上新衣服，并用二丈长的白布把尸体裹起来，在胸、腹、膝等部位打上十字状的记号，放入垫着白毡子的棺木中，蒙上白布，放上盖板，然后待孝子亲自钉上棺盖即可。

云南玉溪的彝族纳苏支系一般为逝者穿一套干净的旧衣服，家庭条件优厚的，还会放死者生前的一些饰物作为陪葬品。寿衣穿戴整齐后，在堂屋中铺上床，将死者头朝东、脚朝西呈仰卧状放置在床上，用一床素面被或者一块白布覆盖全尸。

---

① 李云霞《锡伯族文化探微》中央民族大学博士毕业论文，2010年。

云南昆明的彝族撒梅支系，在为逝者更换寿衣时，若穿的是新衣服，须用香火在衣服上烧三个洞。毛南族、侗族也有用香火在衣服上烧洞的习俗。

云南大理白族的寿衣上不能有扣子，人们认为，如果殓服上有扣子，会使家族人口稀疏，穿好衣服后，还要用白线将逝者的两个大脚趾绑在一起，以避免亡灵被孤魂野鬼带走。最后在逝者的脸上蒙一张白纸，表明已是阴阳相隔。

云南德昂族用白线或者黑线将逝者两手拇指拴住，双手合掌于胸前，人们认为，这样做可以防止逝者的灵魂再回到家中来。云南景颇族在给逝者穿好寿衣后，要用线将逝者双手的大拇指、双脚的大脚趾分别并排捆好，以免逝者的亡灵被孤魂野鬼勾走。

而云南蒗蕖摩梭人在为逝者换上全新的衣裤鞋帽后，要将逝者下肢弯曲，两膝、双脚并拢，双手合掌放置于胸前，然后用一条长麻布，其中段放在逝者的项下，从双肩绕出，至胸前交叉，如此前后捆系，至脚踝打结，男绕七道，女绕九道，将其绑成“处胎姿势”的蹲坐状，再用酥油涂塞逝者眼、耳、鼻、口处，最后在面部覆盖一张“帕吐博”（用麻布制成的面罩）以隔阴阳。当地的摩梭人解释，之所以在面部涂上酥油、覆盖面罩，是因为不让死者再听到、看到、闻到家属悲欢离合，让其安心离开故土。收敛尸体完毕，再用棉被包裹后以蹲状安放在堂屋火塘旁，男性逝者安放在火塘的右侧上方，女性逝者安放在火塘的左上方，面朝堂屋门的方向①。

新疆的俄罗斯族对逝者的穿着没有特别的要求，一般依据逝者生前愿望为其穿戴。俄罗斯族老人在暮年时都要为自己准备死后穿的衣物，并嘱咐亲人届时为其穿戴。男性一般穿西服，不戴帽子，穿皮鞋；女性穿连衣裙，要戴头巾，穿皮鞋或布鞋②。

广西侗族的寿衣由自织的侗布缝制而成，共穿三件，从里到外依次为白色、蓝色和黑色的衣服。

根据各民族不同的传统习俗，所穿寿衣的新旧不同，层数也各不相同，有的可达到十多件之多，但件数应为单数，以避讳双数有暗示会再有人去世之嫌。

二、入殓诸礼俗

（一）入殓

棺椁既是用来盛放逝者遗体的，也是送逝者由此岸到达彼岸的运载工具。

---

① 熊永翔《当代蒗蕖摩梭人丧葬仪式考察》，《宗教学研究》2010 年第 2 期。

② 滕春华《新疆俄罗斯族葬俗文化探析》，《西北民族研究》2003 年第 4 期。

逝者遗体入棺，也就是逝者实现由人世角色向彼岸角色转化的前奏。因此在很多西部民族当中，入殓仪式是人们向死者遗体做最后告别的仪式。棺椁的用材和造型也因民族的不同而各具风格。从用材上看，大致可以分为木制、陶制、石制、竹制等，其中以木制最为普遍。说到具体造型，那就更加多样化了。

民族学和考古学的研究发现，一般来说，社会生产力发展水平越低，所处的社会发展阶段越原始，该民族地区所使用的葬具的制作方式也就越原始，与之相应的入殓习俗也就越简单。入殓时，在逝者棺内放入的物件各种各样，但其目的都是希望逝者在其最终的归宿中得以自在舒适，同时，也可将逝者亡灵暂时留于棺中。各民族选择的入殓时间有所不同，西南有的民族选择在守灵前完成入殓仪式，有的民族在出殡前入殓，例如新疆锡伯族等。

云南玉溪彝族的棺材用料大多为青松、杉松或者柏树，上黑色生漆，两端分别绘有太极和红色寿字等图案。棺材清理干净后便置于堂屋正中，死者入棺之前要先翻棺，上香后，献酒、肉、饭祭祀棺材，由毕摩向内喷酒，边用一枝黄连刺和青蒿刷扫棺材，边口中念“避——”之后于底部撒柏枝叶或青松叶，铺上新的棉絮、床单，放上枕头。移尸入棺后，四周塞入其生前穿过的旧衣服，使其固定正卧于棺材的中央。盖棺后披上盖棺布，彝语称“纳确”，以黑布为底，上贴白纸剪成的鹤、雁、松柏等传统图案。在这一过程中，参加者忌讳将影子投入或者将眼泪滴入棺内。灵柩头朝正门，脚向堂屋正壁。随后，由毕摩在正对床头的位置点上一盏菜油灯。这盏油灯在葬礼期间是不能熄灭的，纳苏彝族认为这盏灯是用来守护逝者灵魂的，使之不离棺，若灯熄灭，未得到安葬的灵魂将会散去，是大凶之兆。此后再献上被扭断脖子而死的鸡以及放上一枚熟鸡蛋的米饭、茶、酒各一碗。

云南大理白族亦有事先准备好“寿房”的习惯。一般年逾六十就开始准备了。高寿者，常用红色的油漆涂刷表面，有蝙蝠等动物图案做装饰，若逝者为青壮年就只能用黑色油漆。入殓时，先用准备好的新棉被平铺在棺材里，再将逝者放入其中，视情况再铺垫逝者生前用过的衣物等将其固定在棺材中。若逝者为入赘的女婿或者女性，钉棺则要等得到逝者的娘家人的同意才能完成，这在一定程度上是舅权在丧葬礼仪中的体现。

云南阿昌族入殓时，要在棺内用些稻草垫底，将尸体仰面放入，随即盖上棺盖。将棺椁置于家中正堂，头朝正门，并在其两边点上长明灯，旁边放上一碗白饭，饭上放一枚煮熟的鸡蛋，当地人称为“倒头饭”。

云南普米族逝者入殓时，棺底必放一张白毡子。普米族认为在棺底放上白毡子，逝者无论升天或者来世投生，都是普米族人。

蒗蕖摩梭人也是事先便备下寿服、“古博”（棺木）等。蒗蕖摩梭人的古博为形似轿子的木楞房，用香柏树或松树细圆木做成，长宽均为一尺三寸、高三尺，并有屋檐和屋顶。由毕扎或喇嘛在其正面画上法螺、花瓶各一对，香炉一只及日月，右面画跑马一匹，左面画虎、鹿等祥兽。入殓前，要请“毕扎”为逝者开路。开路前，先将遮盖在逝者脸上的“帕吐博”（用麻布制成的面罩）揭开一角，对其念诵《开路经》。待开路完毕后即可入殓，但一般选择在夜间举行，由亲属将尸体移入棺，棺内铺垫青松或者香柏树枝。将古博放置在堂屋正中靠墙处，面朝堂屋门。入殓毕，主火塘重新生火，在火塘下方开始煮“枕头饭”，取一片肥肉、三个鸡蛋，再随手抓些生米（男性抓九把、女性抓七把），将这些食材反手放入同一个锅内煮熟后，盛在三个碗里，与一个猪头一起供放在棺材右侧，再点上一盏油灯，并悬挂一条名为“纳达督尤”的白布条，将古博与供奉在屋内的祭祖圣坛“宗巴喇”遮拦开。之后在棺前的灵桌上摆放一块称作“吾扑率忍”的白石（吾扑率忍是送魂路线的终点，被认为是摩梭人的发源之地）并供奉一碗米饭、一碗肉、一杯茶、一杯酒、一双筷子，还要用植物油再点一盏长明灯①。

云南金平傣族在入殓之前，会事先在木棺底部铺上一层大米，据说这样做可保尸体不腐烂。棺内可放入烟筒、衣服、锄头之类逝者生前的日常用品及生产工具，贵重物品一般留下不葬。灵柩须停放在灵位前的一张竹床上，先覆以一块四围镶有白布条的红布，再罩上一顶由本村老人扎制的状如屋顶的纸伞，据说这是供死者上路时用的。在其上方，插入一面纸旗，旗上绘有八个小鬼，意为替死者开道。灵柩的前后各点一盏油灯，前面的一盏点给天神，后面的一盏点给地神，同时也给死者的灵魂照明②。

在布依族的习俗中，入棺前要先用一只鸡来扫棺，扫后女婿们争要这只鸡，谁得到这只鸡，谁就是主祭人。然后在棺材里放入草木灰垫在底板上，铺上草纸七层或九层，放入尸体后，用纸将尸体固定住，棺材缝用白纸糊好。

---

① 熊永翔《当代蒗蕖摩梭人丧葬仪式考察》，《宗教学研究》2010 年第 2 期。

② 和少英主编《云南特有族群社会文化调查》，云南大学出版社 2006 年版。

盖棺时全家人都要参加。棺材摆放在堂屋中，棺材下点一根蜡烛，名叫“长明灯”，放一个烧冥钱的盆，棺材前放一张供桌，上面放有香、一碗竖插筷子的半生糯米饭（俗称“倒头饭”，所以布依族人吃饭时忌将筷子竖插在饭碗中）、腊肉、饼干、香烟等物品。

壮族在将逝者入殓之前，要先在棺材底部铺上火灰或木炭灰，盖上砂纸再铺上白布。入殓时，将逝者脚朝大门，表示亡魂已经离开家门。如果逝者先于自己的父母死亡，还要戴孝入殓，表示对父母尽孝道。逝者身上盖几层白布或黑布，手中放几枚铜钱，有的还会在棺内放置一个装满谷种的小罐，表示逝者可到彼岸的世界继续播种生产。

基诺族的棺木为独木棺，砍大树一棵，一剖为二，挖空中间，入殓后合二为一，棺椁上再缠绕上三道白线。入殓时基诺族要跳“花脸”和“竹竿”舞。舞蹈由五个成年男子同跳。

云南文山壮族在将逝者入殓之前，要请“么公”计算死者入殓、出殡、下葬时日。入殓时，所有子女和亲属都要号啕大哭，以示与死者的诀别。将逝者抬入棺材后，么公用柚子叶蘸清水洒在逝者身上，一边高声念道：“一洒甘露水，二洒得清凉……”完毕后，又手拿纸花，领着逝者子女和亲属绕棺木一圈，并将纸花洒在死者身上。子女一边转圈，一边看着逝者。随后用黄、红、黑、白、蓝五色线拴在棺钉上，盖上棺盖，敲上棺钉[①]。

云南傈僳族要等到安葬时才将逝者入殓，直接将逝者停放在靠近火塘的地方，头朝向地势较高的地方。男性遗体停放在堂屋火塘右侧，女性遗体停放于火塘左侧。停灵的房间，北边的木板墙要全部拆除。

云南盈江景颇族人死入棺时，需到村外锄一块青草皮，再以白布连土包好，放入棺中给逝者作为枕头，随后请“董萨”来念撵鬼送魂，让逝者的灵魂能够回到彼岸世界的家。

达斡尔族老人去世时，先由一位长者为其完成净身仪式并入殓以后，要将死者生前用过的烟具、碗、筷、锅、小刀等物品和米、面等用线网包起来装入棺内的左边；把银箔纸剪成日月形，贴在棺内的右边，用来象征日月。另外还要在死者的一只手中放些瓜子，另一只手中放些浆果。

贵州仫佬族先将备好的棺柩按男左女右之序停放在厅堂一侧，随后在棺

① 杨知勇、秦家华、李子贤编《云南少数民族生葬志》，云南民族出版社 1988 年版。

底平铺一块白布，再移尸入棺。头垫用谷壳或草木灰做成的小枕头，两边用瓦片固定，使遗体安放时位居棺木正中。入殓时，死者嫡亲每人将一件自己穿过的、去掉纽扣的衣服放在逝者身边陪葬。高寿者，一般有四至五套“防老衣”随葬。逝者双脚朝向棺柩中略显宽大的一端，意为“脚踏莲花，莲出淤泥而不染”，在世时一身清白干净，无愧于列祖列宗①。

按俄罗斯族的习俗，棺木不能提前制作，只有人亡故后才能做。入殓时先在棺内底层铺一层刨花（做棺木时收集的清洁刨花），再铺上一条白色布单，布单上面遗体头部一侧摆放一个用刨花作为枕芯的白色方枕。然后，家庭中的青壮年男性将亡者的遗体从床上抱起，缓缓安放在棺木内，并在遗体上盖一条白布单。棺内铺垫刨花，一是有松软、舒适感，二是象征着回归自然。信仰东正教的还要在白布单中央缝一个用黑布裁剪的十字架图案。白单盖至胸部、露出面容供人瞻仰、告别。遗体周围摆放许多用彩纸做的各色花，除此之外，棺内不放任何物品。遗体安放好后，将棺木移至室外，摆放在两条木凳上，待下葬前再行盖棺②。

新疆锡伯族在出殡日的早晨为逝者入殓，逝者家属用棉花蘸水给死者擦脸净容。然后，将逝者连同寿褥一起抬起，脚先出门，为避免阳光照到尸体上，要用毯子遮光。棺材底层事先撒上一层一指厚的锯末子，锯末子上面铺一层纸钱，钱上面再铺寿褥。棺材里面的四壁上挂红绸布帷幔，经济条件差一些的人家则用白纸糊上。尸体入殓后盖上棺盖，但此刻不钉棺，等棺材放入墓坑，亲属为其最后一次整理遗容后再将棺材钉好③。

（二）更换孝服

所谓孝服，是指丧葬期间人们为哀悼死者而穿戴的衣帽、服饰。虽然各地各民族孝服款式多样，但颜色以白色和黑色为主。有的民族会在孝服上加以不同的装饰，以此反映生者与逝者的亲疏关系。亲疏关系不同的人穿不同的孝服，他们在葬礼中也应遵守不同的行为规范。丧服不仅决定了孝子在葬礼中的行为，特殊的装扮意味着其社会身份的改变，在随后的禁忌期即“服

---

① 卢敏飞《脚踏莲花归宗去——仫佬族丧葬仪式考察》，《广西民族研究》2004 年第 4 期。

② 滕春华《新疆俄罗斯族葬俗文化探析》，《西北民族研究》2003 年第 4 期。

③ 李云霞《锡伯族文化探微》，中央民族大学博士毕业论文，2010 年。

孝”期间，其在参与社会生活时会有一些相应的限制[①]。

云南大理云龙白族有专为戴孝举行的仪式，称为“悬帛”，也叫“悬素”“出帛”。意为迎请方帛氏神位，开始戴孝。东山脚村民间写作“方帛”，传说他是《封神演义》里的镇殿将军，在古代被奉为门神，可作为驱疫辟邪和出殡时开道的神像。首先在大门外用方桌在白色纸钱树下摆好香案，放上写有“方帛氏之神位”的纸制牌位，供上干桂圆、大枣、冰糖、生肉、豆腐各一碟，茶、酒各一杯，饭三小碗，燃香四炷，小钱树（用草纸做的剪纸，约一尺高）两棵。孝子们跪在香案前祷告，鸣炮后，唢呐吹响，孝子们回到棺材前跪下。儿子、堂侄先戴孝，然后众孝子都将准备好的孝服、孝帽穿戴妥当。儿子（或上门女婿）、堂侄的白色孝衣外还穿一件细麻布马甲，女儿、儿媳在腰间系一根粗麻绳。其他孝子都穿白色孝衣[②]。

云南纳苏彝族的孝衣为白色麻衣，现代已用白色衬衣来替代，男女相同。用 25 厘米宽、1 米长的白布，右短左长，沿布边缝合后，呈三角状戴于头上，这种白色孝布示意去世之人是自己的亲生父亲或母亲；在该白色孝布正中加上一条宽 5 厘米，长 10 厘米的红色棉布，表示自己的亲生父母还在世，去世的是自己的与父母同辈的长辈，或是自己的岳父岳母、公公婆婆；孙辈不戴白色孝布，只用一条宽 8—10 厘米，长 30 厘米的红色棉布系于头上，表示去世的是自己的祖辈；与死者同辈分的人不戴孝。丧家要备好上述几种孝布及白色衬衣，待丧家及亲戚中孝男孝女前来上香磕头、哭灵时穿戴。整套孝服还包括系在腰间的孝带，现在已用塑料细线代替了传统的麻线。

西部各地壮族的孝服不尽相同，但颜色都是白色。云南广南莲峰、阿科、旧莫一带的壮族侬支系，丧家子女都穿白衣白裤，头戴白孝帕，脚穿白鞋，其余亲戚只穿白衣或戴白帕即可。广西上林、马山、武鸣、平果等地的孝子穿白色长衣，孝女穿白色上衣，头扎白孝巾，腰缠白布带，脚穿草鞋，有的还穿白袜。有的地方在缠腰的白布带上加一条用芭蕉树皮拧成的绳子。绳上每间隔二三寸绑一小条白纱纸，纸条下垂长五六寸。

在广西扶绥，孝女披发戴上用白纱纸糊成的孝帽，脚穿钉有白布的鞋，

---

① 张海超《大理洱海地区白族葬礼研究——兼论“礼”的视角在人类学仪式分析中的应用》，《云南社会科学》，2010 年第 1 期。

② 王丽梅《白族丧葬仪式的邻里互助机制研究——以云龙县东山脚村为例》，大理学院硕士论文，2015 年。

孝男手拄以白纱纸缠绕的孝杖。披发，表示哀痛之极，无心梳理；手拄孝杖，意为悲伤过度，需拄杖方能自持。在龙胜龙脊，孝女的首饰要全部摘下，以生麻绳代替手镯，以白棉线代替耳环。大部分壮族地区只有晚辈给长辈戴孝，长辈则不为晚辈戴孝[①]。

云南蒗蕖摩梭人孝男孝女一律除去头帕、帽子，用生麻辫缠头或戴白色孝帕，女性需梳发扎辫，男性则刮净胡须（过去还要刮净头发），此后四十九天不再梳理。

新疆锡伯族的孝服长及脚面，腰间系一条很长的白带，戴孝帽（一般是在平日所戴的帽顶上缝一块圆形的白布）。孙辈的孝服在肩上缝一小块四方形的红布，曾孙的孝服则在背后缝红布叉子，玄孙孝服上缝花布[②]。

云南哈尼族女子的丧服，胸前缀满银饰，丧家长子妻子穿的孝服是她出嫁时穿着的嫁衣，结婚后便收起来，等到公婆去世后作为孝服穿，据说这样可以让祖宗认出她，才能庇护她的子女。同时，全寨的人都要在腰间系上一块姜，以防阴魂缠身[③]。

毛南族的戴孝方式也甚为独特，除穿着孝服外，孝子还要以墨画脸，母亲去世的画右脸，父亲去世的画左脸，孝女们则要披头散发，以示孝顺。

三、报丧礼俗

报丧即将有人辞世的消息告知亲友和村民。告知同村寨中有人辞世，需遵守相应的丧葬禁忌，以免带来不利影响。西部一些民族中有“红事不请不到，白事不请自到”的习俗，各家会派人前往丧家协助料理丧事，给予无偿的帮助。在整个葬仪中，报丧是显现家庭在社区和一定范围内的亲缘以及社会关系的首要环节，虽然大部分地区都有白事不请自到的习俗，但是报丧仍然是不可或缺的，尤其是对家庭所在的社区而言。

一般情况下，孝子在长辈、亲人的陪同下，挨家挨户报丧，但通常不进入别人家门，而是由陪同的亲人在门外大喊，如果家里有人出来，孝子要行跪礼。有的人家距离较远，孝子无法一一上门，则委托专人报丧。

西部民族众多，习俗也各异，不同的民族和地区的报丧方式也有差异。云南怒江一带的怒族用吹“竹号”来报丧。根据死者的年龄、身份来定吹几

---

① 覃圣敏《广西壮族的丧葬习俗》，《广西民族研究》1989 年第 4 期。

② 李云霞《锡伯族文化探微》，中央民族大学博士毕业论文，2010 年。

③ 熊永翔《当代蒗蕖摩梭人丧葬仪式考察》，《宗教学研究》2010 年第 2 期。

声竹号：未婚的青年只吹一声竹号，有儿有女的吹两声竹号，头人吹三声竹号，巫师吹四声竹号。在中甸、维西一带，不少民族吹牛角报丧，也有一些地区的少数民族吹海螺报丧。

景颇族、拉祜族、黎族、瑶族等少数民族鸣枪或敲锣来报丧。在景颇族中，鸣枪的次数还有严格的规定；死者是男性鸣偶数，死者是女性鸣奇数。佤族死者是男性则朝日落方向鸣枪报丧，是女性就敲锣报丧（小孩死了不报丧）。亲友和寨人（只限成年人）闻讯后，立刻带上一筒水酒、一碗米、一坨盐巴、一块茶、一包烟叶等物，前去吊丧，死者家人杀鸡或剽牛，招待来吊丧的亲友和寨人[①]。

云南纳苏彝族会在家门外燃放三封炮仗，正式宣告老人已经去世，村中青壮年男女就会自动集结到丧家帮忙。按布依族的习惯，凡属正常死亡的老人，要立即鸣放三发火药枪，有铜鼓的村寨，要以极其缓慢的速度击鼓报丧（年岁不满五十或非正常死亡者，则不能敲鼓）[②]。云南勐海的布朗族，丧家要先禀告村寨头人召曼家中有人去世，随后召曼便会在寨子中高喊："某某已经不是我们寨子里的人了，他是竜山上的人了，家家都要送他到竜山上安身。"[③]

新疆锡伯族的报丧者一般不进入别人家的屋内，而是在庭院门口或院子里将主人请出来，报丧时对长辈要行跪礼，对同辈要行"打千礼"（锡伯族的一种问好礼：行礼时，左腿往前跨半步，把双手扶在左膝盖上，双膝同时下屈。同辈人见面，年少的先行礼，然后年长的还礼）。此外，报丧时还忌说"死"字，要改用"百岁""寿终"等词[④]。

在西双版纳傣族村寨，家里死了人，首先要向亲朋好友报丧，报丧者要身背大米，将米撒在亲戚朋友家的楼梯上，然后站在楼下，把亲人的死讯告诉其他亲朋。如果到外寨报丧，按照传统习俗，只能站在寨外，托人把死讯通报给寨里的亲朋好友。

贵州省北盘江流域一带的少数民族丧家请来邻寨的青年，两人一组，手

---

① 王亚南、郑海著《生—死：永恒的诱惑与恐惧——云南少数民族人生仪礼研究》，云南人民出版社 1991 年版。

② 杨知勇、秦家华、李子贤编《云南少数民族生葬志》，云南民族出版社 1988 年版。

③ 杨知勇、秦家华、李子贤编《云南少数民族生葬志》，云南民族出版社 1988 年版。

④ 李云霞《锡伯族文化探微》，中央民族大学博士毕业论文，2010 年。

里拄着拐棍，到所有的亲友家去报丧。当人们见到这样的人进寨，就知道是报丧的人来了。

在云南大理白族地区，当死者去世的消息在村里传开后，村民们相继来丧家“亲吊”。到丧家亲吊的一般为家里的年长男性，若他们出远门，就由其妻代为亲吊。知道有人去世的当天或第二天就必须去亲吊，否则将会被视为失礼。云南陇川景颇族报丧后，亲戚和邻居都会给予粮食、酒、菜或家禽等物，无偿支援丧家。

云南纳苏彝族报丧后，丧家要请两位村中辈分高、有地位的壮年男子来组织和主持整个葬礼。一人为“内管”，另一人为“外管”。内管接受丧家的全权委托，负责丧葬财物安排及收支登记；外管负责村中来义务帮忙的人员的调度支派，以及备办伙食和接待吊丧者，帮助丧家顺利处理葬礼中的诸多事宜。云南佤族的丧事中，不同身份、不同性别和年龄的人承担相应的职责：采购、杀猪和做棺、抬棺、挖墓穴等由中青年男子负责，妇女和年轻姑娘负责招待事宜。

可以看出，大多数西部民族在接到丧家的报丧后，宗族亲戚和好友邻里均会视丧家需要及亲疏关系，在物力、人力上给予帮助，可以说当有葬礼要举行时，几乎是村寨全村人总动员，各司其职，在短时间内形成有效的义务互助治丧体系。

四、灵堂礼俗

报丧之后，为方便守灵和亲友前来吊祭，各民族的丧家一般都会设置一个灵堂。灵堂的地点、布置形式以及停尸位置，各民族各地区习俗各不相同，但其中几样元素是必不可缺的：一是表明该户人家处于丧葬期间的标志物，如丧匾、丧坛、丧联、纸幡、纸扎等；二是供奉逝者的供桌、供品等；三是为前来奔丧的亲友祭拜以及完成守灵仪式祭拜而设的席位。

一些民族的灵堂布置在堂屋。

云南纳苏彝族将原来的堂屋改为灵堂，并请专门的扎灵堂师傅来完成。在堂屋的左右两墙之间架起由竹子扎制后用纸糊成的留出左右两侧的通道后与其他墙面齐高的“丧坛”。丧坛模拟传统建筑扎建，有突起的屋檐及绘有牛、羊、猪、鹿、鱼等动物的两两对称的横梁。其上以内嵌的方式将死者遗像放置在正中位置，左右两旁写有对联一副，内容为“金童玉女守英灵，金山银山摆堂中”，横批为“思孝堂”。遗像的正前方放置方桌一张，摆满各种祭品：一对红蜡烛，一个装满米的三升斗，三升斗前摆酒、米饭（上放一个熟鸡蛋）、茶水各一碗。备纸钱、香若干，供上香者磕头烧纸钱祭拜。方桌两侧放上成对数的由彩纸扎成的仙鹤、金山银山、金童玉女。供桌上的物品，摆放前均须用青松枝象征性地清扫一遍。

丧坛布置完后，便用其余的青松枝铺在供桌前和整个天井中。家中大门的门面上贴两个写在白纸上的黑色的“奠”字，大门及一楼的所有门框上，均贴上用汉字写的、内容和长短各不相同的丧联，以表达丧亲之痛。在大门右上角挂上彝语中称为“拍”的白色“纸桥”①，纳苏彝族认为死者的灵魂去阴间的路上，将要跨过三条清水河、三条浊水河，而“拍”就是跨过这些河流时使用的桥，没有了它们，灵魂将迷失在前往阴间的道路上，不得善终。除此之外，还要在大门外的两侧立上高达八至十米、共分为十二层的纸树“塔衣拍”，每层都飘着打有洞孔的彩色纸条，象征着送给死者的金银钱财。

布依族习惯上要为逝者扎一间孝房，放置在棺椁上方。比较讲究的孝房分“大转五”“小转五”和“三高两矮一块玉”等几种，孝房一般由逝者的母舅家请人编扎，通常都需要五六人连夜赶制，才能在短期内完成。孝房上下层的门窗、大小门上，门廊旁的字画、对联都讲究一定的规格和各自的含义。各色光亮的纸张和房檐屋角的精美装饰，以及刻画的精巧图案，把整个孝房衬托得格外华丽。有的灵堂周围还要遍插松柏枝丫和狮子草。灵堂的右侧放置纸扎的蟠龙和丧塔，左侧则放置用竹子做成的、引导亡灵通往彼岸世界的魂幡。

云南大理白族停棺的位置在正房的堂屋里，用两条高凳子支撑棺材。如果死者为中年人，其父母还在世的话，就只能把棺材放在矮的凳子上。但无论什么情况都忌讳棺材与地面直接接触。正常棺材宽的一端朝外，前面放有一幅逝者的遗像，旁边是逝者的牌位，一碗“倒头饭”，装饭的碗用绵纸包着，中间插一双筷子。倒头饭从设置灵堂的当天一直放到出殡之日。倒头饭旁边插着一个用绵纸做的“魂魄幡”，上面写着逝者生卒的时间和子孙后代的姓名。棺材的正上方放一个花圈，尾部置一盏长明灯，家人要小心地看好长明灯，不能让它熄灭，使其与逝者长相伴。正前方的地上置一个香炉，香火不断，还要烧金银纸，为逝者到另一个世界做好准备。灵堂两边的墙壁上都

---

① 用白色棉纸做成倒挂在竹竿上的三角形，三个角上系有长方形纸条。

挂着挽幛和祭文，记述着逝者的生平事迹和上祭者对逝者的评价。灵堂两侧的空地上铺有稻草和草席，正所谓“稻草悲伤，还父母功劳”。孝子、孝女和孝孙按男左女右之序席地而跪，待有人来拜祭时适时地磕头还礼，吃饭也不能离开灵堂。棺材正前方有一张草席，供前来上祭的人跪拜时使用①。

云南丽江纳西族死者停在堂屋正中的板床上，头朝外，脚朝里，尸身上盖白布单，中压一段土坯，脸上盖一张阴阳白纸，敞开格扇门，床前方桌上摆着插有筷子（交叉为十字形）的一碗夹生米饭，及茶、酒、肉、蛋等祭品。点灯烧香，举行祭奠，死者的家属披麻，孝子戴孝，跪在死者两旁守灵。每逢近亲来祭奠，都必须以哭泣示哀。

云南宁蒗普米族在正屋内对门处摆上两张方桌，右边的方桌放面偶，左边的方桌为灵堂。灵堂上用木头在屋内架好小架子，上方用各色的哈达搭好，方桌上停放老人的灵牌，前面供上食物、酒水、酥油灯。地上有一个大竹碟子，以备存放第二天前来祭拜的亲人、乡亲带来的食物②。

云南广南壮族的灵堂一般都供有逝者的灵牌和衣禄饭，灵柩上盖着一块黑纱，两侧铺满席子或稻草，供孝子与孝女在守灵期间守灵、哭丧和休息用。灵柩前扎一道彩门，门内立一个绘满龙凤的屏风，屏风正面放上一张供桌，上放祭品和香烛，有的地方要特地煮成夹生饭，碗中垂直插着一双筷子，有的地方筷子要以白纱缠绕。此外，还要在大门外插上一簇称为“长钱”的白色纸幡。按惯例，逝者多少岁，就剪贴多少张。

新疆锡伯族通常将灵堂设在死者常住的房间，或者设在西屋。布置灵堂时要先将屋中原有的挂图等取拿下来。西墙边摆一张八仙桌，灵床设在八仙桌旁。灵床为一张无档栏的木板，四周围上色彩艳丽的绸子。尸体头朝西脚向东，头朝八仙桌，男的仰卧直肢，女的屈肢左侧卧。头上盖以白纱巾或绸巾。接着在八仙桌上摆上供品：各式点心、水果、鱼肉、油饼、煮熟的羊胯骨或肩胛骨、一碗米饭（竖插一双筷子）、一盘菜和一把刀子（插在肉上）。灵床的床脚后置一张小供桌，桌上点长明灯（蜡烛、油灯、煤油灯），桌旁放一个烧纸钱的盆和

---

① 杜凤梧《白族丧葬礼仪的社会文化阐释——以洱源县右所镇为例》，云南民族大学硕士毕业论文，2007年。

② 张晓鑫《云南省宁蒗县新营盘乡牛窝子村普米族丧葬仪式音乐研究》，中央民族大学硕士论文，2013年。

水酒瓶。灵堂地上铺麦草。此外，灵堂内不能让猫、狗等进入[①]。

停尸的时长依据各民族的风俗习惯而定，有的民族在三至五天内完成整个葬礼，而有的民族如云南新平和金平的傣族、广西侗族等，则有推算入殓、入墓地、出殡时间的习俗，整个丧葬礼仪必须绝对遵守这些既定时辰，不论停尸十天半月甚至是数十天都不能有半点变更，否则视为不吉。但因停尸太久给丧家带来诸多不便，近些年来也有所改变，只要选好良辰吉时出殡下葬即可。

五、守灵诸礼俗

灵堂布置好后，逝者家属便开始在灵堂内守灵至出丧。在这期间，虽然亲人已经逝去，但尚未出殡，也未能在本民族的专业人员引导下进行各种形式的超度及祭奠仪式，从而“回归祖宗”或者“转世”，人们还是将其当作生者一般对待。逝者与其灵魂时而是家人，时而具有保佑家宅的神力，时而又会成为招致灾祸的源头。生者亦对逝者存有模棱两可的态度，不舍、崇敬与惧怕的情绪交替并存。这使得守灵期间的诸礼仪，都围绕着追忆逝者往昔，表达对逝者最后的孝道以及安抚逝者灵魂而展开。

（一）奔丧与吊唁

我国西部各民族都有白事不请自来的习俗，得知有人逝去后，都会自行前往丧家奔丧和吊唁，以尽哀思之情。

《北史・突厥传》记载了我国西北部民族先民祭奠亡者时的情形：“（突厥）死者，停尸于帐，子孙及诸亲属男女，各杀羊马陈于帐前祭之。绕帐走马七匝，诣帐门，以刀剺面且哭，血泊俱流，如此者七度，乃止。择日取亡者所乘马及经服用之物，并尸俱焚之。收其余灰，待时而葬。春夏死者，候草木黄落，秋冬死者，候华叶荣茂，然后坎而瘗之。葬之日，亲属设祭及走马剺面如初死之仪，……尝杀一人，则立一石，有至千百者。又以祭之羊马头，尽悬之于标上。”但随着社会经济的发展，我国西北部各民族的丧葬礼俗也发生着巨大变化，“以刀剺面”的习俗早已不复存在了。

维吾尔族在报丧之后，死者的至亲按辈分和一定次序在门前分男女排成两队，每人手执一根一米来长的木棍作为“丧杖”。仰候前来吊丧的乡亲。在妇女队伍中必有一位是“丧歌”哭唱者，哭唱者一见远处有吊丧者前来便放声哭唱，其余人尤其是女眷也放声应和恸哭，同时用手中的丧杖使劲捣地。那情景真是

① 李云霞《锡伯族文化探微》，中央民族大学博士毕业论文，2010 年。

让人感到悲痛欲绝。

来吊丧者忍住哭泣，一边安慰丧眷，一边从怀里掏出一顶黑帽或一块白纱巾或一条一米多的白布，交给丧家中的长者，或直接给他们戴在头上或扎在腰上。这些东西都是丧家的服孝标志。然后，吊丧者依次站在队尾，使男女两队随着人数的增加由门口向远处伸延。

新疆锡伯族一般会携带一些白纸或纸钱等前来吊唁。吊唁者一进大门就放声大哭，进灵堂后跪在灵床脚后，边烧纸钱边哭灵，死者的儿女和亲属都跪在灵床两旁陪来者哭灵。和逝者有特殊关系的亲朋好友，往往边哭边诉说和死者以往的情谊及心中的怀念之情，祝愿逝者安息。这种哭诉带有特殊的音调，节奏分明、抑扬顿挫[①]。

新疆哈萨克族亡者的亲属得知噩耗后，都必须前往吊唁。吊唁的人如果是骑马前来，就从好几百米远处下马，大声哀唱着跑来；如果是步行前往，就从五十至一百米之外哭着来，这叫“达吾斯哆嘎尔吾”。死者家属将尸体安顿好后就开始准备迎接前来吊唁的人。妇女按照年龄或在家中的地位之序坐着哀唱。而男子在室外按年龄顺序站着迎接前来吊唁的人。吊唁者与死者家属按顺序哀唱挽歌，吊唁者中的年长的人会首先致悼词、慰问[②]。

云南玉溪纳苏彝族在布置好灵堂后，逝者的家属便分坐在丧坛两侧（女右男左），开始等待前来奔丧的亲朋好友。奔丧者通常会带五公斤米、两瓶酒、一只鸡和数十元。当有奔丧者前来悼念时，入门前丧家要先放一封炮仗，意为告诉死者有人前来探望，接下来才进屋拜祭。奔丧者依次从左至右下跪磕头。此时，丧礼主持人用汉语大声念道：“初上香、初献祭、初奠酒、初献供、初献馔，叩首！叩首！四叩首！二上香、二献祭、二奠酒、二献供、二献馔，二献礼毕。叩首！叩首！八叩首！宣：传白赐孝，迎宾待客，孝子问安。”

奔丧者根据主持人所说的步骤完成拜祭，丧家则叩谢回礼。将祭品交给内管登记后，奔丧者要从祭品中留下一把米，连同红白孝布两块一同带回家中，并要置于堂屋供案之上长达一年的时间。纳苏彝族认为，带到丧家的物品经过献祭后，已经不再和自己有关联，已属于死者，从祭品中带回去的一部分沾染上了死者遗留的福气，会保佑家宅平安。

---

① 李云霞《锡伯族文化探微》，中央民族大学博士毕业论文，2010 年。

② 加娜尔·加汗《哈萨克族丧葬习俗》，《新疆社会经济》1998 年第 2 期。

与亡者亲属关系较近者，会带来花鼓队一支，或再请来一位毕摩。当整个奔丧队来到门前时，孝子出门迎接。新来的毕摩要先向丧家报明奔丧祭品的数量，再将所带祭品列成排让众亲戚过目，最后将纸树插于门前。

在锣鼓的伴奏下，花鼓队在灵堂中表演起来。与其他歌舞边舞边唱不同，花鼓是舞一段停下来再唱，唱和舞交替进行。唱的时候没有锣鼓伴奏，只是舞者用鼓槌在鼓边上敲着节拍。花鼓的曲调采用的是花灯调，唱词为半汉半彝，名为《进门歌》和《送葬歌》。

《进门歌》：

一进大门二见天，
础石栏杆摆两边。
黑漆棺材升在堂，
黑漆桌子摆面前。
金童玉女站两边，
一对白鹤摆面前。
粉壁墙上栽牡丹，
牡丹花开一树红。
不是红花是白花，
人人头上戴白花。
你我不是爱玩耍，
老人升天敬炷香。

《送葬歌》：

一送亲娘奈何桥，
奈何桥下思难忘，
母去永世不回来，
儿孙珠泪如水淌。
二送亲娘到山间，
半天乌鸦叫三声，
十不可来九不可，
不可把我母子分。
三送亲娘阴间路，
阴阳路上放声哭，

若要母子再相会，
唯有梦里娘回屋。
四送亲娘阎王坡，
阎王坡头泪更多，
回头想起娘好处，
哭得要死不得活。
五送亲娘凤凰地，
手捧黄土把坟埋，
早上金鸡争鸣啼，
晚上金凤伴娘栖。

当奔丧的亲友到来时，云南蒗蕖摩梭人要鸣炮示意。孝男孝女听到炮声要立即起身到路上迎接，并跪地磕头以示感谢。同时有两名身穿盔甲、腰系铜铃、手持长矛作武士状打扮的人，跳着特殊的舞步，嘴里哼着“喔哄……呕！啊……”之词（摩梭人叫“阿罢”），将吊唁者直接迎到灵柩旁。亲戚所送祭品中，烟、酒、茶、粑粑、清油为必备之物，其他祭品如牛羊也很多。上供献灵时，由毕扎一一呼告祭奠者家庭成员姓名（先呼告男性成员，再呼告女性成员）及所献祭品。此时，吊唁者要向灵柩磕头三次。

云南金平傣族前来奔丧者若与亡者是近亲，要多带一头架子猪、数只鸡以及若干斤白酒作为吊礼，远亲朋友则背一箩谷米、携两瓶酒或提一只鸭（鸡）作为吊礼即可。亦有因路途遥远等多种原因，则以现金作为吊礼。而本村寨的成员，除了送些吊礼之外，还须到丧家去帮忙招呼外地来客、安排丧事。凡家族内的成员，均按沿袭下来的不成文的族规，加送一定数量的现金给丧家作为帮衬。

若死者是老人，其女婿必须送一头水牛作为吊礼，亦可经协商同意后几位女婿合送一头。若因家贫等原因而实在送不起水牛，也可用一头百余斤的肥猪代替，不过得当众讲清原委并向亲友致歉，否则将被视为不孝而被众人瞧不起。孝子也得买一头黄牛宰杀以表孝心，并将此牛头悬挂于竹楼底层的木柱上献祭。每来一批吊客，丧家都要燃放鞭炮，一来表示迎接，二来告慰死者。吊客一般在丧家吃完晚餐后即各自归家，待次日早餐时分又来，但近亲好友则须留下伴死者家属通宵守灵①。

① 和少英《金平傣族的丧葬习俗及其灵魂观述论》，《民族研究》1992年第2期。

布依族对亲属奔丧的顺序有严格的规定。首先是母、舅家的人，其到时，唢呐吹响，孝男孝女需拿酒到路口跪接，来客必须每人喝上一杯，然后将随行带来的纸人纸马等放于灵堂前，以示祭奠。之后是大女婿、二女婿家等，都以同样的方式依次迎接。每一拨前来奔丧的亲朋好友，都要跪在死者灵前叩头，献上祭品。有些奔丧者还带来祭文，在布依族祭司的带领下当场宣读，以告慰死者。

藏族人去世后，死者的亲戚朋友都要前来家中吊唁。来时带一壶酒、一条哈达、一点酥油和一把香，有的还带一个纸包，包内有钱，包上写有“慰问”二字。哈达是献给死者的，其他钱物是赞助死者家庭的。人死以后，在死者家门口挂一个红色陶罐，罐口用白羊毛或白哈达围上。罐子里放有三荤（血、肉、脂）、三素（乳、酪、酥）的糌粑火烟，并每天加进一些。罐里的东西是飨祈死者的。人死后，家人一律不梳头、不洗脸，取下一切装饰，不说笑、不唱歌、不跳舞。四邻也同哀：不办喜事，不歌舞娱乐。这样做，是为了让死者灵魂安安静静到达另一个世界。

（二）守灵期间的祭奠仪式

守灵期间，亡者的子女需整天整夜不休不眠地守候在灵柩旁，如同逝者依然在世一般。有些民族对守灵期间的孝子孝女有必须食素、不得离开灵堂而到他处休息、不能到他人家中等要求。

献饭是守灵期间的重要一环。云南盈江傣族首先由孝子和儿媳、孝女和孙子先献祭。在灵柩旁设一张供桌，供上熟肉、米饭、白酒、茶水、果品、糕点各四碗（碟），供上一只用猪肚做成的鸡和一只用肉块雕刻而成的龟。孝男孝女儿媳在灵前跪拜，由一位男性长者吟诵悬挂于堂屋右侧的献饭悼文。吟诵完毕，鸣火枪爆竹，孝长子率先持香跪拜，然后用右手持碗打醪糟翻腕将酒滴入罐中，孝子跪拜完之后，孝女、儿媳跪拜，并按男右女左在灵柩旁守候。

云南彝族纳苏人去世后，守灵的当晚，死者所有本家的亲戚都要聚集到灵堂，按照长幼顺序站好，在毕摩的呼声中齐跪拜（比死者年长者不下跪），长孝子与长孝女共同抬上一只煮熟的鸡、一碟炒菜、一碗肉、一碗酒、一碗饭作为夜宵敬献。此时，毕摩念《献夜宵经》。《献夜宵经》表达儿女对父母养育之恩的感谢，如今父母已逝，希望父母吃了这顿夜宵，好上阴路，顺利赴阴间与祖宗团圆。

云南广南一带的壮族在奔丧和吊唁结束后，当天就要请么公做道场仪式。先在院坝里插上五彩筒钱，筒钱杆下摆着桌子，桌子前孝子孝女一字形排列，跪在筒钱杆下。么公念念有词，声音不快不慢，不大不小。当晚，孝子孝女聚在灵旁，用黄、红、黑、白、蓝五彩糯米饭，献祭死者。接着，孝子孝女按年龄大小，依次抓五彩糯米饭，放入衣禄罐中。抓饭时，双手交叉，一人只抓一次。孝子孝女多的少抓，少的多抓；先抓者少抓，后抓者多抓。抓到最后一人，以衣禄罐刚满为宜。衣禄饭装满后，么公赤手画符，在罐内放上一半鸡腿，再用纸钱画符，用一块红布盖在罐口，拿五色彩线，将罐口扎牢封严，放在灵前①。

献夜宵结束后，云南彝族纳苏丧家的所有成年男性亲属都会分到一块白布，当地称为“幂香”。人们围站在棺材的周围，毕摩站在正对棺尾的位置。毕摩大叫一声：“开——”四周的人便合力将棺盖打开，见死者最后一面。此时，按照辈分顺序，一一将幂香覆盖在死者的身上。因忌讳将自己的影子投到棺材中，所以棺材周围都会竖起多盏灯，将整个灵堂照亮。礼毕，毕摩大声道：“死人进，活人出！盖棺！”听到号令后，众人合力将棺盖再次盖上。取来棺钉和锤子，在左右两边各钉上两颗钉子、尾部钉上一颗钉子，但棺头的棺钉钉得浅一些。钉好棺钉之后，众人齐说：“大富大贵！平安顺意！”

随后，用宽约十五厘米的白纸条将棺盖和棺材之间的缝隙粘牢，并喷上黑色的油漆，使其颜色与棺材一致。见过死者最后一面后，召回其他的亲属，每人分发香两炷，在毕摩的率领下，开始绕棺仪式。从丧坛右边的门洞中进，环绕棺材一周后，由左边的门洞出，按顺时针方向，共绕三圈。后又由左边门洞进，按逆时针方向再绕三圈。领头的毕摩手端一碗白米，边绕边抛撒边诵读《踩尖刀草经》，告诉死者：通往祖先所在地的路上长满荆棘茂盛的尖刀草，要历经艰辛，请孝子孝女们前来踩死踩平阴路上的尖刀草：

嗯——丧者哟！
踏上祖灵路，
荆茂刺又旺，
长满尖刀草。

---

① 杨知勇、秦家华、李子贤编《云南少数民族生葬志》，云南民族出版社1988年版。

……若我不踩草，
你难见祖灵。
……前面踩三步，
病魔踩出去，
妖精亡命逃，
凶鬼魂魄散。
后面踩三步，
父母回家转，
夫妻往家返，
儿女也一样。
……
金银踩回去，
绸缎踩回去。
踩往前面的，
全部往前走；
踩往后面的，
全部往后归。

正反各三圈绕完后，毕摩便带领众亲属在整个宅子中绕一圈，然后退出大门外。

众亲戚来到大门外，按顺序依次跪在“摇钱树”前，这时毕摩另外端上一份酒水饭菜来到树边跪下，献上饭菜。口中念道：“一喝献水吃献饭，生根啦；二喝献水吃献饭，长芽啦；三喝献水吃献饭，开花啦；四喝献水吃献饭，结果啦。阳间用纸做，阴间当钱使。”每说到献水、献饭的时候，便围着摇钱树用水浇一圈、饭菜撒一圈。念完后，便将余下的水和饭菜打翻在摇钱树周围。众亲戚们便一一到摇钱树前磕头，起身时，从摇钱树上撕下一条，带到灵堂中在丧坛前焚烧给亡者。

完成以上仪式后，已经是凌晨两点左右。孝女们抬来一盆温水，用死者身前用过的毛巾蘸水后，轻拭棺材的正面，顺时针方向擦三遍、逆时针方向擦三遍。低语道：“阿母（爹）今天辛苦，洗洗早点休息，不要乱跑，静静呢睡啦。明早再叫您起床。”纳苏人认为死者刚刚才逝去，即将脱离肉体的灵魂很容易受到午夜出没的野鬼恶鬼的骚扰，如若在丧礼还未结束前便离开灵堂，会给死者的家属带来危险。因此，听到女儿亲切的安抚，才可安心入睡。就算死者已“入睡”后，唢呐队仍然要时隔一小时，便吹奏一段乐曲，驱赶附近徘徊的孤魂野鬼。至此，夜祭仪式已全部结束，除孝子孝女、毕摩、唢呐队需通宵守灵外，其他亲属便可散去，自行休息。

丽江纳西族的传统葬礼较为讲究，办丧事择吉日举行，守灵期间有“悬白”“开吊”之俗。悬白是指丧家大门前竖立一根几丈高的木杆，在哀乐声中，由孝子把买来的“白”（由麻线接连成圈，外贴彩花纸、花画，呈圆桶形、有垂穗，中间还有白纸同心，有十二节）升于杆顶，让其随风飘荡，表示死者升入乐土。当晚举行“燃灯”仪式，即由死者的子女在两三个铜盘内，放油及几排棉蕊，跪拜后在灵前点燃，哭泣致哀，为死者照亮通往先祖住地的路程。

之后，村邻亲友们围绕火堆，跳唱哀歌。开吊于悬白次日举行，是开丧中最隆重的仪式。凌晨有“鸡鸣祭”，即在五更时分，备办粥品、糕点，供于灵前，由孝女或近亲中善于哭灵的妇女主祭。哭灵者要以丰富的想象力、比喻和生动的语言，来哭述死者生前为人的好品德，勤俭持家和抚育子女的辛劳，待人接物的豁达；夸奖祭品的丰盛，孝子孝女们的虔诚；表示亲友们的悲哀和怀念，等等。届时，常有许多妇女边听边哭。

布依族为使亡者的灵魂能顺利达到彼岸的极乐世界，会举行盛大的“转场”仪式。在亡者村寨附近选择一块宽阔的空地，四周用松柏等树枝围成一圈，并在四个角落各放摆满祭品的方桌一张。届时，主持转场的老人或摩公手牵一头大牯牛，沿围场的四周一边赶牛一边口念咒语驱赶孤魂野鬼。同时，其余人要猛击铜鼓，燃放鞭炮，并以唢呐、锣鼓奏乐助兴。仪式结束后，立即宰杀祭牛，将牛头放置在亡者灵前献祭，同时煮食牛肉以宴亲朋。

云南广南县的壮族在守灵期间要举行“点祖”仪式，将三张桌子摆成品字形，放上笔、针及红纸，随后让孝子们按年龄大小依次入内。先将孝子左手中指用针戳破，用笔尖蘸血在红纸上书写亡者姓氏，如果不能用血在红纸上写字，血不染底，换第二个儿子，若依然不能写字，再换第三个儿子。哪个儿子的血能在红纸上写出字，便由他在出殡时抬灵位。云南巍山彝族亦有点祖仪式。孝子用血在“神主”上点“内神”“外神”“点左仓”“点右仓”“点天”“点地”，之后，将神主置于盘中，顶于头上，送入祖先灵牌盒内。未能以血点神主的孝子，便无权享有父母的遗产。可见，这些点祖仪式的主旨是表达对亡者最后的孝道，但都与世系子嗣和继承权有关[①]。

广西侗族守灵的夜晚要举行路祭仪式。仪式半夜在路边或屋边空地举行。程序分主祭、客祭。棺柩抬到祭场后，设两张供桌，依次摆放猪（羊）、鸡、鸭、酸鱼、酒水、糯米饭和香烛纸钱。棺柩头摆遗像和灵位、纸幡。主祭时由手持孝杖的孝长子带其他孝子孝女行跪叩大礼，司仪念悼词。对死者歌功颂德，并代表传递亲友的悲痛之情。客祭者多为女婿，他们虔诚地在灵牌前供上猪（鸡）后，下跪叩头，对岳父（母）的不幸逝去表示哀悼，表示要善待死者的女儿，婚姻之情并不因死者的离去而淡薄[②]。

（三）告慰灵魂——超度

在我国西部一些民族的丧葬礼仪中，通过诵念经文的方式与亡魂进行交流是重要的一项仪节。彝族、白族、纳西族、哈尼族、拉祜族、景颇族、普米族、基诺族、独龙族、德昂族、傈僳族、怒族、羌族、苗族、瑶族、土家族、布依族、侗族、毛南族、仡佬族等相信人死以后，灵魂要回归祖地去与祖先团聚，因此要吟唱《指路经》为亡者灵魂指引归祖路线和方向。

在守灵期间，信仰小乘佛教的傣族丧家要请佛爷、和尚或者本村寨内识书通经的老人来念经，为逝者超度。一般要念《毖达经》（共三册，在德宏地区流传），还念《令外赫》（译为“划船经”）和《令窝赫》（译为“出船经”）。这些佛经流传甚广，上了年纪的老人都能背诵[③]。

德昂族的丧礼上要请佛爷前来诵经，若无佛爷，亦可请“安长”诵经，以超度亡魂。经文共有四本，守灵期间念诵两本。首先念诵“考当”经。经文内容是给亡魂指明归宗的道路：走路走中间道路，凡是盗匪出没之地不能走，有河过河，有桥过桥，给你的银子是乘坐渡船的费用等。接着念诵“伙摊”经。经文内容是请死者到阴间后，好好过日子，不能存心害人，否则将来转世时，会投生为牛马[④]。

---

① 杨知勇、秦家华、李子贤编《云南少数民族生葬志》，云南民族出版社1988年版。

② 卢敏飞《追求群体的永生——融水苗族自治县滚贝侗族丧葬文化透视》，《广西民族研究》2002年第2期。

③ 杨知勇、秦家华、李子贤编《云南少数民族生葬志》，云南民族出版社1988年版。

④ 杨知勇、秦家华、李子贤编《云南少数民族生葬志》，云南民族出版社1988年版。

布朗族的丧葬仪式上要请佛爷、和尚来念经，对死者亡灵进行超度。布朗族认为只有超度亡灵后，才能安全地将鬼魂送走，否则鬼魂会留在家中纠缠不清。

《指路经》是指为逝者送灵指路的经书。西南一些民族相信人死以后，灵魂要回归祖地去与祖先团聚，若不指路就找不到归祖的路线和方向，徘徊于路途之中不能与祖先相会而成为孤魂野鬼。因此。丧葬仪式中一定要为逝者指路，或吟或唱本族的《指路经》。

《指路经》在彝语支民族中流传广泛，版本也最多。所谓“人死要教魂，教魂回祖籍”。在彝族的丧葬仪式上，“毕摩”念《指路经》指引死者灵魂归祖的路线，让死者骑上神灵马顺利回归祖先发源地。《指路经》的内容主要描述沿途景色，介绍祖先迁徙时的业绩，经过的山岭、渡口、崖头、山梁，沿着《指路经》中指示的路标一站又一站地把亡魂送归祖先发祥之地。彝族《指路经》也反映出两千多年前彝族六祖分支迁徙的历史。

在西南各地彝族的《指路经》中，《宁蒗篇》提及的“兹兹仆乌”、《美姑篇》提及的“兹兹解恩”、《甘洛篇》《美姑篇》提及的“兹兹地各”、《普格篇》提及的“兹兹地撒”，都是“兹居地”的意思，即“兹所居住和管辖的地方”[1]。总之，《指路经》指引路线的终点，就是“兹”所居住的祖居地，即是彝族历史上六祖分支的地方。凉山彝文古籍《勒俄特依》之《兹的住地》篇，以诗化的语言描述兹兹仆乌是生产生活的好地方，还说道：

兹兹仆乌这地方，
七代宝剑在此见，
八代骏马在此骑，
九代德古在此讲。
祖先根业在此建，
子孙繁衍在此兴。
兹系司俄三子在此分，
诺系古侯曲涅在此分，
曲系阿莫三子在此分[2]。

---

① 戴庆厦主编《中国彝学》（第2集），民族出版社2003年版。

② 张泽洪、廖珍《西南民族走廊的族群迁徙与祖先崇拜》，《世界宗教研究》2014年第4期。

彝族在准备为死者指路前，众亲戚最后一次为死者献饭，然后按辈分上前磕头上香。毕摩手抬一碗米开始绕着棺材边跳边撒米边诵读《指路经》。毕摩认为，自己与死者同祖同宗，即回归祖灵的路线也是相同的，自己在诵读《指路经》时，担心自己的灵魂也会随着死者的亡灵一起离开。所以，要一边跳着一边撒着米来诵读经文，让自己的灵魂可以不受到死者亡灵的干扰。

云南普米族丧葬仪式中“给羊子”旨在为死者指路，“释比”告诉逝者归宗的路线，并让一只白羊为其带路。举行仪式时，先在羊耳朵上洒点酒、撒点糌粑，如果羊摇头，表示逝者欢喜，全家平安。家属则跪在地上向羊磕头，请羊喝酒。随后释比将羊杀死，取出羊心供在灵前，开始念诵《开路经》[①]，劝慰祖先亡灵说道：

每一个人都会死的。
普米族英雄的祖先，
在千军万马中杀出杀进，
结果也会死去。
曾经用铁链拴虎的大力神会死。
走路如风吹电闪的快脚神会死，
黄金成堆、牦牛遍山的财神会死，
美如山茶、洁如白雪的女神也会死。
不要再贪恋生前的快乐了，
不要再想活转过来了，
这里也并不是好地方。
它皮甲上长满了虱子也不能脱，
战刀上涂满了鲜血也不能解，
只有北方才是安乐的故土。
快快活活地去吧，
跳跳蹦蹦地去吧，
唱唱笑笑地去吧[②]。

虽然在具体的归宗路线的叙述上，各地普米族有所差异，但总体上都是

---

① 杨知勇、秦家华、李子贤编《云南少数民族生葬志》，云南民族出版社 1988 年版。

② 《思想战线》编辑部编《西南少数民族风俗志》，中国民间文艺出版社 1981 年版。

一路向北，反映了普米族由北向南的迁徙历史。

西南地区苗族去世以后，守灵期间也要由传统的“端公”带头举行念经超度仪式，吟唱《指路经》给死者指路，送亡魂回到祖先的发源之地。苗族的《指路经》以叙事的方式，委婉叙述苗族历史上迁徙的历程，有“苗族第一歌”之称。四川苗族《指路经》中这样描述祖先居住地：“那里谷能熟，那里稗能生，那里粮能吃，那里粮能吞。”[①]

云南兰坪的白族那马人由七八人成群围绕灵前，绕棺唱丧葬调“窝腊窝”。其中两人挥刀跳披荆斩棘的开路舞，象征给死者灵魂开路，众亲友拉手扶肩吟唱《指路经》，将亡灵送回祖地安息。

傈僳族丧葬中的开阴路仪式，死者亲戚都要送鸡、羊来给死者上祭，由主持丧葬仪式的“大尼扒”为死者念《开路经》[②]。

广西毛南族由祭司“塘漂”举行护送亡魂返回“老家”的仪式，毛南话叫“漂购妹”（念经）。塘漂在漂购妹中用毛南话指点亡魂沿着毛南祖先奔赴九泉的道路，如何跋山涉水，按站赶路，最终抵达祖先聚会的极乐世界——“锡铜炭应”（地名），会合历代祖先，共聚一堂。“开丧”仪式只能在五谷收尽之时举行。届时，死者为男性必杀牛，使其在九泉之下也有牛耕地；死者为女性必杀猪，使其在九泉之下也有猪喂。故死于五谷未收尽的时节，即使家境富有也只能先安葬，等五谷收尽再举行开丧仪式。无论死者是百岁老人，还是尚未满月的婴儿，都要举行开丧仪式。只有老者“隆重”，少者“平淡”之分[③]。

大理的白族去世以后，在出殡前的一天和出殡当天上午，莲池会的“老斋奶”会为逝者念经超度。堂屋的右边放置一张桌子，上面有香炉、水果、茶和酒等。念经的人有十多个，领头的是熟悉仪式程序和经文内容的“经头”，大多数人手持一只木鱼，边念经边敲木鱼。念经过程中还间歇性地向逝者磕头，中途休息时，逝者的女儿和儿媳还要把事先准备好的糖果和饮料分

---

① 张泽洪、廖珍《西南民族走廊的族群迁徙与祖先崇拜》，《世界宗教研究》2014年第4期。

② 张泽洪、廖珍《西南民族走廊的族群迁徙与祖先崇拜》，《世界宗教研究》2014年第4期。

③ 孟学华《贵州毛南族传统丧葬习俗调查及其文化解析》，《贵州民族研究》2009年第2期。

给老斋奶，感谢她们为逝者念经超度。

所念诵的经文主要包括《开门摆设》《三座桥》（金桥、银桥、奈何桥）、《七架山》（东风山、铁围山、破钱山、滑油山、尖刀山、绝猴山、火焰山）、《十殿阎王》（秦广王、楚江王、宋帝王、五官王、阎罗王、卞城王、泰山王、都市王、平等王、轮转王）、《地藏王经》《趁亲在》《梦婆阿太》《阴五更》《五更哭娘》《十月怀胎》《十月怀丹》《佛说阴司十王真经》《黄氏修行》《出门经》等。这些经文都是按照一定的顺序来念的，特别强调阴经和阳经的区别①。

贵州从江县高增寨侗族的《阴师言语》，是为死者灵魂引路的《指路经》。《阴师言语》有五十三段，叙述死者灵魂长途跋涉、翻山越岭，过五十三道关，最后到达金花银花世界，即阴阳世界交会处。《阴师言语》中说“灵魂上第三层门，去看张天师，第六层楼，去看李天法”，反映出道教在侗族地区的影响②。

念诵《指路经》送灵归祖习俗的产生，与西南一些少数民族所持有的“人有三魂”的观念有关。他们认为，逝者的灵魂将分为三个，并有不同的归宿。其中回归祖地的那个灵魂，必须经过指引，才能顺利到达祖地，认祖归宗并为后代子嗣延绵福泽。

云南红河哈尼族《莫批指明阴路》说：

去见祖先的路有三条：
上边的一条是非命鬼的路，
下边的一条是石头路，
中间的是好山好水路。
非命鬼的路你别走，
石头的路你别走，
要走中间好山好水的路。

贵州仡佬族《丧葬歌》之七《指路》说：

去山坡脚有三条路，

---

① 杜凤梧《白族丧葬礼仪的社会文化阐释——以洱源县右所镇为例》，云南民族大学硕士毕业论文，2007 年。

② 向零《侗族古籍〈阴师言语〉的发现及其主要内容》，《贵州民族研究》1994 年第 3 期。

走山坡脚有路三条。

上边那条去不得，

下边那条不能去，

你由中间这条去。

你从中间这条走。

这条是会祖公路，

这条是会祖太路①。

总之，《指路经》是西南各少数民族口述历史的宗教化表达，在仪式中由祭司吟唱的寻祖历程，其中有关民族的历史源流、神话传说、争战迁徙、各部族间的分裂与融合、寻土定居、礼仪民俗等，都有生动讲述。通过超度亡灵的指路仪式，祖先的历史深深植入后代的脑海中，成为民族永久的共同记忆。

（四）白喜的同庆

在中国社会的民俗传统中，丧葬历来与嫁娶的“红喜”相对应，喻为“白喜之事”。因为人们将葬礼看作逝者实现其身份转化，在彼岸世界重生的人生礼仪。此外，人们认为，在葬礼进行过程中即逝者灵魂转化的过程中，逝者的灵魂处于不稳定的状态，可能对生者造成一定的威胁，而歌舞既表达出了生者对死者灵魂的安抚，又可以慰藉生者。

1．白事的盛宴

在办白事期间举行盛宴，以款待前来奔丧吊唁的亲朋好友和犒劳协助完成丧礼期间的诸多事宜的亲戚邻居，是西部一些民族共有的丧葬习俗。

云南的花腰傣有在丧葬期间宴请的习俗，杀鸡宰牛，宴请所有参加白事的乡邻和亲友。西双版纳的傣族老人去世以后，丧家首先要用一箩谷子舂成米招待帮忙的亲友，同时，在丧葬期间，丧家要以酒、米、肉招待来参加葬礼的亲友和村民，晚上还要煮饵丝、糯米饭等。家庭条件一般的人家，只能尽量缩短停柩的时间来节约宴请的开支。

香格里拉藏族的丧家要做最好的饭菜来招待前来参加葬礼的人们，还要拿出最好的点心以飨客人。藏族一般一日四餐，所以葬礼期间的负担也较大。

① 张泽洪、廖珍《西南民族走廊的族群迁徙与祖先崇拜》，《世界宗教研究》2014年第4期。

白族从死者去世到出殡下葬，丧主家都有帮忙的人在家里吃饭。出殡前一天上午要早早开始杀猪，杀猪时讲究下刀准而快，所以一般由专业的屠户来完成。杀猪的地点选在正房堂屋的台阶上，动刀之前要点香来告祭祖先和逝者的亡灵。八点钟到河边用稻草将猪肉烧至半熟，九点钟就要把猪肉准备好了。出殡前一天的晚饭，当地人叫“吃生饭”，来吃饭的人基本上是丧主家的亲戚。这天的菜一般有大白豆、冬瓜、洋芋、东坡肉、凉拌菜（用豆沙、豆腐、青菜和香料相拌而成）。

出殡当天的宴席上，菜肴是白族传统的“八大碗”，包括扣肉、东坡肉、酥肉、凉片等菜肴及木耳、粉丝、白豆、笋丝等食材。为宴席做准备工作的人员基本可以分为四大部分，也就是当地人说的“四大房”，即做菜的厨师、做饭的厨娘、端茶送水的茶童和最重要的库房主管。厨师要请手艺最好的，期待他做出人人称赞的菜肴。这对丧家的名声是很重要的，因为整个丧葬礼仪中，宴席的质量是人们关注的焦点之一。

做饭的厨娘一般为丧家女主人的好朋友。茶房的人选随意性较强，若家中有小男孩就由他们来负责，如果家中没有合适的人选就要另请别人，目前也有专业人员供人聘用，所付的价钱一般为二三十元一天。库房主管通常由舅舅来担任，库房里放着重要的物资，如肉、酒、烟、茶和糖果等。九点左右，宴席准备就绪，把所有的菜都准备一份放在木制的托盘里，先向逝者敬献，同时燃放鞭炮作为开席的标志。

吃饭的顺序有着不成文的规矩：先招待男性长者和莲池会的老斋奶，之后是“扶助”（帮助丧主把棺材抬到墓地的已婚成年男子），待他们吃完后，其他人才能入席。宴席之间，前来上祭的人络绎不绝，有本村里的人们，也有远方的亲戚，主要是男主人兄弟姐妹的姻亲和女主人兄弟姐妹的姻亲。祭品一般有挽幛（目前为了实用，一般都送毛毯或被套）、大米一托盘（约有十斤）、红糖五斤左右、面条或粉丝两把、果碟四小盘、白酒或啤酒数瓶、钱从几十到上千元不一①。

香格里拉的纳西族，停尸守灵期间，东巴的助手会动手杀一头小猪和一只鸡，煮熟后先供一碗在逝者面前，随即由在场的人一同共食。

---

① 杜凤梧《白族丧葬礼仪的社会文化阐释——以洱源县右所镇为例》，云南民族大学硕士毕业论文，2007年。

独龙族会在下葬之日停止一切生产活动，远亲近邻都会赶来参加悼念活动，并送来粮食、肉类、鸡蛋和酒。

傈僳族老人去世后，全村寨停止生产劳动和其他活动，村寨中的人及村外本家族的成员都要杀猪宰牛，携带酒肉前往逝者家聚会。届时，若碰上过路人，也相邀入席。

云南纳苏彝族在前来奔丧的人都到齐后，负责外管的村民便开始招呼大家吃晚饭。按习俗，白事不能请客，所以晚饭都称为“吃死人饭”。晚饭的食材大多来自献祭的祭品。如果死者年龄大，村中来吃饭的人也特别多，有的把小孩也带来一同吃饭，希望小孩将来也能长寿。

丧家并不与村民们共同进餐，而是留在家中吃饭，毕摩也不与其他人共同吃饭，而是在另一桌吃饭。吃饭前，由孝子孝女献饭给死者，毕摩在一旁念《献饭经》：“……孝子来献酒，孝女来献饭。献酒献三杯，献饭献三碗。来喝献酒吧，来吃献饭吧。……吃了这顿饭，你走阴阳路，莫恋人间事，跟随祖宗去……”献饭完毕才各自吃晚饭。

一些民族白事宴会的部分食材是由奔丧者带来的，但大部分食材还是由丧家提供，通常要宰家禽家牲，常常会给丧家带来很大的经济压力。丧礼是逝者最后的人生礼仪，为让逝者享有最后的荣耀，丧家往往不遗余力，因此经济本就困难的家庭，也会出现因为举行丧礼而雪上加霜的情况。

2. 唱丧歌、跳丧舞

一些民族丧葬礼仪自形成之初始，因深受“灵魂不灭”观念的影响，对逝者亡魂怀着既惧怕又敬畏的矛盾心理，于是在丧礼期间，运用各种他们认为行之有效的音乐、歌唱、舞蹈的方式去安慰取悦、祈求祷告和驱逐鬼魂，同时在这些载歌载舞的活动中，排解了亲人逝去的悲伤情绪。葬礼期间的歌舞具有通神娱人的功能，是丧葬礼仪的重要组成部分。有的民族已经形成一套程式化但又各具特色的丧葬歌舞表演规则和形式。

一些西部民族在葬礼中会吟唱以诉说逝者生前的辛劳，对子女含辛茹苦的抚育以及作为后世子女未能尽孝的惋惜为主要内容的丧歌。有的民族的丧歌的吟唱者是本民族中年长的女性。具体的唱词可由吟唱者即兴发挥。丧歌曲调往往忧伤动人，配以吟唱者悲切的哭腔唱出，给人以“悲声惊天、哀痛动地”的强烈印象和感受。

云南大理云龙一带的白族有“以歌为哭”的习俗，守灵期间要通宵达旦地吟唱“踏丧歌”直至天明。踏丧歌的演唱者全部为青年男子。歌者总人数在四十人上下，分为两组对阵。两组歌者分列于亡者灵柩两边，席地而歌，各有一位唱踏丧歌经验丰富而且有应答才情的歌师领唱。歌词由歌师随机创作并领唱，其余歌者按歌师的领唱重唱应和。一方唱罢，另一方依照上一组歌者铺垫的意韵接唱。一问一答，一扬一抑，无尽往复，形成集体对歌阵式。歌者时而以亡者口吻来倾诉，时而以孝子孝孙的口吻来述说，不时还穿插自己的评说。歌词内容从追述亡者对儿孙的养育之恩到想象亡者走向阴曹地府路途的孤独与艰辛；从述说孝子贤孙对亡者的依恋与孝心到善意地针砭和劝诫儿孙不孝的行为等：

噫——阿——姥——思——恩[①]，
我母归山[②]是命定，
我母归山是命定。
别子抛女弃儿孙，
噫——阿——姥——思——恩，
弟兄们啊弟兄们，
肠断好心酸。
噫——阿——姥——思——恩，
阎王爷他没天良，
强将老母送阴曹，
噫——阿——姥——思——恩，
弟兄们啊弟兄们，
何处再寻娘。
噫——阿——姥——思——恩，
阿妈生前没福享，
阿妈阿妈你起来，
噫——阿——姥——思——恩，
弟兄们啊弟兄们，
让妈喝口汤[③]。

---

① “思恩”为白语“柳树”，有“留下来”之意。
② 白族将老人亡故称作“归山”，回归山野之意。
③ 赵敏《白族“踏丧歌”习俗探析》，《中央民族大学学报》2008 年第 6 期。

长歌当哭，每每唱到伤心之处，不仅仅听者动容，歌者也情不自禁地流泪，连周围的村民都会为此流下眼泪。

龙额侗寨葬礼中的仪式音乐与仪式程序是紧密相连的。在报丧、入棺、报客、出殡、送葬和下葬等仪式程序中所演唱和吹奏的音乐，根据不同功用，可以分为《安魂辞》《哭丧歌》《哎呐曲》《断魂辞》《出门辞》《告别辞》《祭礼辞》《引路辞》《祭坟辞》等。侗族丧葬仪式音乐中的唱词大多用侗语演唱，亦有由祭师或喊礼师在葬礼中特定的仪式环节所念诵的具有固定内容的唱词，以及哭丧者根据自己的内心情感即兴进行咏唱的唱词①。

云南金平傣族逝者若是村寨里年龄较大或家族中辈分较高之人，还必须在临出殡前一天的夜里，请人来唱“送魂歌”为其送魂。被请来唱歌的或是熟谙死者生平的老者，或是“摩公”“白玛”等。开始唱送魂歌之前，先要在灵柩前的香盒里点燃两炷香，并在灵前磕三个头，在屋子中央拴两根绳索，再把被褥搭在绳上，然后将唱歌者抬到上面或坐或卧地唱，边唱边由一人扯动绳索来回晃荡。在灵柩与唱歌者之间，放着一张小竹篾桌，桌上铺以蕉叶，再放上几只盛着凉水、鸡蛋、银手镯以及熟鸡等的碗，还有一叠纸钱和几只酒杯等。

唱送魂歌的时间可长可短，一般会持续数小时，唱累了也可歇下来喝水、抽烟，之后再接着唱。歌词的主要内容是讲死者的生平、为人，以及在家庭中、家族中和村寨里的作用，还有家里人如何为其操办丧事，亲友和村民准备怎样送其上路等。愿死者能放心地离去、路途顺遂，并请其保佑家人及村民的平安。唱者往往是声情并茂、声泪俱下，听者也饮泣悲切，沉浸在对死者的怀念之情中②。

守灵期间，傈僳族全体家属要聚集在逝者身边守灵哭丧。孝子孝女一定要放声痛哭，边哭边诉说父（母）对自己的养育之恩。从出生、喂食、缝洗衣服、病时照料，到教育做人等都要哭诉。同时，来吊唁的亲友也要哭唱。此外，还要专门请年老者为逝者唱“玛咩尼儿”（一种挽歌）。这种挽歌只能为去世的年长者唱。挽歌有的是独唱，有的是对唱。独唱的挽歌的歌词大多是傈僳族创世诗歌中的内容。对唱挽歌时，一个人扮演逝者，说明自己的离

① 姚仕秀《侗族丧葬仪式音乐的社会功能探析——以黔东南黎平县龙额村为例》，《广西民族师范学院学报》2014 年第 2 期。

② 和少英《金平傣族的丧葬习俗及其灵魂观述论》，《民族研究》1992 年第 2 期。

世是注定之事；另一人往往由傈僳族的祭司“捏帕”来扮演，以各种方式证明自己有驱鬼能力，可以保护逝者。挽歌唱起来悠长又动人，悲哀的腔调常常将围观的村民也变得哀伤起来。

阿昌族守灵的夜晚，要由孝子孝孙或前来吊唁的亲戚唱“打孝歌”。打孝歌多为七字句短诗，赞扬逝者功德及后人的哀悼祈求。哭灵按辈分依次进行，哭唱时有哀乐伴奏。诗句哀婉凄清，时泣时诉，哀乐悲天动地，音调沉郁。开始由一人独唱，然后是主宾对唱，一直唱到半夜。然后主人做夜宵给客人们吃。之后，主人家继续唱到天明。

在维吾尔族民间，每一个社区都有专门哭唱丧歌的妇女，她们不但善于言辞，擅长哭唱，而且谙熟有关丧葬的仪礼。谁家有了丧事，她们便闻讯赶来协助料理，并领唱丧歌。哭唱者一见远处有奔丧者前来便放声哭唱，其余人尤其是女眷也放声恸哭应和，同时用手中的“丧杖”使劲捣地。如今，丧葬礼仪中的许多内容已经从简，但专人哭唱丧歌的风俗在大部分地区还依然流行。

有些民族的丧歌除了表达对逝者的无限缅怀之情，还表达了该民族豁达的生死观。

仡佬族丧葬古歌中唱道：“今天过世去，再也不复生，勿念在生的，勿挂在世的。”[①]

云南佤族的丧葬歌也用生动形象的比喻，非常直观地表达出“人终有一死”的道理：

没有不落毛的斑鸠，
没有不完结的人生，
什么鸟都会落毛，
什么人都会死亡。
水不流会淹田庄，
人不死会住满山岗。
树干再大也会落叶，
爹娘再好也会死亡[②]。

① 刘玉皑《浅析仡佬族丧葬古歌的文化内涵及社会功能》，《贵州社会科学》2006年第5期。

② 和少英著《逝者的庆典——云南民族丧葬》，云南教育出版社2000年版。

唱挽歌是哈尼族的葬礼中最重要的部分。掌握挽歌歌词的多少，成了衡量哈尼族妇女是否聪明能干的重要尺度之一。每逢葬礼，女人们就会聚集在丧家，学习挽歌的唱法和唱词。守灵夜晚，逝者的儿媳、孙媳，以及同宗众女子，蹲在逝者周围，伤心地唱挽歌，称为“米刹成”。挽歌的主要内容是送死者到祖先故地①：

白发苍苍的奶奶啊！
明亮的太阳落山了，
腐朽的刺桐树站不住了，
东流河水再也不能回头。
麻栗树叶在冬天里飘落，
你的头发像洁白的棉花，
你的骨架像散了的椽子，
你像干枯了的树木一样，
要回到祖先那里去了！
回去的大路有三条：
左边是荆棘丛生的坡路，
你不要走；
右边是悬崖陡壁的险路，
你也不要走；
要走中间那条宽敞的正路，
正路的尽头就是“打俄”② 地方，
哈尼祖先正在那里等着。

当老人寿终去世时，出殡前夜，哈尼族一般会举行盛大的“莫搓搓”仪式。男女老少聚集在丧家附近燃起篝火，身着华服，有的骑着打扮得花花绿绿的高头大马，敲锣打鼓，通宵达旦，构成生死融合、哀乐共有的特殊景象。

西部少数民族，特别是西南各民族，都有在守灵时的入夜时分，举行集体参与的丧祭歌舞活动，把对死者的哀悼同祈愿、庆贺其亡灵返回“祖源故地”同祖先亡灵团聚结合在一起③。

---

① 杨知勇著《西南民族生死观》，云南教育出版社 1992 年版。

② “打俄”，哈尼族众祖先阴灵居住的地方。

③ 和少英著《逝者的庆典——云南民族丧葬》，云南教育出版社 2000 年版。

我国西南一些民族的葬礼上的歌舞活动有文献记述。清代陆次云的《峒溪纤志》中记载："苗人亲死，则聚亲族笑呼歌舞，谓之'闹尸'。"清乾隆《贵州通志》谓克孟牯羊苗："亲死不哭，笑舞浩歌，谓之'闹尸'。"云南《马关县志》谓苗人之丧葬："自人死时，即敲鼓吹芦笙以乐鬼，昼夜不停，鼓间数秒一敲，笙间数分一吹，直至埋葬而后已。"[①]

如今，苗族依然保留着在丧礼期间昼夜吹芦笙、击鼓、跳舞，载歌载舞以示对逝者悼念的习俗。《百夷传》中对傣族丧葬记载道："父母亡，不用僧道……诸亲戚邻人，各持酒物于丧家，聚少年百数人，饮酒作乐，歌舞达旦，谓之娱尸。"清乾隆《开化通志·风俗人种》载，旧时哈尼族"丧无棺，吊者击锣鼓摇铃，头插鸡尾诸舞，名曰洗鬼，忽饮忽泣三日。采松为架，焚而葬其骨。祭用牛羊，挥扇环歌，拊掌踏足，以钲鼓芦笙为乐"[②]。

在羌族的丧葬中亦有以歌舞形式祭祀亡者的习俗。1944 年所修《汶川县志·风土志》载羌族"丧葬有闹丧曲，……相互舞蹈，以示悲欢"[③]。其中要数皮鼓舞、拜寿舞、忧事锅庄、跳萨朗以及房顶祭等最具特色。

皮鼓舞是羌族在守灵之夜跳的祭祀舞蹈，意为表达对逝去老人的尊敬。皮鼓舞共有四个舞者，皆是男性。起舞时，伴随着皮鼓的阵阵鼓点声的节奏变化，舞步随之或快或慢，舞式亦是多种多样，有庄严肃穆之感，极表哀者心情以慰亡者的气氛。忧事锅庄与拜寿舞都是羌族老人过世时才跳的舞蹈。一般村寨里的人都会参加，男女对唱，边唱边跳，当跳到棺木的前方时要单腿下跪，以示对逝者的尊敬，气氛活跃，往往通宵达旦。

《隋书·地理志》："始死，邻里少年，各持弓箭，绕尸而歌，以箭扣弓为节，其歌词说平生乐事，以至终卒，大抵亦犹今之挽歌，歌数十阙。"便是对土家族先民的跳唱丧歌舞的记载。清代土家族诗人彭秋潭在一首竹枝词中吟道："谁家开路添新鬼，一夜丧歌到天明。"这里的丧歌就是土家族丧葬礼仪中悼念逝者的祭祀性歌舞活动，即"撒尔嗬"。

在土家族的丧葬文化中，白事红办，是其独特的喜丧观念。在土家族聚居地区，葬礼俗称"百年归寿"，又称"白喜"，丧事既为喜事。写灵位的纸是红色的，歌丧跳丧时用的鼓是红色的，巫师用的神帐是红色的。虽然孝子

① 夏之乾《中国少数民族的丧葬》，中国华侨出版公司 1991 年版。

② 和少英著《逝者的庆典——云南民族丧葬》，云南教育出版社 2000 年版。

③ 夏之乾《中国少数民族的丧葬》，中国华侨出版公司 1991 年版。

们都戴着白孝帕，但整个丧堂锣鼓声响，气氛并不是悲凉的，一片歌鼓声，带着一种别样的热闹[①]。“热热闹闹陪亡人，欢欢喜喜办丧事”，打丧鼓虽哀而不悲。

丧葬歌词内容丰富：有的祭典死者、唱颂古人；有的叙述历史、演绎故事；有的风俗民情、解字猜谜；有的闲言趣事、回忆往昔[②]。

当有葬礼举行时，人们就从四面八方赶来帮忙，为死者打一夜“撒尔嗬”。形象夸张的面具、诙谐幽默的对白、富有生活情趣的细节，使村民们得以摆脱对逝者离世的恐惧，获得精神上的慰藉。在逝者面前高歌狂舞，是土家族祭奠亡灵、安慰生者的一种特殊方式。

布依族的丧葬仪式上，舞蹈种类繁多。贵州罗甸地区流传的丧葬舞蹈有刷把舞、响篙舞、粑槽舞、香花舞、饶钱舞、转场舞、回旋舞、打铙钹等。从舞蹈的主要作用上来分：有送魂的香花舞、回旋舞；有悼念亡者、表达孝心的粑槽舞；有“闹丧”时跳的响篙舞；有请神、祝愿亡灵魂归祖先居住之地的饶钱舞；有超度亡灵的转场舞；有驱鬼、娱尸的刷把舞、打铙钹[③]。

罗平布依族丧葬仪式上的舞蹈有以祭祀祈福为目的的马郎舞（要在布依族祭司摩公参与和指导下起舞）；以村民参与为主的娱乐性舞蹈野毛人舞、狮子舞。舞蹈动作以对劳作的模拟和对动物的模拟为主，亦谐亦趣。前来奔丧的亲朋好友用欢快的舞蹈营造了一种热闹乐观的气氛，遣散逝者亲属心中逝去亲人的阴云，也消除长夜守灵的寂寞。

入夜后，大部分云南纳苏彝族的奔丧者都进入休息阶段。前来奔丧的本家亲戚则全部聚集到丧家周围，花鼓队再次登场，按照带花鼓队来的主人家辈分的高低，依次在灵堂中表演，所舞所唱的内容与之前相同。每一支花鼓队表演完毕前，先放炮仗一封，禀告死者这是何人带来的花鼓队。花鼓队在灵堂轮番表演后，便邀请村民到空地上跳“大娱乐”[④]。这些活动都是为了把

---

① 朱吉军《浅论湘西土家族丧葬歌谣中的生死观》，《重庆科技学院学报》2012 年第 7 期。

② 朱吉军《浅论湘西土家族丧葬歌谣中的生死观》，《重庆科技学院学报》2012 年第 7 期。

③ 朴永光《布依族丧葬仪式舞蹈研究——以打铙钹舞蹈为例》，中央民族大学硕士毕业论文，2007 年。

④ 大娱乐又称跳乐，是峨山彝族流行的一种民间歌舞。舞者围成圈，在三弦和掌声的伴奏下，完成“甩脚”“跺脚”“收脚”“转身”等舞蹈套路。

打扰死者亡灵的孤魂野鬼驱走，确保死者亡灵在下葬前的安全。

纳西族在夜间也要聚集到丧家周围围着火堆跳“哦热热舞”，跳至鸡鸣时分，由孝子孝女唱“鸡鸣献祭饭食调”，寄托对逝者的哀思。居于川滇交界泸沽湖畔的摩梭人在火葬前夕，要在祭司达巴的引领下跳“驱鬼舞”以及欢送逝者与祖先团聚的“撵盘子舞”，丧礼场面热闹非凡。撵盘子舞是一种巫舞。摩梭人认为逝者在与祖先团聚的归途中，会遇到诸多艰难险阻，生者要跳此舞蹈为死者驱赶妖魔鬼怪，扫清障碍。跳舞的人均为青年男子。舞者装扮成牦牛的形象，头戴头盔，身穿铠甲，甲片上系铜铃，每人斜背一把长刀，刀上系一根牦牛尾巴，在衣裤边脚也系上些许牦牛毛。起舞时，舞者手持长刀、木矛，模仿牦牛、老虎的动作。

景颇族前来奔丧的亲友在守灵之夜都要在丧家家中跳“格崩舞”。格崩舞是景颇族古老的祭祀舞蹈之一。跳时，人们要击起大铓锣，由四人领舞，跳舞的人在屋内围成圈，步伐整齐，节奏明快，气氛肃穆。跳格崩舞时，人们依次模仿“磨刀”“砍地”“烧地”“点谷”“收获”“平地”“立架”“狩猎”等动作。这些古朴中带有豪放之感的舞蹈动作反映了景颇族先民艰苦创业、辛勤劳动的场面。人们不时边舞边唱：

……你先去了，
不要悲伤，
不要难过，
万物都会死的，
星星也会落下，
太阳会落山，
月亮会落坡，
牛老会缩角，
树老会枯死。
老人啊，活在世上的时候，
你教我们劳动生产，
我们牢记住你，
子孙后代称颂你，
你的名字像金子一样发光，

你没做完的事我们接着做①。

虽然对逝者有着无限的缅怀之情，但却没有流露出过多的悲伤，景颇族的生死观从中可见一斑。

如上文所述，守灵期间的诸多仪式都表现出了“事死如事生，事亡如事存”的观念和情感，以对待生者般的真诚对待逝者的态度。丧礼中的各项重大仪式都是围绕着安抚、守护、指引逝者亡灵而展开的。举行这些仪式时，生者谨慎小心、按部就班，有些礼仪程序历经漫长历史岁月也并未改变。而另一些仪式如献饭、侍睡等，又可视为往昔生活的复现，且比逝者在世时更为尽心尽力，更表现出晚辈对长辈的谦卑恭敬。

在这些丧葬礼仪中，生者对逝者离去的哀思和感恩得以呈现，家庭与宗族的凝聚力得以增加。通过这些仪式，人们盼望逝者的亡灵能够护佑及赐福于生者，使其免于灾祸、子孙延绵、生活安定幸福。西南有的民族在一些重要的仪式程序中都会诵祈求死者灵魂赐福的祭文。如逝者入殓前要祭供食物，常有这样的祭词：

请你同老伴、父亲、母亲……同食共餐，
愿上面的祖先称心如意，
愿下方的家族有福有禄②。

德昂族的祭词中唱道：

你们是你们，
我们是我们，
我们全家在世间上，
个个都得过好日子。

云南哈尼族的挽歌在安抚逝者亡灵的同时也祈求亡灵能保佑家宅平安，其中这样唱道：

去吧！去吧！
静静地闭上眼睛。
你说要的东西都已给你，
没有你心不满意的地方。

---

① 杨知勇、秦家华、李子贤编《云南少数民族生葬志》，云南民族出版社1988年版。

② 杨知勇著《西南民族生死观》，云南教育出版社1992年版。

不能走到荆棘丛生的斜坡去，
要走向广阔明亮的大道。
好生看望我家的儿孙，
让田里的庄稼长得好，
让山上的牛羊无人偷①。

纳西族祭司东巴在《求福泽》的经文中祈祷逝者亡灵能够福泽后人：

你要去祖先那儿了，
不要带走家中的福泽，
把所有的福泽都留给家里人。
蓝天的福泽，
化作云彩降给人们；
大地的福泽，
化作墨玉留给人们；
树木的福泽，
化作白露留给人们；
马儿的福泽，
带着配鞍留给人们。

过去，傈僳族祭司“比帕”手握木棍在逝者面前祭奠时，以这样直截了当的方式说道：

你已经死了，
要保佑我们还在世间的人不要生病，不要死。
生男孩要生九个，生女孩要生七个。
庄稼要丰收，家畜要成群。
要保佑我们生活过得富裕，
让幸福的源泉都流到这里。
碰到打官司，我们会得胜；
碰到战争，敌人的箭射不中我们，我们会射中敌人。

而在其后的“点刀劈”仪式中，比帕还要将前来吊唁的亲友们的名字一一告诉逝者，以求逝者不要加害于这家人，不要去找他们的麻烦，也不要让

① 和少英著《逝者的庆典——云南民族丧葬》，云南教育出版社2000年版。

他们生病。

六、出殡前诸仪

出殡即是将棺椁从丧家家中抬出到墓地埋葬的丧葬礼仪。出殡，对逝者来说，意味着肉身与亡魂从此时起便要从家中离开，完成由此世走向彼世路程的最后一程，而此前曾经处于的身份模糊阶段也即将结束。对于生者来说，意味着脱离日常生活状态的丧礼即将结束，亲人逝去的痛苦与不舍已经得以安抚，死者已矣，来日方长。

西部一些民族出殡日期的选择都很慎重。日期一般不选双数日期，以忌讳“无独有偶”暗示还有亲人要去世。西南一些民族会请本族祭司按生肖推算出殡日期，以免与家中亲属的生辰相克。西藏珞巴族选择出殡日期前要请祭司杀鸡看卦，以鸡肝上纹路的走向所象征的凶吉来决定日期①。

出殡的时刻也有所讲究，如广西滚贝侗族选择在凌晨四点时出殡，贵州望谟白苗在天刚亮时出殡，云南金平苗族一般选择在上午出殡。云南玉溪彝族选择在正午时出殡，他们认为，此时日照当头，为一天阳气最盛之吉时，能够震慑住孤魂野鬼，避免其对逝者亡灵的骚扰，也能确保参与出殡的人员的生魂不被勾走。云南怒族则在太阳偏斜时分才为逝者出殡。如今，各族的丧葬礼仪亦逐渐简化，对于出殡日期和时刻的要求已经不那么严格了，只要日期和时刻推算为吉时，便会出殡安葬逝者。

云南玉溪彝族出殡前，有早祭唤醒、敲寿钉、喂饭等仪式。

早祭从唤醒开始，出殡当日大约凌晨五点左右，在听到第一声雄鸡报晓后，孝女们就得打来一盆温水，按侍睡的方式为死者叫早：“时辰到，要起来啦，高山大河不睡觉，切莫等山河，等山河误时辰。起来洗脸啦。”据说，如果不唤醒死者的话，死者就会“长眠不醒”，错过了时间，死者的灵魂便会久留于人间，使子孙后代不得安宁。其余的村民和奔丧者起床后，便再次集结到丧家。花鼓队按照夜祭的顺序再次登场表演。

表演结束后，由孝子前去请人（亡者为母亲便请舅舅或舅家的长辈，亡者为父亲则请叔伯或兄长）来敲寿钉。寿钉便是封棺时留下的那一个钉子，敲下这颗钉子，就表示长辈认可了孝子孝女对死者生前的照顾是无微不至的，死者不是因为子女不孝而死去的，是寿终正寝。敲钉时，长辈问跪在面前手捧包有

---

① 夏之乾著《中国少数民族的丧葬》，中国华侨出版公司1991年版。

红绿布的铁锤的孝子："你家有无子女？你家有无金银牲畜？……" 总之，无论长辈询问什么，孝子都要回答"有"。问答完毕后，长辈提起铁锤，象征性地敲打棺材的四角，最后将封棺时没有钉下的那颗钉子一锤钉牢。毕摩在一旁念道："不钉男女，不钉子女，不钉牲畜，只钉死亡灵，只钉死鬼怪。"

随后，孝子端着装有烟、酒、糖果的盘子来到负责抬灵的人员、花鼓队和唢呐队面前，下跪献礼，感谢他们送父（母）一程。在接受孝子的跪拜后，抬灵人员、花鼓队和唢呐队接受献礼，并与孝子一起进入灵堂。

主要居于滇中地区的花腰傣出殡前的仪式主要包括扎火把、扎彩伞等。火葬（哀牢山下傣族的三个支系，傣洒、傣卡、傣雅一律实行火葬）用的火把由逝者的儿子和侄子准备。他们戴白布重孝，腰挂长刀，在长子带领下到寨子外面，寻找芦苇扎火把。寻找芦苇时走的路线，也是出殡时的路线。当在路上发现第一蓬芦苇时就砍下，不能另选。

砍芦苇时，也必须由长子带头，每人依次只能挥一下长刀砍一枝。砍回来的芦苇，由寨子里年纪最大的男人和逝者大哥的长子扎成火把，供在灵堂内。扎彩伞由死者的女儿和侄女负责，每人用鲜艳的彩绸扎一把华丽的彩伞。彩伞越多，逝者越荣耀。逝者的女性后代较少的人家，常为彩伞数量较少而感到内疚。

"点主"是白族出殡礼仪中很受重视的一个重要环节。仪式开始前，先由点主官在音乐的伴奏下，以特有的音调读唱逝者子孙的名字。读唱完毕，点主仪式正式开始。首先由长孙怀抱着灵牌，坐在堂屋的门槛上，而长子则面对长孙跪下，由专人将一个木托盘放在长子背上，托盘上盛有点主所需的所有物品。这时，点主官开始读唱祭文，随后用针刺破长子的中指，用长子的血来填写灵牌上的"主"字上的一点和"神"字的一竖以及灵牌左右两边的封口处。点主仪式也是白族丧葬仪式中最有特色的环节[①]。

布依族出殡前要请寨邻族人到丧家来"坐席"，举行送别仪式，在灵前安放一张八仙桌，铺上竹枝叶，放糯米饭、干鱼等祭品，由祭师致辞。致辞的大意是：亡人你已经在家十天半月了，今天邻里族人来与你送别，你要高高兴兴地走，不要牵挂家人，不要牵挂后代，今天你要跟随族中的祖宗到极乐世界去。坐席毕，接着"扫煞"，用筷子、粑棒、柴刀、香、纸、碗、酒等驱

① 杜凤《白族丧葬礼仪的社会文化阐释——以洱源县右所镇为例》，云南民族大学硕士毕业论文，2007 年。

除邪恶，目的是让亡者安全到达目的地，永保后人安宁。

土家族出殡前会举行辞灵仪式，仪式由丧礼主持人指挥。背向灵柩，孝子按照前幼后长顺序排成直列并跪下。伴随着唢呐的吹奏，由最幼的孝子执盘从厨房将献祭给逝者的饭菜依次端到孝子队列前，跪下，将饭菜高举过头，从头顶依次传递给长孝子，再由长孝子交由主持人摆放在灵前的方桌上。若省略由最幼的孝子从厨房端菜传递到灵前的程序，由主持人吩咐厨房上菜亦可。献祭的菜品大多为九或十二道。

贵州侗族出殡前要举行“扫棺”仪式。扫棺意味着死者已属阴间人，不能将阳间人的灵魂带到阴间去，须把活人的灵魂“扫”出来。扫棺仪式结束后，祭师蹲到祭坛前念诵《断魂辞》与《出门辞》。《断魂辞》侗语称“雷杜棍”（汉字谐音），意为人亡故后，灵魂不能留在阳间，必须隔断与阳间的一切联系。《出门辞》侗语称“雷屋多”（汉字谐音），是指灵柩在即将出殡之时，由祭师念诵的祭辞，以使阴阳两界相安无事。祭师念诵完毕，女儿和媳妇须跪在灵柩旁唱《哭丧歌》，儿孙须拿着香、赤着脚在地上跪拜①。

墨脱的门巴族出殡前，家人要给逝者敬献“离别酒”。倒酒时要反手倒。敬酒时对逝者说：“你已经死了，就要往死道上去了。你不要生气，到你该去的地方，保佑我们无病无灾。”

七、出殡时诸仪

生者盼望尽快将逝者的尸体和灵魂顺利送走，从而回归到日常生活的状态。要达到顺利送走亡魂的目的，一方面必须使亡灵能安全离家，顺利前往墓地，并且途中不受其他“孤魂野鬼”的侵扰，往往要沿途敲锣打鼓，或边走边唱；另一方面又要千方百计熄灭亡魂滞留于人间的强烈愿望，守卫生者的灵魂不受亡灵干扰。

丽江纳西族出殡时，在哀乐和哭泣声中，由八人抬棺起灵，从跪在院子里的孝子孝女头上越过。之后，东巴和吹鼓手奏乐开道，并派一人在前撒纸钱。按习俗，孝子和孝女还应在大门外及第一个岔路口处，反向跪下迎送两次，让灵柩从头上越过。到第一个岔路口后，孝女与送灵亲友哭拜后返回，孝子则扛“魂幡”引灵柩到墓地。

---

① 姚仕秀《侗族丧葬仪式音乐的社会功能探析——以黔东南黎平县龙额村为例》，《广西民族师范学院学报》2014 年第 2 期。

阿昌族出殡起棺前要放些灶灰在棺下方的地上，由四人抬棺，抬棺人必须面朝正堂天地神位，以防自己的灵魂被亡灵带走。随后，阿昌族祭司“活袍”就用刀砍倒棺前的“金竹架”，抬棺人大喊：“起!”屋外鞭炮齐鸣，孝子孝孙们手持一炷香跪地让棺材从头顶掠过，称为“顶孝”。龙川户撒地区的顶孝仪式在整个出殡期间要反复几次，直至到达坟山。

布依族出葬时，四人抬棺木，并用白布和绳子拴在灵柩前，作为拉绳，帮忙的人排队拉绳往前走。灵柩上盖红毡子，一人拿着火把在前面引路，一人一路上丢买路纸钱，孝子拄着丧棒走在灵柩前面沿路“搭桥”，即遇到路窄、上坡或需要换人抬的时候，孝子要跪地迎候，女儿、媳妇哭啼跟随，将灵柩送到墓地，棺后跟随着拿纸人、纸马、纸幡的人，送葬队伍敲锣、打鼓、吹唢呐。

蓝靛瑶出殡时要拉来一匹高头大马，马背搭上红毯，安上马鞍，当棺椁抬出时，马走在前为其引路，送丧的队伍随行在后。孝子孝女们走一阵，就跪下让棺椁从头顶掠过，如此数次，直至到达墓地。

傈僳族出殡时，若已装入棺材的要先将棺材抬到门外空地上，四角各插一根栗树枝，随后请傈僳族祭司“捏帕”做“忧富根”，将逝者的灵魂引出去。然后将这四根树枝砍倒，起棺出殡。未能事先入棺者，要将尸体抬出家门，放在篱笆上，下面垫上栗树枝，亡者为男子垫九根，亡者为女子垫七根。尸体上下铺垫麻布毯子，并用麻绳将其系紧，上边再放上三块竹篱笆。出殡时，就抬起栗树枝。这时要由三四个青年在前舞刀吼叫驱鬼。挖坟人也将锄头扛在肩上随后跟去。逝者家属中的妇女，一般不跟至墓地①。

景颇族出殡前，要将棺木揭开，让亲朋好友向遗体做最后的告别，然后由“西早”（专门为死者祭祀、送魂、送鬼的人）背诵死者家族的家谱，诵出这个家族的迁徙路线，指引死者的灵魂回到祖先居住的地方。送葬途中，棺材要停放三次，每停放一次，都要敲碎一个鸡蛋，在路旁栽一蓬茅草，表示他们的祖先来自草原，希望牧草茂盛②。

云南新平花腰傣一般于选定的吉日当日下午两点左右开始出殡，棺椁必须由孝子们抬出屋外，捆扎妥当后由女婿或姐夫、妹夫抬到墓地，孝子们则

---

① 杨知勇、秦家华、李子贤编《云南少数民族生葬志》，云南民族出版社 1988 年版。

② 杨知勇著《西南民族生死观》，云南教育出版社 1992 年版。

身背长刀、高举火把在前开路。棺椁被抬出家门后，需有人不断朝棺椁上方撒米和用荆棘枝赶走其他孤魂。女儿、侄女等一路哭灵直至墓地，并沿途“找菜”给逝者“吃”。灵柩到达墓地时，孝男们又一次跪下迎接，灵柩先停放在两条长凳上，孝女们执彩伞聚在四周，用树枝清扫灵柩。

西双版纳的傣族出殡那天，要把竹楼做一次彻底的大扫除，把三脚架下的灰一次彻底清除，将死者生前用过的东西，集中化为灰烬，倒在江河里，顺水而流，和死者一起进入另一个世界。由一名男性亲属，右手持一把长刀，左手拿一个白布袋，用刀把前来参加送葬亲友手中的“曼苦”树叶包着的饭粒挑进白布袋里，一起送进墓地，让死者不做饿死鬼，好好安息。如果死者是热恋中的青年，要选择他们常去玩耍的地方的一棵树，出殡时，将尸体在树干上撞击数下（一般是双数），并祷告说：“这就是您心爱的人了，带上其一起去吧。”据说，不这样做，死者的灵魂就会回来找他心爱的人，使其生病。如果是孕妇病故，就要对孕妇进行剖腹，将婴儿取出，把妇女和婴儿分葬两地。这是因为成人和小孩是要分葬的。有些地方，出殡时，还要举行断绝夫妻关系仪式。不论年龄多大，其中一方去世，都要举行仪式。把一缕白线的一端系在棺木上或尸体上，生者握住另一端，由村主任或一位长者，将线割断，或把一根蜡条从中折断，即表示断绝夫妻关系。可以另娶或另嫁，不再受婚约限制。

贵州滚贝侗族选择在凌晨四点出殡，人们取糯禾把、白布、酸菜、酸鱼、白米、鸡，依次在棺盖上从头向尾摆放，最后在棺尾系一只活鸡。师公腰缠红布带，手持法铃、戒刀，边口中念念有词，边摆动法铃，一会拈起白米撒向棺柩，一会又举杯洒酒。“开路经”念完后，扯起几根茅草，迈八卦步，将草插在棺材四周。要上路时，师公拿起活鸡，口念咒语，用鸡碰棺材后，往出殡方向一扔，将棺盖上的糯谷禾放到肩上，绕棺一周，甩到地上，举戒刀，吸一口水往棺柩上使劲喷去，踩着禾把提醒死者：你如今已魂归地府，不再是阳间人了，然后将碗往地上一摔。此时，鞭炮、地炮声齐鸣，抬棺者一拥而上，把棺材抬起出殡。

出殡队伍由手持火把的女婿做前导，大女婿抱着青竹幡随后开路，以尽半子之责。孝子们举着各色各样的挽幛、布幡跟着。长孝子手捧死者灵位走在棺柩的前面，棺柩后是孝子孝女、师公和送葬的亲友。妇女走在最后面，她们手捧死者生前用过的物品，哭泣着在上山途经的第一条河边（溪边）停下，用火将遗物烧掉，把灰烬扔进水里，让死者在另一个世界中使用[①]。

云南玉溪彝族抬灵出屋前，忌讳灵堂中有女人和小孩。众人跪拜后，只留下抬灵人员和唢呐队，其他人全部撤出灵堂，到村边的大路上等待。抬灵人检查无他者之后，便开始捆棺材和砍毁丧坛。在唢呐队乐声的伴奏下，抬灵人快速将棺材从灵堂中抬至村旁大路上，忌讳在村中停留。抬灵一般为八人，前后各四人，而老耄者，通常为十六人，前后各八人抬之。棺盖上绑上一只大红的公鸡和一把青蒿枝。起杠后，抬灵人要将棺木抬高，使之从跪地孝子的身上而过，意为“过骨桥”。

整个送葬队伍，由花鼓队开路，唢呐队吹吹打打相伴左右，抬灵、孝子孝女、众亲属及送灵的村民紧随其后。村中年长的妇女走在最后面，并负责驱鬼。她们一手持青蒿枝、松枝，一手从口袋中掏出白米，撒向走在前面的送灵者的身上。保证活人在送灵时，灵魂不会被亡魂或者其他孤魂野鬼带走。送灵队每走一段，都要燃放鞭炮，一是告知附近的人家有送灵队伍要过来了，二是驱散围绕在亡灵附近的孤魂野鬼。

听到鞭炮声的各家各户，要紧闭门窗，事先用火灰在房前后、猪圈四周顺墙脚撒一圈，把人畜圈住护卫起来，不让亡灵侵扰。若家中有人病卧在床，或者有小孩午睡的，家人要把病人唤起，或把小孩唤醒，以防亡灵把他的灵魂勾走。

棺材送达坟山脚下时，要停棺一次。首先选定一块背风的空地，将丧坛、摇钱树、金童玉女、金山银山和仙鹤烧毁。接着，孝子将事先准备好的饭菜和酒交给村中的两位年轻人，拜托两人上前为死者献饭。这是最后一次为死者“献忘饭”，使逝者离家而别。受嘱托的两人在棺材前磕三个头，一人持饭在前，一人持酒在后，按顺时针、逆时针的方向各转三圈，持饭者将饭菜抛在棺盖上，持酒者将酒洒在棺材周围。

与此同时，负责驱鬼的妇女还要给送灵队伍中的所有人分发煮熟的米饭和生米，熟米饭要直接吃下，生米则要装在衣服口袋中。这一口熟米饭称为“定魂饭”，人们认为吃了这口饭，便能定住自己的魂魄，上了坟山，就不会被其他的鬼魂侵扰了。留在衣服口袋中的生米是用来驱鬼的，下坟山后，人

---

① 卢敏飞《追求群体的永生——融水苗族自治县滚贝侗族丧葬文化透视》，《广西民族研究》2002年第2期。

们取出这把米向身后抛，便认为可将尾随在后的野鬼驱赶开。也可将生米带回家后，抛撒在家门口。

云南大理白族出殡时，孝子们以长子为首排成竖排，跪在地上，等待抬灵人将灵柩从他们身上抬过去。而此时，孝台上只剩灵柩、四个抬灵人和一个负责“斩杀”的人。所谓斩杀就是用刀将一个装有水和青蒿的碗砍碎，水代表尘缘，青蒿表示挽留。斩杀时，司仪高喊道：“今日良臣吉日，斩杀大吉。孝子举哀。”起灵的四个人在碗打碎时迅速将灵柩抬出堂屋，放到早已准备好的抬灵柩架上。棺材共由八个人抬，途中可有人替换。长孙则执“领路幡”走在前，抬棺材的人紧跟其后，之后才是逝者的子孙们。送葬队伍到达山脚时，由长女把逝者生前穿过的衣服、用过的物品焚烧给逝者①。

羌族在棺木抬出门前，逝者家属要在灵前与死者共进最后一餐，寓意逝者到彼岸世界仍能享用同样丰盛的饭菜。出殡之前，要开棺检查逝者的穿戴是否整齐及陪葬品等是否齐备。验毕，长辈上房顶为死者开路。开路者高站在房顶之上，手持木板和刀具，砍打房顶背面边沿的挡板，边打边追述逝者生平，颂扬其功绩。最后祈求各路神鬼让路，阴司接收逝者亡灵，沿途通行无阻。说完，将事先准备好的木板朝跪在门前的孝子们摔下去。孝子们赶忙避让，此时灵堂内“释比”带领抬丧小伙子大吼三声，门外礼炮三响，棺木由众人扶着抬出门外，置于事先放置好的两条木凳上，众人拿过龙杠，捆扎在棺材上。此时又是礼炮三响，鞭炮齐鸣，锣鼓声声。

送葬队伍前有释比二人或多人，魔杖在前，皮鼓在后，边跳边走，然后是锣鼓队，随后是手持“引魂幡”的人，持灵位的人，灵位后面则是棺材。其后是孝子孝女以及全寨前来送葬的男女老幼。有的寨子送葬时，有人在棺前挥舞大刀，为逝者开路，另有老人为逝者持火把引路。有些羌族地区丧葬不用引路羊，而在棺材上放鸡一只，男性死者用公鸡，女性死者用母鸡。

新疆锡伯族出殡之日一定要选单日，忌申日和午后。由年轻人把棺椁抬到大门外，死者的子女扛两杆丧幡跪在门两旁（长子扛“佛多”，次子扛“方子”，无子女的，由其兄弟扛）。在抬出棺的同时，死者亲属将一个瓷盆摔到门外，即“摔丧盆’，接着把棺材装车上。在灵车前设一张供桌，众人同死

① 杜凤梧《白族丧葬礼仪的社会文化阐释——以洱源县右所镇为例》，云南民族大学硕士毕业论文，2007 年。

者家属一起哭祭一番。同时，还祭祀门旁的“土地神位”。哭祭完毕，扛丧幡者在前面引路，随后是拉棺的马车，马车两旁有死者亲属守护，其后是送葬的队伍。扛丧幡的人边走边撒纸钱，表示给引路神下引路费。在送葬的路上，马车、行人均让道于一旁①。

维吾尔族在结束为逝者祈祷的殡礼后将灵柩抬往墓地，到墓地之前要给送葬的男人准备钱、火柴盒和馕，在墓地发放，表示与死者了结（包括一切财物和恩怨）；为送葬的女子备好针线、梳子和树胶（梳头用），在抬走尸体之前发放。走在送葬队伍最前面的是死者的亲属，随后是抬着灵柩的人，紧随其后的是其他的送葬者。

死者的直系亲属在清真寺或墓地做最后一次施舍，将准备好的钱物分送给阿訇和其他人，意为死者完成他生前未尽的义务。送葬的人们纷纷为死者祝福，并赞颂其生前的功绩。喀什噶尔某些地区，在抬尸到清真寺之前，将尸体停放在一个宽敞的地方，亲属在棂轿前哭泣；牵来一匹头套长缰绳的马，让送葬者中的四十一人（包括伊玛目在内）轮流握一次缰绳，然后将马估价后折合成现金分发给这四十一人②。

门巴族因恐惧亡魂，背尸者采用背对背的仰背式背尸，以防被逝者看到自己的模样，而报复自己。送葬人都闭口不言，以此保护自己的灵魂不被亡魂勾走。在尸体运出屋的同时，家人要将荞麦饼及时分送给村人，并且要走和送尸方向相反的方向，每家每户都要送到，据说这也是为了迷惑亡魂，使其找不到原来的家。这样亡魂便会早日离开，不在村里到处游荡。

云南玉溪彝族在献饭结束后，送灵队中只有孝子孝女、家族中年长者及部分青壮年在花鼓队和唢呐队敲敲打打的伴随下将棺材抬至坟地，花鼓队、唢呐队及送灵队伍中的大部分人在坟山山脚下与毕摩一同折返，不再同送灵队伍中的其他人一起上坟山参与下葬仪式。

大理洱海地区的白族当送葬队伍到达坟山附近的一座山神庙或者一棵大树时，孝子们便要脱下套在外面的用麻布制成的特殊孝服，仅保留和其他服丧人一样的普通白布包头和孝服，而其他亲人也解下身上的麻绳。一些地区会让孩子们争夺魂帛上的纸花，完成了使命的魂帛被毁弃，而代表祖先魂灵

---

① 李云霞《锡伯族文化探微》，中央民族大学博士毕业论文，2010 年。

② 刘东英《试论维吾尔族丧葬习俗中的生态伦理思想》，《民族论坛》2012 年第 2 期。

的神签则被捧回家并被暂时供奉在原来停棺的堂屋中。而送葬的队伍行至此处便解散了，只有部分人参与下葬仪式，甚至孝子都并不一定非得到下葬现场，如果他已年过六旬，往往委托弟弟或自己的继承人代其参与下葬仪式[①]。

由此可见，虽然出殡时送葬队伍浩浩荡荡，但真正参与下葬仪式的人并不多，当达到某一特定地点时，参加送葬的人们在此分为两队，大部分人返回丧者家中，只有很少的人抬着棺材继续向墓地前进。随着出殡礼仪的完成，逝者逐步向彼世靠拢，其身份及性质在生者世界中的定位逐步清晰，对非逝者至亲的人而言，丧礼已经结束，逝者与其之间的关系也已完成新的意义下的再次建构。

八、下葬时诸仪

下葬即将棺椁或者逝者尸骨放入墓并掩埋的过程，是整个丧葬礼仪的最后一步。一些民族认为，逝者的肉身将还于自然，灵魂也将到达彼岸世界，或者进入来世转化的历程。至此，逝者的灵魂不再作为个体存在，而是进入各族先民祖先的行列，成为后人祭祀的对象。因此在西部一些民族的葬礼中，下葬是较为重要却又禁忌很多的一个仪节：一方面，各项仪轨要严格遵循传统，以免出了差错祸及家人，同时还要想尽方法把逝者灵魂与生者分离开；另一方面，又要建造属于逝者的“居所”，让其在彼岸世界有所归属。

一般来说，坟址的选择都有其理由：有的民族是在家族祖坟，按照长幼辈分顺序排列即可；有的民族由祭司观风水后选定；有的民族则有特有的择穴仪式（有的民族也将择穴仪式安排在出殡前完成）。择穴由本民族祭司来完成，使用的器物多种多样，例如傣族、拉祜族、佤族、景颇族、德昂族等民族使用蛋卜法：即请一位长者在墓地上念祈祷词后，将鸡蛋抛起至人的头顶高，若鸡蛋落地后破碎了，便表示死者愿意被埋在那个地方，可以在鸡蛋破碎处挖掘墓穴；若鸡蛋下落后未破碎，则表示死者不满意，应另外择穴。

云南哈尼族僾尼人则用一块铁来择穴，高抛铁片，其落地处即可挖穴下葬。云南彝族选坟址时，由孝子和负责内管的长者毕摩上山为死者选择坟址。人在生前占地建房，死后也要另择阴地建房。择地前，毕摩要献上饭菜和酒拜祭山神。择地时，毕摩用松木一节，剖成两半合握在手中，口中念道：“人

① 张海超《大理洱海地区白族葬礼研究——兼论“礼”的视角在人类学仪式分析中的应用》，《云南社会科学》2010 年第 1 期。

在生前种田地，死后也要有田地，拜求东南西北神，答应把地许给他（她），要金给金，要银给银，牛羊猪鸡献给你。”毕摩将剖成两半的松木一同抛出。以其方向一反一正为顺卦，表示此地是风水良地，可以将坟址选在该处；两面朝上或者两面朝下都为不顺卦，毕摩可再行卜卦，若连续三次都是不顺卦，便要重新选择坟址。

另有一说为，毕摩不用松木卜卦，而是改用两个碗，方法与松木卦相似。两碗碗口相对，毕摩弯腰将两碗就地上滚出。两碗停止时，一个碗口朝上一个碗口朝下，便是顺卦，可以选择此处，反之则要重新卜卦，直到选择到福地为止。选定坟址后，毕摩象征性地挖上几锄头，就交给其他人挖掘了，直到挖出一个和棺材大小相仿的坑后，才能回到村中。

西南各民族的葬俗对埋葬死者时头部的朝向是十分讲究的。这同祖先崇拜、民族迁徙的情况等有关。独龙族、怒族、哈尼族、佤族、景颇族及阿昌族等民族安置死者时，采用头北足南的朝向，布朗族和一部分拉祜族采用的是头西足东的朝向，大理白族亦采用这种朝向（意为“头朝苍山，脚对洱海”），德昂族和另一些拉祜族多为头东足西的朝向。各个民族对各自不同的尸体头部朝向的放置和葬式，都有一套各不相同的解释。同一民族在不同地区采用不同的朝向，也都有他们合乎情理的解释①。

布依族人去世安葬时由阴阳先生测定方位、坐向等。待棺材抬至墓坑前时，放上一只公鸡和一壶酒在选好的墓穴上祭供，随后再开挖墓穴。挖好墓穴后，撒上白米，并用雄黄、朱砂画好八卦图，写上吉祥词语，并放入一只公鸡进坑啄食，称为“滚井”，取出公鸡后，另烧些冥纸香火，称为“暖井”。下葬时，先由孝子跪在棺木上用锄头挖三锄，帮忙的人随即垒坟培土。帮忙垒坟的人，完工后要用艾水洗手，一为消毒，二为驱邪，使山上的死鬼不要跟着回来。埋好棺材后，念咒并喊：“买土，买土，要地契！”意思是把这块土地的所有权搞清，以免在阴间惹出纠纷，伤害亡人。从墓地回来时，在丧家门口放一盆水、一根火柴、一把刀，进门的人都要跨过这盆水以驱邪，不把邪魔带回家。

云南大理白族到达坟山后，抬棺人先把棺材放置在从坑里挖出的黄土上。随后孝子跳到墓坑里，拿松枝从头扫到尾，边扫边退，白族人认为活人的脚

① 和少英著《逝者的庆典——云南民族丧葬》，云南教育出版社2000年版。

印是不能留在里面的。待孝子上来后，便将他的孝帽、哭丧棒以及花圈、引路童子等在坟坑里烧化，称为“暖坟”，即地下阴寒苦冷，先帮逝者暖和暖和。烧完后，把剩下的灰烬用锄头挑出来，放在旁边的黄土上。

放棺材时，大家嘱咐外边的人不要把影子投在墓坑里。将棺材放正以后，就把五块小木块分别放在棺材的东南西北中五个方位上，五块小木片分别代表东南西北中，上面分别写有：东方甲乙木；南方丙丁火；西方庚辛金；北方壬癸水；中戊已土。据说是为了镇住逝者坟墓五个方向的孤魂野鬼，不让他们来侵扰逝者。摆好后，在棺材的四周撒一些石灰粉，防止虫子来啃食死者的尸体。之后便可在棺材上盖上石板，开始将墓穴砌垒成房屋状。男性的坟通常比女性的坟高一些，并向前突出一点。

完工后，便在坟头上放一碗饭和一双筷子，供逝者享用。此外还会将一些饭、菜、鸭蛋、鸡蛋、香捣碎后，加酒、茶和水搅拌，抛在坟地四周，白族人称此举为“扒撒日”。意为请周围的孤魂野鬼不要来打扰或欺负墓地的新来者①。

云南文山壮族把棺木抬到墓地后，下葬前，道公（布摩）抓一只公鸡在手中，放进墓坑里，意为“扫井”。随后掐破鸡冠，把鸡血洒在东南西北四个方位上，并在墓井底部两侧各埋一罐用红布包着的谷子，或直接把谷粒抛向空中，以示死者到阴间能丰衣足食。随即将灵柩及陪葬物放下墓坑，先由孝男孝女填入三锄头泥土，之后由其他人填平土垒坟。

完毕后，孝子孝女可脱下孝衣，并将牌位、祭幛、彩门、纸浮屠等祭祀用品一应焚化。在回来的路上，道公不得再敲锣打鼓，孝男孝女及送葬的人们不得再哭，不得回头望。人们还摘路边的桃树枝叶来鞭打自己的衣服，以示驱邪，人们回到丧家门口，每人都要在装有桃叶的水盆里洗手，以此驱邪。送葬的人们再集体吃一餐饭后，便各自回家安歇了。

云南玉溪彝族的葬礼中，人们到达已经选好的坟址后，孝子要先跳下坟坑将四周不平整的地方铲平，孝女手持松枝将坑地扫平，然后按照从左到右、从坑尾到坑中再到坑前的顺序，依次在相应方位放入一角的纸币一张和硬币一枚，称为“买地基钱”。准备好这些后，负责内管的长者解下拴在棺盖上的

---

① 杜凤梧《白族丧葬礼仪的社会文化阐释——以洱源县右所镇为例》，云南民族大学硕士毕业论文，2007年。

公鸡，大叫一声：“某某于今日在此下葬!”说完便将公鸡向山下甩去。然后抬灵人将棺材放置于墓穴正中的位置。

校正棺材位置后，孝子孝女和同宗的晚辈撩起衣服的后襟反兜少许土，围着墓穴按顺时针、逆时针方向转三圈，边转边将后襟中的土抖落在棺盖上，意为给死者“盖新房”。然后抬灵人开始用铲子铲土掩埋棺材，用土夯实后，再搬来一些很大的石块，围着土堆垒成长方形的坟冢。至此，整个下葬仪式结束，众人收拾东西后便可返回丧家。

仫佬族由“地理先生”选好“吉地佳城”，棺柩到达后，道公手举公鸡画符念咒语作法。之后将鸡血洒入墓穴，并在墓穴内等距离放置四枚硬币。棺柩入土时，将长孝子手中的两只粮罐分别放在两侧。临埋土前，要在墓穴周围抛撒些许白米和硬币，以便驱邪祈福。下葬后，将死者灵位安放在厅堂香火龛之下，早晚供奉，以示逝者依然活在家人心中，早晚与大家一道用餐，共同生活，直至脱孝为止[①]。

土家人将墓穴称为“井”，取井水纯净之意。挖墓穴称为“刻井”。井址早在生前便依风水定好（经济较好的人家甚至在世时便已将井刻好，立上了生碑）。刻井完毕，梯玛（或土老司）手提盛满禄米（糯米）的法斗，以先中间头位、后两边下位的顺序，在井底依照所学法术画符。在井底画符之时，众孝子孝孙沿井坎下跪。梯玛（或土老司）画符完毕，便手提法斗，将禄米撒向孝子孝孙。孝子孝孙用衣襟接禄米，接到禄米者心喜，接到禄米多者更喜，因为禄米有多子多孙、富贵荣禄之意。刻井、画符、撒禄程序之后，在梯玛（或土老司）指挥下，按照头靠座山、“坟打包，屋打垭”的朝向原则，将棺材放置于井底，孝子孝孙、亲朋好友捧土撒至棺盖，孝子与刻井之人一道掩埋棺材，直至地面隆起一米左右的坟堆[②]。

新疆锡伯族在到达茔地后，由长者们指挥将棺材慢慢放入墓坑里。此时，亲属下坑，打开棺盖后看一眼死者的遗容，并把盖在死者脸上的纱巾取下放在旁边，然后才把棺盖钉死，由死者的亲属填第一锹土，然后众人帮忙填土，最后把两杆丧幡插到坟墓中间，在墓前放置蜡烛等祭祀用品，并在墓前放置

① 卢敏飞《脚踏莲花归宗去——仫佬族丧葬仪式考察》，《广西民族研究》2004 年第 4 期。

② 陈韵、陈宇京《土家族丧葬仪式流程及其文化功能的田野调查资料解析》，《湖北民族学院学报》2012 年第 1 期。

一张供桌，桌上放祭祀食品，由死者的家人和亲朋好友一一轮流在烧着的纸钱上洒水酒祭奠。随后，主持祭奠的人（妻子或丈夫，或长子）将祭祀的每一种食品都向左右两边撒一点，意思是送给守茔的土地神。回到家后，死者的子女向送葬的人一一行跪礼，并将其请进家，进行款待。挖墓坑人入上席。席间，死者的子女们行跪礼向他们敬酒，以表谢意①。

新疆俄罗斯族的送葬队伍来到墓地后，要由神父做亡灵祈祷并用圣水象征性地喷洒遗体，祝愿亡者安息，灵魂升入天国。接下来，众亲友依次走近棺材，象征性地伏身亲吻亡者额头，与遗体告别，然后边画十字口中边默默祈祷告别。告别仪式结束后，先把盖至亡者胸前的白布单盖至头部，然后盖上棺材盖，由男性亲属用四根长钉按上、下、右、左的顺序钉棺材盖，最后用长条白布缓缓把棺材吊下墓坑中。神父从旁边的土堆上抓一把土按上、下、右、左的顺序撒在棺盖上，接着亡者亲属、亲友及所有参加葬礼的人每人抓一把土撒在墓坑里，并举右手画十字祈祷亡灵安息，最后用铁锨将土填进墓坑里②。

除去普遍流行的土葬外，亦有部分民族依然保持了传统的火葬习俗。

云南花腰傣至今仍然多行火葬。花腰傣死后会在当天下午或隔天早上进行火化，火化后，在原地“晒骨”，根据推算的良辰吉日下葬遗骨。此后，丧家要用木板、砖头和白布制作“假尸”给前来奔丧者祭拜，并代替逝者完成守丧期间所有仪式。下葬遗骨时，拿三个竹簸箕，把亡者头部、上身、腿脚的骨头分别装进簸箕中，按顺序依次倒入墓穴中埋葬。

云南临沧的布朗族在进入公共墓地后，留下一部分人处理尸体。先由一位师傅拿一对蜡条拜山神、土地、坟茔主，拜所有先死者，说今天送来亡人归拢他们，希望他们接受他，拜完后就确定地点（一个家族大约集中在一处），然后砍柴。刚砍的柴第一层顺山形放，之后纵横有序地堆七层，再放干柴，干柴不限定层数。堆好后，将灵柩放上去后点火，死者头向着寨子。请和尚念经，和尚念完经后先回寨子。死者的亲戚留下，围坐在另一个小火堆旁喝酒。等尸体烧干净后，把抬尸体的竹竿放进火堆，竹竿爆炸发出很响的声音。烧竹竿为的

---

① 李云霞《锡伯族文化探微》，中央民族大学博士毕业论文，2010 年。

② 滕春华《新疆俄罗斯族葬俗文化探析》，《西北民族研究》2003 年第 4 期。

是通知家里人：准备好热水、饭菜，坟林里的人就要回去了[①]。

第五节　葬后仪规

逝者的棺椁安葬后，丧葬礼仪虽然告一段落，但并没有完全结束。通常丧家还有诸多葬后仪规，例如葬后安灵诸仪、守孝、脱孝等，丧礼才算真正的结束。自此之后，定期的祭祖安灵便是祖先崇拜的核心内容及其观念的直接体现。同时，对很多民族来说，也承载着家族的认同。在具体的行为上，却又体现出不同的族群组织模式以及各自在群体中的社会地位以及威望等。

一、葬后安灵诸仪

逝者的安葬，并不代表他与家人就此不再有任何的纽带连接。在世的家人一方面希望逝者在另外一个世界能过得好，并能福佑家人。而在逝者刚离开的一段时间内，生者怀有对于逝者灵魂不肯离家从而给生者带来灾难的恐惧，因而会尽量想方设法让逝者安心离去。安葬逝者后，还有各种仪式来确保逝者灵魂安息。同时也要召回参与葬礼的人们的魂魄，以免其误跟逝者的魂魄离去。

这些礼仪首先要确保的是将生者与逝者的魂魄隔离开。送葬的人们回到家之后，一般都有一些仪式和措施，至少要确保逝者之魂不跟随生者回来。同时也要确保参与葬礼的人们的魂魄没有误跟逝者离去。这在西部一些民族的葬仪中是普遍存在的。

西双版纳的傣族，送葬活动结束后，不能回头张望，据说回头张望会使自身的魂失散，不吉。回到寨子路口，要用干草烧一种野果，让野果散发出来的气味洗去身上的“鬼气”，方能进寨。回到寨中，死者亲属要用沉淀的淘米水洗头，以示祛邪[②]。同时，还要重新安放火塘的铁三脚架，重新燃起火光，请僧侣诵“芒嘎拉”经文，送家神家鬼，然后葬礼方告结束，开始新的生活。

云南布朗族完成下葬仪式后，返回家时，要由长者沿途叫魂。师傅走在队伍的最后，到村口时，摘些叶子扫遍全身后扔在路边，师傅扫完自己全身

---

① 俸俊馨《从布朗族的丧葬文化窥探布朗族社会发展进程》，《楚雄师范学院学报》2002 年第 2 期。

② 杨知勇、秦家华、李子贤编《云南少数民族生葬志》，云南民族出版社 1988 年版。

后，用刀在村口画一条横线，意为阴阳线，以阻止逝者亡灵跟着自己进村。

基诺族送葬亲朋在返回的途中，要用草叶覆盖脚印，防止鬼魂随脚步跟来。到了房前，要绕房走一周，进屋后还要用水冲洗手脚。

白族送葬的人们回到家，大门口点燃一盆蒿枝柏枝火，每人都要从火头上跨几遍。进了大门，要用热乎乎的蒿枝水洗脸洗手，把身上沾到的“福气”熏掉、洗掉。

傈僳族下葬后，有的要围着坟墓跳丧舞，有的一直跳回村寨，丧家的亲朋好友要同丧家一同在坟前守夜。传说逝者的亡灵还会回来收拾他自己的东西，守坟的人越多越好，有些与丧家关系亲密的人还要帮着多守几夜。

云南玉溪彝族下葬后，送葬的人回村后不能直接返回各自家中，一定要先到丧家招魂。此时，丧家要在大门口放上点燃了的青蒿枝，送葬的人要跨过青蒿枝后才能进门。接着，要从丧家已准备好的一盆清水中取水洗手洗脸。毕摩看送灵的人都回来后，手端一碗饭菜来到大门，将饭菜放下后，点上一炷香，念道：“死人进坟去，活人回家来。活人的魂，树后不要躲。路边不要停，坟旁不要留，山前山后不要在，请山神保佑老老小小平安回来。”说完回头问大家：“大家的魂回来没有？”大家回答：“回来了。”毕摩随后将手中的香插于那碗饭菜上，祈愿全家人无病无灾、健康长寿。

此外，为了防止逝者的灵魂回家侵扰家人，许多西部民族还有“回魂”仪式。因为人们认为逝者的灵魂在一段时间内还会回到家中，因此要让它去到该去的地方，不能留在家里。独龙族认为，人死后三天，其灵魂会回到家里，因此，要请巫师来家中举行“达布”仪式，以赶走鬼魂[①]。纳西族、彝族、瑶族等少数民族中都有表现形式大同小异的回魂仪式。

另外，葬后仪式还包含数次安抚逝者灵魂的祭祀仪式或墓祭仪式，一来让逝者灵魂安心去到该去的地方，确保不要出现差池；二来表达自己对离世亲人的思念之情。

白族下葬，参加丧葬仪式者回到家后最重要的是“祭祖安灵”，也就是把出殡之前放在堂屋里的逝者的牌位送到楼上祭祀祖先们的地方。在乐队的伴奏下，由长子手捧逝者的牌位，长孙执坟上抬回来的魂魄幡，把它们安放到祖先们牌位的旁边。这个仪式也就是将逝者的身份转换成祖先的身份，之后

---

① 夏之乾著《中国少数民族的丧葬》，中国华侨出版公司1991年版。

定期祭祀，表达追思之情，也期待祖先的庇佑。

祖先的牌位是逝者灵魂的又一个归宿之处，这一仪式将丧礼引申到祭礼，维持生者与逝者的交际关系。对逝者的祭奠还包括了一年一度的清明节上坟祭祖和中元节对祖先亡灵的迎接。同时，安葬后七日内，子女每天早上要到坟上祭奠，在查看新坟是否被损坏的同时也要送饭给死者，让逝者能吃饱，顺利抵达阴曹地府①。

毛南族在葬后第三天的早晨，丧家要煮好一锅苦油茶，由家中的女性抬一个茶盘，摆上装有油茶的五个杯子，在门口呼喊死者的名字，让逝者的亡魂回家享茶。之后，家中的男性还要带上工具到坟山去进一步将坟垒好，称为“复山”。到清明时节再去立碑②。

彝族认为祖先去世后灵魂依然存在，可以祈求其给子孙降福。彝族认为人死后有三个灵魂，其中一个灵魂守火葬场和坟墓，一个灵魂归祖界与先祖灵魂相聚，一个灵魂居家中供奉祖先的灵牌处。但无论哪一个灵魂，其是否安适都关系到子孙后代的兴衰祸福，因此需要祈求祖先的护佑。

安灵与送灵仪式是彝族盛行的两个重要祭祖活动。安灵仪式在丧葬数日或数月后择吉日举行，仪式由毕摩主持，包括选灵竹、招灵附竹、制作灵牌、献药除病、祭灵供奉等几个程序，安灵仪式结束后，灵牌供奉在家中。送灵是将家中供奉的祖先灵牌集中送到野外同宗的祖灵箐洞的仪式。送灵时间确定后，要通知亲友，亲友闻讯后，带牛、羊、猪、酒等礼品，着盛装参加。送灵中最重要的活动是在毕摩主持下举行的一系列宗教仪式，每场仪式都具有一定的意义。祭祖活动均由毕摩主持，通常持续三天。

云南玉溪彝族出殡后的第二天，丧家要将死者生前使用的碗、盆、杯子等带到坟前供给亡灵使用。下葬后的三日内，孝子要用水壶盛水，围坟走三圈，边走边洒水，意为为亡人献水，称为三日复丧，也称三日圆坟。自此，丧家三年守孝，孝期内，孝布孝衣不得丢弃、孝家中不办喜事、年节不张贴红色对联。守孝期满后，举行脱孝仪式脱孝。

云南金平苗族在下葬后的三日内，每天清晨要给亡灵送饭，每天黄昏时分要给亡灵送火。清晨送饭用三个竹筒分装饭、菜，黄昏时分用三根篾片各

① 杨知勇、秦家华、李子贤编《云南少数民族生葬志》，云南民族出版社 1988 年版。

② 莫百海、家成《贡溪侗族的丧葬习俗》，《怀化师专学院》1992 年第 1 期。

拴一根引火用的麻皮插于路旁。第一天送至墓地，第二、三天逐渐靠近村寨。送饭要赶在村人未出村前，送火则要待到村人回村后，以便亡灵放心大胆地享用。此外，出殡日后的第十三天晚上还要举行“烧祈”仪式。由家人背着弩弓去墓地“接回”逝者，然后在丧家堂屋内杀鸡“打卦”献祭。众亲友还要携酒和粮食等来到丧家，大家聚餐一顿后，再将逝者亡灵送走。此后还要“做斋”，多则三日，少则一日。人们认为，只有在做过斋后，逝者亡灵才有资格在年节时享受后人的献祭①。

丽江纳西族下葬的次日，家人及近亲带着祭品到坟上祭奠复丧，添加坟土，烧掉魂幡等杂物。丽江纳西族人死后，喜做“七”事。中年人做“五七”，老年人做“七七”。“四七”照例由嫁出的女儿主办，一切费用由她们负担，以尽养育之情。做“七”事，要在家里立牌位，早迎晚送②。

云南盈江傣族的丧家在出殡之后的第七天要给死者的灵魂举行路赕仪式。举行仪式前要请四邻来帮忙准备仪式所需用品，布置经桌。当天，场院中间竖立着一根高约五米的经幢柱，自上垂下长约四米的布幡幢，经桌与经幢柱之间用白线相连。仪式由僧侣主持。村寨中的老人以及逝者亲戚都来参加，男性老人在堂屋里跪拜，女性老人则在堂屋外走廊上跪拜。僧侣开始诵经。诵经完毕后，众人把丧家和孝男孝女们所赕佛经连同宗教用具送到佛寺。经桌则由年长的男性抬至村寨西门的路边，经幢柱也抬到佛寺旁去重竖③。

仫佬族在安葬死者后的九天时间里，孝子们每天清晨都要身穿孝服去祭拜墓地，俗称“上新坟”。每上一次“新坟”，祭奠的距离都相应缩短一些。如第一天上坟到达墓地，第二天仅走九分之八的路程，如此类推。每天夜里，都有亲友到丧家陪同死者亲属聊天打牌，以此排遣他们丧亲的哀愁和悲伤。此后的三年守孝期内，分别于头年农历“二月初一”、次年“二月初二”和第三年的“二月初三”，各做一天道场，以示祭奠。

届时，孝男孝女穿孝服，备酒肉饭菜和香烛纸钱到墓地祭奠。第一、二年所备的糯米饭必须是用黄花草汁染成黄色的蒸熟的糯米饭，第三年须用红蓝草或枫叶汁将糯米饭染成紫色或红色。第三年做完道场后，即可烧掉逝者

---

① 和少英著《逝者的庆典——云南民族丧葬》，云南教育出版社 2000 年版。

② 参见《少数民族的丧葬习俗——丽江纳西族的丧葬》，中国清明网 2016 年 1 月 8 日。

③ 赵洪云《云南盈江户勐傣族丧葬礼仪》，《云南师范大学学报》2007 年第 5 期。

灵牌（位），让其正式认祖归宗，也表示三年孝期已满。此后每年清明时节祭扫，代代相袭。

土家族新丧前三天，孝子孝孙均要到坟前为之点灯。此后，逢七堆土拢坟，直至七七。头七、三七、五七、七七比较重要，其中头七和七七最为重要。孝子孝孙逢七必在，女儿、女婿头七和七七必须到场。

怒族下葬后，要在墓前放死者生前的用具。男的放弯弓、兽皮箭包，妇女则放煮饭、织麻的工具等。意为死者在阴世还会像生前一样生活，还照常使用这些生产生活用具。

二、守孝与脱孝之礼

父母新丧，孝男孝女例行居守丧制。守孝既表达对逝者的孝敬和怀念，也是传统丧葬文化较为重要的一个组成部分。孝期有各种各样的禁忌和忌讳。西部一些民族有守孝一俗，只是守孝时间长短各不相同，短则数月，长则数年，有的民族还有专门的脱孝仪式。

壮族出殡后，丧家在屋的一角安桌设死者灵位，朝夕供奉饭菜，过节点灯烧香。满三年孝男孝女才脱孝服。普米族的孝子孝女们在逝者葬后四十九天内，禁止上楼和骑马；一百二十天内不能赴酒宴，不能唱歌，不能宰杀六畜。锡伯人的守孝期，要过一七、二七、三七、七七和百日。到四十九日，旁系亲属才脱孝；到百日，直系亲属才脱孝。守孝期间，子女不理发，不参加娱乐活动等。

毛南族母丧，守孝三个月；父丧，则服丧四个月；短期内双亲先后辞世，居丧期长达三年。甥男甥女对舅父（母）或外祖父（母），侄儿对叔（婶）、伯（姆）守孝期则为一个月。毛南族中有“大神”带走新丧者灵魂之说，故服丧期间，每天晚上孝子要上坟守护。守丧期间，孝男孝女禁理洗毛发，每逢朔、望及节气，要焚香上供。守丧期满，要备鸡、酒和香烛上供，恭请舅舅到家门外为孝男剃头，以示脱孝，并烧掉灵牌，将灰烬放入祖宗灵前香炉内，表示归宗。此后，死者便可永享子孙祭祀①。

哈萨克族丧族家一年之内，全家禁嫁娶，不设宴，女性四十天内不出门，男性不得参加娱乐活动，有的地方，死者的妻子一年之内要穿黑衣、戴白巾。在此期间，要唱具有固定的曲调的挽歌，主要是唱死者一生中的主要经历和

---

① 卢敏飞《毛南族丧葬制度考察》，《广西民族研究》1987 年第 4 期。

业绩，表现家属和亲友对死者的缅怀和哀悼①。哈萨克族的周年祭，既是逝者的周年祭祀，也是丧家的脱孝仪式，因此周年祭意义重大，多由整个部落共同操办。周年祭不一定在死者去世一周年的那一天举行，通常会提前几天举行，一般选在星期五举行。

举行周年祭时，先将死者生前使用的坐骑牵到毡房前，与逝者的妻儿要哭着与它告别，然后由一位有威望的老人亲手宰。此举象征着一年的痛苦日子的结束。哀悼的物品都要解除并将灵旗取下，折断旗杆。与此同时，系在男子腰上的白布和女人头上的白巾都要拿掉，逝者家属可以回归正常人的生活了。仪式结束以后，接着要将死者的衣服、马具等物品分给其生前最要好的亲友，并举行赛马、摔跤等娱乐活动，以纪念死者。周年祭时所宰牲口的皮不能留在主人家里，而要分给鳏寡孤独者，死者生前坐骑的马头、四只蹄子要拿到坟上去掩埋。

丽江纳西族的脱孝称为“白日”，死者家属及近亲上坟扫墓，烧毁孝子戴的麻布帽子和披巾。此后，孝子可以理发，穿孝衣的人可以缝边钉扣子，其余亲属可以去孝。去世满周年时做“年斋”。三年孝满时，请专人念经超度，宴请数桌亲友，贴服孝期满的红对联，并到坟上烧毁孝服，或染色后再穿。此后，将死者与其他祖先一起供奉，不再举行单独的纪念活动。

按云南玉溪彝族的习俗，脱孝仪式一般要在葬礼三年后才能举行，如遇家中子女嫁娶，提前举行脱孝仪式也是允许的，但守孝期最短不能少于一年。举行脱孝仪式前，要先请毕摩挑选日子。毕摩打卦定日后，丧家就开始准备脱孝的一切事宜。孝子逐一通知参加过死者葬礼的亲朋好友，长媳要在家中做一盆发糕，准备好献给山神和死者的酒水饭菜，孝女要将举行葬礼时各位亲戚穿过的孝服孝带和送灵时孝子背着的红白两色的背包以及葬礼没有用完的白布和红布收拾好，并另外准备两块红布（红床单或毯子也可）和一团红毛线。孝子在确定参加脱孝仪式的人数后，便要准备回礼礼品，然后在家中准备好三只公鸡和一只母鸡。诸事准备齐全后，便上坟山举行脱孝仪式了。

上山前，众人要将孝带重新戴上，到达坟地后，将长孝子及其妻子所抱的两只鸡用长两三米的绳子拴在墓地的左边。此时，若听到公鸡打鸣，便说明此处的坟址选得很好，是块风水宝地，子孙将来一定会大富大贵。仪式正

① 努尔巴汗《浅谈哈萨克族葬礼》，《伊犁师范学院学报》2007年第1期。

式开始前，必须先祭奠山神。祭拜完山神后，众人来到死者墓前磕三次头，毕摩再杀一只鸡，将鸡血淋于碗，并与三碗饭、三碗茶、三碗酒和蒸好的发糕一起献给死者。将两只已杀死的鸡去毛煮熟后，并列放在一起，在山神碑前磕三次头后将其献给山神，随后又献给死者。毕摩拿出之前准备好的红纸剪裁的“福”字，在发糕上翻前翻后比画两下后，切成四份，象征四季发财。长孝子要扯下三只鸡腿分别放在献给死者的三碗饭上。随后，众人便可抓食蒸鸡和发糕作为午饭。

用餐完毕后，毕摩拿出红毛线，先在山神碑上由左到右绕上三圈，接着到墓碑前按同样的方向绕上三圈，再围着坟墓四周的四棵树绕三圈，接着将剩下的红毛线，在每一个上山人的左手手腕上绕上三圈。随后，孝子孝女们脱下孝带，将其和孝服、红白背包等一起在坟前焚烧。

这时，长孝子夫妇重新抱起之前带上山的公鸡和母鸡，孝女取出之前准备好的红布交给毕摩。毕摩接过后，对长孝子夫妇说道：“脱白挎红。”随即，将红布由左肩挎过系于腰间。挎了红的孝子要将已经准备好的回礼送给前来参加脱孝仪式的亲戚朋友，通常赠女性亲友一块红色纳苏传统的包头布，赠男性亲友一顶帽子。条件好的家庭也可送得贵重些。这取决于丧家的经济条件。至此，脱孝仪式结束，众人便可下山各自回家。长孝子夫妇挎上的红布回家后要拴在堂屋的柱子上。抱回的公鸡要在家中养足百天，母鸡要养到下蛋才可宰杀来吃。

三、祭祀祖先

（一）清明节祭祖

清明节是汉族祭祀祖先的传统节日，汉族群众都在这一天上山祭拜祖先，举行扫墓仪式。这一习俗也深深地影响着西部地区处于交错杂居地带的一些少数民族。

云南玉溪彝族的上新坟活动即人去世后第一年的上坟，必须在清明节举行，到坟山主要是为逝者垒坟头、镶墓碑。对山神的祭祀在整个仪式中必不可少。绝大多数家族的山神是一块天然的石头，少数是一个位置较高的土丘，也有人为搭建的山神。在墓地较为平坦的地方，用三个大小适中的石头搭好简陋的灶，先烧水供泡茶和烫鸡之用。两位老年妇女负责煎糯米小粑粑。

在一切准备就绪之后，开始向山神祭奠：先“领生”（包括生的鱼、猪肉、鸡蛋、鸭蛋和公鸡），再“献熟”（加工成熟食之后的上述食物）。由家族中的年长者负责向山神敬献公鸡，一边向山神祷告祈福，一边用手将公鸡的头按下，让公鸡啄米吃。祷告完毕，把鸡杀死，用鸡血祭山神，拔几根鸡颈部的毛粘在留有鸡血的山神石上。所有的祭祀活动结束之后，在坟地上的人才可以吃东西。吃完后，将剩菜剩饭和香面、纸钱搅拌在一起，在离开之前围绕坟地将其撒出，意为不忘给孤魂野鬼施舍，希望它们不要打扰在此安歇的族人。

彝族传统的祭祖节随着宗谱的毁坏和氏族的瓦解现在多已不再举行，但对于祖先的崇敬仍然在清明节时得到体现。每逢此时，全家都要上山拜祭。

到墓地后，要首先祭拜山神，感谢山神一年来对祖先的照顾。然后按照长幼顺序为祖坟除草，用清水洗刷墓碑，摘来青松枝铺于墓碑前。打扫干净后，全家向祖先磕头，上两炷香和饭菜酒水献祭。磕头拜祭后，便将献给山神的熟鸡分食之。有的人家也会带上冥纸冥币焚烧给祖先。祭拜完毕后，只带两炷香回家，其余的便不再带回。

下山时，男人走在最后，边走边叫喊着："回去吧。不要跟啦，明年再来看你们。"到山脚后，全部人一起跺脚大喊："回去吧！"然后，点燃鞭炮一封驱赶人们认为他们身后所跟随的鬼。

回家后，将带回的两炷香放在堂屋，直到来年清明节时再丢弃。一般在脱孝仪式结束后，只有到清明节时，才去拜祭扫墓。但如果家中有人，特别是有小孩收到死者的托梦时，也会马上去坟山拜祭，并认为这是阴间的亲人太想念他们或者在阴间"缺钱"的结果。只要到坟山拜祭"见面"后，就不会再发生这样的情况了。但如果家中接连事事不顺，也会前去拜祭，以求得祖先的庇佑。有时也会认为是最近家里有人说话做事得罪祖先了，祖先正在惩罚大家。

每年的清明节举行墓祭的民族主要居住在与汉族接近的民族地区，如广西的壮族、瑶族以及云南的哈尼族、贵州的苗族在每年清明节时都要以家庭或家族为单位到祖先的墓地举行祭祀活动①。

清明节是毛南族"赶阴圩"的日子。赶阴圩又叫"祖先圩"。毛南族认为人活着时经常赶圩，死后灵魂到另一个世界去了，也要赶圩。祖先圩只能在天未亮时进行，人们认为，凡不到圩者，节日时祖先亡灵会大发雷霆，降灾于家人。清明节凌晨，赶圩者拖儿带女，在坟坡上进行蜡烛、香、纸钱、猪肉和糖等清明节日用品的交易。人们在货摊旁安置一盆清水，成交时先放

① 夏之乾著《中国少数民族的丧葬》，中国华侨出版公司 1991 年版。

些纸钱入水中，如果浮于水面，表示祖宗已来赶圩购物，便要终止交易。祖先圩上人流如织，热闹非凡，直到天快亮时人们才散去[①]。

（二）其他节日祭祖

滇南彝族尼苏颇逢农历七月十五日，家家户户都要举行迎祖、祭祖和送祖活动。农历七月十三日为祖魂回家日，家人要清扫院落各处，以示对祖先的尊重和孝敬。届时，人们要摆设数量为双数的供品，在供桌中央置长明灯，按一定顺序将家中祖灵排列在神龛上方。从十三日晚饭时起，每餐饭前都要奠酒献饭，祷告祖灵。十五日下午送祖灵。当日，全家不上山下田劳作，而是守家悼祖，准备佳肴。饭前奠酒祷告后，点燃三炷香，把纸钱和一些饭菜送到村外路口，焚烧纸钱。焚烧时，要一一道明用途和用意。如果当年家中有人去世，则要多烧一些纸钱，以示安慰新祖神。居住在红河南岸彝族称农历七月十五日为祭祀鬼神节。当天，以村寨或宗族为单位，杀牛祭祖神。有病人的人家，还要杀一只雄鸡，以示对鬼神的厚意款待，祈盼家人消灾除病。祭鬼神仪式由家中老妇操办[②]。

云南大理地区的白族每年农历七月初一傍晚要接祖先亡灵回家。仪式中必须准备好时鲜的水果作为供果，此外还有鱼、肉、干拉（一种米制品）、酒、茶、米饭等，晚饭时分由家中年纪最长的妇女来主持仪式[③]。首先在大门口、厨房、堂屋、祖先灵位前点香，再点燃一把香放在装好供品的托盘上，带领家里的小孩一起到门口接祖先回家。

整个过程需保持安静，否则受到惊吓的祖先灵魂便不会返家，而是在家门外徘徊，无法享受子孙的祭奠。人们认为，这对祖先和后人都没有好处，祖先因未受到应有的尊敬而责罚后人，而后人也会因没对祖先尽孝而感到愧疚。从接回祖先亡灵的那天算起的十四天里，家人每天都要给祖先上香，每日献祭，如同祖先真的回到家里一样。

最为隆重的祭奠仪式在农历七月十四这一天举行，在面对天地的方向置一个火盆，将纸钱、纸衣服、纸马、纸轿子等一系列祭品焚烧给祖先。祭品焚烧完后，用荷叶把灰烬包好，次日将其扔到河里，人们认为，河能将这些

① 卢敏飞《毛南族丧葬制度考察》，《广西民族研究》1987 年第 4 期。

② 张纯德、龙倮贵、朱琚元著《彝族原始宗教研究》，云南民族出版社 2008 年版。

③ 邹丽娟《从宗教信仰的视角探析大理白族传统文化的多元融合》，《贵州民族研究》2008 年第 3 期。

祭品送到祖先居住的地方。此后，小孩们开始抢吃供品，人们认为这些供品有了祖先的“灵气”，能给后代带来福泽。

白族一般只祭奠三代以内的祖先，人们认为，其余祖先已经转世投胎，不用后人再祭奠了。

仡佬族、纳西族、拉祜族等民族的祭祖节具体日期各有不同。仡佬族祭祖的日期是农历三月初三、六月初六、七月初六、八月十五，基本活动相同。凡仡佬族村寨，均有约定俗成的“神树”，一般位于寨子附近的山林。提前半个月，全寨就推举六户人家为领祭人，筹备一切事务。祭祖前两星期左右，领祭户的老人，每天都要在午夜前点灯到寨前路口喊：“老祖公！老祖公！在外地的老人家快回来吧……”祭祖当天清晨，六户领祭人牵猪捉鸡，担水扛锅，率先上山做准备。

之后，全寨男性纷纷赶到“神树山”（禁止女性出门，禁止洗晒衣服）。祭品是一碗五谷煮的饭、一只猪和一只鸡的头脚及五脏（各取一小片）做成的菜、一牛角杯酒、一缸花椒树叶煮成的茶。祭祖仪式的程序是：点香烛、焚纸钱、放鞭炮、主祭者诵祭词。祭词的大意是祈求祖公保佑全寨清吉平安。祭毕，全体参祭者共进节宴，最后，大家各带一份食品回家，给未参加祭仪的家人分享。

丽江地区的纳西族一年举行夏、冬两祭，夏祭在六月初二至十四之间举行，在这段时间之内，各户按自己固定的日期祭祀，并以盛宴宴请好友。冬祭在农历冬月初二至十四之间举行，没有夏祭隆重。永宁地区纳西族支系摩梭人则在农历十月下旬举行祭祀仪式，事先要请“达巴”（宗教职业者）或喇嘛择定吉日，并请达巴念经。

拉祜族一般在拉祜历的七月十三至十五举行。祭祖活动开始，各户在神桌一侧摆上一张篾桌，摆上香蕉、菠萝、桃子、石榴等祭品。凡是已经去世的老祖均有一份，逐一祭奠，还要杀鸡、献饭、烧纸，请列祖回来过节。由家长诵祭祖词，祈求祖先保佑平安。十五日晚，举行隆重献祭仪式之后，将祭品放到寨外僻静处。

壮族农历七月十四的“中元节”，又称“鬼节”“敬祖节”，主要内容是祭祖和祀鬼[①]。这天，家家户户杀鸡宰鸭（过去这个节日忌讳用鸡作为祭品，

① 韦娇《浅析广西壮族地区鬼节文化内涵》，《文学教育》2012 年第 6 期。

只能用鸭或鹅祭祀，尤以鸭为主），蒸糕做馍，并用彩色纸裁成四季衣裤，以备祭祀之用。白天在家祭祀祖先之后，入夜还要到山脚河边，进行野祭，燃香点烛，焚烧纸衣，祈求野鬼别来作祟。

毛南族在父母去世后的第一个中元节（农历七月十四），要在自家田地角插根带青叶的竹枝，表示此田分给故去的父母耕种，略表儿女的孝顺和赡养之情。祭祀祖先后，要在农历七月十五送祖返回。届时，将纸钱和元宝的灰烬扎成两包，插上点燃的香，分别挂在一根木棍的两端，将其置于村头神坛旁或河滨。

布依族清明节除了为新故老人上坟外，还要为所有已故祖先挂纸（俗称挂青）。但望谟县桑郎一带，清明不扫墓，三月三才上坟。布依族七月半要杀鸡、杀猪或杀牛祭祖，为逝者烧纸钱或金银纸锭，送寒衣等生活用品。红水河沿岸中元节的活动会持续三天。十四日做“褡裢粑”供祖先。十五日晚到河边放冥船，让其随水漂流。十五、十六日年轻人和孩童聚集在大榕树下，或荡秋千，或打陀螺，或去游泳。

维吾尔族民间在亲人去世当日、去世后三日、去世后七日、去世后二十日、去世后四十日和去世后的周年都要进行祭奠活动，维吾尔语称作“乃孜尔”。其形式是宴请乡亲，做“杜瓦”即祈祷，请阿訇诵经等。在所有的祭祀活动中，周年祭最为隆重。祭奠中的饭食就是用大块的牛羊肉做成的抓饭。饭前饭后，都要祈祷诵经，并向亡者的家属表示慰问。在城市里，除抓饭外还有其他食品，如糖、干果、糕点等。祭奠活动中不饮酒、不高声谈笑，在室内也不播放音乐，整个祭祀从始至终都是肃穆的。凡来参加乃孜尔的来客都带礼物，按传统惯例，有三个以上的大白面馕、砖茶、方块儿糖、白布等。如果那一天被邀请者有病或因急事不能来，事后也得准备一包礼物，走这个礼补这个情。年祭之后，一般不再举行乃孜尔了①。

在维吾尔族的丧葬习俗中，还有一个在堆起的坟丘上立刻栽一根有胳膊粗的白杨树枝的习惯。在来坟头为亡人祈祷和致祝词时，还提来“巧贡”（一种铜制盛水用具，主要用来烧水），舀一葫芦的水，浇在“树”根上，希望它生根成活。事实上树枝成活抽叶、长大成树的极为罕见。人们不把这种行为叫栽树，而称“栽哈达”。“哈达”在维吾尔语里特指栽在坟丘上的长木杆。

---

① 参见《维吾尔族丧葬习俗》，吐鲁番政府网 http://www.tlf.gov.cn/info/280/25408.htm。

在此以后的岁月里，每年还要不定期地栽一棵新树枝，这被称作“换哈达”。换哈达是周年祭奠之后，人们祭奠、悼念和缅怀已亡祖先的一种形式。人们把新枝紧挨着原来的枯枝栽下去[①]。

祭祖礼仪中隐含着一条关系链：祭祖仪式—祖先崇拜—家族关系。在这一链条中，祖先似乎是关键的一环。当我们探究祭祖活动的社会功能时，就会发现，祖先起着重要的桥梁作用，在一定程度上，人们可以借助于祭祖活动实现社会整合功能、家族内凝聚力和血缘观的巩固功能、社会控制功能。

① 刘东英《试论维吾尔族丧葬习俗中的生态伦理思想》，《民族论坛》2012年第2期。

第六章　日常生活礼仪

我国自古就有“礼仪之邦”的美誉，从古至今一直都十分崇尚“礼”，也极为重视礼仪教化。历代君主、诸路圣贤均把礼仪视作一切的准绳，认为一切应以礼为治、以礼为教。如《论语·为政》中说：“道之以政，齐王以刑，民免而无耻；道之以德，齐王以礼，有耻且格。”还有如《天子》记载的“礼仪谦耻，国之四维”，直接地将“礼”列为立国四精神要素之首，可见个人礼仪对一个国家的影响之大。而西部少数民族的个人礼仪在日常生活中占据了极大的比重，不但包蕴在每天的吃穿住行里，也贯穿在西部少数民族的历史长河中，具有非常突出的社会作用。

第一节　日常生活礼仪概述

在西部少数民族社会中，日常生活礼仪所形成的一种具有较强约束力的道德力量，使每一位社会成员能够自觉按社会文明的要求调整行为、唾弃陋习，最终将自己的言行纳入符合时代之礼的轨道，以顺应社会发展的潮流。可以说，日常生活礼仪不仅表现了西部少数民族个人的道德水准，而且也是衡量西部少数民族社会文明程度的重要标志之一。

西部少数民族的日常生活礼仪有各自的特征，各种特征在很大程度上取决于他们所从事的生产活动与他们所处的生活环境，并且受到宗教信仰、传统观念等因素的影响。

从西部少数民族各自的食俗、服饰、居家和交通等方面，可以看出其分别代表的不同经济生活类型。比如赫哲族的渔猎经济，决定了他们的食物离不开野味、鱼类及野生植物。他们食鱼、食兽之肉，或烧，或烤，或生吃。环境和气候使他们的生活不同于高原藏族人民的生活。他们的生活方式是与渔猎经济相适应的生活方式。青藏高原上的藏族，以草原牧区经济为主，兼营高原农业，他们的饮食必然以肉奶类和农作物相互渗透的方式呈现，即青稞、小麦以及用它们加工制成的品种作为自己的主食。高寒的草原生活，又使藏族人民有喝酥油茶的爱好。藏族也不可能像侗族那样，以大米为主食。在饮食的基础上，各民族也有着不同的礼仪。比如藏族过藏历年时，家家都要在藏式柜上摆一个叫“竹索琪玛”的吉祥木斗，斗内放满青稞和卓玛（人参果）等，上面插着青稞穗、麦穗和一种叫“孜卓”的绘有太阳、月亮、星星图案的彩牌。邻居或亲戚朋友来拜年，主人便端过“竹索琪玛”，客人用手抓起一点糌粑，向空中连撒三次，再抓一点放进嘴里，然后说一句“扎西德勒”（吉祥如意），表示祝福。吃糌粑时，碗里放上一些酥油，冲入茶水，添上炒面，用手搅拌。拌时，先用中指在碗底轻捣炒面，以免茶水溢出碗外，然后转动碗，并用手指紧贴碗边把炒面压入茶水中。待炒面、茶水和酥油拌匀，能用手捏成团，就可以进食了。食时用手不断在碗里搅捏，将炒面揉成团，用手往嘴里送。

侗族的远祖给他们选择了优越的自然环境。我国江南地区气候温暖，雨量充足，无霜期长，历来是水稻的主要产区，侗族正是生活在这一区域。他们可以尽情地享受大自然的馈赠，粳米、糯米任他们选择而食，即使他们作为饮料的打油茶，其主要成分也由糯米制作而成。侗族有着打油茶和腌制食品的风俗习惯。凡去侗家做客，全家老少都会主动起身让座，随之递烟献茶。每人至少要喝三碗，否则会被认为对主人不尊敬。三碗之后，如果不想再喝，就需要把吃茶的筷子架在自己碗上，不然主妇会不断地端上油茶。这是侗族热情好客的一种表现。客人到家一般以酒相待，用鸡鸭做菜。吃菜时，主人先将鸡头、鸭头和爪子敬给客人，客人应双手接过，或转给席上的长辈，以示礼貌。在侗家做客，你会感到自己像远归的亲人，在这里享受无限温暖。你要离开了，主人会送你出门，还会用蕉叶包好酸鱼、糯米饭送给你，让你在路上吃。

可见，西部少数民族之间所食不同，其根本原因在于各自所处的经济环境不同。因此，生活于我国西部的各族，其食俗、服饰、居家和交通文化，虽然千差万别、繁杂多样，但自有其规律可循。西部少数民族所代表的经济类型，在我国少数民族礼仪中，有其典型性，可通过具体的礼仪形式反映出各自代表的特征。各种特征在很大程度上取决于他们所从事的生产活动与生活环境，并且受到宗教信仰、传统观念以及生产方式的影响。

一、不同经济区有不同的习俗礼仪

生活在不同经济区的西部少数民族有不同的习俗礼仪，由于涉及的饮食、服饰、居家以及交通礼仪繁冗复杂，本部分仅以西部少数民族的饮食礼仪来略做说明。

（一）渔猎经济区

生活于这一区域内的主要有赫哲族、鄂伦春族、鄂温克族、京族、独龙族、基诺族等民族。人们以野味、鱼类和野生植物为食物。

赫哲族在饮第一口酒前，要用筷头蘸少许酒甩向空中和洒向大地，以示敬祖先和诸神。产后三天内不能吃青菜，以免产妇和婴儿泻肚。在坐月子期间均吃滚烫的饭，以免受凉，影响身体健康和奶汁分泌。他们有时把小米炒焦后沏水喝，或把野玫瑰花和嫩叶以及小柞树的花苞采来晒干沏水当茶喝，部分人一年四季均喜饮凉水。

长期以来游猎于大小兴安岭的鄂伦春族和鄂温克族，狩猎是他们食物来源的重要内容。鄂伦春族除以各种兽肉为主食外，飞禽、鱼类也是其饮食的组成部分。在兽肉之中，他们尤喜吃生狍肝和半生半熟的肉，或煮食，或烤食，或生食肝、肾。他们认为，食肉带点血筋，更是鲜嫩可口，且有营养价值。鄂伦春族待客纯朴、诚恳，猎人驮肉归来，不管相识与否，只要你说想要一点肉，主人立即把猎刀交给你，从何部位割、割多少，都由客人自己动手，主人十分慷慨大方。鄂伦春族很注重礼仪，尊老爱幼是传统。无论在什么场合，都必须让老者坐在正位，饮酒要由老人开杯，吃肉吃饭要等老人举刀动筷后，其他人才能动。若有男客到，一般都要把其让到正对门口的位置；若有女客到，则将其让到左右两侧的位置。鄂伦春族好客，宾朋光临，除好酒好肉接待外，客人临别之际，还要馈赠自家的土特产。鄂伦春族过去崇拜祖先、崇拜自然物，相信万物有灵。每年腊月二十三和春节的早晨，鄂伦春族家庭都要拜火神，向篝火烧香，并扔进一块肉、洒下一杯酒。当客人来拜年时，也要先拜火，然后往火里扔一块肉、洒一杯酒（多由客人自带）。鄂伦春族老年人见面，除了互相问候外，还要彼此互敬烟袋。途中两人远远相遇，认出对方后，年少些的先下马，牵着马走近。走到近处，年长些的下马、年少些的立刻问候。年长些的伸出右手接礼，随后攥成拳，跷起大拇指，对方就把烟袋从怀里掏出来递过去。敬烟者接过烟袋，在自己的烟荷包里撮出烟丝装满，点燃后吸两口，就用手袖擦擦烟嘴递还。对方微笑着接过，连说“好烟，好烟”，然后他也用同样的方式敬烟。

鄂温克族好客并讲究礼节，到鄂温克族家里做客，主人把皮垫摆在哪里，客人就在哪里落座，不得随意挪移皮垫。敬酒时主人要高举酒杯先往火中倾注点滴，自己先呷一口再请客人喝。鄂温克族认为：外出的人谁也不会“背着房子走”，如果自己不招待别人，自己出门后也不会有人照顾。客人落座后，女主人随即端上奶茶，然后煮兽肉，肉煮好后，女主人拿出猎刀切一小块肉投入火堆里，然后再给客人们吃。如果来者是贵客，通常还要献上驯鹿的奶。鄂温克族待客必须有酒，除饮用白酒外，家家都能自酿野果酒。当你走进鄂温克族牧民的蒙古包时，主人准会给你端出香甜的奶茶；当你走进鄂温克族猎民的撮罗子时，你就会大饱口福，尝到驯鹿或麋鹿的胸口肉、脊骨肉、肥肠及驯鹿奶等山珍野味。鄂温克族重礼好客，长幼之间恪守着严格的礼节。无论何时何地，老人都受到普遍的尊重。听到长辈呼叫时，必须立即站起来答应。吃饭时，老人动筷后晚辈才能吃。年轻人遇到长辈，必须施礼问安、敬烟等，如果是骑在马上，必须下马。有客临门，他们认为是家里的喜事，必须热情相待。

生活于广西北部湾的京族，长年与海水打交道，环境给他们提供了一个捕捞鱼、虾、蟹、贝的优越场所，鲜美的海味也就成了京族人民的美味佳肴。乡饮席位标志着每个京族成年男子在当地的社会地位。1949 年以前，乡饮席位用木棉或砖搭砌为三级。最高一级称“床官”席，靠近哈亭中间，由村中“格古”“翁村”坐席。其次为“中亭”席，由 50 岁以上的老人和“官员”（即历任和在任的“翁记”“翁宽”等）坐席。最低一级为“行铺”，位靠哈亭边角，由 50 岁以下的“白丁”坐席。最低一级为“行铺”，位靠哈亭边角，由 50 岁以下的“白丁”坐席。“白丁”要担负村中殡葬，修路，修缮庙宇、哈亭、学校等义务劳动。在乡饮席中，同级官员按晋级先后定座次，同级又同时晋级者按年龄长少排座次。20 世纪 80 年代，哈亭席位台阶已拆平，乡饮席位虽仍有“床官”“中亭”“行铺”之称，但只按年龄排席位，保存尊老风尚，让年老者坐好席位。乡饮铺席，席地而坐。四人、六人或八人一席。菜肴由各人轮流带来，放在长方形木托盘（京语称为“蒙”，所以乡饮、听哈称为“坐蒙”，也称“哈宴”），整托置于席中。每“蒙”四到六个菜，全为荤菜，吃不完，由出菜者带回家。哈头备办的祭品也平均分到各席。边饮宴边听哈，祀神、祭娱、饮食与文娱并重，欢乐过节。

云南的基诺族、怒族、独龙族等民族，采集野果、野菜以及捕鱼、狩猎，古已有之，至今仍留有遗风，只是不如先前那样作为主食而已。基诺人做饭、就餐均在竹楼二层的火塘周围进行，有一定的礼节和讲究。基诺族吃饭时首先要在火塘东侧献一点饭菜祭祀祖先和灶神，吃饭时全家人按顺序在火塘边的篾桌旁就座，家长正对火塘，客人靠火塘而坐。给客人盛饭要少盛勤添。通常不给客人夹菜，因为他们认为若给客人夹菜，就好像意味着吃完夹的这些菜就不要再吃了，是一种不礼貌的行为。他们认为人有人魂，鬼有鬼魂，谷子也有谷魂，所以吃饭时甑子里的饭不能盛尽，哪怕肚子没有吃饱也要留一些，否则，甑子空着，谷魂飞走了就不再回来，人也就没饭吃了。

按照怒族的礼节，到怒族人家做客应带些烟、酒之类的东西作为礼物。主人把客人安排到客座上落座后，会端出一杯杯烧酒递给客人，把家里最好的东西拿给客人吃，以示敬重。偶尔，男主人还会拿出达比亚，为客人弹上几曲迎宾曲。情至欢处，男主人还会拿着酒杯与客人一起，互相搂着脖子，双方将一杯酒同饮而尽。这就是怒族的同心酒。喝同心酒是怒族对客人表示信任的最高礼节，喝了同心酒就成了好朋友。能与怒族同胞喝同心酒，应是客人的荣幸，所以客人应该愉快地接受。不接受同心酒是对怒族同胞的不礼貌，将失去怒族同胞的信任。当然，如果客人要表示自己的感激之情，想与怒族同胞交朋友，也可以端起酒杯，与怒族同胞一起喝同心酒。有些地方的怒族忌讳杀鸡招待客人，所以到怒族人家做客，不能提出吃鸡的要求。

独龙族饮酒、吃饭和吃肉，家庭内部都由主妇分食。客人来也平均分一份。每个家庭通常有数个火塘，每个子女结婚后便增加一个火塘，做饭的任务由各个火塘轮流承担。独龙族民间互相邀请的方式十分独特，通常都是用一片木片作为邀请对方的请柬，把木片送到要邀请的客人家，木片上刻有几道缺口就表示几天后举行宴请仪式。被邀请的客人要携带各种食品以表示答谢。客人进入寨门后，要先与主人共饮一筒酒，然后落座就餐，并观赏歌舞。入夜后，男子在火塘边喝酒、念祝词，然后将酒碗放在火塘上的竹架上，以碗口朝天为吉兆。独龙族性情淳厚，即使路上相逢，也要置酒相待，认为有饭不给客人吃，天黑不留客人住，是不应该发生的事。凡建屋盖房、婚丧嫁娶，都要主动相助；猎获动物或杀猪宰牛，都要邀请远亲近邻聚餐，并在聚餐结束后主动馈赠礼品。

（二）畜牧经济区

居住于这个区域的少数民族主要以肉、奶类食品为主食。我国少数民族经营畜牧业生产的有藏族、蒙古族、哈萨克族、柯尔克孜族、塔吉克族、裕固族等民族。“逐水草而居”可谓其一大特点。

生活在我国北方的蒙古族，自古以来从事狩猎和畜牧业，辽阔的草原，是他们的天然牧场，很早就有“四季出行，唯逐水草，唯食肉酪”的风尚。饮食方面，具有本民族特点，一日三餐都离不开肉、乳及乳制品。招待一般客人和自己吃，通常不加盐和其他调味品，以原汁煮熟、用手扒着吃的“手扒肉”为主食；宴请贵宾或喜庆宴会则摆整羊席。在蒙古族人民的食俗中，他们还将奶制食品和肉制食品分别称为白食和红食。牛肉、羊肉和驼肉则是红食的主要材料。白食则是奶豆腐、奶皮子、奶油、奶酪等各种乳制品。饮食礼仪是蒙古族饮食文化的重要组成部分，通过饮食礼仪表达自己的情感及对自然界的感恩之情。“德吉”为蒙古语，意指“上、初”。德吉礼是蒙古族饮食习俗中强调进餐顺序的一种礼节，或更确切地说是一种日常习俗。此种传统的进食礼反映了蒙古族对于食物的远古认知与其纯朴的人生观、宇宙观。平时，熬好早茶后将第一杯茶，即早茶之德吉敬献于天地、诸神及祖先，忌讳任何人在献礼前品尝早茶。在家中进餐时把饮食的德吉献给长辈、父母，以此表达自己的恭敬之意。在祭典、婚庆、聚会等重大宴席上，人们行德吉礼时，必须以年龄的长幼和地位的高低为序，敬献茶饭。行德吉礼时，敬献者整理衣帽之后，用双手把茶饭献给客人，受礼者也应该整理衣帽之后双手接纳。德吉礼是蒙古族饮食中必须遵守的礼节，在日常生活中很早便已习俗化，成为蒙古族的传统美德。

而“萨察”礼则指进食前或举行祭祀仪式时，向天地诸神祭洒饮品，感谢神的赐予，并祈求神赐予其幸福安康的一项祭祀礼仪。蒙古族认为，所有饮食都由天地、祖先所赐，因此在食前进行萨察礼，以表感恩之情。萨察礼因礼仪或筵席的等级、性质，又因区域、民众的不同而在具体细节上有所不同。例如在有些区域，饮酒时用右手无名指蘸杯中酒向天地弹三次；食肉时切三小块抛向天空；喝茶前用勺把奶茶洒向天空三次，分别象征着敬献苍天、敬献大地、敬献祖先。行萨察礼的人必须衣冠端正，用右手虔诚地行此礼，表达对天、地、祖先的诚意和敬意。一些地区在祭天时，人们在专门用于祭祀的木勺上刻上九个孔，行礼时用此勺祭洒九次，代表祭洒了九九八十一次。

在多数地区，行礼时只需祭洒一次。

“米拉呼”为蒙古语，意指“将少许奶油或其他食物涂抹于某种东西上”。“迷拉”礼是将奶制品涂抹在一些需要祝福的新生事物上，以此祝愿吉祥如意的礼俗。通常由德高望重的长者行礼，行礼时多用奶制品中的黄油、奶油。因为黄油、奶油乃是奶制品中的上品，并且富有油脂，适于涂抹。行礼者用右手无名指把奶制品涂抹在被祝福的对象上，同时口诵祝词。大年初一行迷拉礼，长辈在晚辈的额头上涂抹鲜奶，祝福其在新的一年里美满幸福。对每年的第一场春雨和第一声春雷行迷拉礼，则把奶茶洒向天空，诵祝颂词，祈求风调雨顺。长者对新生儿行米拉礼，把奶油涂抹在婴儿的额头上，祝愿其茁壮成长。当孩子穿上新衣拜访长辈时，老人将少许奶油象征性地涂抹于其衣领上。当孩子始学骑马时，对孩子和坐骑都行米拉礼，祝福其成为出色的骑手。当孩子初学打猎时，同样行迷拉礼，祝福其成为好猎手。迷拉礼的受礼对象特别广泛，迷拉礼是蒙古族通过食品表达自己对新生事物美好祝愿的崇高礼节。

以牧业生产为主的哈萨克族，牛、羊、马之肉是他们的主要食物，其次是奶制品、馕。他们在饮食方面也有与蒙古族类似的偏好，奶疙瘩、奶皮子、奶酪、羊肉是平时经常食用的食物。用马肉灌制的腊肠具有特殊的风味，并能存放很长时间。进餐时，主人先把羊头献到客人面前，以示尊敬；客人先割下一片羊右颊面上的肉放在盘中，以示接受，再割一只羊耳给席中最年幼者，然后再把羊头送还给主人，如果不这样做，就会被认为失礼。

柯尔克孜族、塔吉克族以马、牛、羊之肉为主食，马奶、牛奶和羊奶为其主要饮料，且喜饮奶茶。勤劳的裕固族牧民，一日三茶一饭，牛奶、羊肉是生活中的必需品。柯尔克孜族与饮食相关的习俗，与新疆其他民族既有相同之处，又有相异之别。比如，饭前洗手后，余水不可乱甩，须用毛巾擦干。主人请客人用餐时，客人才能开始进餐。男客不可从女主人手中直接接取食物，以示男女有别。客人应将碗中食物吃完，切忌将剩饭倒在地上。吃饭时不可揭开厨房门帘窥视，餐后要背向门退出。

塔吉克族进餐时注重传统的礼仪和习惯。进餐时很少说笑，以示对饭食的尊重。如有远方贵客来临，他们都要捧出民族风味的抓肉、牛奶煮米饭、牛奶煮烤饼、酥油面酱以及清香四溢且碧绿透亮的杏子酱，竭诚待客。家中有羊者则宰羊招待，无羊的人家也以最好的饮食款待客人。宰羊待客时，主人先将羊牵至客人前，请其过目，客人表示满意，方宰此羊。进餐时，主人先向最尊贵的客人呈上羊头，客人割下一块肉，再双手把羊头送还主人。主人又请客人吃一块夹着羊尾巴油的羊肝。随后，主人拿起一把割肉的刀，刀柄向外，请一位客人接刀分肉。这时，客人往往互相推让，或同请主人分肉。食毕，大家按照伊斯兰教礼仪，同时做“都瓦”（祈祷）。主人取走饭布，这时大家方能起身。进餐的客人通常男女分席，但进餐方式和食物相同。平时家庭进餐也是男女分座。塔吉克族饭前饭后都要洗手。洗手时，主人持具有民族特色的铜壶给客人双手浇水，客人自行搓洗，地上放一个铜盆接水。洗过后，主人递过干净的毛巾，让客人擦手。

（三）农业经济区

居住于这个区域的少数民族以稻米为主食。我国少数民族无论生活在沿海，还是在内地，从事农业经济的占大多数。他们有居住于南方温湿河谷、丘陵、山地的壮族、侗族、苗族、瑶族、土家族、白族、傣族、哈尼族、纳西族、布族依、畲族、彝族、拉祜族、黎族、高山族等民族，也有居住在北方、西北方的朝鲜族、回族、维吾尔族等民族。这些民族的一个共同的特点就是经营农业，西南少数民族则又以种植水稻为生，食用大米和大米制品。大米在农业民族中，不仅是生活的主要粮食，而且还有多种花样的食法。

生活于湘粤川黔边界的土家族，长期以来经营农业，种植水稻。大米是他们的主食，一日三餐，餐餐不离。糯米，一般都是在节日或喜庆日子，并将其制作成各式花样的糕点。玉米也是一种重要的粮食。土家族很注重礼仪，见面要互相问候，家有来客，必盛情款待。土家族平时粗茶淡饭，若有客至，夏天先请其喝一碗糯米甜酒，冬天则先请其吃一碗开水泡团馓，然后再以美酒佳肴待客。请客人吃茶通常是指吃油茶、阴米或汤圆、荷包蛋等。婚丧嫁娶、修房造屋等都要置办酒席，每桌或七碗菜，或九碗菜，或十一碗菜，通常不放八碗菜或十碗菜。因为八碗被称为“吃花子席”，十碗的十与石同音，被视为对客人不尊，故回避八和十。苗族、土家族、壮族中的一部分同胞，如同侗族一样，喜欢喝油茶，其制作方法也相同，均以大米为原料。南方各民族普遍以粳米为食，但傣族、侗族、水族、仫佬族、仡佬族、壮族等民族嗜食糯米。苗族十分注重礼仪。客人来访，必杀鸡宰鸭盛情款待，若是远道而来的贵客，苗族习惯先请客人饮牛角酒。吃鸡时，鸡头要敬给客人中的长者，鸡腿要给年纪最小的客人。有的地方还有分鸡心或鸭心的习俗，即由家里年纪最大的主人用筷子把鸡心或鸭心夹给客人，但客人不能自己吃掉，必须把鸡心平分给在座的老人。如果客人酒量小、不喜欢吃肥肉，可以说明情况，主人不勉强，但不吃饱喝足，则被视为看不起主人。

广南县壮族对糯米饭有一种别致的食法：选优质糯米，用水淘净，分别盛于几个大土碗或小瓦盆里，再添几种可食的野生植物之根、茎、叶，捣碎后将其色汁分别拌在浸泡过的糯米里，存放一些时间使之变色，然后蒸熟，或拌匀后握成饭团，或散装，色泽斑斓，品种繁多，用以款待亲朋好友及庆祝喜庆节日。这种味美清香的花糯米饭，使人倍感“吉祥如意，愉快幸福”。壮族是个好客的民族，过去到壮族村寨任何一家做客的客人都被认为是全寨的客人，往往几家轮流请吃饭，有时一餐饭吃五、六家。平时即有相互做客的习惯，比如一家杀猪，必定请全村各户每家来一人，共吃一餐。招待客人的餐桌上务必备酒，方显隆重。敬酒的习俗为“喝交杯”，其实并不用杯，而是用白瓷汤匙。客人到家，必在力所能及的情况下给客人以最好的食宿，对客人中的长者和新客尤其热情。用餐时须等最年长者入席后才能开饭；长辈未动的菜，晚辈不得先吃；给长辈和客人端茶、盛饭，必须双手奉上，而且不能从客人面前递，也不能从背后递给长辈；先吃完者要逐个对长辈、客人说“慢吃”再离席；晚辈不能落在全桌人之后吃饭。

黎族一日三餐，多食水饭。布依族主要食大米和玉米，腊月三十晚上或正月初一，都要吃鸡肉稀饭和“血米”，以示不忘祖先、遇到急事要团结齐心。佤族、黎族还喜欢用竹筒做饭，清香爽口。新疆的维吾尔族，特别喜欢食一种用羊油、羊肉、葱头、胡萝卜、干果等做成的米饭（“帕罗”）。黎族招待客人有一套饮食礼仪。用餐时，对男客先酒后饭，对女客先饭后酒。宾主分开对坐。请酒时，主人先双手举起酒碗向客人表示请酒，然后自己把酒一饮而尽。接着，把米酒捧给每位客人，客人把酒喝完后，主人还向每个客人的嘴里送一口肉菜，表示尊敬。通常，主人只陪客人喝酒，不陪客人吃饭，以免客人因不好意思而没有把饭吃饱。

尽管这些民族都以大米为主要食物，但受地理条件的限制，一般都还需辅以玉米、红薯、土豆、大麦、小麦、荞子等杂粮，有的民族吃杂粮的时间可达半年之久。毛南族的食俗，以善做清甜可口、别有风味的甜红薯著称。在节日里，毛南族喜欢用开水涮牛肉待客，即按本地的习惯，在火塘上置一口铁锅，进餐时大家围拢在铁锅的周围，将生肉、生菜倒入沸水中涮熟，然后蘸配料下酒。这是毛南族民间最常见的宴请形式。毛南族民间最盛大的节日是每年夏至后的“分龙节”。过分龙节时，家家户户都要蒸五色糯米饭和粉蒸肉，有的还要烤香猪。折回柳枝插在中堂，把五色糯米饭捏成小团，密密麻麻地粘在柳枝上，以示果实累累，祈望五谷丰登。而我国传统习惯以粮为主食的民族，多以肉食和蔬菜为辅。环境各异，各民族的菜肴亦不尽相同。比如，白族的弓鱼、纳西族的炸乳扇、彝族的坨坨肉、满族的炙猪肉、维吾尔族的烤羊肉，都是各自民族的拿手好菜。

可见，从事农业经济的少数民族，以大米、玉米等为主食，大麦、小麦、红薯、土豆、荞麦等杂粮次之，且辅以肉食、蔬菜，并随之衍生出相关的礼仪。

二、环境对礼仪的影响

（一）农业经济区饮食礼仪

西南许多少数民族喜欢吃酸菜和辣椒。“酸、辣、酒、糯”可谓侗族饮食的一大特色，每户人家平时都有几个酸水坛，辣椒则是每餐必备。凡是到苗家做客，热情好客的苗族同胞，就会在餐桌上为您捧上具有独特风味的酸鱼和酸汤，色鲜味浓、爽口畅心。将捕获的鲜鱼洗净，取出内脏，然后撒上适量的盐和辣椒粉，佐以香料，浸泡两三天，一层鱼、一层糯米粉或玉米粉，依次层层相叠，装入坛内，盖好封严，半月后取出，酸鱼即成。酸鱼既可用油煎食，也可生吃。如果存放一年，味道就更美了。至于酸汤，只需将洗净的菜放入特制的酸水坛内，一两天后即可用盐、辣椒粉调味煮沸而食。隆林、西林、田林等地的苗族，常用辣椒、骨头、生姜、酒、食盐等熬制热香辣椒骨汤，作为待客上品。

湘西苗族则善酿造辣酱。土家族也与苗族一样，日不离酸、餐不离辣。黔东南一带的布依族会做“盐酸”。酸辣二味，在水族人民饮食中也是必不可少的。仡佬族每年杀年猪后，将猪肉熏成腊肉，猪骨头、鸡肉加上大量辣椒粉捣碎，加入烧酒、花椒和盐巴，放入坛内密封，半个月后即成又香又辣的辣椒骨，用作佐料。傣族尤喜渍酸笋。朝鲜族也喜欢用大白菜、胡萝卜、生姜、蒜、辣椒腌渍食用，有的还加入切碎的苹果和梨，吃起来香气馥郁、酸辣可口。酸、辣二味在西南各少数民族的饮食中，既有充当佳肴的，也有用于调味的，家家必备，餐餐上桌。它们不仅有益于开胃助食、驱寒解表、活络生津，也有益于丰富粗茶淡饭的口感。

（二）一些民族的饮酒礼仪

一些西部少数民族有饮酒的嗜好，节日喜庆之日尤甚。

从事畜牧业的民族，以牛奶酒、马奶酒为主。哈萨克族人民用马奶发酵制成马奶酒，味道浓烈、醇厚清香。夏季，马奶酒是受牧民们欢迎的清凉饮料，它不仅能解渴，还能充饥，要是能定时定量地喝一个夏天，还能医治轻微的肠胃病和其他一些慢性病。

蒙古族、鄂伦春族人民也喜欢喝马奶酒。酒是蒙古族饮品中的一个重要组成部分。蒙古族很早就开始酿酒、饮酒。从而形成了与其相适应的敬酒的礼俗。敬酒时要在杯或银碗中斟满酒，晚辈为长辈敬酒时要轻轻地磕一下头，以示对长辈的尊重。接酒者也有要遵循的礼俗，通常接下酒后要说几句吉祥话。蒙古族在接酒时也有一种独特的礼俗。他们用无名指蘸一下酒，先向天、地、火炉方向各点一下，然后才把酒喝下去，以示敬奉天、地、火神。不会或者不能饮酒者则可以沾唇示意，表示接受了主人的情意。蒙古族敬酒的用具也有所讲究，通常将美酒斟在银碗、银杯或牛角杯中敬人。在较隆重的场合，也会将酒杯托在哈达上，唱着歌敬酒的。注重饮料是蒙古族的一个饮食习俗，在蒙古族的饮料中，奶茶占有头等地位。茶对蒙古族来说，不但是一日三餐必须有的饮料，也是客人到来时重要的款待物。不管什么时候，蒙古族家里有客人来，第一件事就是为客人熬茶。倒茶，必须要倒满，一般盛八分满，之后要双手献给客人，表示对客人的敬重。若用左手递碗或直接将碗放到桌子上则被视为失礼。为客人倒茶时，不能坐着倒茶，要站着倒茶。

藏族则喜欢喝青稞酒。将青稞洗净煮熟，降温后加入酒曲，用陶罐或木桶装好封严、发酵，两三天后加入清水盖好，再过两三天，酒色淡味酸且甜，为待客之上好饮料。藏族同胞饮酒的礼仪和习俗极为丰富。每酿新酒，必先敬神。然后依循“长幼有序”的古训首先向家中年长者敬酒，其后家人才能畅饮。逢年过节和喜庆聚会时，必须向来宾敬酒。敬酒者一般用双手捧酒杯，敬献给受酒者，特别对长者更是如此。而受酒者先双手接过酒杯，用左手托住，再用右手的无名指轻轻地蘸上杯中酒向空中弹一下，如此反复三次，然后再饮。弹酒三次是对天、地、神的敬奉和对佛、法、僧三宝的祈祝。接受第一次敬酒，饮酒时不能一饮而尽，要遵循“三口一杯”习俗。在弹酒敬神后，要连续喝三口，每喝一口，主人就给你添上一次酒，当添完第三次酒时，客人就要把这杯酒喝干，滴酒不剩才是最有诚意的。以后再敬酒，饮的量就可以随意了。

西南一些少数民族历来习惯用酒款待客人，并视为一大乐事。傣族人民在生活中，乐于沉醉在饮酒时的情趣之中。亲朋相遇，慢饮畅叙。即使一个人也喜欢独酌一两杯酒。傣族在明代就有咂酒之俗，酒已成为宴客必备之物。近现代以来，饮酒更是普遍嗜好，男子早晚两餐多喜饮酒少许，遇节庆宴会，必痛饮尽醉而后快，且饮酒不限于吃饭时，凡跳舞、唱歌、游乐，常以酒随身，边饮边歌舞。所饮之酒系家庭自酿，傣族男子皆善酿酒，全用谷米酿制，一般度数不高，味香甜。也有度数较高的，如西双版纳迦旋寨出产的一种糯米酒，味香醇，倾入杯中，能起泡沫，久久不散，称为“堆花酒”，远近驰名，被誉为“十二版纳”之佳酿。

普米族视甜酒、黄酒、白酒为其喜爱的饮品，平时用牛角盛好，喝时再倒入大碗，或者用竹管吸。酒不仅是他们敬赠亲友的礼品，也是祭祀时的祭品。佤族最喜欢喝“水酒”，它是用一种小红米做的，即把小红米煮熟，拌酒药使之发酵，再置放于大竹筒内掺入冷水而成，饮酒时不用碗，不用杯，只需用细竹管插入竹筒内，大家围着轮流吮吸。普米族除夕之夜第一项活动是祭祀，左手端酒，右手拿松枝蘸酒，洒向火塘和火塘上的铁三脚架，再将酒和其他祭品放在三脚架上。祭毕，每人喝一小碗酒，吃一块猪肉，开始除夕家宴。初一早上，先在家做好饭菜，然后提着酒到村口路边等候过客，见到行人，先敬一碗黄酒，接着盛情邀请其到家中赴宴。请到村中第一位来客的人家，非常荣耀自豪。客人酒足饭饱告辞时，主人要赠送食品和酒给客人。每当亲友来访，总是请其上座。普米族的饮酒习俗是这样的：客人在火塘边坐定后，主妇便端上一碗“苏立玛”酒献客。主人先敬家神，然后抿一口，注意不要有吸饮的声音，随即说“真醉人”，表示赞美和感谢，此后便可随意饮酒。客人要主动请长辈上座，请其先品尝酒。客人用饭，主人的家人均在一旁伺候，照顾极周到；客人餐毕，主人一家才围坐在一起吃饭。

傈僳族、独龙族都喜欢喝水酒。水酒的制作方法大同小异。这种水酒清凉醇和、解渴润口，几乎家家户户都会酿制。彝族民谣“汉人贵在茶，彝人贵在酒”。彝家素有“有酒便是宴”“饮酒不用菜”的习惯。无论什么时间地点，也无论是旧友还是新朋，只需席地而坐，围成圆圈就可以饮酒，但有一定的规矩，即端着酒杯依次轮流饮。这种饮酒方式在彝家又叫饮“转转酒”。傈僳族以同心酒为礼仪酒，体现其热情、豪放的民族性格。傈僳族世居高山大川，居住分散，一旦相聚在一起时，就用酒和歌舞表达双方的深情厚谊，特别是用“三杯酒”“双杯倒”等饮酒方式来表达自己的情感。傈僳人家将这种多姿多彩、独特的饮酒方式称为饮同心酒。同心酒展示的是傈僳族对亲朋友人的深情，展示的是“同心同德”。

咂酒是土家族的饮料，用糯米或玉米、高粱、小麦酿制而成，装入坛内储藏一年或数年，然后用凉水冲泡，清香爽口，不仅能驱除疲劳，亦是待客佳品。以酒待客是我国一些少数民族的传统食俗，相应的礼仪也是这些少数民族礼仪的组成部分。

三、宗教信仰对礼仪的影响

西部少数民族中，信仰伊斯兰教的回族、维吾尔族等民族，他们按照自己的信仰和传统的民族习惯，有许多食物禁忌、禁律，视猪肉、血、自死物等为禁食之物。

回族人民待人诚实忠厚、和蔼可亲、有礼有节。回族众人同桌聚餐时，先洗手，请长者入座上席，长者开始进餐之后，同席者方可开始进餐。吃饭时，不说污言秽语，不贬嫌食物，不在碗里乱吹乱搅。要小口进食。吃烙饼、馍馍、油香时，不拿在手里大口大口咬着吃，而要用手掰着吃。饮水时，不接连吞咽，不对着杯盏喘气饮吮，要一口一口地慢饮。

一些民族视某些动物为本民族的图腾，不但不能吃，也不准捕获。

这些传统观念和宗教观念的形成，是有其社会和历史渊源的。

第二节 饮食相关礼仪

各民族都有其独特的饮食文化、宴饮礼仪，充分了解了各少数民族的饮食特点和习惯及其宴饮礼仪，能更好地了解各民族，尊重和理解各族的民俗民风，增进民族融合、民族团结。

一些宴饮礼仪和酒文化有关，酒的历史悠久，也是在宴饮中不可或缺的，但我们不能只把关注点放在酒文化上，应关注其背后的宴饮礼仪规范。

从宴饮礼仪的发展中可以看出社会发展的痕迹，宴饮礼仪与少数民族的生活环境和生活方式相关，各民族饮食文化的交流和宴饮礼仪的异同，也给我们传统民族文化留下了宝贵的精神文化财富。

一、用餐礼仪

鄂伦春族定居后，饮食习惯大为改变，多以牛羊肉、牛奶、奶酒为主，以各种粮食为辅。只要来到鄂伦春族的村落，主人都热情接待，先将客人让到“斜仁柱”里。如是男客人，就让到“玛路”席上落座；如是女客人，就让到“奥路”席上坐下。点烟倒茶，用丰盛的酒肉予以款待。

鄂伦春族喜欢饮酒，是与其生活环境分不开的。大、小兴安岭冬季最低气温达到零下 40 摄氏度左右，素有“中国的北极”之称。生活在这种极寒冷、极艰苦环境中的人，是必须有一定防寒措施的。除吃些动物脂肪、油外，就是饮酒。这种习俗一直延续至今。

中华人民共和国成立后，鄂伦春族的经济收入不断增加，生活水平也不断提高，传统的饮食习俗产生了一系列的变化。首先是东南部鄂伦春族聚居区由于距满、汉等民族居住区近，兄弟民族的饮食习俗对其影响大，再加上交通便利等条件，民族经济得到较快的发展。在经济上逐渐与西北部鄂伦春族聚居区拉开了距离，从而使南部鄂伦春族聚居区与北部鄂伦春族聚居区的饮食习俗出现了差异。20 世纪 50 年代至 70 年代，差异尤其明显。20 世纪 80 年代以后，南部鄂伦春族聚居区与北部鄂伦春族聚居区之间的差异又慢慢缩小了，这与商品经济的影响是分不开的。这一时期，南部鄂伦春族聚居区与北部鄂伦春族聚居区的饮食构成都已发生变化。主食已由兽鱼肉型向粮食型过渡，嗜酒习俗逐渐淡化，野菜、野果被蔬菜、水果所取代，生食已不再为人们所嗜好。传统的饮食礼仪日趋淡化。

鄂伦春族不仅传统的饮食构成和习惯发生了变化，而且连饮食礼俗也发生了巨大变革。过去，鄂伦春族聚居区来了贵客，大家都要把自己家里最好吃的东西献出来，在一起食用。为了让大家都能吃上，鄂伦春族使用“转酒菜”的方式，将酒菜逐一劝过去。现在这种习俗消失了。以前鄂伦春族有“唱酒”的礼俗，现在也不提倡了。

过去，鄂伦春族喜欢打“平伙”（会餐）。打猎时“山中撵肉，见者有份”，当众平分猎物，寡妇和孩子也有份。吃不完，可以将分得的食物带走。这种习俗，现在也已经逐渐淡化，不像从前那么浓郁了。鄂伦春族平时饮酒，除了少数老年人仍用“唱酒”的传统礼俗来劝酒外，乡镇居民和青年已经将碰杯礼俗引入该族的酒俗文化之中。酒这种饮料也由自烧自酿变为到市场上购买。烟俗也发生了变化，老一辈抽烟叶，中年人和青年人普遍抽纸烟①。

---

① 丰收、瑜琼《鄂伦春族饮食习俗及其在当代的变迁》，《黑龙江民族丛刊》1992 年第 4 期。

塔塔尔族分布在我国新疆维吾尔自治区的阿勒泰、昌吉、伊犁、乌鲁木齐及塔城等地，且大多散居，在其他地区也有少量分布。

塔塔尔族吃牛、羊、鸡等动物之肉，土豆、南瓜、西红柿、白菜等蔬菜。主食是馕，称“去买西”。饭食的花样很多，有抓饭、面条、馅饼等。塔塔尔族进餐时，全家人围坐一圈，中间餐桌上放一块餐布，进餐时由主妇盛饭，吃饭时习惯用勺子、刀子、叉子。每个人面前都放一块小手巾用以擦拭嘴、手，并防止食物溅在衣服上。长者居上座，幼者居下座。家庭人口众多的，还分席用餐，妇女和孩子另设一席。饭前、饭后都要洗手，可用手抓食，也可用筷子、勺子，严禁脱帽，不能大声说话，否则会被认为没有礼貌。上茶、上饭，要先送给长者，然后再按年龄大小先后递送。饭毕要做“巴塔”（祈祷）才算就餐结束。客人用餐后要向女主人致谢。

维吾尔族每日三餐，普通人家早餐通常是馕和奶茶，午餐是各类主食和炒菜，晚餐或做馕茶，或做些汤面等稀食。食具有碗、碟、盘、筷、匙、木勺等，许多食物都喜用手抓食。吃饭时，铺上“饭单”，全家围席而坐。饭前后必须洗手，洗手只限冲三次水。洗手不用脸盆，用一种维吾尔语叫作“阿布塔巴”的壶冲洗，下面用铜盆或木盆接水。洗后要用毛巾将手擦干，而不能乱甩手上的水。吃抓饭时，还需先剪指甲。吃馕时，将馕分成块。如有来客，要请客人坐在上席。饭毕，由长者领做“都瓦”。待主人收拾餐具后，客人才能离席，否则即为失礼。

乌孜别克族人民喜爱面食、大米、牛羊肉。主食有馕、包子、凉面、抓饭、烤包子、稀饭，爱吃抓饭及凉面。副食中吃菜较少，多吃羊肉、牛肉、马肉，最喜爱肉汤及土豆炖肉（“库尔达克”）。饮食中具民族风味的是“纳仁”（把煮熟的肉切碎，加上洋葱、胡椒、酸奶子等）。乌孜别克族有喝茶的嗜好，喜饮茯茶和红茶。他们也喝马奶、牛奶、羊奶。一日三餐中，早饭吃馕、喝茶，配有糖浆和蜂蜜；午餐吃各种主食；晚餐多以馕、茶为主。用餐时，长者坐上席，幼者在下座。家庭人口多的，分席用餐，妇女与孩子一席。

侗族日进三餐，餐食主要由家庭主妇调制。通常是两菜一汤，常规菜是酸菜、青菜、酸菜汤，偶有鱼、虾、腌鱼和腌肉。吃糯米饭时，一般不使用碗筷，而是用手掬饭而食。进餐时，一般是一家人围着火塘，共同进食，来客或人多了方在桌旁进餐。过去，来客时，妇女和小孩不可一同陪客人就餐，要等客人吃过后方能吃饭。现在此俗已有改变。

二、宴饮礼仪

在蒙古族的日常生活中，“诈马宴”不仅是其非常有特色的饮食礼仪，也是古代蒙古族最为隆重的宫廷宴会，是融宴饮、歌舞、游戏和竞技于一体的娱乐活动。其中的用餐礼仪非常讲究。诈马宴在不同的历史时期，其形式也不尽相同。但是作为汗廷最高规格的宴飨，它对举办的时间、地点、场所，参加者的衣着、服饰等均有一定的选择和具体要求，甚至制度化。因宗旨不同，诈马宴举行的时间、地点也有差异。侧重于政治性的，要在庆典、朝会之后随即就地举行，并无定制。

元初，诈马宴多在大都、上都举办。见于记载的太宗、定宗、宪宗时期的诈马宴会，在正月、春季举行，正是“草原上花草业已茂盛，斑鸠和夜莺惊叹这一片美景”的季节。地点主要在三河之源的祖宗肇兴之地和哈喇合林的大汗宫帐所在地。元中晚期，每年只能举办一次，地点固定在上都郊外。元以后，诈马宴带有较多的娱乐色彩。其举办的时间、地点绝大多数较为固定。时间主要集中在公历七月末八月初，正值漠南水草丰美、羊马肥壮、气候宜人的黄金时节。

举办诈马宴的场所带有浓郁的草原民族格调，多在大汗的宫帐或特制的毡帐中进行。这类毡帐规模宏大，有的“深广可容数千人”，面积达“二千三百四十三尺”。白毡内外再覆以织金锦缎，帐内梁柱以金箔贴裹，梁柱衔接处用金钉钉之，帐外用千百条彩绳牵引，固定于地面。毡帐气势宏伟、金碧辉煌，所以被称为“阿拉坦斡耳朵”或“锡剌斡耳朵”（均意为“金帐”）。元代的锡剌斡耳朵设在上都南坡或西郊，又有“棕毛殿”“水晶殿”之称。锡剌斡耳朵内的陈设布置，虽然各时代均有差异，但却共同体现出蒙古民族独特的居住风俗。通常在宫帐内的北部设有一个高台，可拾级而上。台上放着大汗的宝座，宝座精雕细琢，并饰有珍珠、宝石、黄金，有的宝座还用象牙制成。宝座后面有圆形靠背，前面摆放着御案。宝座前方的左右两侧，即宫帐的东西两厢亦设有座位。

帐内近门处与御座南北相对有一个巨大的容器，专供贮存马奶酒之用，称酒瓮、大酒局、大酒海，《蒙古秘史》中称之为“也客·秃速儿格”。这种贮酒器在不同时代，其形制（常见的有杯盏状、瓶瓮状）、质地也有差异（有的为木质银裹，有的为纯金银器皿，有的以玉石雕成）。蒙哥汗时期，有巴黎匠人别出心裁，还制了一株大银树，可贮存葡萄酒、米酒、马奶酒和蜂蜜等不同饮品。

容量较大的贮酒器可容纳三五十石。贮酒器之外的其他桌案分置东西两厢，上陈壶瓶台盏等酒具、餐具。帐内通设地毯，以供无座位的人坐①。

宴饮时要遵循一整套礼仪。宴会开始的第一项是宣读祖训。当一切就绪，有大臣传下大汗旨意，“特敕云和罢弦管，君王有意听尧纲”。“尧纲”指《成吉思汗法典》中的有关条文，这里是说，大汗下达圣旨，鼓乐暂停，君臣聆听祖训。掌管金匮之书的世臣当众宣读《成吉思汗法典》，主要内容是：宗藩、勋贵要同心同德拥戴大汗，发扬列祖列宗的功德，永保祖宗基业；恪守君臣、尊卑、长幼之序；举止言谈，礼貌文雅，宴饮娱乐要适度有节，不可放纵沉溺。届时，全场肃然起敬，争相俯首聆听训诲。

诈马宴的宴饮遵循蒙古“斡脱克”之俗，汉籍称为“喝盏”：由侍者先向大汗敬酒。大汗举杯将饮，有司仪拍板、赞喝相随，并有鼓乐助兴。大汗先祭后饮，饮毕，杯交侍者，鼓乐暂停。相继喝盏的是后妃宗王。喝盏是黄金家族的一种特权。另外，一些“有大勋劳于天下”的贵戚勋臣，也可享此殊荣，表示汗廷对他们的荣典。喝盏完毕，君臣畅饮，大汗还要传杯臣下，以示恩宠。宗王大臣也推杯换盏（或称“口到”“换盏”）。喝盏传杯，均有鼓乐伴奏。蒙哥汗时代的宴饮，有吹喇叭伴奏之俗。元代包括诈马宴在内，凡是国家宴飨，均有云和署奏乐。

诈马宴上的饮料主要有马湩、法酒和葡萄酒三种。马湩，又称马奶，是蒙古族传统的、也是诈马宴中需要量最大的饮料。马湩是将鲜马奶置于皮桶中经过发酵并用木杵反复撞制而成的。普通马湩呈白色，若发酵七八日，撞制万杵，则醇浓甘美，色清味甜，称之为“黑马奶”，为马湩中的上品，又称“玄浆”，专共御用。法酒，元代以前，多为淡薄的米酒；元代“用器烧（米）酒之精液取之，名曰哈剌基，酒极浓烈，其清如水，盖酒露也……此皆元朝之法酒，古无有也。”葡萄酒多来自西域，元朝也开始酿造。此外，宴会上还有蜂蜜酒、驼乳等其他辅助饮料。

诈马宴上的食物更具草原民族风味。羊肉是诈马宴上的需求量较大的食品，一次宴会竟可用羊几千只。羊肉的烹饪方法主要有烤、煮两种。烧烤，是蒙古族最古老而常用的肉食加工方法。对此，汉文文献中有大量记载。彭大雅说当时的蒙古族食肉“火燎者十九，鼎煮者十二三”。元代，“脔炙”的

① 刑洁晨《古代蒙古族诈马宴研究》，《内蒙古师范大学学报》1994 年第 1 期。

羊肉仍然是诈马宴上的佳肴，周伯琦有“万羊脔炙万瓮醸”的诗句。煮制，也是古代蒙古族常用的食肉方法，并且随着时代的推移，被日益广泛采用，其中的煮羊肉逐渐演变成现代蒙古族的风味食品“手扒肉”。

在贵由可汗即位的诈马宴上，加宾尼写道：“饮酒持续到傍晚，之后用车子运来了没有放盐煮的熟肉，每四五人分给一大片，不过在帐幕里面的人除分给肉外，还给放了盐的肉汤作为调味品”。根据蒙古人古老的传统，在祭祀神灵和隆重的宴会上要设整羊席，以示崇敬。其特点是将肥羊屠宰后，连同头蹄不加分解烹制上席，蒙古语称为“秀斯”。秀斯中最为讲究的称为“昭木”，意为“毛整羊席”或“带皮整羊席”。其制作方法是将屠宰后的羊用火燎（近代亦用水烫）去掉羊毛，然后再带皮进一步烧烤或煮制而成。昭木非重大祭祀、庆典而不用。元诗中所谓“金盘禁脔才供膳”的“禁脔”或许指的就是昭木吧。因为13世纪蒙古族就有“凡宰羊，但食其肉，贵人享重客，间兼皮以进”的习俗。

马肉虽然不是古代蒙古族最主要的食品，但遇重大庆典、祭祀都要杀马以献。蒙哥汗举行大型诈马宴，每天食“三百头牛马”，元上都的诈马宴一次约食马三匹。马肉也有烤煮等不同制法。诈马宴上的肉食，烹制过程均遵循蒙古族的传统，不加其他调料，“其味，盐一而已”，甚至干脆不放盐。因此有宾客特地赋诗以记其异：“金盘禁脔才供膳，阶下传呼索井盐。”

奶食品因多呈白色，故宋元汉文史籍又称之为“玉食”。玉食是诈马宴中仅次于羊肉的重要膳食。元代的玉食、马湩，多由太仆寺和来自南欧草原的钦察人提供。玉食上席时，置于精致器皿中，上覆黄帕，非常讲究。

诈马宴上尚有其他菜肴瓜果。对此，元以前的文字记载不多。从元人的记载看，元代诈马宴上，菜肴丰盛名贵，南北风味应有尽有。见于记载的有驼峰、驼蹄、熊掌、黄羊等。瓜果梨桃、珍馐美味由“九州水陆千官供”，源源不断运至草原。贡自黑龙江的哈巴尔图鱼，造于西域的葡萄酒，产于江南的凤髓茶等，都能出现在草原盛会上。

诈马宴上还有些禁忌，例如马可·波罗说，侍者——宴会上的饮食服务人员必须用美丽的面纱或绸布遮住鼻子和嘴，防止他们呼出的气息触及食物；端送的奶食品，必覆巾帕，以防污染。又如，践踏宫帐门槛者，要受严厉惩罚。这是蒙古族的一个古老禁忌习俗，认为脚踏门槛是不祥之兆[1]。

三、其他禁忌礼仪

柯尔克孜族的生活中有不少禁忌性习俗，有的是受原始宗教的影响，有的是受宗教影响而形成的。在饮食方面，他们忌食猪、狗、骡、驴肉和未经宰而死亡的畜之肉。盐和其他食品自古被柯尔克孜族视为最神圣的东西，对其十分崇敬、珍爱。所以，最忌从盐和食物上踩过，认为这是一种极大的罪过。古代，柯尔克孜族崇尚白色，认为奶、面等主要食物都是白色的，白色是神圣的颜色，它象征着圣洁、善良，因而对其倍加崇敬，所以在日常语言中产生了某些委婉语，忌讳直接说“白”字。忌晚上从家里往外拿白色的东西，他们认为白色象征着财富和吉祥，晚间从家里往外拿白色的东西，就等于拿走了幸福和财富。他们在生活中还保留着忌跨餐布、忌坐毛绳、禁跨花绳等习俗。

乌孜别克族在饮食方面有很多禁忌：不吃死的牲畜，禁食猪、狗、驴、骡等动物的肉，禁食一切动物的血；禁酒；吃饭时严禁脱帽。

塔塔尔族禁吃猪肉和一切用猪肉、猪油做的食品等。

塔吉克族忌食猪肉、驴肉、狗肉、兔肉、马肉以及狼、熊、狐狸、旱獭、猫等动物之肉，也忌饮马奶，飞禽中忌食乌鸦和猛禽。

回族是一个全民信仰伊斯兰教的民族，所以回族的饮食习俗受到伊斯兰教及其教法的严格规制。在饮食的范围上。伊斯兰教认为，真主创造了世界万物供人享用，因此，享受美食是真主对人的恩赐，《古兰经》中有“众人啊！你们可以吃大地上所有合法而且佳美的食物……”（2：168）伊斯兰教既不禁止人们对食物的享用，也并不是规定所有的食物都可以食用，对于吃什么，还要受到教法的限制：“信道的人们啊！你们可以吃我所供给你们的佳美的食物，你们当感谢真主，如果你们只崇拜他。”（2：172）“他只禁戒你们吃自死物、血液、猪肉以及诵非真主之名而宰的动物；凡为势所迫，非出自愿，且不过分的人，（虽吃禁物），毫无罪过。因为真主确是至赦的，确是至慈的。”（2：173）“禁止你们吃自死物、血液、猪肉，以及诵非真主之名而宰杀的、勒死的、捶死的、跌死的、触死的、野兽吃剩的动物，但宰后才死的，仍然可吃；禁止你们吃在神石上宰杀的；……凡为饥荒所迫，而无意犯罪的，（虽吃禁物，毫无罪过，）因

---

① 刑洁晨《古代蒙古族诈马宴研究》，《内蒙古师范大学学报》1994 年第 1 期。

为真主确是至赦的，确是至慈的。”①（5：3）

此外，回族还依《古兰经》的规定，禁止饮酒和吸食毒品。上述规定，构成了回族饮食范围的“法定性”规范，体现了回族饮食范围的原则性和灵活性。另外，回族也把是否可食同动物的性情、外形结合起来考虑，刘智在《天方典礼》中列举了鹰、鹞、虎、狼、狗、豹、狮、熊、象、狐狸、猫、驴、骡、龟、蛇、蟹、鳖、青蛙等。其他的如暴目者、锯牙者、恶者、暴者、贪者、吝者、性贼者、污浊者等都是禁止食用的，体现了回族饮食习俗独特的人文与伦理关怀。

具有悠久历史的藏族，其种种食物禁忌由来已久。《唐书·吐蕃传》中已有藏族的先民吐蕃人不食马、驴、骡等奇蹄动物肉的记载。不食用水生动物如鱼、鳖、虾、蟹等也是早在佛教传入以前就存在的禁忌，而禁食狗肉，据一些历史资料分析也大致可以证明早在吐蕃王朝时期，以至更遥远的古代这种禁忌就已存在。

现有的知识向我们展示，图腾崇拜是人类最早的一种宗教形式，起源于人类母系民族社会发生与发展阶段，是民族集团的重要标志，也是民族外婚制的依据。民族的图腾往往是随着社会的发展由氏族的图腾发展、嬗变而来。关于图腾问题的研究，许多人存在一种认识误区，认为民族图腾有且仅有一个，于是形成不具严格学术意义上的“某某民族是某某的传人”的说法。实质上，民族的一元图腾之下掩盖的往往是多元图腾的聚合，否则无以揭示人类由氏族而部落、由部落而民族的发展历史。由是观之，狗曾为藏族的图腾之一应是一种比较符合民族形成与发展规律的认识。禁食狗肉便是藏族历史上图腾崇拜之遗留，因为这是图腾崇拜的重要特征之一。虽然有的民族也猎杀、食用本民族的图腾物，但与之相伴的必须有某种特殊的仪式，以化解人们内心深处的冒犯亲族先祖的不安与惶恐，或者通过仪式使这种行为转化为亲族先祖对后世生存、繁衍、延续的关照，从而实现一种价值转换，使神圣之图腾化为饱腹之食物。

当然，对于藏族禁食狗肉还有其他解释，如藏族喜爱狗、不愿伤害它，

---

① 中国伊斯兰教协会推荐译本：马坚译《古兰经》，中国社会科学出版社 2013 年第 4 版。

感激狗对他们的恩德[①]。总而言之，禁食狗肉是藏族的一个十分古老并且至今仍要恪守的饮食传统。

至于水生动物鱼蟹之属成为藏族的食物禁忌，是早在佛教传入藏地之前久已存在的一种禁忌。在藏族先民信奉的本教当中，这些动物俱属统称为“鲁”的神灵系统，人们认为伤害这类动物会给人带来灾难[②]。禁止伤害、杀食这类动物仍在佛教的不杀生等教义中为广大的藏族民众所继承，于是这种禁忌得以存续[③]。

第三节　服饰相关礼仪

西部少数民族传统服饰文化与特定的地理环境、生产生活和精神追求等相关，彰显出浓郁的地域特色，成为我国服饰文化中的重要组成部分[④]。各民族传统服饰的生成和发展是与地理环境息息相关的，其用料、结构、图案、色彩等诸多文化内容，诠释着西部少数民族地区社会生活的传统风尚，更蕴含着丰富的物质文化与精神文化，成为我国传统服饰文化研究中不容忽视的内容。

在漫长的发展进程中，服饰的形成与发展是人类创造力的结晶，服饰不但具有御寒保暖与美化生活的功效，更是人们身份地位的象征，使得服饰文化在我国悠久历史文化中占有举足轻重的地位。西部少数民族传统服饰文化礼仪是我国服饰文化的有机组成部分，有着极为丰富的文化内涵，更是我国传统文化绵延几千年的产物，值得人们对其进行深入探究。

一、服饰设计中蕴含的礼仪文化

少数民族服饰的图案设计是其民族文化的缩影，它是少数民族在日常社会文化活动中逐步形成和发展起来的，尤其是少数民族服饰的文化信仰以及日常的社交礼仪等，往往都会成为少数民族服饰图案设计的重要元素。

---

① 兰志明《那曲地区畜牧业应对“入世”的战略思考》，《西藏科技》2002 年第 10 期。

② 兰志明《关于加速西藏农牧业结构调整与发展的建议》，《地球科学进展》2003 年第 2 期。

③ 陈烨《藏族的饮食禁忌及及其现代价值》，《西藏民族学院学报》2005 年第 5 期。

④ 孙静《中国云南少数民族服饰的艺术特点》，《天津工业大学学报》2002 年第 3 期。

因此，民族服饰实际上涵盖着深刻而独具民族特色的文化内涵，成为民族的一个象征层面。可以说，少数民族文化的每种特色，都是该民族文化的一个标志。少数民族服饰文化是少数民族生产生活的直接体现，其传统性和原生态性是民族符号，从某方面来说，直接反映了少数民族的年龄、性别以及婚姻情况等。

（一）服饰是其民间信仰的具体体现

少数民族服饰通常带有样式种类繁复的图案和纹样，而这些图案和纹样往往体现其民族信仰。如壮族服饰中的壮锦袋，一般绣有龙凤图案，在壮族传统文化中，龙凤有着神威和吉祥的美好寓意。再如瑶族服饰中，一般有五彩图案和纹样，瑶族男女有扎绑腿和缠头巾的习俗，这都源于该少数民族的盘瓠图腾崇拜。由此而言，少数民族服饰的图案设计与民族的文化信仰有着密切的关系，而折射于民族服饰的图案设计内容，则很好地传递了他们对文化信仰的心理。如在服饰文化方面，往往会有很多传说故事和图腾等。

传统文化是一个民族随着历史传承而保留下来的固有文化，以壮族为例，壮族同胞以黑色为贵，只有在壮族重大传统节日才穿戴黑色衣服与头巾等服饰。少数民族节日服饰上的图案纹样一般有着美好吉祥的象征和寓意，如以喜鹊和梅花象征着喜讯即将来到，以“卐”字格底纹和两只如意头象征着万事如意等。

除了民族服饰外，一些少数民族还具有在传统节日将象征爱情的绣球、饰物等送给心上人的习俗。以上是关于传统节日中少数民族服饰文化的体现，伴随着社会的发展与演进，少数民族服饰更为趋向现代化与时装化，但恰逢民族重要节日与集会，少数民族同胞仍会穿戴独具民族特色的传统服饰。

（二）服饰是婚姻、性别及年龄的文化符号

少数民族服饰中，男女服饰有着显著不同，女性服饰一般种类繁多、色彩鲜明、饰物繁杂、图案多样，与之相比，男性服饰则简洁得多，呈现出朴实而庄重的风格。但应该看到，即便是属于同一少数民族的男子或女子，不同年龄阶段的服饰也有着风格和类型上的差异，上述两类差异主要体现在发型、头饰以及服饰的图案和色彩上。

除此之外，婚姻情况也是少数民族同胞服饰穿着的一个重要影响因素，有些民族的成员可从其穿着上分辨其是否结婚。

民族符号是通过某些标志而能使人们识别民族的一种符号象征，主要包括服饰、礼仪、民俗等元素。其中，服饰是用以区分民族的一个最显著符号，无论身处何处，服饰都成为人们识别族群身份的一个极为重要的元素。

例如，苗族的民族服饰类型众多，依照着装人的性格、年龄和穿着场合、所在地域而有所区别。依照清代《百苗图》的记录，有八十余种。另有相关历史记录称其多达百余种。多种类型的民族服饰又划分成川黔滇型、黔中南、黔东型、湘西型和海南型等五种和其他多种款式[①]。黔中南地区的苗族民族服饰，大部分女性上装都配备领帕等装饰物，下衣通常选择青色百褶裙或蜡染裙。衣料工艺大都选择挑花，配合蜡染。贵阳、安龙等地区大都选择花溪式女装，披领远观类似旗帜，因此，也叫作“旗帜服”，采用的图纹服饰类型多样。

哈萨克族的妇女服装，样式较多，款式讲究，美观大方。根据年龄、婚否又有所不同。哈萨克族妇女的头饰主要有帽子和头巾。未出嫁的姑娘戴“塔克亚”“标尔克”或包头巾。“塔克亚”是下檐大、上檐小，呈圆斗形的帽子，帽子面料为各种绸缎，帽的圈壁用金丝绒线绣花，并有珠子镶成各种图案，帽顶插一撮猫头鹰羽毛，象征吉祥、智慧。“标尔克”是用绸料和旱獭皮制作的圆帽子，帽壁绣花，帽顶插有猫头鹰羽毛，与帽顶相接部位用各色珠子装饰，串珠之间镶有一个玛瑙、绿宝石、金银做的空心扎孔，羽毛固定其中。出嫁的哈萨克姑娘戴“沙吾克列帽”，帽里用毡制作，外面罩有条绒、绸缎或布料面，上面绣有花卉并镶嵌各种金银珠宝，前面饰有一行行串珠垂吊脸前。结婚一年后换戴花头巾。生第一个孩子后戴绣有“颊克”花纹的“克衣米谢克”（套头）。中年妇女多戴宽大而比较素的套头巾，或者戴白色的大头巾、驼色毛头巾等。

二、人生礼仪中折射的服饰礼仪文化

（一）诞生礼中的服饰礼仪文化

在壮族地区，诞生礼具有十分重要的意义。该民族的诞生礼具体划分为：接生礼、踩生礼、满月酒、打亲家、孕期礼等，部分区域还有抓周仪式。

孕期礼。在壮族地区，女性有孕，尤其是新婚女性有孕，十分受关注。这既体现了对新婚女性的关爱，也由于其与一个新生命的未来有关，会对家

---

① 陈雪英《贵州雷山西江苗族服饰文化传承与教育功能》，《民族教育研究》2009年第1期。

族的未来产生重要影响，因而长辈、家庭内部成员都会传授自己的经验，帮助其更换孕妇衣装、保养身体、保护胎体。为了保障胎儿的顺利诞生和孕妇的身体健康，壮族地区有请巫婆做法事的传统习惯，祈求孕妇平安生产、婴儿健康长大。

接生礼。在婴儿出生时，人们通过一定的礼仪来表示一个新生命的诞生与社会和家庭对他的接受。在壮族的文化传统中，在婴儿出生那天是整个家庭最忙的一天。婴儿出生时需要家族的女性长辈帮助接生，整个接生过程都不可以有男性参与，为了有效规避生人侵扰，产妇所在房间要封闭，男性不能进入，产房也不能给男性休息。婴儿出生时，并非采用剪刀剪断脐带的方式，而是用高温消毒后的瓦片割断脐带。接生完毕后，即刻用柚子叶水来清洗刚出生的婴儿，并为婴儿穿上新衣，即刻给产妇补养身体。

（二）成年礼中的服饰礼仪文化

摩梭人人生仪式中的成年礼都需要为受礼者更换衣服，男童更换裤子，女童更换裙子，在服饰更换之后才有资格恋爱，才具有成人资格。摩梭人成长到13岁就能够举办成年礼。依照该民族的传说，古代天神为世上所有生灵祈祷长寿，人只可以存活13年而狗却可以存活60年。之后，人和狗换寿，到13岁，人就能够成年。

摩梭人的成年仪式一般都在年初举行。在举行成年仪式时，男童一般都站立在正房左柱旁边，女童站立在正房右柱旁边，都脚踩猪肉和粮食，寓意衣食无忧。女孩的母亲为其穿戴华丽的民族衣服，通常选择金边衣和百褶裙，束上红腰带，戴上手镯、耳环等。男性由其舅舅配备新衣，束上腰带，佩上腰刀。

（三）丧葬中的服饰礼仪文化

人生中的重要仪式都和其所在社会结构、信念和社会生产活动等多领域的社会文化有密切联系，重点表现了社会文化习俗中的价值观和生命周期观。

傣族在人死亡后，家族成员要迅速用温水给其擦洗身体，更换寿衣，让死者干净地离世。同时，还需要配备一个盛满清水的脸盆，里面投放带刺的树枝，之后，用一个小篾箩将其悬挂在庭院前的树上，方便来吊唁送葬的亲友在来去时都用树枝蘸水洒在头部，寓意驱邪。出殡日，四人手持四根长芭蕉叶领头走，和尚拉一根拴在棺材上的棉线，由四个人抬棺在和尚后跟进。

在这一流程中，会有人手提一瓶泡过糯米的水，出殡前洒在死者床边。

到目的地后，在亲友围绕棺材聆听和尚念经时，提水人还需要在棺材附近洒水。因为在该民族的传说中，常常用泡过糯米的水洗头的人常常比较长寿。既然在活着的时候都用这样的水清洗头发，死后到了阴界，同样需要用这样的水洗头。因此，死者的送殡仪式都需要配备泡过糯米的水。

第二天早上，死者的家庭成员和送殡人员又会携带点心、水果、清水等祭品到佛寺为死者祭奠。祭奠时，人们对佛像下跪，祭品放置在篾桌上，放在佛像前，并点燃蜡烛供奉在佛像前。祭祀人祈祷，将人们祝愿死者升天和其家族成员幸福安康的愿望告诉大佛爷，再由其传递给佛祖。这样反复三四次后，人们将瓶中水洒在篾桌上，寓意死者离世后也能喝到水。至此，丧礼结束。

从以上信息中我们能够了解到，傣族的丧殡礼仪的流程十分复杂，这体现了对死者的充分尊重，并且存在着十分重要的民族信仰，也就是通过为死者擦洗身体，让生命之水融入死者之躯，为其添加生命的力量，希望其能够早日投胎轮回①。

三、服饰元素中所包含的礼仪文化

（一）生命主体意识的折射

出生礼的多个流程，都有期盼后代能够健康茁壮的成长，能够拥有美好的未来、幸福的人生的寓意。在以往婴儿夭折率较高、生活困难的环境中，人们必然会希望婴儿可以健康地存活下去。为了保护婴儿的生命安全和保重产妇的身体，就衍生出许多仪式，例如在产房上添加许多标记。这种标记在多个地区、多个民族及其分支中有不同的体现。例如，云南的师宗布依族选择在门的附近挂上树枝或篾帽。一方面是对外界公布喜讯；另一方面是规避生人进入产房干扰产妇生产。他们认为这样做还有辟邪的功效，有利于保障新生儿和产妇的健康。“这类禁忌置外人于产房外，利于防止外人将病毒细菌带入产房，浸染抵抗能力较差的产妇和婴儿，也可防止将产房的病菌带出室外，感染他人，与医学卫生的要求是一致的。”②

灵魂永生的理念在一些民族文化中都有所体现，壮族地区便存在此类生

① 陈舒《从西南少数民族服饰看其习俗文化》，《贵州民族研究》2015 年第 8 期。

② 宋全《中国少数民族民间禁忌》，中央民族大学出版社 1999 年版。

死观，认为生死不断轮回，进而产生了诸多献祭仪式[1]。此类对于死去祖先的献祭仪式，不仅表现了对于祖先的尊重，同样表现了人们普遍的对死亡的恐惧，也表现了人们对生命的渴望。在壮族的人生仪式中，有祭祖、拜祖、敬神仪式，在这些仪式中，都有特定的着装要求。这些着装要求及仪式环节，在潜移默化中强化民族内部的伦理道德理念。民族成员利用献祭礼物祈求获得死者保护，保护本民族繁衍生息、幸福安康。隆重的仪式和具有代表性的活动更是人们对生命的渴望的突出表现。

（二）社会角色、规范意识的彰显

作为一种外部表征，民族服饰也是人生重要仪式的外部象征。所有的人都是在特定的社会中存活的，必然都需要遵守社会普遍存在的规范要求，而社会规范在人生的各个阶段也具有不同的表现。

人生仪式的价值在于帮助进入各个阶段的人们明确自身社会地位及自己扮演的角色，进而了解自己需要遵守的社会规范[2]。服饰作为人们的文化心理的外部体现，作为一种社会文化的重要体现，由于其所处的人生阶段不同，从而对应扮演的角色与所处的社会地位也不同，进而需要遵守各种社会规范的人们，其外部装饰也存在差异。因此，服饰的转变同样是社会规范、地位和所扮演角色的外部象征。

例如，壮族的婴儿出生开始，就需进入该民族的文化传统生境中。出生后，为了获得社会的认可，会为其举行设定好的人生仪式。在此类人生仪式中，为其更换服饰，通常都会为其穿上家族成员的旧衣服，或者穿上亲友赠送的新衣服，从而表示得到家族成员的接纳，进而代表其进入一个全新的人生阶段，未来将承担相应的社会责任。

（三）社交礼仪中的馈赠

服饰有时也作为礼物，在社交中相互馈赠。其中的服饰元素，往往蕴含着吉祥美好之意。社交礼仪中的馈赠关系，是人们日常社交礼仪的重要组成部分。对少数民族而言，其也直观地反映了人际交往中的亲疏关系。如壮族的人生仪式，出生、婚姻、寿礼、葬礼等涉及的社会馈赠都十分普遍，进而

---

① 陈煜鑫《云南少数民族服饰的色彩符号解读》，《南宁职业技术学院学报》2013年第6期。

② 张世均《我国少数民族服饰文化遗产的特点与人生礼俗》，《重庆教育学院学报》2007年第4期。

成为该民族人生仪式的一大重要构成部分。人生每个阶段的社会馈赠都体现了不同的民族文化和社会文化。就馈赠的伦理层次来观察，其基本原则就是相濡以沫，人际往来并非简单的物质上的赠送礼物，更加追求实现人际联系上的情感慰藉。

壮族的人生仪式中多种形式的社会馈赠也不单单是物质上的赠送，而是作为一类特定的情感表达，大都表示一种对生命的美好祝愿。在人生仪式中通过礼物或其他方式表达的祝愿，例如，在举办寿礼时，向长辈送上长寿的祝福和具有福寿象征意义的服饰，同样是赠礼者美好祝愿的自然表达，在对他人的祝福中表达自己的心理感受。送礼和受礼彼此联系，有来有往，总的来说是均衡的。利用这一仪式上的人际联系，在一定层次上加强了人际联系。同时，礼物和情谊的融合，增进了人际关系，这对于大到整个社会，小到个人来说，都具有重要意义。可以增强家族内部的凝聚力，加强社会成员间的人际联系，从而提高民族整体的凝聚力。

（四）图腾文化的体现

在长期的社会生产活动中，人们在潜意识中认识到，自我和群体的生死与自然环境具有一定联系，在求生的强烈欲望的推动下，一方面将自然人化，追求天人合一；另一方面认可自然，相信有超越自然的主体在控制一切，需要时刻维持和超自然主体的联系，进而受到命运的保护。

图腾形象的诞生就是一种图腾信仰在民族服饰中的物化①。比如彝族的虎图腾。在有图腾崇拜的民族中，民族成员对其崇拜的图腾有价值认可感。如苗瑶语系的民族称自己是盘瓠的后代，而盘瓠实质上是五彩斑斓的一种龙犬，为了和图腾充分同质化，他们将服饰浸染成五色，从而达到五彩斑斓的效果。白裤瑶的男性穿着五色裤子。此类色彩都是源自图腾信仰而转化成的外部符号，将图腾的色彩配备在民族服饰上，“可以作为力量、勇气和灵巧的证明和标记”②。各种形式的图腾崇拜表现在民族服饰方面，有时就发展成相应民族的象征或者标志，发展成民族文化的代表印记。

四、服饰礼仪的文化人类学分析

从某种意义上讲，少数民族服饰作为一种文化符号，能表现出身份、地

---

① 冷雪花《浅谈中国少数民族满族服饰文化特点》，《青年文学家》2011 年第 21 期。

② 唐帆、胡文娟《少数民族服饰图案设计中平面设计技术研究》，《贵州民族研究》2014 年第 1 期。

位、等级的井然有序性。可以说，少数民族社会的礼法体制，在一定程度上得益于人们的服饰穿着规则①。

（一）身份认同

服饰具有标识作用。历史上，各氏族部落成员着相同的服饰，以此作为这一氏族部落成员的共同身份标志。据《礼记·王制》载，说东方的夷人“披发文身”，南方的蛮人“雕题交趾”，西方的戎人“披发衣皮”，北方的狄人“衣羽毛穴居”即是显例。

中国55个少数民族的族称，是中华人民共和国成立后经过严格而科学的民族识别而确定下来的。在古代，学者们对各种不同的民族进行系统的介绍和专门的研究时，由于缺乏科学的分类标准与严格的识别工作，便只能较多地依靠形象上的显著特征来进行命名和研究。正因为这样，古代史籍中就出现了一些以民族服饰特征来命名的称谓。据当代民族志反映，苗族、藏族、彝族各有多种服饰式样，这些服饰分别属于他们的多个支系。

西藏的珞巴族服饰有部落间的区分。如在博嘎尔、博日和邦波等部落，男子一般穿黑色或穿蓝色的长外衣，用一根藤条或皮带系上，衣带上镶有骨珠和白石。有时候，他们穿一种外衣，这种外衣用一种斜纹料子制成，前面对开。还有一种用一块长形粗糙毛质布料制作的贯首衣，没有纽扣，一般在下雨或狩猎时穿用。头戴无檐藤帽。脚系布带。而在巴达姆、民荣等部落里，男子则有三种外衣：一种是长袖、带有白色或棕色圆点的蓝色上衣；另一种为三角形花式的镶边横贯腹部直到下摆的短袖上衣；还有一种为绿色的长袖短上衣，其袖口反折处饰有窄小的图案镶边。如此多的外部形象标志，是这些部落的人们相互区别的标志，也是其成员间表示相同身份的符号。

少数民族服饰的“族徽”标志有着多种多样的表现形式，可以说在服饰的款式形制，服饰的每一个部位如头饰、佩饰、首饰以及服饰工艺、花纹图案上都有表现。

反映在款式形制与质料上，提到“银衣”“旗装”“藏袍”“蒙古袍”“鱼皮衣”，自然会分别想到苗族、满族、藏族、蒙古族、赫哲族的服装。也就是说，这些服装形制已烙印了鲜明的民族服饰文化特色。

---

① 杨鹓《身份·地位·等级——少数民族服饰与社会规则秩序的文化人类学阐述》，《贵州民族学学报》2000年第6期。

反映在头饰中的，提到“银牛角冠”“花竹帽”“珠帽”“鸡冠帽”，亦自然会分别联想起苗族、毛南族、傈僳族、彝族的帽饰，因为这些帽饰同样烙印了民族服饰文化特色。

同样，在配饰中，纳西族的七星披肩、彝族的羊皮褂和“察尔瓦”、苗族的银饰等都具有明显的族徽作用。此外，以头髻发式的独特性作为一个民族鲜明标志的情况，也不少见。

服饰图案纹样所反映的族徽意识在苗族中表现得尤为突出。湘西的苗莱氏族以凤为族徽，苗戎氏族以龙为族徽，苗夔氏族以麒麟或狮子为族徽，苗莱氏族以鱼、虾、水为族徽，并且各个不同氏族服饰上所绣绘的图案多与自己的族徽相关[①]。黔东南苗族则因崇拜“牛首人身”的祖先蚩尤，所以喜头戴宽大的银牛角，在绣纹中选用龙身牛角作为自己的族徽的象征。而以图案花纹作为氏族徽志，最早可追溯到文身图式。

（二）角色标识

西部少数民族服饰除具有族徽符号等功能外，还用来标识社会成员的性别、年龄和社会角色的不同，成为少数民族社会中每个成员性别、年龄、角色的指示灯。服饰的一个重要作用就是区分男女，使男女有别。但我们从服饰发展史中得知，古代许多民族都曾有过男女同装，不行礼服的阶段。

根据文献记载和口传资料反映，20 世纪 50 年代以前，许多苗族地区的服饰是男女不分的，有的至今亦然，如黔西北、滇东北交界处的“大花苗”，都柳江流域月亮山一带的“花衣苗”的盛装花衣，在节庆祭礼场合就男女均宜。即使受汉文化影响较大的湘西苗族“服饰直分男女”，也只不过是清代“改土归流”后的事。据民国年间石启贵先生《湘西苗族调查报告》一书的记述，清代中叶以前，当地苗族男女衣着一律用“色彩斑斓布”，“上身穿花衣，下着百褶裙，头蓄长发，包赭色花帕，脚着船形花鞋，佩以各种银饰”，并且男子讲究“去髯须如妇人”。

据乾隆《永顺府志》以及清代《来凤县志》《古丈厅志》记载，土司时期的土家族服饰男女不分，“皆为一式”，都穿对襟衣和八幅罗裙，“头裹刺花头巾”或“皆包白布巾”，“衣裙尽绣花边”；“男女垂髻，短衣跣足，以布勒额，喜斑斓服色”。

---

① 黄晖《苗族服饰试论》，《中南民族学院报》1990 年第 4 期。

现今，诸多的民族已有男女服饰之别，这是服饰作为特定礼仪文化约定的一种选择（而非既定结果）。这种选择是建立在男女阴阳之别、分工之别、生理之别以及父系制的胜利，氏族外婚和男女两性的价值观的基础上的。

例如，以“猎虎民族”闻名的拉祜族，长期的狩猎风俗在服饰上打下深刻烙印。男子的腰刀与弓弩不仅常年不离身，成为特殊的装饰，而且猎物的皮毛、骨角、牙羽等，也成了男子的服饰的重要组成部分。女子剃光头，只在头顶留一绺头发，称作“魂毛”，并以之作为与男人的区分。

四川德昌的傈僳族男子在头顶上留一小束头发，这束头发，傈僳语谓之“开皮”，象征男人的尊严，其他人不能触摸，否则认为不吉利。

一般而言，女性的服饰种类较多，饰物丰富，装饰繁复细密，质料轻柔讲究，色彩感明快强烈，做工精细，以充分显示女性聪慧、灵巧、勤劳为基本格调，在不违背传统的前提下，着重突出装饰的美学原理和审美效果。男性服饰较之女性服饰要沉着、素雅，纹饰考究而不华丽，以充分显示英武、勤劳、力量为宗旨。着重突出实用的原则，不同的民族有着不同的表现形式。

同样，出于对“礼”和“理”的尊重，许多民族的成员自出生至走向坟墓，随着年龄的增长，都要按照其所在群体的规则和自己的年龄去规范自己的装饰行为，故而出现了童装、青年装、中老年装等标明各自的年龄段的服装。毛南族的老、中、青、少、幼等各个年龄层次的服装，特色十分明显。他们把老年服装称作“骨海老”，青年服装称作“骨勒作”，儿童服装称作“骨勒结”。男孩女孩均穿开裆裤，有名望的长者穿“骑马裤”。

与之相类，达斡尔族女性的发式有明显的年龄段区分。12 至 13 岁的姑娘开始梳齐耳短发，留齐眉的刘海，不修鬓角。结婚后将鬓角修剪成四方形，并用线把鬓角的汗毛绞拔干净，头发向背后梳。30 岁以后，将向后梳的头发向上挽起，用发夹夹住。40 岁以后，头上要盘发髻，随着年龄的增长，盘髻的位置越来越高。50 岁以后，发髻梳在头顶正中，罩上黑纱网，用发卡卡住。60 岁以上的老年妇女则用白毛巾叠成细长条围住前额，系结于脑后。

贵州月亮山苗族女性的年龄段，主要通过头饰来体现：少女短发，戴着用金丝红线绣成美丽图案的带顶圆筒花帽；进入少年期，便是清一色蓄着刘海的齐耳“上海头”；跨入青年门槛，就在额上束一条折叠土制花帕带，让一丝丝黑发整整齐齐地从花帕周围飘逸出来；青春成熟期，则让越来越长的乌发从花帕带左侧飘下来；婚后特别是当妈妈后，用银簪将头发盘成发髻于头顶，并在前额梳成一朵云状。

维吾尔族不同性别、年龄和在不同场合戴不同种类的绣花小帽。绣花小帽的品种很多，俗称“朵帕”。所有男子平时戴“巴旦木杏”朵帕，用黑色绸缎做底面，绣有像杏树的纹样。中老年男子常戴“曼其斯特尔”帽，以紫红色、草绿色、黑色的金丝绒为面料，用黑平绒布包边，上面不绣花纹；也戴白布缝制的瓜皮帽“夏帕克”，帽边及顶上绣有各种花纹，通常作为睡帽。冬天或干农活时，他们喜戴“库拉克恰”，即一种无舌卷边圆顶皮帽，帽里为真皮革或黑线条绒以及黑色金丝绒，里层多用深色棉布、各色绸缎或黑白羊羔皮，卷边多用卷毛羊羔皮，两侧有耳扇，既防寒保暖又美观大方。

节日盛会或举行礼仪时，他们都戴满地散花“奇依曼”纹样的朵帕，花纹多用枝干连接或以线条分隔，有的用冰裂纹或点线纹绣成底纹，与主体纹样互相映衬，整个画面犹如满天星斗，繁花似锦。

中年女子喜戴“给兰”朵帕，采用“米”“并”“田”字形格局布置纹样，左右对称，枝蔓交错，色彩对比强烈、华丽，图案结构独特，享有盛誉。青年女子戴“马尔江”朵帕，一般为金丝绒做面，与帽顶连接处用巴旦木花形状的彩色珠串为饰，帽壁缀有各种串珠、花饰，引人注目。金花帽多用红、绿、蓝各色金丝绒做面，帽壁右插一束金花，沿边镶有金叶，过去为贵族夫人常戴，现多在节日里戴。女孩戴的小帽缀有各种晶莹夺目的串珠。

老年男女常在宗教、丧事等场合戴一种圆顶卷边帽，俗称“卡木旦提叶马克”。其帽面为黑色平绒或金丝绒，水獭皮卷边，里层一般用羊羔皮、棉布、绸缎，显得庄严肃穆。

哈萨克族用以表明身份的服饰，主要体现在女性头饰上。克勒依部落的未婚姑娘，须用白布包头；乃蛮部落的未婚女性则戴“叶麻克”（一种圆形平顶帽），结婚时换白布巾，婚后戴白盖头，即披白巾。

柯尔克孜族未婚女子戴红色丝线和金丝绒圆顶小花帽“塔克西”，或用水獭、旱獭皮做顶系珠子、缨穗、羽毛的红色大圆顶帽子“卡尔帕克”。塔克西多在夏天使用，戴时其上还要蒙上绣花头巾。此外，还有一种帽子叫“艾力其克”，镶有装饰品和刺绣。戴时，里面要先戴绣花软衬帽。艾力其克是姑娘新婚礼服的组成部分。年轻已婚妇女喜扎红色、绿色头巾；中老年妇女都披白色头巾。

哈尼族有的支系的女子的服饰对年龄、婚嫁的象征更是直接：17 岁之后要在头后部戴一种叫作“欧丘丘”的装饰，表示可以求爱，18 岁开始留鬓角，表示可以出嫁；已出嫁的姑娘，要在欧丘丘上包一块黑布，表示自己已婚。

塔塔尔族女性以镶珠小花帽为美，已婚者除戴各种小花帽外，还要蒙一块头巾，未婚者及幼女戴绣花或镶珠小帽。

东乡族的帽饰却有标志年龄和婚否的作用。七八岁的小女孩，一般都戴“褶子帽”。帽呈圆形，顶是绿色或蓝色，帽檐有红色或绿色皱褶的花边。在帽檐靠近耳朵的地方，有用彩色丝线做成的穗子垂下来，有的还在穗子上串缀各色珠子。女孩长成少女后，就改戴盖头。未婚少女的盖头比较讲究，是用又细又柔而且透亮的绿色绸纱做成的。结过婚的少妇和中年妇女的盖头是黑色的。

布依族有的支系标示年龄的装饰主要为铜银饰物：15 岁左右的少女戴铜手镯，衣饰整洁；16 至 30 岁的姑娘则讲究佩戴各种银饰；30 岁以后银饰逐渐减少。

许多民族的青年男女在谈情说爱阶段，其服饰都有特别的规定。

宋代五溪地区苗族“男子未娶者，以金羽插髻，女子未嫁者，以海螺为数珠挂颈上”；明代苗族装束中，“未娶者以银环饰耳，婚则脱之”；清代亦是“未嫁者额发中分，结辫垂，杂以锡铃、彩珠为饰”。《后汉书·乌桓鲜卑列传》在记述乌桓、鲜卑民族的髡首习俗时说：乌桓妇女未婚时剃发，婚后则要蓄发和分髻；鲜卑女子则是未婚时蓄发，出嫁时再剃发。

及至近现代，以衣着装扮与修饰来标识其恋爱婚嫁身份的现象，更是屡见不鲜。

云南盈江傣族女子成婚之日，即揭去作为少女标志的一方黑巾披搭而成的头帕，换戴高耸的笋壳帽，打高包头，并染黑牙齿。

壮族姑娘亦常以头巾作为“婚标”，若把毛巾折叠成三四层，使之像手帕大小，盖在头上，则表示未婚；若把毛巾包头打结，则表示已婚。

贵阳青岩一带的“青苗”未婚姑娘留长发戴帕子，已婚者则剃发戴竹箩箩，箩上盖布帽。而男子未婚剪脑后发，娶则蓄之。与此相邻的黔灵“白苗”未婚者穿短而深色的裙子，已婚者穿白短裙。

哈尼族女子成年未婚时，其发式为垂辫，在出嫁的送亲仪式上，则要将辫子盘在头上，以示身份已变。

与此相类似，基诺族女子在出嫁送亲仪式上，由母亲或家中其他年长妇女将她原来的“姑娘帽”摘下，戴上一种三角形的为已婚妇女专用的帽子。哈尼族、基诺族妇女的“已婚”装扮婚后一般不再改变。

新疆哈萨克族妇女的头饰，在结婚前后是三种式样：婚前戴硬壳帽或水獭皮帽，插猫头鹰毛；结婚时改戴白毡帽，额前垂彩珠；婚后一年换披花头巾。

云南墨江的哈尼族支系布孔人，新婚妇人必须系一块遮护臀部的密褶布块“批迟”，表示已婚；以后若丈夫死亡又想改嫁，便将批迟解下。

如果说婚嫁服饰的改变昭示着人生的一大转折，那么为人父母后的发式、服饰变化则标志着辈分的升级。旧时凉山彝族男子凡头上竖起“英雄髻”者必是当了父亲的人，所以彝谚云“生子成父母，竖髻成长辈”。

云南红河县乐育地区的哈尼族，未经生育的女子头戴一顶镶满银泡的“鸡冠帽”，生育后则一律改缠青布包头。

广西龙胜“红瑶”女子头巾的中心及四角各有一个菱形图案，姑娘和已婚未生育的妇女包头时，把发髻包在里面，露菱角而不现发髻，当了妈妈之后，就不包发髻了。

壮族女性如果不留刘海，把头发往后梳成一髻，则表示她已成家并有了孩子。

这方面的例子很多，不再赘举。

（三）传达信息

少数民族服饰的身份性，不仅表现在年龄、性别以及婚姻状况上，而且在职业上也有突出反映。在社会分工复杂的民族中，由于分工有别，不同职业的人组成了不同的社会集团，也形成了相互区别的民族服饰。

维吾尔族除平时的常服和节日盛装外，还有猎服、战服、农服、宗教服、丧服等职业性或仪式性服饰。宗教职业者多用白布缠头，“袷袢”外边不系腰带，与伊斯兰教徒有显著区别。

而在康巴藏族那里，武士、猎手与学者、富人的服饰区分明显，主要体现在藏袍下摆的长度上，前者的袍下摆高于膝，后者袍则长于膝下。普通人的袍下摆却与身等长。喇嘛衣、帽、靴等细节上的差别，则反映出不同的教派。

裕固族服饰亦有严格的世俗与宗教之分：俗人不许随便穿僧衣，而僧人则可按需要着俗服。比如，一些僧人在念经或参加宗教活动时穿僧衣，在家劳动时则穿俗人服装。萨满教的神职人员“也赫哲”（一般为男性），其衣着虽与常人相同，但头上留着一条辫子，上面缠有许多绿、白、蓝色布条，平时盘在头上，而普通的裕固族男子，决不允许梳理这种发式。

这里，服饰在体现人的社会身份的同时，亦透露出其作为人的功绩、资格、荣誉等象征的信息。在佤族社会，男人们都喜欢“裹髻”，但一般人只能包黑包头或白包头，而祭师、头人、民族英雄和民间歌手等有才能的人，却可以用红布包头。樊绰《云南志》说，唐代时的白族“有超等殊功者，则得全披波罗皮（虎皮）”。《新五代史・四夷附录》讲当时贵州的彝人“首领披虎皮”。

在信仰藏传佛教的藏族、蒙古族、纳西族等民族地区，参加盛大宗教集会的喇嘛，头戴高大的法冠。纳西族东巴作法时，头戴五神冠。

瑶族的师公作法时，则穿上神圣的师公道服，其前后均绣有龙、兽、日、月、星辰和上百神异人物以及各种神秘图符。

不过，严格说来，在我国大部分民族的社会生活中，历史上，由于其社会分工不很明显，民族的生计方式也较单一，除宗教职业者等有与其特定职业相关的服饰外，其他职业的服饰特征并不十分突出。但在一些特定场合，扮演特定角色的人，服饰亦与众不同。如苗族祭祖“吃牯藏”时，牯藏头人穿绣有龙纹的“龙衣”，头插锦鸡羽，表示身份的不一般。

（四）地位象征

西部少数民族服饰的标识作用发展到后来的阶级社会，整个社会财富增加，但占有的多寡不均，贫富分化，既得利益者为保证自己对财富的长久占有，必须将自己同贫穷阶层加以区别，于是在服饰上便对质料、色彩、式样、纹样等进行规定，以便使服饰形成一定的形制，于是，服饰又成了识别不同社会地位、角色和等级的社会成员的主要标志之一。

明清之际，在傣族地区，文身具有严格的等级差别。据朱孟震《西南夷土风记》载，傣族“男子皆墨其下体成文，以别贵贱，部夷墨至腿，同把瓢至腰，土官墨至乳”，且“其色亦分贵贱，大抵贵族尚红，平民以墨”。

中华人民共和国成立前，裕固族贫富牧民的服饰差异较大：富裕的男子穿羊羔皮衣，女子戴的头面长而大，头饰讲究，并缀有珍珠、玛瑙、银牌、珊瑚等珍贵饰品，头面重达7至8斤；而贫穷的男子只能穿褐衫和毯片制作的衣服，女子戴的头面短而小，其他饰品也很简单、朴素。

历史上，藏族服饰有严格的等级之分。在卫藏地区，由于唐以后汉族地区丝织品随着汉藏贸易进入当地，贵族和平民百姓的衣料开始出现显著的差异。达赖喇嘛和高级官员有权穿黄色的衣服，别的阶层不允许穿黄色的衣服。贵族衣绸缎，普通平民衣绸缎必禁。地方官员的藏袍也主要从质地、花纹上区分品级。四品以上的官员在朝见赞普、达赖和法王或重大节日时，穿绸缎蟒黄袍，饰有龙、水、鱼、云等纹样，或穿团花锦缎袍，着红云绣靴。贵族夫人的藏袍都用花缎制成，显得雍容华贵。而一般人穿用黑氆氇制作的服装。

在清代，蒙古族王公贵族常常在长袍外加套马褂。这种衣服较宽大，袖子也较长。胸前对襟有对称的纽扣，服式按文武品级，分不同的质料、颜色和花纹。普通蒙古人穿长袍，式样与元明时期的传统装束基本相同，显贵特权人物服装质料是丝绸制品和绢制品，而庶民百姓的服装质料则为棉布和兽皮。黄色袍服，普通百姓禁穿，受到皇帝恩赐的王公贵族才能穿。

类似的情况在彝、纳西、傣诸族的服饰上亦存在。旧时凉山彝族奴隶社会中，土司等级穿由汉区买进的细布绸缎、毛料、丝边做的衣服。黑彝等级穿上档全毛、棉布服装，饰品佩金戴银。白彝等级穿自制的羊毛或麻布衣裙，而锅庄奴隶则披破麻布粗制衣。

20 世纪 50 年代以前，云南宁蒗摩梭人曾分为“司沛”（领主）、“责卡”（百姓），“俄”（奴隶）三个等级，不同的等级，其服装色彩和质料明显不同。百姓和奴隶等级只能穿黑色、白色粗麻布衣裙，禁止在衣服上镶金边，禁止穿绸缎和有领的衣服，禁止用蓝色和红色的衣料。绸缎和红色、蓝色的衣料只有贵族才能用，土司则穿长袍马褂。还要根据等级地位佩戴不同质料的耳环和手钏等。若有僭越，轻则没收罚款，重则殴打、监禁、服劳役。

过去，处于封建领主制下的西双版纳傣族地区，不同等级的人，服饰有着不同的规定。“励”（贵族）这个等级服装专用绸缎：其女性筒裙可绣金色龙凤，织金色环圈三道以上；“翁”（召片领属官）专用细布，筒裙可绣绿边，织银色环圈一两道，绣银色星纹图案；其他等级只能用粗布，女性筒裙禁止绣花边，只可以织彩圈一道。甚至各个等级在文身时所用纹谱和颜色也有区别。

在服饰等级体系中，不同服饰成为区分身份、地位的标志之一。也正是通过外在服饰的等级划分，使每一个社会成员能够各处其位，扮演各自的社会角色，发挥各自的社会功能，从而使整个社会显得秩序井然。换句话说，每个人社会地位的安排和社会角色作用的发挥，在一定程度上依赖于服饰的区别。这样，服饰文化就具有了超出一般社会文化现象的含义和表征，成为制约社会的行为准则之一。于是，已经固化在人们普遍文化心理中的服饰观念，就以一种潜在的制度形态进入了制度文化的范畴①。

第四节　居住相关礼仪

西部少数民族传统的居住礼仪与每个民族的氏族制度或家长制家庭结构相联系并与每个民族的宗教信仰密切相关。下面就从西部少数民族的民居类型、布局、装饰等方面来阐述居住礼仪。

一、民居类型中的礼仪

西部少数民族的民居类型各形各色。本部分主要以非常有特色的西藏的民居来说明。

珞巴族的住宅建筑与珞巴族的氏族制度、家庭结构和鬼灵信仰密切相关，是珞巴族家庭形态和宗教观念的一个重要表现。珞瑜地区多雨潮湿，珞巴族的住宅一般建在河溪两岸的山坡上，既可以减轻潮湿和积水，又可避免山洪暴发的威胁。珞巴族住宅门的方向一般面向山坡，房屋不留窗户，据说是怕“恶鬼”进入。但留有若干小洞，作为射箭孔和传递信息用。珞巴族传统的住宅建筑结构形式有两类：一类是适应整个家庭居住的或作为公房的“一”字形长屋；一类是供个体小家庭居住的独立的小栋房。

西藏居住礼仪文化的源头可追溯至距今5300—4200年前后的新石器时代晚期，从西藏东部昌都卡若遗址发现的近三十座房屋遗址来看，在遗址文化延续的一千多年中，从早期、中期到晚期文化的三个发展阶段的房屋形制、结构的演变脉络是相当清晰的。早期（距今5300年或者更早）以平面圆形半地穴式房屋为主；中期（距今5300—4400年前）开始出现平面方形或者长方形的半地穴、地面建筑，并且有套房的出现；到了晚期（距今4400—4200年前）出现了半地穴式二层的石墙房屋，这种房屋的形制和结构的特征，一直

---

①　杨鹓《身份·地位·等级——少数民族服饰与社会规则秩序的文化人类学阐述》，《贵州民族学院学报》2000年第6期。

延续到了现在西藏东部以及西藏其他地区的绝大多数二至三层石墙平顶房屋的民居礼仪文化中①。

西藏居住礼仪的多样性不仅由方形土石结构的建筑所显现出来，而且因为区域的不同而在其类型上更加具有丰富性。由于地理环境、生态系统、生计方式等的差异，以西藏西北部为代表的广大游牧业地区，其传统的居住习俗为帐居。而在低地河谷和低纬度的西藏南部地区，由于自然生态系统的差别，与西藏其他地方具有迥然相异的生计方式和文化传承②。所以在居住礼仪上表现出来的内容和形式也有其独特之处。

（一）帐篷

藏族在长期的游牧业生活实践中，根据实际的需要而逐渐形成了两大类帐篷：一是生活帐篷，即一种牛毛制成的黑色帐篷，藏语称“巴”，为游牧牧民的主要居舍之一；二是娱乐性“休闲”帐篷，用优良的布料做底料、用各种彩布作为装饰而制成③，藏语称“苦尔”。生活在藏北的古代先民因受自然环境的限制，从远古时代就开始用兽皮和毛绒织毯缝制帐篷④。中华人民共和国成立以前，藏北高原上很少有在帐篷之外的建筑中居住的习俗，不但牧民百姓住帐篷，就是拥有子继父业家产及特权地位的大牧户也都住帐篷。

藏北牧人现今仍沿用的帐篷种类有：黑帐篷，用纯黑色牛毛毯缝制而成，其大小各异；白色牛毛帐篷，用白色牛毛毯缝制而成，这类帐篷由富裕牧户在夏季分群放牧时使用，也用于羔犊防寒以及拖盐等外出活动；黑顶白围帐篷，通常称作“花帐”，顶部、门帘、天窗等用黑色牛毛毯缝制而成，其余部分用白布缝制而成，有明亮舒适之感，多用于赶集聚会或节日时，用旧之后作为旅行帐、杂色帐，用各种绒毛织就，因此没有什么名分，属于帐篷“觉克布”帐篷，意为悬幕帐，是一种最为简便的帐篷，只需一柱一梁便能支起，用料上也无甚讲究，通常作为旅行帐。除了觉克布帐篷外，其他帐篷无论大小如何，都必须具备支架、梁、柱、绳、桩等，缺一不可。另外还有帆布和

---

① 参见西藏自治区文管会、四川大学历史系编《昌都卡若》，文物出版社 1985 年版。

② 夏格旺堆《简述西藏传统的居住习俗文化》，《西藏大学学报》2006 年第 4 期。

③ 参见嘉雍群培《多彩的帐篷》，《中国西藏》（汉文版）1995 年第 6 期。

④ 藏北帐居习俗的材料，主要参考引用了那曲地区政协文史资料室编、贡嘎桑珠译《绚丽的羌塘，独特的资源》，西藏人民出版社 1997 年版的“民居”章节。

白布做成的帐篷，但是这类帐篷应该算是新近的产物。

对旧时的藏北牧民来说，布匹是稀有而难得的东西，因此白布帐篷也就成了上等的帐篷，而且拥有布帐的户数也并不多见，拥有者也常以之作为接待贵宾和娱乐之所。布帐篷的款式、做工非常讲究，一般在帐篷的顶部绣制各种精美的图案，同时还搭配遮凉、围栏等。

搭建帐篷时，一般选南面有丘、东面有坝、西面和北面有大山的地方，牧民们称此为“驻地四护”。帐居“次萨”选址时，至少要高低合适的背山，帐前或左右的环境中要有干净的水源。

帐门向东开，帐内的南面称“女人帐”或“女人居室”，是以女主人为首的妇女的生活空间，一般把常用生活器具、食物、奶制品等放置于此。在这面的靠里的位置，在用行李箱等堆砌的货架上盖上毯子后再摆放经书、福禄袋、刀、剪等。

帐内的北面称“男人帐”或“男人居室”，铺坐垫（男主人、客人、亲朋好友等按照辈分等级坐于其上），一般摆放家人的铺盖及衣物。

帐门处放一条石块作为门槛，象征东方的白虎；南面放置饮水器具，象征南方的青龙；帐内中央灶台方向朝西，象征西方的红鸟；北面或东北面放置磨盘，象征北方的黑龟。这些摆设象征着家中的四护守。

其实，这种通过居帐内摆设来呈现文化象征意义的方式，同样存在于农区房屋建筑的修建过程中。与牧区帐篷内的表现手法不同的是，农区新建一座房屋时，把白虎、青龙、红鸟、黑龟等造型刻在石头上，或画在木板上，并且要在刻有这些造型的石头或木板的底部附上“所有祥瑞功德者，祝愿聚此旺吉祥；吉祥地气速聚此，祝福此家兴发达”的祈福吉祥语，然后分别在东、南、西、北四个方位的墙体内嵌入刻有白虎、青龙、红鸟、黑龟造型的石头或木板[①]。

随着生活水平的不断提高和在政府带动下地区经济的进一步发展，过去世代居住于帐篷内的草原牧民，也已经住进土石结构的方形民居内。帐居的礼俗，是与分群放牧时牧民们所选择的一种生产生活方式联系在一起的。

（二）干栏式房屋

这种居室多见于气候炎热、雨量充沛、虫蛇很多的中国南方少数民族地

---

① 参见多贡·桑达多吉、嘎瓦巴桑编《西藏风俗文化史》，西藏人民出版社 2004 年版。

区，是一种很古老的建筑形式。从新石器时代中晚期开始，作为区别于中国北方穴居建筑而发展起来的不同风格的建筑，是我国南方地区富有地域特征的建筑的代表之一。这种建筑的总体特征是居室脱离地面，人居其上，畜养其下，一般为二层楼。在西藏境内的门巴族、珞巴族居住区中，干栏式建筑是一种有别于西藏中部和北部的民居建筑类型。

过去，墨脱门巴族的干栏式房屋多见单层形式，如今一般为二层，个别木屋有三层，第三层通常用木板铺设，也有用竹搭建的。单层房屋一般与地面相距一米左右，人字形房顶用蕉叶或木板覆盖，再用石块压顶。住房呈长方形，门外有晒台，屋内分四个部分："果干"，设有煮酒灶；"马拍"，主室，是炊事取暖和睡卧之处；"绕赛"，客人住处；"哉"，小仓库，专放衣物和比较贵重之物。为了防火，粮仓修建在邻近住房的地方。建房之前先立木柱、木柱、木梁和木板的榫接处用刀斧砍削进行自然榫接，将屋面铺成之后，四壁或用木板或用竹子做墙。二层和三层房屋，底层无围墙，四面敞开，供拴牲畜；二层住人，外侧有宽大的走廊，既可晾晒粮食，又是人们做手工活的场所；最上层存放杂物。在底层和外走廊相接处，有一架用粗大的圆木砍凿成的木梯。粮仓一般与居住区相距数米或几十米。

据居住在西藏南部珞瑜地区的珞巴族的许多传说，他们的祖先曾经有过"穴居""树巢"的历史。经过漫长的生活实践，他们搭建了各式各样的房屋，其中竹楼是珞巴族的主要民居①。竹楼一般有三层，底层圈猪关牛，中层住人，顶棚上堆放农具、农副产品及食物等，这种房屋从整体结构到住房的分配原则，基本上与西藏其他地区的民居楼房相同。家家户户在房前或屋后建一座高脚粮仓，离地一人高，搭建一个活动竹梯。

珞巴族在选择建房的地方时，若一家有五口人，则要拿五颗稻谷，若家中有牛、猪、鸡，则再拿一颗，共八粒为一组。要预选三个地方，共需三组稻谷，将预选的宅地砸平一尺见方，太阳落山后在其中心放一组谷粒，上放新鲜树枝，再压一块石板。第二天太阳出山之前查看，若八颗谷粒中有散开在外的，就说明这里不好，会有不吉利之事发生；若谷粒中有蚂蚁，说明在此地筑房建屋主人就会得病；若谷粒仍堆在一起且无虫子，说明这里地气宜

---

① 珞巴族居住习俗主要参考引用了普布多吉《珞巴族民俗民风》，《西藏民俗》2000年第4期。

建房。宅地选定，进行相应的祭祀活动后，就可以修建一座新房。

在珞巴族的社会中，与居住礼俗密切相关的家庭礼俗也有其特点。一个火塘是一个伙食单位，代表着一个小家庭[①]。部落由若干氏族组成，氏族由若干家族构成，一个家族又包括若干小家庭，共同住在一所长房里。长房内划分若干单间，每个单间里都有一个火塘。在家庭习俗的行为礼仪上，每个家族成员都在自己的小家庭中用餐，包括家族长在内的家族成员只能与自己的妻子和未成年子女共用一个火塘。

在与此关联的禁忌习俗中，珞巴族认为火灶是他们的饮食圣地，是不可玷污的，任何时候都不准向火灶里吐痰、扔脏物或者废弃之物。火灶上方和周围不准挂衣物，不准跨越，不得在灶旁大声喧哗、说脏话。有许多家庭祭祀是在火灶旁边进行的。许多部落在每年的特定时节还有专门祭祀灶神的仪式。

（三）斜坡顶石楼

这种房屋主要见于门隅门巴族地区、工布和米林等地区，住房用石块砌墙，斜坡顶上覆盖木板，再压石板。一般分三层，每层房屋的用途基本与珞巴族的竹楼、西藏中部的碉房式建筑相同。上层放草及其他杂物，下层关牲畜，中层住人。

住人的房屋内用木板隔为里外两间，里间是子女结婚后住的，外间比里间宽敞。临窗处是火塘，既是炊事进餐和取暖待客之处，也是晚上一家人睡卧的地方。这种房屋最大的特点是除墙体用石块砌筑外，几乎全是木料结构，接搭处用榫卯而不用一根钉子，七八米高的住房经百年而不坏，体现了西藏南部地区在建筑艺术上的水平。

二、民居布局与空间分配中的礼仪

拉萨、日喀则、山南等地的农区常见的土石木结构的平顶房屋，人们习以“碉房”谓之。从布局上讲，可分为两种：一种是前院后房布局，一般坐北朝南，有一层的，也有二层的；另一种是四面外墙封闭，围绕四周修建房屋而在中央设天井的布局，这种布局的房屋一般都是二层楼以上。上述两种碉房结构的房屋，除了前院后房布局的一层的房屋，在平面空间上要划分出人与牲畜的使用区域外，凡二层的房屋，其一层一般为牲畜圈，而二层一般

---

① 于乃昌《珞巴族饮食文化》，《中国西藏》1998 年第 2 期。

为住房。

平民百姓的空间分配布局是：中间为偏厦或棚顶屋、南面为卧室、东南面为厨房、北面为正厅、东北面为储藏室等。在住房主体建筑的前面或后面，根据每家的需要不同，修建院墙。

经济条件较差的农户，住房通常为一层楼。若只有三间房屋的话，光线明亮的那间房屋作为经常活动之所和客厅，另一间作为厨房，还有一间作为储藏室。若为四间房屋，则分为厨房、“亚布”（类似棚顶或棚顶屋）、储藏室和佛堂。

就中上等农民家庭而言，其空间的分配上会有偏厦或棚顶屋、装盛粮食的仓储、供奉三宝的正厅或小殿堂的佛堂、卧室、厨房、放置肉类的小仓库等。少数家庭除了对卧室和正厅进行简单的壁画装饰外，不会对其余的房屋进行装饰。

修建于农村的贵族庄园，一般是二层到六层的建筑。通常，主要建筑坐北朝南，在其前面，围一院墙，院墙之内修建马厩、驴圈等。根据功能上的差别，主要建筑的顶层是用来住人的，中层或中间的几层是粮仓和储藏室，底层主要用来放置饲草和农具，以及当作畜圈等。

在城市中修建的世俗贵族庄园基本上也是坐北朝南，北面通常是供养三宝的殿堂和正厅，东面、西面分别为储藏室和厨房，南面为寝殿（或卧室）和具有向阳玻璃大窗的房屋，向阳窗户的安置不但起到了冬暖夏凉的作用，而且使屋内获得更加充足的光线。

寝殿和大厅之内的墙壁上的彩绘装饰是非常讲究的。彩绘装饰的题材基本与寺院殿堂壁画相近或相同。寝殿壁画的内容为“八瑞相”（也称“八吉祥徽”，分别为吉祥结、妙莲、宝伞、右旋海螺、金轮、胜利幢、宝瓶和金鱼）与“七政宝”（也称“轮王七宝”，分别为金轮宝、神珠宝、玉女宝、主藏神宝、白象宝、绀马宝和将军宝）图案等。现在，一些民居的墙壁上仍然能看到这些装饰题材①。

实际上，过去绝大多数平民的房屋只有一层，而那些富裕者的住房及庄园官邸，不但规模气势宏伟，而且一般都修建有二层以上的楼房。拉萨市区和乡村中修建的各类庄园和达官贵人们的府邸，除了有比较符合碉房概念的

---

① 夏格旺堆《试论藏族民居装饰的嬗变》，《中国藏学》2001 年第 3 期。

住房建筑以外，在居住区的周围还修建果园、林卡以及其他的附属建筑，与主要的居住区共同成为形式和功能上比较齐全的独具地方特征的居住习俗文化的组成部分。而昌都、林芝、阿里等地区的房屋，尽管建筑外观的形式因地理的不同而有所区别，但建筑的基本功用与拉萨等地区没有多少差别。

以上这些民居建筑的特点和空间分配的礼俗，都是过去西藏居住习俗的重要内容。然而随着政治制度的变革，国家经济的发展与人民群众生活水平的不断提高，过去只有贵族阶层才能修建的豪华宅院，对于现代的西藏群众而言已经不是什么不可逾越的“鸿沟”。广大百姓在继承传统居住习俗重要内容的同时，已经从居住等级的枷锁中解放了出来，只要有财力上的可能，在民主政治的环境中，普通老百姓们也在逐渐地修建着与过去的贵族庄园建筑相差无几的民居建筑。

随着社会民主政治的进一步发展及传统等级的变化、经济发展带来的物质条件、观念的转变，过去等级森严的居住礼俗，在新时代里已经逐步发生了变化。同时，这种居住礼俗又有别于过去的传统而变得更加具有创造力和活力。

三、民居装饰中的礼仪

除了空间的布局特征外，西藏民居建筑的外观装饰也是居住习俗中表现出来的一种独特的内容。任何民族的居住习俗，它所包含的内容是丰富而复杂的，在长期的历史实践中，各民族居住习俗的形成、发展和演变都有一个过程，这一过程及其所表达的人文内涵也是各具特色的。尽管西藏民居的外观装饰内容相当的丰富，但在这里我们为了说明这一内容只能做些选择性的介绍。以下将西藏民居外墙体涂色装饰作为凸显其民居装饰特征的一个方面进行简单叙述。

就普遍的特征而言，西藏民居外墙体上涂白色是绝大多数碉房式建筑装饰的主要特征，也是藏族民居外墙涂色装饰的主流。不过，萨迦附近居民采用的外墙涂色方式独具风格，墙体以灰蓝色为主，配以红、白色带衬托的装饰，显示出鲜明的地方特色。除了以上这些涂色装饰外，山南地区曲松县政府所在地附近的村落，外墙以灰蓝、粉红为主，而林周县春堆乡的民居外墙以暗灰黄为主。这种独特的外墙涂色装饰，不仅与某种文化形态相关，而且与当地资源开发和认识程度有关。

西藏建筑外墙涂饰的常见颜色为白、黑、红，另外还有黄色，但是黄色

水等。以上物品上都要献上一条洁白的哈达。等这些仪式完成后，可以请一位喇嘛为新房进行简单的开光仪式。此后再择吉日搬到新居。

搬到新居后，根据主人的情况，要为新居进行一次叫作“康索”的“新居宴”或“乔迁宴”活动。日喀则地区还会举行一个叫作“塌羌”（立灶宴）的庆祝仪式，这一活动一般是在“康索”之前举行的。

五、起居礼仪

一些民族的起居礼仪有不同的形式，各具特色。

珞巴族传统起居礼仪主要体现在居室建筑、居室装饰、起居礼仪与禁忌等方面。珞巴族传统的长屋（房）、男女公房、干栏式建筑、地居式住宅以及装饰习俗有着鲜明的民族与地域特色。

乌孜别克族在屋内或与人交谈时，不得咳嗽、吐痰、擤鼻涕、打嗝、放屁。家中青壮年女性独自在家时，忌外人进家，新婚夫妇的房子忌外人随便闯入。在有群众的地方，忌光着上身，更不能穿着裤衩、背心到他人家里去。不准在住房附近、水源旁边、礼拜寺、墓地周围大小便、吐痰或倒脏水。特别重视饮水水源的清洁卫生，禁忌在水渠、水池、水井、涝坝等水源附近修建羊圈、澡堂、厕所，或游泳、洗澡、洗涤衣物。

过去，城市里的塔塔尔族一般住平顶土房，有大门围墙，自成院落。每个院落差不多都有住房、客房、厨房和贮藏室等。房屋一般都有两套间。家庭人口多的，儿子们住一室，女儿们住一室，父母另居一室。室内明窗粉壁，有火墙或壁炉以供取暖。墙上多挂壁毯。一般都布置得整洁美观。塔塔尔族讲究卫生，每周都进行一次大扫除。塔塔尔族的庭院内多栽花种树，果木葱茏，草绿花香，宛如宜人憩息的小花园。牧区塔塔尔族过游牧生活，都住帐篷。

过去，鄂伦春族住在用木杆搭架，周围用桦树皮、兽皮围覆而成的形同半张开的雨伞的圆锥形房屋，鄂伦春语叫“斜仁柱”。冬季用狍皮围之，夏季用桦树皮围之。但不论冬夏，斜仁柱顶端都不围任何东西，以便通烟。在每个家族村落（鄂伦春族称“乌力楞”）中，斜仁柱并列在一条线上，门朝同一方向开。斜仁柱内部朝门的铺位叫“玛路”，左右两侧的铺位叫“奥路”。铺位席地镶有木槽，里铺干草，草上铺皮褥子。地中间是一堆火，用以取暖、做饭和保存火种。玛路里侧陈放桦皮箱、篓和皮口袋等。右侧的奥路是老年夫妇的席位，左侧是年轻夫妇的席位，里侧放着随时用的粮食、衣物等。一进门的左侧是放马具的地方，右侧是放食具的地方。

第五节　交通相关礼仪

交通是作为西部少数民族交往的重要手段而存在于各民族共同体中的，各民族的交通礼俗同样循规守矩，掩映于该民族波澜壮阔的伟大变革过程中，并以多视角的透视形式折射着该民族锐意进取、奋发向上的时代主题。

塔塔尔族的交通工具以前多为槽子车和六根棍车。城市的车车身窄小，农村的车车身较宽大。另外有四轮车和雪橇，可乘人也可运物。现在城市的塔塔尔族与其他民族一样，交通工具有自行车、大巴、火车、飞机等。

柯尔克孜族长期以来过着游牧生活，其主要交通工具为马、牦牛和骆驼，冬季还使用雪橇。

柯尔克孜族以善骑著称，自诩为“马背上的民族”。“马是英雄的翅膀”这句古老谚语，说出了几千年来柯尔克孜族的生活习惯及马在柯尔克孜族人生活中所处的地位。骑马是柯尔克孜族人出生后要学会的第一项本领。孩子出生后，父母要把其抱到马背上，在父母的保护下，让其体验一下马背上的生活，希望其长大后成为勇敢的骑士。孩子们七八岁时，就要与马为伴，锻炼自己的“翅膀”了。他们视马为高贵的动物，只供坐骑，而不将马作为役畜。运载、耕地等繁重的劳动，只让牦牛、骆驼去承担。他们把马当作家庭的一分子，除用丰盛的草料精心饲养外，还对马着意加以装扮。把金银、珠宝镶嵌在马鞍、马鞭上，并缝制华丽的马披盖在马身上。婚嫁以马为聘，古籍早有记载，姑娘的嫁妆中一定得有良马。

骆驼被誉为“沙漠之舟”，是古代丝绸之路上的主要交通工具。在今日的草原上，其用途不减当年。柯尔克孜族长途跋涉、搬家转场、运载货物时，主要依靠的仍然是骆驼。

享有“高原之舟”美名的牦牛，是高寒地区的特有牛种。据史籍记载，早在两千多年前，西域各地就家养牦牛。柯尔克孜族西迁后，牦牛自然成了他们驯养的牲畜。牦牛不但耐寒、温驯，而且便于饲养，有极强的负重能力。在陡峭的雪山大坡上行走如履平地。另外，牦牛的产奶量和产肉量都很高，因而它不仅是理想的交通工具，还是柯尔克孜族的“粮仓”。

雪橇又称“木马”，据史料记载，柯尔克孜族先民狩猎时所骑的一是马，二是“木马”。《新唐书·黠戛斯传》记载：“乘木马驰冰上，以板籍足，屈木支腋，蹴辄百步，势迅激。”

在珞巴族地区，人们基本上靠腿走路，除渡河外，一般也不用竹、木筏，只有少数部落的人偶尔骑马。村与村之间的路是狭窄的。道路的维护和修理由村人负责。他们修筑石阶，借以攀登陡坡；在泥泞小道或沼泽地，放置整段的木头，借以跨越；在陡峭的山崖上，一般架设木梯，供上下时使用。

珞巴族善于架设各种不同类型的桥梁。在较宽的河面，架设藤网桥。藤网桥以十几根粗大藤子为骨架，每隔数尺套以粗藤圈，形成长管状，然后在骨架和藤圈之间编上细密的藤条或竹篾，使人在渡河时不至于掉入河里。藤网桥长达数百米，悬挂于河面十数米之上，风吹摆动，异常壮观。在小河上，珞巴族用木头架设桥梁，有时也用竹子架桥。有些桥梁实际上就是河边的一棵巨树，砍倒之后，尾部搭入对岸，修整后即可成为一道便桥。在一些河段上，亦使用溜索。溜索用竹篾或藤子编成，横悬于河上。过河时，用硬木做成一个溜子，套在索上滑行，滑到溜索中间时，改用双手向上、背向河面的方式，爬到对岸。

由于山势崎岖，既不能车载，也不能肩挑，背篓和丁字手杖成了珞巴族的重要交通工具。丁字形手杖在行进时有助于防止行路人滑倒，稍事休息时，还可作为背负重物的支撑，人们可以站着休息片刻。背篓是用藤条编织、体积能伸缩的背筐。背运时用两条带子套在肩膀上，为减轻摇晃，背筐上方还有一条带子套在背运者的前额上，攀爬时相对安全。珞巴族在长途运输时，必须集体行进。领头者一定是身体强壮、经验丰富的人。在艰难行进中，如何调整行进速度，何时休息，都十分讲究。只有这样，才能使一行负载重物的人安全抵达目的地。

第七章　社交礼仪

西部少数民族在社交活动中也讲究一些自己的礼仪。一般来讲，社交礼仪泛指少数民族在社会交往活动过程中形成的应共同遵守的行为规范和准则，主要表现在礼节、礼貌、仪式、仪表等方面。

第一节　社交礼仪概述

礼节是礼貌、品德、修养和风度的具体表现形式，核心是友善和尊重。如《礼记·儒行》记载：“礼节者，仁之貌也。”礼貌指人们在相互交往过程中表示敬重、友好的行为规范。仪式是指在一定场合举行的具有专门程序、规范化的活动。仪表指人的外表，包括容貌、服饰、姿态、举止等方面。西部少数民族的社交礼仪是人们用以沟通思想、联络感情、促进了解的一种行为规范。

一、社交礼仪的特征

西部少数民族的社交礼仪是他们社交活动的组成部分，也是他们在社交活动中的表现和方式。因而，社交礼仪的特点，归根到底是由社交活动的特性、内容和任务决定的。这也就决定了西部少数民族的社交礼仪行为和活动具有如下一些特征。

（一）形式性

西部少数民族的社交礼仪活动有较稳定的若干方式和形式，比如少数民族中的会见、做客、访问、会谈、宴会等，而且每种方式和形式都有基本运行模式和程序，讲究外在的表现形态，追求一定的形式效应。即使是个人的社会礼仪行为，也十分注意形象和效果。

比如适应于游牧生活的哈萨克族就有一些特有的礼俗。哈萨克族以热情好客闻名。哈萨克族有“只要进入哈萨克草原，哪怕你走一年，也不会挨饿”；“祖先遗产中的一部分是留给客人的”；“如果在太阳下山时放走客人是耻辱的”等谚语。因而凡是来访或望门投宿的客人，无论认识与否，都热烈欢迎，竭诚接待。宰羊待客是体面之事，如果是贵宾，还要宰一匹小马驹款待，以示美好的祝福。

待客不能用黑羊，他们认为黑羊代表不吉利。在宰羊前，主人把羊牵进门，右胳膊搂着羊脖子面向客人，请求祝福，客人中由有威望的长者致祝词，然后在座主客齐声祈祷。这个仪式完毕，主人把羊牵出去宰。

肉熟后，把盛有羊头、臀部肉、肋条肉的大盘放在客人面前。由客人中的长者执刀，先将羊头的面颊肉割一块回敬主人中的长者，再割下羊的右耳朵递给最年幼的孩子，割一片鼻前肉放进盘内或自己吃掉，然后把羊头敬还主人，以此表示谢意。之后，大家开始吃肉，最后每人喝一碗肉汤。餐毕，客人再次带领大家做祷告。

客人临走时，主人要问贵客：“毡房内是否有你需要的东西?”如果客人看中了某件东西就要奉送。如没有，就按惯例给贵客送礼。

（二）多样性

西部少数民族社交礼仪的种类繁多，表现形式也多种多样。日常交际活动中常用的礼仪就有鞠躬礼、握手礼、亲吻礼、拥抱礼等多种形式，正式交际场合中的礼仪更是多种多样，要求也更为严格。

维吾尔族是一个热情好客、崇尚礼仪的民族。当人行远路晚上无旅店可投宿时，可进民居说明情况，主人虽不相识，也会热情款待。维吾尔族待人接物讲究礼貌，如走路时让长者先行，谈话让长者先说，入座时请长者坐上席。小辈在长辈面前不喝酒、不抽烟。亲友相见必须握手问候，然后双手摸须或右臂抚胸、躬身后退一步，再问候家属安好。妇女在问候之后，双手扶膝，躬身道别。妇女还有长辈亲吻晚辈的礼节。做客时，一定要请年长的主人先进门。进屋后，切忌坐床，要跪坐在毡上，忌双腿直伸、脚底朝天。接受奉茶或物品时，要双手去接。禁止在长辈面前说不敬、粗鲁和嘲讽的语言。

（三）等级性

西部少数民族的社交礼仪总是根据不同的社交对象、不同关系、不同社交任务和内容，确定不同礼仪活动的等级、规格、规模。还涉及礼仪活动举行的地点、场所，以及参加者、主持人与礼仪活动的具体安排等。不同级别的社交活动有不同的礼仪规模，级别越高，礼仪的形式越近于庄重、严肃。

比如，乌孜别克族特别注重礼节：幼者尊重长者；有话让老人先说；走路让老人走在前面；外出骑马时，若二人共乘，则长者在前幼者在后，男在前女在后；平辈妇女相见，手放胸前鞠躬后可拥抱；长者可以吻幼者脸颊；男性见面，手放胸前鞠躬后握手。

（四）规范性

西部少数民族社交礼仪的规范性告诉人们：应该怎样做，不应该怎样做；怎样做是对的，怎样做是错的。其主要表现在如下三个方面。

其一，仪表上，在不同的场合应该穿适合的服装。比如塔吉克族在一年的服丧期中，家人不穿艳丽的衣服，妇女不能戴首饰，家中不能举行婚礼及其他喜庆活动，即使同村人有办喜事的，也要征得丧家同意才能办。而在结婚时，塔吉克族新郎新娘都必须在自己家沐浴净身。然后穿上结婚礼服。礼服的色调以红艳为主：新娘着红衣裙、红袷袢、红靴子，头系红丝穗，戴银首饰。新郎戴上红白两色绸条镶嵌的帽子，穿绣花衫衣、绣花外套、系绣花腰带、穿绣花长袜、足蹬红色靴子。宗教人士诵经后，迎亲活动便开始进行。新郎去迎新娘时，父母及亲朋要向他身上撒面粉，以示祝福。

古代蒙古族诈马宴对赴宴者服饰有严格要求，“每宴必各有衣冠，其制如一”。大汗和宗亲勋贵都有配套的衣、冠、带，但有“精粗之制，上下之别”，并佩有龙凤饰物和名贵珍珠、宝石，以别君臣尊卑。

其二，语言上，人们无论谈论什么事都要运用礼貌语言。塔吉克族是一个非常讲究礼仪的民族。在他们的日常生活中，朴质亲切的礼节处处可见。比如相见礼：男子相见时握手并俯身互吻握着手的手背，或者相互拥抱。不同辈分人相见，长辈吻幼辈的额头，幼辈吻长辈手心。女子相见时，长辈吻幼辈的眼睛或额头，幼辈吻长辈的手心。妇女平辈相见，互吻面颊，近亲则吻嘴唇。平辈男女相见，过去是女子对男子行吻手礼，或男子以手触女子头部行相见礼，现在一般行握手礼。若男子是近亲或长辈，女子吻其手心。

其三，行为上，在社会交往中，人们的行为也要遵循一定的规范。例如，柯尔克孜族饭前饭后都要洗手，洗手后手上的水不能往地上洒，而要用布巾擦干。主人请客人吃东西的时候，客人不能把东西吃尽，要留下一点退还主人，以示主人招待丰富。当招待尊贵的客人时，一般请客人吃烤全羊。依次请客人吃羊尾油（有的部落先请客人吃羊头肉）、羊头肉、羊胛骨肉，以示对客人的尊敬。在客人吃饭时，其他人不得入内或窥探。客人告别出门时，要背朝前门退出去。送客时，主人或年轻人给客人掀门帘并鞴马。

古代，蒙古族诈马宴的入场、就座也遵循一定程序。因为有大汗赴宴，会场戒备森严。清晨，赴宴者“服所赐质孙珠翠金宝衣冠腰带，盛饰名马”，列队走向会场。元代，赴宴者必须在指定地点下马更衣，换上规定的质孙，即所谓“下马一齐催入宴，玉栏杆外换宫袍”。大汗和后妃赴宴时，通常是骑马而行，有时也乘坐毡车或象辇。他们前面有时还安排隆重豪华的仪仗，“并让年轻的优伶走在前头”载歌载舞。在一派鼓乐声中，君臣入席。大汗坐在高台的宝座上，可俯视全场。余者按尊卑之序落座。

古代蒙古族“以中为尊，右次之，左为下。皇子皇孙和男性宗亲权贵，坐于大汗右侧，座位依次低于大汗宝座。后妃和其他女性亲贵，均坐于大汗左侧，座位也是依次低于宝座。并非所有赴宴者都有桌凳，相反，大部分人是按照传统习惯坐在地毯上。大酒局的南边，背北面南站着众多的侍者——酒人（成吉思汗时代的酒人也是一种官职，所以是面北而坐）。酒人掌管大酒局，提供各种饮料和膳食。酒人之外，还有侍宴宫女，往返于金帐内外。大汗和所有赴宴者面前都摆放着精美的杯盏和餐具[①]。

二、社交礼仪的原则

西部少数民族的社交礼仪有其原则，历来重视传统文化，既体现了对传统文化的沿袭，也体现了对传统文化的尊崇。

（一）平等谦和

西部少数民族的人际交往是建立在平等与谦和的基础上的，谦和就是谦虚随和。要想与更多的朋友友好往来，首先就要从平等的角度出发，不能我行我素、厚此薄彼，更不能目中无人、傲视一切。在日常生活中与人交往时不能以貌取人、以权势压人，时时处处都要平等谦和待人。

谦和是西部少数民族的传统美德。只有一个人的内心谦虚时，外在的举止、言谈、态度才能表现得彬彬有礼，才能从别人那里得到教诲。随和在生活表现为平易近人、热情大方，显示出虚怀若谷的胸怀。这是社交礼仪中调整人际关系能力的重要方面。

（二）真诚尊重

有人曾把社交礼仪的基本原则概括为“充分地考虑别人的兴趣和感情”，

① 刑洁晨《古代蒙古族诈马宴研究》，《内蒙古师范大学学报》1994 年第 1 期。

这一点也不过分。在与人交往的过程中，尊重是交往的基础，也是礼仪的根本。在西部少数民族的社会中，人与人是平等的，尊重长辈、关心别人不但是自身素质、修养的体现，而且是一种可贵的礼仪行为。

真诚是对人对事的一种实事求是的态度，是待人真心真意的友善表现，具体表现为对人不说谎、不虚伪、不骗人、不侮辱人，相信他人、尊重他人。所谓心底无私天地宽，真诚的奉献才有丰硕的收获。只有真诚尊重方能使双方心心相印，友谊地久天长。此外，尊敬人还要做到入乡随俗，尊重他人的喜好与禁忌。总之，对人尊敬和友善是处理人际关系的重要原则。

（三）信用宽容

西部少数民族在社会交往中有两点值得注意：其一是他们守时，与人约定时间的约会如会见、会谈、会议等，能够统筹安排时间，绝不拖延迟到。其二是他们守约，无论是正式还是非正式的约定，他们都言必信、行必果。这也是西部少数民族社会交往中十分重要的一点。一般来说，如没有十分的把握就不要轻易许诺他人，以免失信于人。

西部少数民族传统文化重视并提倡宽容的道德原则，并把宽以待人视为一种为人处世的基本美德。对于宽容而言，宽即宽待，容即容忍。宽容就是心胸坦荡、豁达大度，能设身处地地为他人着想，谅解他人的过失，对不同于自己的见解及不同于传统观点的见解能耐心倾听和容忍，不计较个人得失，有很强的容纳意识和自控能力，总是站在对方的立场去考虑一切，是人生一种较高的境界。

（四）自信自律

自信是社交场合的一份很可贵的心理素质。西部少数民族在交往中往往不卑不亢、落落大方，遇强者不自惭，遇到磨难不气馁，遇到侮辱敢于挺身反击，遇到弱者会伸出援助之手。自律就是他们在与人交往时，彬彬有礼而不低三下四，热情大方而不轻浮谄谀，自尊而不自负，坦诚而不粗鲁，信人而不轻信，活泼而不轻浮。

在与西部少数民族的人际交往中还要注意各种不同情况下的社交距离，也就是要善于把握沟通的尺度。

掌握并遵循社交礼仪原则，西部少数民族间的社会交往往往表现出待人诚恳、彬彬有礼的特征。西部少数民族在人际交往和活动中普遍受到尊敬。

三、社交礼仪的种类及作用

西部少数民族的社交礼仪大体可以分为如下两大类。一类是日常社交礼仪，通俗地说也就是非正式场合中需要注意的仪式和礼节，它们主要包括称呼、介绍、致谢、致歉、告别、握手等生活中最为普通的礼节。另一类是公共场合社交礼仪，指一些特定环境下西部少数民族交际活动中常用的礼仪，主要包括会议、晚会、宴会以及婚丧嫁娶等各种集体或团体的活动时应注意的礼仪。

社交礼仪是西部少数民族沟通交往的桥梁，也是现代社会西部少数民族进行各类活动的载体。社会需要礼仪，人类需要沟通。此外，礼仪是个体与群体的协调器：每个人都是社会舞台上的演员，既要演好自己的戏，又要善于与其他角色协调配合。人们在交往过程中，需要以礼仪这种交际手段来不断调节，按一定的规范协调人际关系。人，既是个体的人，也是社会的人。

我中有你、你中有我，这是人类的显著特点，是礼仪调节人际关系的出发点。公共关系的发展靠个体之间的协调，也靠个体与群体之间的协调。这样才能使你、我、他融合在一起，形成一个社交整体，从而在各自的位置上推动社会前进。社交礼仪能使陌生人相识乃至于相知，能使相识相知的人更进一步地加深情谊。

西部少数民族的个体在社会中生活的需求是多种多样的，既有包括物质需求在内的基本需求，也有包括精神需求在内的深层需求。而要满足人们的这些需求，作为桥梁和协调器的社交礼仪就起到了显著的作用。因此，我们应特别注意交际礼仪的运用，并通过它来促进西部少数民族个体或组织的发展，树立良好的形象。

第二节　称谓礼仪

在西部少数民族的社交场合中，人们经常称呼他人，怎样称呼、如何称呼这就是称谓礼仪。

称谓指的是人们在日常交往之中所采用的彼此之间的称呼语。

在人际交往中，选择正确、适当的称谓反映着自身的教养、对对方尊敬的程度，甚至还体现着双方关系发展所达到的程度和社会风尚，因此不能随便乱用称谓。

一般看来，称谓应符合以下原则。

其一，符合身份的称谓。当清楚对方身份时，既可以对方的职务相称，也可以对方的身份相称；当不清楚对方身份时，可以与性别相关的恰当称谓相称。

其二，符合年龄的称谓。当称呼年长者时，务必要恭敬，不应直呼其名；当尊称有身份的人时，可将“老”字与其姓倒置，如“张老”“王老”；当称呼同辈的人时，可称呼其姓名，有时甚至可以去姓称名，但要态度诚恳、表情自然，体现出真诚；当称呼年轻人时，可在其姓前加“小”字相称，如“小张”“小李”，或直呼其姓名，但要注意谦和、慈爱，表达出对年轻人的喜爱和关心。

一、姓名称谓

有些人有这样一个错误的观念，即认为只要对方知道自己是在对他说话就没有必要称呼他了。其实，懂礼貌的人经常会为了表示敬重而称呼，所以姓名的称呼在人际交往中也是十分重要的。所谓姓名，即一个人的姓氏和名字。姓名称谓是使用比较普遍的一种称呼形式。用法大致有以下几种。

全姓名称谓，即直呼其姓和名。把一个人的姓名全部叫出，表示一种庄重、严肃的气氛，一般用于学校、部队、会议或其他郑重场合。一般来说，在人们的日常交往中，指名道姓地称呼对方是不礼貌的。

只称其名，也就是省去个人的姓氏，只呼其名字，这样称呼显得自己很懂礼貌，同时更重要的是让对方感觉十分亲切，所以这种称呼运用的场合比较广泛。

日常生活中还有一种称谓就是在姓之前加一修饰字来表示亲切友好之意，如“老王”“大李”等。这类称谓一般用于一起工作、劳动和生活中相互比较熟悉的人之间。

藏族在使用称谓上有严格的区别，藏语有敬语和常语两种，对长辈、师长、客人说话时要用敬语，身份相同的人讲话用常语。称呼别人名字时，藏族也很注重分寸，常常叫名时在名字后面加一个“拉”字，以表示对对方的尊敬。

二、亲属称谓

亲属称谓是对有亲缘关系的人的称呼。

维吾尔族的亲属称谓只在祖孙三代的直系血缘之间才有明确的称呼，如父亲称“大大”、母亲称“阿娜”、祖父称“群大大”、祖母称“群阿娜”、哥哥称“阿喀”、弟弟称“乌喀”、姐姐称“阿恰”、妹妹称“森额勒”。除此以外的其他亲属，虽也有专门的称谓，但一般不使用。维吾尔族人的名字，一般都由本名加父名构成，本名在前，父名在后。如买买提·乌斯满，“买买提”是本名，“乌斯满”是父名。父名可作为姓。习惯上男子多在本名后加“阿洪”“江”，如沙比提阿洪、阿合买提江；女子多在本名后加“汗”“古丽”，如阿依木汗、阿依古丽。平时只呼本名，父名可省略[①]。

柯尔克孜族的亲属称谓很明确，即祖父（琼阿塔）、祖母（琼艾乃）、父（阿塔）、母（艾乃）、兄（阿戛）、弟（伊尼）、姐（艾吉）、妹（卡仁达西）。其他亲属也有相应的称谓。柯尔克孜族的家庭一般由祖孙三代直系亲属组成，已婚的子女一般不与父母分开居住，但经济富裕者中有分立毡房的家庭。

哈尼族的父子连名制是在父系制度下，父名子名世代相连的一种命名制度。其命名方式是顺推正连，父名在前，子名在后，父名的末音节用作子名的首音节，子名的末音节又用作孙名的首音节，从父系始祖开始，世世代代照此顺序沿袭，以确保父系血缘的永久延续。在哈尼族的家庭系谱中不存在母女连名制，但却有父女连名的，即父名的末音节用作女名首音节的，以确认其女儿的血缘归属。但是当女儿成人出嫁，在夫方父系家庭中，世系按父系计算，其女儿原来父女连名的意义完全失去。

调查资料表明，各地哈尼族父子连名系谱延传代数不一致，有的仅传至60代上下，有的已达70余代，甚至有超过90代的[②]。当然，在一个拥有100多万人口，支系多达数十个的民族中，这种家族世系发展悬殊的出现是符合历史实际的。比如，男子甲20多岁得子，儿子20多岁又得子，这一男子甲到50岁上下就当上了祖父；而另一男子乙，由于某种特殊原因，直至50岁左右方得子。这样，乙的家族世系与甲的家族世系相比，仅50年左右时间之内便延缓了一代。截至现世最后一代孙止，扣去可能的遗漏和传讹之后，综合各地情况，哈尼族父子连名系谱平均已发展到70代上下，每代平均以25年计，共计1750年上下，哈尼族父子连名制形成于哈尼族母系氏族社会结束，正式跨入父权制的时代。

哈尼族父子连名系谱中原无姓氏而只有名，历史上哈尼族名中姓氏的出

---

① 李德洙主编《中国少数民族文化史》，辽宁人民出版社1994年版。

② 李德洙主编《中国少数民族文化史》，辽宁人民出版社1994年版。

现主要源于三方面：一是明代改土归流后，明王朝赐姓给哈尼族各土官，从此土官本宗及所属居民均以土官之姓为姓；二是与汉族频繁交往中，将自己名字的第一个音节变成姓；三是受汉文化的影响，以本宗祖先名字的末音节为准，再从汉族的百家姓中找一个同音字，作为本宗人的共同姓氏。

父子连名制是古代哈尼族社会发展中用以表明血缘关系的系谱形式，是从母系氏族社会到父系氏族社会过渡过程中逐渐形成的重要文化特征。父子连名制反映了哈尼族古代社会不同历史发展阶段和社会形态。换言之，哈尼族的命名制度的发展沿革能反映社会形态的变迁、发展，证明了哈尼族先民曾经历母系氏族社会和父系氏族社会这两个顺序相承的历史发展阶段。这块“社会活化石”再现着古代哈尼族的历史原貌，即哈尼族父子连名制发端于母系氏族社会晚期，形成于父权制社会初期，并沿袭至今。

父子连名制最明显的特点是帮助后人记忆。正因为容易记忆，每一个男性成员自幼在传统风俗的熏陶下，在日常生活实践中，掌握并熟悉这种对自己极为重要的事物，将家族全部男性祖先的名字完整地记在心里。从这承前启后的链条中，后人可以辨认、断定出哈尼族各分支间的血缘亲疏关系。走遍同宗族居住的任何地方都可以不带干粮和行装，并会受到保护和特殊款待。父子连名制在哈尼族社会历史发展和文化生态研究中具有重要的价值。

哈尼族父子连名制的结构形式比较复杂，从名字的音节（字）的数目来看，可分作二音节和三音节，再由二、三、二音节交叉组成。从父系始祖“木翁”下延至第 7 代“尼白”为第二音节，第 8 代“思尼雨”（苏米窝）至第 32 代“孩木仰”为三音节，从第 33 代“仰资”以后的均为二音节。具体连名形式由哪些二音节、三音节交叉组成，有待于进一步调查研究。连名的音节结构主要有并列式、缩音式两类。父名子名顺序并列相连者谓之并列式，多见于二音节名，如云南省元江县哈尼族李堂沙系谱中的：者每—每吕—吕波—波扭……三音节名结构较复杂，除少部分名字由并列式组成外，其余均由缩音式交错构成，如云南省红河县哈尼族李呈祥系谱中的：木实孔—孔欠莫—莫十书—书布孩……缩音式是三音节名的一种主要构成形式。

父子连名系谱的传递能把传讹和遗漏限制在最低范围内。但是，哈尼族父子连名系谱并非全是父名子名相连珠贯而下的。各地哈尼族家庭系谱表明，一个共祖的名字因后代分支方言的差异造成音变，有的确属父名子名根本不相连，学术界把这种断连现象称作父子连名的变异。错漏或传讹虽然难以完全避免，但造成变异的更多原因应从哈尼族的传统观念等方面去寻找。从民族学角度看，造成父子连名变异的原因主要是受以下观念的影响。

婴儿尚未出世其父先亡（遗腹子），父子没有见过面，子名不能与父名相连。

长子不幸夭折，凡以后所生子女一般不与父名相连。

孕妇分娩出脐带缠绕脖颈的婴儿，须改变命名方式，子名不与父名相连。

父亲刚满三十岁时第三个儿子刚好出生，其子名不与父名相连。

婴儿尚未出世父母便离异的，子名不与父名相连。

村里死人当天生下的婴儿，其名不直接与父名相连。

哈尼族父权制取代母系制是个充满无形斗争的漫长历史过程，决非一帆风顺。父权制刚出现时，曾不断受到母系制的强烈反对和抗拒。父系氏族社会为确保父权制的永恒延续，除以父子连名制作为维系父系族体的精神支柱和文化纽带往下承袭之外，婚姻形态中曾存在若干过渡性的中间环节，比如抢劫外姓女子为妻的抢婚制。这在婚姻礼仪那章有所论述，在此就不赘述了。

而对于傈僳族来说，他们以往对姓氏的观念并不很强，除了氏族有姓氏外，一般家族中没有姓氏，也没有父子连名的习惯，命名不按辈分和排行。孩子生下后，多半是由父亲、母亲、伯父和叔父命名，有的则请外祖父或舅舅命名。男子的名字与弩箭有关，取名为“阿普千布”，因为傈僳族男子喜爱打猎；女子的名字则多和纺织、手工艺制作有关，取名为“阿娜月丽”，因为女子喜欢织布和手工艺制作。正是因为这样，历史上傈僳族许多人的名字是相同的，一个村寨里同名者最多时可达几十人，有时甚至达上百人。这种取名方式有时带来许多不便，中华人民共和国成立后已在逐步改变①。

三、职务称谓

职务称谓就是用所担任的职务作为称谓。进入现代社会后，西部少数民族在工作中对职务的称谓大同小异。现在西部少数民族用职务称谓的现象已经相当普遍，目的也是为了表示对对方的尊敬和礼貌。主要有三种形式。

用职务来称呼，如“李局长”“张科长”“刘经理”“赵院长”“李书记”等。

用专业技术职称来称呼，如“李教授”“张工程师”“刘医师”。对工程

---

① 李德洙主编《中国少数民族文化史》，辽宁人民出版社 1994 年版。

师、总工程师还可称为“张工”“刘总”等。

职业尊称，即用其从事的职业当作称谓，如“李老师”“赵大夫”“刘会计”，不少行业可以用“师傅”相称。此外，直接以被称呼者的职业作为称呼。例如：老师、教练、医生、会计、警官等。

四、性别称谓

一般约定俗成地按性别的不同分别称呼为“女士”“先生”。

第三节　书信礼仪

我国的书信史源远流长。

远古时代结绳记事，自从有了文字，人们把字刻在竹皮木片上相互传递，交流简单的思想。刻在竹片上的叫“简”，小竹片叫“笺”；刻在木片上的叫“牍”，小木片叫“札”。如果有了复杂的事情，便把小片连续起来，叫“策”（今人称“册”）。正如《易·系辞》所载：“上古结绳而治，后圣人易之以书契。”“契”同“锲”，是用刀刻的意思。

在今天的书信用语中，还残留着某些早期书简的专门用语，需要先做一些介绍。我们知道古代的牍就是将树木锯成段后剖成的薄片，在牍上写信后，为了保密，用另一块木板覆盖在上面，称为“检”；在检上书写收件人的姓名、地址，称为“署”。用绳子将牍和检一并捆扎，再打上结，称为“缄”，缄是封的意思。如果是用竹简写信，简数较多就盛在囊中，用绳子扎口。为了保密，在绳结处用泥封住，上面加盖印章作为凭记，表明这封信没有被拆开过。

一、书信别称

书信在古代也是一种重要的传递信息的方式，为表示不同的种类，古人使用了不同的称谓，如书札、手札、书牍、尺牍、尺翰等。

函。如“便函”就是便信，“公函”就是公文。

书。“书之为体，主言者也”，“书者，舒也；舒而其言，陈之简牍。”如“家书”就是家信，“手书”就是亲笔信。

札。原指写字用的木片，引申为书信。如“大札”“惠札”“便札”。

简。原指写字用的竹片，引申为书信。如“书简”“小简”。

笺。供题诗、写信用的纸张，引申为书信。如“便笺”“锦笺”“华笺”。

尺牍。古代书写用的狭长竹木简，长约一尺，故称“尺牍”。

尺素。纸未发明前，富贵人家常用绢帛书写，通常长一尺。尺素引申为书信。

鸿雁。典出自《汉书·苏武传》：“天子射上林中，得雁，足有系帛书，言武等在某泽中。”此后文学作品中常用“鸿雁”来指代书信或信使。

二、书信传递

早期，民间书信是很少的，书信多限于天子、诸侯之间的往来，内容多涉政治、军事，专由使者直接传递。到了周代，开始建立邮驿制度。“邮”即由使者步行传递；“驿”即是骑马传递。《孟子》中就有“速于置邮而传命”之句。秦汉之际，邮驿制度已经遍及全国，驿程越来越长，驿卒也越来越多。到了宋代，书信传递已经分等次。送急信，有“急脚驿”，每日行200公里；送特急信，有“金牌急脚驿”，每日行250多公里，轮次传递。这种邮驿制度在我国一直沿袭了数千年。到了清末，成立了专司邮传的机构邮传局，民国初年改为交通部。

书信在简、牍阶段，不仅刻写、传递不方便，而且由于字迹裸露更不易保密。后来有素帛，凡机密事，秦汉就用叫作“皂囊”的黑色小布袋装起来，这就是最初的“信封”了。由于那时信是由信使或驿卒直接传递，信封上大概是不写什么的。

羽檄。颜师古注解：“檄者，以木简为书，长尺二寸，用征召也。其有急事，则以鸟羽插之；示速急也。”古代战事紧急时，把羽毛插在书信上，称为羽檄。

鸡毛信。古代羽书的一种，在书信上粘鸡毛，因此得名。这种传递书信的方式一直到抗日战争时期仍在沿用。

信鸽传书。古代用信鸽传递书信的方式。这种传递书信的方式历史悠久，西汉的张骞、东汉的班超先后出使西域时，都曾用信鸽传递消息。

传竹筒。古代用竹筒传递书信的方式，从唐代一直到明、清时期，相沿成俗，竹筒起着保护和传递书信的作用，类似今天的信封。

鸿雁传书，据《汉书·苏武传》记载，西汉苏武曾奉命出使匈奴，匈奴迫使他投降，苏武不肯，被遣至北海牧羊。苏武忍辱负重十多年后，汉朝与匈奴和亲修好。汉朝又派使节到匈奴，要求放苏武回汉，但单于仍不愿放人，谎称苏武已死。和苏武一起出使匈奴的常惠，把真情告诉了汉使，并让汉使这样对单于说：汉朝皇帝打猎时，曾射到一只北方飞来的大雁，雁足上系着一封信，说苏武没有死，仍在北海牧羊。单于听后，知道无法隐瞒，遂放苏武归汉。鸿雁是大型候鸟，每年秋季南迁。看到鸿雁，常常引起游子思乡怀亲之情和羁旅伤感。后来，人们便把传递信件的使者称为“鸿雁”。“鸿雁传书”一词也由此而来。

鲤鱼传书。书信写完后用两个木板夹住，两个木板都雕刻成鲤鱼的形状，这就是“鲤鱼传书”的来历之一。另有“客从远方来，遗我双鲤鱼，呼儿烹鲤鱼，内有尺素书”。这可能就是“鲤鱼传书”的来历之二吧。

总之，古人日常交往的礼仪有一定规范，而不能见面时，就将感情诉诸书信。字里行间的礼仪依然不可缺少，温文尔雅、彬彬有礼，从而形成了富有特色的书信文化。

而西部少数民族中，佤族过去是无文字的民族之一。在历史长河中，佤族人民相互间的通信往来，靠跋山涉水、翻山越岭、迎风冒雨传递，而且是以原始通信方式进行的，如用木刻、结绳等方式传送信息。除了上述方式外，通常也以送实物来表达某种意思：送芭蕉，表示相互友好，像兄弟一样亲密；送甘蔗，表示团结友好一条心；送盐巴，表示大家同甘共苦；送牛肋骨，表示联合；送辣椒，表示气愤不满；送鸡毛，表示紧急和最后的警告。结绳、木刻以及送实物等毕竟是原始通信方式，只能表达简单的意思，难以表达复杂的情况和思想。

三、书写礼仪

先秦两汉时期的书信格式相对随便。到了魏晋南北朝时期，已经出现了“书仪”，也就是供他人写作书信时参考的规范。从古代的一些书信里可以看到比较规范的书信格式和用语，这些书信都成了书信礼仪的典范。

古代书信一般由称谓语、提称语、思慕语、正文、祝愿语和署名六个部分组成。由于收信人年龄、身份的不同，写信时所使用的称谓语、提称语、思慕语、祝愿语等也都有相应的区别，弄错了就是失礼。

比如称谓语。在书信的称谓中，主要是写信方和收信方的两种称谓，即谦称和敬称。

关于敬称，古人“自谦而敬人”的原则在书信中表现为对别人用敬称的同时自己用谦称。书信中敬称是对对方表示尊重之意。敬称的方式很多，主要有如下几种。

其一，将古代爵称等转换成敬称。如“君”本指天子、君王，有时也用来指诸侯。后来演变为一种宽泛的敬称，如家君指父亲，夫君指丈夫等。公、卿也被用作敬称。

其二，对他人亲属的敬称。一是对配偶的敬称。如古代天子的妃子称“后”，诸侯的配偶称“夫人”，大夫的配偶称“孺人”，士的配偶称“妇人”，庶人的配偶称“妻”。二是对其他亲属的敬称。一般在称谓前加“令”字，如令尊、令堂、令伯、令兄、令弟、令郎（令息）、令爱（令媛）等。

此外，与敬称相呼应，书信中凡涉及对方的事物都要用敬语，如对方的住宅，要称府、邸或潭府。如果对方有所馈赠，感谢时可称厚赐、厚赠、厚贶等，以表示看重这份情谊。

而谦称是与敬称相对的称谓。如在书信中对人提及自己的妻子，用“内人”“内子”“拙荆”等谦称。每个人对自己的父母都很敬重，古人也是如此，但是在书信中与人提及自己的家人时，还是要用谦称的，一般是在称谓之前加“家”字，如父亲称家父、家君、家严等，母亲称家母、家慈，还有诸如家伯、家叔、家兄、家嫂。对比自己年龄小的，在称谓之前加“舍”字，如称舍弟、舍妹等。对于已经去世的父母，前加“先”字即可，如先父、先母。而对于自称，则多在称谓前加“愚”字，如愚弟。如果向对方有所馈赠，则要用谦语，如菲仪、芹献、寸志等，意思是说自己的东西微薄、不值钱，不过是借以表示小小的心意。希望对方收下礼物，则要说恳请笑纳等。

第四节　交往礼仪的表现形式

西部少数民族在交往中的礼仪和方式都有特殊的含义，在拜访和待客中有其相应的礼俗。这些表现形式不但承载了不同民族经济、思想、文化的变迁，也展现了对社会的影响，以及文化礼仪所反映出的各民族的优良传统和风俗。

一、拜访礼节

西部少数民族都是十分注重礼节的民族，在拜访时会依据自己的身份和地位来进行交往。

哈萨克族到“阿吾勒”家做客，要给主人的孩子带礼品，见到小孩要抱起亲吻，吃饭时，要把好吃的先给孩子吃。哈萨克族还有收养孤儿的习俗，不论谁的孤儿，都有责任收养，培育其长大成人，为其成家立业。哈萨克族青年男女恋爱自由，男女青年婚前不允许到对方家做客。婚后女婿到岳母家，不能盘腿正坐，主人送来的第一碗茶要敬给岳母，岳母喝一口再添上茶，然后递给女婿，此时女婿才能喝。

哈萨克族在拜访时的禁忌也很多：在吃饭、喝茶时，不能跨越或脚踩餐巾，忌讳擤鼻涕、吐痰等。饭后，在餐巾收起前，不要离座，有事外出，须从人背后走过。做客时，忌讳客人快马直冲家门，否则会被认为是报丧、传递不吉利信息或挑衅行为。入毡房后，最忌讳坐在食品箱或其他生活用具上，他们认为食物是圣洁之物。要席地盘腿而坐，不许把腿伸直，也不要脱掉鞋或靴子，床是睡人或放物的，禁止在上面坐。主人端上的茶、酒、肉以及其他食品，都要高高兴兴接受。酒要一饮而尽，如不会喝，也要沾唇，以示尊敬和谢意。茶不能喝半碗便离席，这是一种不礼貌行为。

去维吾尔族人家做客时，应听从主人的招待，如果没有食欲，也要尝一口，表示尊敬，不应完全拒绝。主人为客人斟茶时，任其自便，不要为表示客气而接壶自己动手。如不再想喝，可用手把碗口捂一下，示意已喝足。吃饭时，客人不可随意拨弄盘中食物，不可随便到锅灶前面去，不可食物于碗中。不可让饭屑落地，如不慎落地，要拾起来放在饭单上。共盘吃饭时，如觉得烫手，也不要将抓起的饭粒再放进盘中。吃饭时要跪坐，不要盘腿，否则会被认为无礼貌。吃饭或聚会时，不擤鼻涕、吐痰。饭后作“都瓦”时，不要东张西望或立起，更不要笑。

到藏族家做客，主人请喝青稞酒时，客人必须先喝三口，然后一口喝干，主人敬的酒，喝得越痛快，主人越高兴；如做忸怩状，拒绝主人敬酒，会被认为不懂礼貌。在进餐饮时也有相应的礼节，如食不满口，咀嚼食物不能有声，喝茶时也不能“咕嘟咕嘟”作响。行路不许抢在他人前面，相遇要礼让对方先行，坐时要端坐，不可东倒西歪，不许随便伸脚。

保安族吃饭时一般在炕上置一张矮桌，桌上放食物和茶水，家人盘膝围桌而坐。保安族多以小麦、青稞、玉米为主食，通常做成馒头、面条、油香、馓子、馓饭或搅团（在开水锅内撒下面粉，搅成糊状，稠的是搅团，稀的为馓饭）。肉食以牛羊肉为主，忌食猪、马、驴、骡和其他凶猛禽兽之肉，忌食一切自死动物的肉和血。保安族也爱饮茶，客人来了一般每餐必定有茶，多数用盖碗泡茶。

过去，贫苦农民买不起茶，多用当地土产干草代替。现在，多用茯茶、沱茶等，一般还加冰糖、桂圆等，俗称“冰糖窝窝茶”。沏茶用具中的紫铜壶有一定的代表性。这种壶下端有一个小门洞，里面装有燃烧的木炭，一般称作“火壶”。当地群众沏茶，一定要用滚烫的开水，他们称之为“牡丹花水”，形容水滚沸时的状态。用火壶烧水沏茶，水总是沸腾的，因此沏出的茶格外清香。

二、待客礼节

西部少数民族十分热情好客，主人通常会用非常诚恳的礼仪来招待客人。

蒙古族人民有非常传统的待客美德。一见客人边握手边说“塔赛奴”（您好），客人进入蒙古包后，家中的主妇便用双手向客人敬献喷香的奶茶。同时摆上黄油、奶皮子、奶豆腐、奶酪、炒米等食品，供客人食用。客人要住宿，晚饭就是手扒肉、美酒、面条或蒙古包子等。客人告别时，全家出蒙古包欢送，祝客人一路平安，欢迎再次光临。现在，居住在农区的蒙古族通常炒各种菜并配以美酒招待客人。

献哈达是蒙古族人民的一种传统礼节。祭祀、婚丧、拜年以及对长辈和贵宾表示尊敬等都需要使用哈达。哈达以丝绸为主，一般为白色、浅蓝色和黄色。长度通常为五尺左右，宽度不等。有的绣有“云林”“八宝”等民间花纹图案。向长辈献哈达时，献者略弯腰向前倾，双手将哈达捧过头顶，哈达对折，折缝向着长者；对平辈献哈达时，双手平举递给对方；对小辈献哈达时，一般将哈达搭在其脖子上。敬鼻烟壶是蒙古族牧民的一种日常见面礼。鼻烟壶用玉石、象牙、水晶、玛瑙、翡翠、琥珀或陶瓷制成。晚辈同长辈相见时，晚辈曲身鞠躬，双手捧着鼻烟壶，敬献给长辈，长辈用左手接受，闻后归还。同辈相见时，用左手相互交换鼻烟壶，双方闻后归还。

乌孜别克族也非常好客，对远道而来的客人都热情款待。他们常用馕和抓饭招待客人，客人至少要吃一点，不然会被认为主人有所怠慢。用餐时，长者坐在上座，幼者坐在下座。吃饭时，忌用手擦摸食物、用鼻子嗅食物。吃馕时要把馕掰成小块，然后一小块一小块地吃。切不要把抓到手上的食物再放回去，自己碗里的东西不要给别人吃。饭前饭后必须洗手，洗后用手巾擦干，不要乱甩水。

藏族对客人、亲友十分恭谦。见面或迎送亲友要互献哈达。哈达分为“朗佐”“阿喜”“索喜”等十几种。献何种哈达，要依据对方的地位、身份和自己的经济条件而定。敬献哈达时，要用双手捧上。腰部稍弯，才算有礼貌。如今，敬献哈达这种礼仪使用的范围越来越广，婚庆、节庆、乔迁、拜师、迎送亲友等场合都要献哈达。乔迁所献哈达，通常是把哈达挂在新房的柱子上。藏族习惯以酒招待客人。

柯尔克孜族具有重礼节、好宾客的优良传统。两人在路上相遇时，要用手抚胸躬身相互问候致意。对来客不论是亲朋好友还是陌生的过路者都要以礼相待。家中有远道而来的客人，主人要高兴地热情款待。否则，将会受舆论的谴责。天晚了要留客人住宿。有时主人不在家，主妇要热情地招待客人。凡迁居时，迁居者要设宴招待邻居，表示告别；迁入时，新的邻居要设宴招待新的迁入者，以表示欢迎。迁徙途中所到之处，都受到当地人的热情款待。

塔吉克族的待客礼也非常周到。客人骑马远道而来，经过主人家门，主人则亲切欢迎，扶客人下马。如客人将马鞭交给主人，即表示要在主人家休息。主人代客人拴好马，请客人进屋。女主人铺好褥子，客人就座后，再给客人背后垫上枕头，代客人脱下靴子。双方互致问候。客人可躺下休息。休息好，女主人将最好的饮食送上。如果客人要求住下，主人将准备丰盛的晚餐。晚餐后，要等客人睡下后主人才睡。客人离开时，主人为客人鞴马，将马牵到门前，扶客人上马，交还马鞭，互道“再见”。塔吉克族接待客人不索取报酬，而要尽力帮助解决食宿困难。

门巴族十分好客，来了客人要热情接待。门隅北部门巴族多以酥油茶、青稞酒、荞麦饼和蜂蜜招待客人。墨脱门巴族因出产较多，待客的食品相对丰富一些，用黄酒（酸甜的玉米醪糟水）作为饮料，猪肉、饭菜均有。就餐时，男主人陪客，女主人站在客人面前劝酒，用大铜瓢盛酒，客人碗里的酒少一点，女主人就掺一点，直到客人喝醉了，主人才高兴，认为客人看得起主人。墨脱门巴族的饮食习惯与南方（产米地区）的汉族有相似之处，只是饭菜制作的精细程度有差别。他们也向喜马拉雅山北坡藏族居民换取酥油和茶叶，打酥油茶喝。

彝族也非常好客，凡来家中的客人皆先要以酒相待。宴客规格或大或小，以椎牛为大礼，打羊、杀猪、宰鸡渐次之。打牲时，要将牲口牵至客前以示尊敬。以牛、羊待客皆不用刀，用手捏死或捶死，故称打牲。其手法极敏捷，往往牲未死而皮已剥。宴客时的座次顺序有一定的惯制，一般围锅庄席地而坐，一般让客人坐于锅庄之上首，彝语称“呷尔果”处，主人陪坐于锅庄之右首，帮忙者、妇女和亲友则坐于锅庄下首，彝语称“呷基果”处。客人多时，顺延至右侧。行酒的次序依据彝谚“耕地由下而上，端酒以上而下”。先上座后下座，“酒是老年人的，肉是年轻人的”，端酒给贵客时，要先给年老者或长辈，再给年轻人，人人有份。

保安族人民对客人非常热情且尊重，当客人到家时，立即请到炕上首位坐下（左右两边炕，客人坐左边），以家中最好的茶饭招待。家境好的亦有以油香、手抓羊肉、鸡肉待客的。如果以鸡肉待客，则必将鸡尾让首席客人吃，以示尊敬。若是客人不吃鸡尾，就说明主人有什么地方招待不周，客人不满意了。现在，保安族人待客，一般情况下，首先上大饼或馒头，随后上手抓羊肉或鸡，最后上面条。另外，保安族人家里来了男客人，青年和中年妇女是不能随便露面的，她们一直在厨房里忙碌，干完活就回到自己的卧室或待在厨房里，直到客人走了以后才出来。

自古以来土族都热情好客。土族由牧业生活转入农业经济生活后，保留最多、最完整的就是他们的好客态度和待客礼仪。在土族地区，凡登门拜访土族人家，来客不论过去是否与主人相识，必然会受到真诚、热情的款待。“客来了，福来了”，是土族笃信的话。一个土族人家冷落客人是不可思议的。土族款待客人，有敬“三次三杯酒”的习俗：第一次是客人到主人家时的“临门三杯酒”；第二次是客人入席时的“吉祥如意三杯酒”；第三次是客人辞行时的“上马三杯酒”。

不能饮酒的客人可用无名指蘸酒对空弹三次，即表示领情和谢意，主人也能欣然接受。土族人家招待客人时尽己所有，对客人招待得越好，主人越觉得光彩。土族“家曲”中的赞美歌，就源于土族的好客传统。土族人家在款待客人时，十分讲究礼节，无论敬茶、敬酒或敬饭食，都是双手端给客人。重大节日有客来访，土族人家一般要做“三道饭”：头道饭为“焜锅馍”、茯茶；二道饭为油饼、奶茶；三道饭为面片或面条。

三、其他常见礼节

在西部少数民族中，还有一些其他的常见礼节。比如藏族十分重视馈赠，凡有喜庆之事，必然互相送礼致贺。在同一阶层内，一般是有送必有还，而且还的数目普遍都是加一倍，否则即认为小气和失礼。藏族很重视朋友之间的情谊，喜欢真诚相待，乐于助人。而口蜜腹剑的假朋友，一旦被识破，对其则是不留情面的。

哈萨克族忌讳当面赞美主人的牲畜与猎犬，不能当主人面追打家犬或用棍棒打牲畜的头部，不能当面数主人的牲畜头数，认为这样会使牲畜遭灾。遇到羊群要绕行，不能跨越拴牲畜的绳子，认为牲畜兴旺，都是由主管拴绑牲畜的绳子的神灵所赐予的，如果这样做，会侮辱赐福的神灵。

尊老爱幼是哈萨克族的传统美德。哈萨克族有句谚语："年轻人登门要干活，老年人登门要款待。"草原上德高望重的老人被称为"阿克萨卡勒"。老年人给年轻人传授生产、生活知识与经验，因此获得众人的尊敬。年轻人见老年人要主动打招呼问候；进门或行路时，要让老年人走在前面；喝茶吃饭时要请老年人坐上席；老年人骑马外出与归来时，要迎上前去扶老人上下马，鞴鞍与卸鞍。

撒拉族继承其先民热情奔放、豁达聪慧的优秀品质，创造了既保留本民族优秀传统又汲取各民族文化之精华的撒拉族的礼仪文化。其中，尊老爱老是其重要内容和特征。尊敬老人，是撒拉族的一种美德。在婚礼上朗诵的撒拉族著名说唱长诗《乌热亥苏》中就有专门赞颂老人的诗句：

人世间谁该受人们尊敬？
是长辈！
为什么受人尊敬？
他们饱尝了人间的苦痛。
残风深水中得以幸存。
满脸的皱纹，
蕴藏着力量和智慧；
满脸的胡须，
闪耀着生活经验的光辉。

撒拉族除在文艺作品中列举老人的功德，劝诫人们要尊老敬老外，更多的则是身体力行。晚辈们见到老人，必须先道"色俩目"。村里的孤寡老人，经常得到全村人的关心和帮助。村里人及时将各种生活用品送到老人家中，使他们能够安度晚年。逢年过节或遇红白喜事，都必须邀请老人参加，突出他们的地位和作用。吃饭时，老者总是坐在炕中间，一些重大的活动也由德高望重的老者来主持，本村的一些大事也要请他们出主意，共同商量解决的办法。在家里，老人更是备受尊敬和照顾。家人精心安排老人的生活起居，家中好吃的、好住处都要先让给老人。吃饭时，老人没动筷子，其他人不许先动筷。

另外，舅舅在撒拉族中的地位也很重要。正如《乌热亥苏》中唱的：

俗话说：

铁出炉家，

人出外家，

咱们的阿舅，

最应受人敬重。

在撒拉族人中，每家的婚丧嫁娶，生儿育女，或其他重要事宜，都必须有舅舅参加，并颇重视舅舅的意见。舅舅在家庭中起着至关重要的作用，任何人不得怠慢，否则，舅舅可任意惩罚，他人不得干涉。

裕固族的祖先可以追溯到公元前3世纪的丁零、4世纪的铁勒和居住在色楞格河和鄂尔浑河流域的回纥。古代的回纥人，他们见可汗要行舞蹈礼，见长官要下马拜。据《旧唐书·回纥传》载，广德二年（764年），回纥首领罗达干等人见唐副元帅时，“便下马罗拜”。回纥人盟誓时要饮酒。现在，裕固族人路遇长者仍以下马为礼，用好酒款待客人，也尊老爱幼，好客尚礼。

土族重视家族、邻里间的团结互助，以帮助他人或协作为荣。如在一家建造房屋时，往往远亲近邻都来帮忙。又如“打庄廓”对技术和人力都有一定要求，有经验的人会自告奋勇出来当指挥，并根据帮忙者的特长派活。在土族地区，家族内部的纠纷或邻里间的纠纷，老人出面裁决往往都能解决。敬老是土族的传统美德。对长者的尊敬是土族评价一个人教养的重要标准。土族认为第一杯酒或第一杯茶必先敬最年长者。家庭内用餐时，第一碗饭也是盛给老人的，老人不动筷不开餐。在任何场合、任何时间，老人的座位都必须是上座。晚辈在家里见到长辈或在外遇到长辈，都应主动问候或让坐。年轻人与老人同行时，也要让老人走在前面。

土族地区有这样一种风俗：年轻人走路遇老人，不能从老人面前横过，而应从老人背后绕过去；骑马或乘车路遇本家或本村的长辈，必须下马或停车问候，否则即为失礼。对老人或长辈失礼，是土族最鄙视的行为。在排解邻里或家族内的各类纠纷时，最终要请辈分高的长者出面，而辈分高的长者的意见和判断具有相当的权威性。

东乡族颇循礼仪，从孩子知事起就注重这方面的教育，使其知晓在与家庭成员相处时应该遵从的礼仪和行为模式，懂得亲友及社会交往方面的社会习俗和礼节以及处理社会关系的准则。东乡族鼓励和提倡虔守信仰、敬主爱人、履行“五功”、勤俭朴素、诚实劳动；孝顺父母、接济骨肉、和睦兄弟、善待妻子、培养儿女、救护孤儿、照料老弱、排解纠纷、息事宁人、耿直公道；忍让、勇毅、坚韧、慷慨、仁义、互助、团结等。东乡族中的禁忌、戒律也很多，如“禁酗酒，禁吃猪肉，禁吃死物、血、凶禽猛兽、污秽动物的肉；严禁放高利贷，囤积居奇；禁占卜问卦看风水；戒嫉妒、背后谈人、谎言、爽约；戒赌博、斗殴、偷盗、掠夺；戒自私自利、损人利己；戒骄傲、自大、自满、目空一切；戒大吃大喝、贪污贿赂；戒自吹自擂、阿谀奉承；戒暴虐、恶霸；戒苦恼、绑缚、自杀、吝啬；戒造谣惑众、搬弄是非，挑拨离间”等[①]。

① 李德洙主编《中国少数民族文化史》，辽宁人民出版社 1994 年版。

参考文献

一、书籍（以书籍出版时间前后为序）

杨知勇、秦家华、李子贤编《云南少数民族婚俗志》，云南民族出版社1983年版。

杨知勇、秦家华、李子贤编《云南少数民族生葬志》，云南民族出版社1988年版。

彭立荣主编《婚姻家庭大辞典》，上海社会科学院出版社1988年版。

龙生庭编著《婚俗趣话》，光明日报出版社1989年版。

夏之乾《中国少数民族的丧葬》中国华侨出版公司1991年版。

王亚南、郑海著《生—死：永恒的诱惑与恐惧——云南少数民族人生仪礼研究》，云南人民出版社1991年版。

杨知勇著《西南民族生死观》，云南教育出版社1992年版。

李德洙主编《中国少数民族文化史》，辽宁人民出版社1994年版。

严汝娴、刘宇著《中国少数民族婚丧风俗》，商务印书馆1996年版。

严汝娴、许秀玉著《中国少数民族婚俗》，商务印书馆1997年版。

王亚南著《口承文化论——云南无文字民族古风研究》，云南教育出版社1997年版。

袁志广、刘琳编《天山南北的民俗与旅游》，旅游教育出版社1998年版。

王玉德著《趋吉解读》，广西人民出版社1999年版。

范河川著《山岩戈巴》，四川大学出版社2000年版。

石奕龙编著《中国民俗通志·丧葬志》，山东教育出版社2005年版。

毛公宁编《中国少数民族风俗志》，民族出版社2006年版。

［美］威廉·A. 哈维兰著，瞿铁鹏等译《文化人类学》，上海社会科学院出版社2006年版。

［英］维克多·特纳著，赵玉燕等译《象征之林》，商务印书馆 2006 年版。

石连顺、石晓莉著《阿细人生礼仪》，云南民族出版社 2007 年版。

尤德林著《牛尾羌——一支隐匿于岷山大峡谷的部落秘语》，白山出版社 2015 年版。

二、文章（以载文报刊的期号或出版时间前后为序）

王亚南《无冠的加冕——云南民俗仪礼中的礼教》，《中国文化报》1989 年 4 月 5 日。

王亚南《华夏传统社会结构分析》，《毛泽东哲学思想研究》1989 年第 2 期。

王亚南《亲长身份与亲权——从云南民俗看华夏社会传统》，《云南社会科学》1989 年第 4 期。

马林英《凉山彝族生育习俗》，《民俗研究》1992 年第 3 期。

陈崇凯《少数民族婚俗：歌哭出嫁》，《民族大家庭》1997 年第 3 期。

聂庆元《威宁彝族婚俗音乐“酒礼歌”及其现状思考》，《中国音乐学》1997 年增刊。

赵伯乐《少数民族婚礼的社会功能》，《云南社会科学》2000 年第 4 期。

李景《维吾尔民间求子习俗的新结构主义分析》，《西北民族学院学报》（哲学社会科学版）2002 年第 4 期。

陈开心《彝族人家的吉利语》，《中国民族报》（电子报）2004 年 7 月 2 日。

艾克拜尔·卡德尔《论维吾尔族婚礼中的传统习俗》，《内蒙古大学学报》（社会科学版）2005 年第 1 期。

黄彩文、杨文顺《布朗族拜认干亲习俗与人际关系网络的构建》，《学术探索》2007 年第 2 期。

瞿明安《中国少数民族婚礼驱邪仪式中的象征符号》，《宗教学研究》2007 年第 3 期。

张彦《近 20 年来关于中国少数民族人生礼仪研究综述》，《民族论坛》2008 年第 1 期。

李君怡《布依族“不落夫家”婚俗探析》，《黔西南民族师范高等专科学校学报》2008 年第 4 期。

周云水《仪式与族群记忆：对藏缅语族婚俗的人类学分析》，《大理学院学报》2008 年第 5 期。

高奇仙《试析云南少数民族婚俗聘礼的文化内涵》，《大理学院学报》2009 年第 3 期。

熊永翔《当代蒗蕖摩梭人丧葬仪式考察》，《宗教学研究》2010 年第 2 期。

才项多杰《藏族婚礼中箭的交换及其文化内涵》，《西南民族大学学报》（人文社会科学版）2010 年第 5 期。

王友富、李旭《土家族与苗族婚俗之比较研究》，《前沿》2011 年第 5 期。

宾秀英、青麦康珠《藏传佛教思想对藏族婚俗的影响——以四川省甘孜县农区婚俗为例》，《民族学刊》2011 年第 6 期。

黄彩薇《浅析“哭嫁”婚俗的起源与发展》，《群文天地》2011 年第 7 期。

王美英《凉山彝族诞生礼仪式的文化解读》，《广西民族大学学报》（哲学社会科学版）2012 年第 11 期。

邓莹辉、姜秀《土家诞生礼仪的独特内涵及其文化意义》，《三峡论坛》2013 年第 7 期。

李玉英《山东惠民认干亲习俗研究——以惠民县张集村、大年陈村为调查基点》，《地方文化研究》2014 年第 4 期。

吴文定、李远祥、黄家祥《黔南布依山歌与人生礼仪》，《贵州民族学院学报》（哲学社会科学版）2014 年第 5 期。

后　记

本书于2011年立项，作为《中国西部民族文化通志》丛书中的一卷，编撰提纲由云南省社会科学院王亚南研究员与刘婷研究员共同研究拟定，并征求《中国西部民族文化通志》丛书主编瞿明安教授意见，以免与其余相关各卷内容交叉重叠。

王亚南研究员由于其他科研任务过于繁重，全程委托刘婷研究员负责具体的编撰组织工作。参与研究写作的还有：云南省社会科学院田娟副研究员、徐何珊助理研究员、宫珏助理研究员。其中，刘婷、王亚南撰写导论、第四章，田娟撰写第一章，刘婷撰写第二章、第六章、第七章，徐何珊撰写第三章，宫珏撰写第五章。

瞿明安教授对本书部分初稿提出了相应修改意见和建议。2015年冬至2016年春，针对相关意见和建议，课题组成员对书稿进行了细致的修改和校订，由刘婷汇总统稿成书，最后由王亚南审定。在此，向各位致以衷心的感谢。

由于众手成书，行文风格难免不尽统一，出于尊重作者原创文路起见，仅对部分内容进行了基本体例修订，如果有差错，概由编撰者负责。

2016年2月29日

图书在版编目（CIP）数据

中国西部民族文化通志. 礼仪卷 / 刘婷等著. -- 昆明：云南人民出版社, 2018.4
ISBN 978-7-222-15619-7

Ⅰ. ①中… Ⅱ. ①刘… Ⅲ. ①民族文化—文化史—西北地区②民族文化—文化史—西南地区③礼仪—概况—西北地区④礼仪—概况—西南地区 Ⅳ. ①K28②K892.26

中国版本图书馆CIP数据核字(2016)第306799号

出 品 人：李 维 赵石定
策划编辑：尹 杰
责任编辑：李 萍
装帧设计：王曦云 邓小杰
责任校对：吴永坤 盛雪梅 周 彦
责任印制：洪中丽

中国西部民族文化通志 礼仪卷

作 者 刘婷 王亚南等 著
出 版 云南出版集团 云南人民出版社
发 行 云南人民出版社
社 址 昆明市环城西路609号
邮 编 650034
网 址 http://ynpress.yunshow.com
E-mail ynrms@sina.com
开 本 787mm×1092mm 1/16
印 张 25.75
字 数 460千
版 次 2018年4月第1版第1次印刷
印 刷 云南出版印刷（集团）有限责任公司
云南国方印刷有限公司
书 号 978-7-222-15619-7
定 价 135.00元

如有图书质量与相关问题请与我社联系
审校部电话0871-64164626 印制科电话0871-64191534